FA XUE XIN MIAO

JINGSHI FAXUE YOUXIU XUESHI
LUNWEN HUICUI

法学新苗

京师法学优秀学士论文荟萃

主 编◎袁治杰

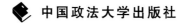

中国政法大学出版社

2022·北京

图书在版编目（ＣＩＰ）数据

法学新苗：京师法学优秀学士论文荟萃/袁治杰主编. —北京：中国政法大学出版社，2022.4
ISBN 978-7-5764-0408-1

Ⅰ.①法…　Ⅱ.①袁…　Ⅲ.①法学—文集　Ⅳ.①D90-53

中国版本图书馆CIP数据核字(2022)第048241号

出 版 者	中国政法大学出版社
地　　址	北京市海淀区西土城路 25 号
邮寄地址	北京 100088 信箱 8034 分箱　邮编 100088
网　　址	http://www.cuplpress.com (网络实名：中国政法大学出版社)
电　　话	010-58908289(编辑部) 58908334(邮购部)
承　　印	北京九州迅驰传媒文化有限公司
开　　本	720mm×960mm　1/16
印　　张	20.5
字　　数	320 千字
版　　次	2022 年 4 月第 1 版
印　　次	2022 年 4 月第 1 次印刷
定　　价	99.00 元

序

　　北京师范大学法学专业自 1995 年设立以来，已经经过了 25 个春秋。在这 25 年当中，京师法学获得了巨大的发展，2002 年设立法律系，2005 年设立刑事法律科学研究院，2006 年设立法学院，完成学院的全面建构。特别是自法学院设立以来，京师法学在人才培养方面取得了长足的进步。从 1999 年第一届毕业生到法学院 2006 年成立后培养的各界毕业生，都有不少活跃在学术舞台上，且很多已经成长为知名学者。自 2011 年京师法学入选卓越法律人才培养基地以来，学院于 2013 年设立卓越实验班和瀚德实验班，培养高端法律人才，进一步强化人才培养工作，本科人才培养质量稳步提高，学生的学术素养也有显著提升。

　　正是在这样的背景下，学院决定将 2017、2018 两届本科毕业生的优秀论文结集出版，这是学院历史上首次将本科生论文结集出版。这是对过去京师法学本科人才培养质量的一个回顾，而且也希望通过论文的结集出版，进一步激励并提高学生的学术热情，形成更好的学术传统和氛围，以期京师法学在未来能够有更大的学术贡献。

　　本次选中的论文，经过校内外专家的评选，并在导师的指导下再次修改，以期能够反映京师法学的真实水准。论文涉及方方面面，既有民商法的基本制度探讨，如股权转让问题、股东会决议效力问题研究，也有经济法领域的具体问题研究，如垄断协议案件中市场力量分析的实证研究。既有古代制度探讨，如清末民初娼妓制度研究，也有现代科技发展背景下衍生的新问题研究，如代孕的法律规制、人工智能创造物的著作权问题研究。同时也有很多针对国际法问题的探讨，比如中国出口管制法的域外效力问题研究。还有针对工读学校改革的相关法律问题研究，以及留学生境外暴力犯罪被害现象研究。

　　总体上说，京师法学的优秀学子们展现了宽广的学术视野，能够从多个不同面相来观照现实社会。虽然他们的论文总体上还比较稚嫩，有很大提升的空间，但是这些论文展现的是他们最初的学术人生。我相信，他们会迅速成长起来。实际上，他们当中有一些已经在国内外顶尖高校攻读博士学位，继续投身于学术事业。我相信，在不久的将来，他们会取得更大的成绩。

　　2016 年法学院成立十周年院庆之时曾印行《法学新言：京师法学优秀硕士学位论文荟萃》，为与之接续，乃将此编冠名《法学新苗》，以翼此新苗。

　　是为序！

袁治杰

于己亥夏

目　录

清末民初娼妓制度研究

◎龚婷婷　2013 级法学瀚德实验班

摘　要： 在这个阶段，社会各阶层都强烈地表现出了其各自的历史独特性。相应地，这段时期的政府当局对社会上出现的各种问题所采取的政策和措施也表现出了很强的可参考性。笔者基于当下社会中仍存在的一些问题，在其中选取了"娼妓"作为研究点，希望通过对当时娼妓相关制度的研究，一方面总结出娼妓管理制度的变迁；另一方面试图将当时的制度进步之处提取凝练，对当下娼妓问题的研究尽微薄之力。本文中，笔者结合前人的研究成果，综合历史学、社会学和法学等多个学科领域对娼妓问题的研究理论，并适当参考了域外（主要为日本以及荷兰）的相关研究，分别阐述了娼妓及其制度的发展变迁，梳理了当时主要实行的娼妓管理条例和制度。结论可概括为：清末民初时期妓女的法律管理制度方面发展较为完善，存在大量针对于娼妓的管理条例，也不乏专门的管理和检验机构。但由于娼妓管理出发点的错误，加之当时特殊社会政治背景的影响，过度的"寓禁于征"最终造成"娼妓泛滥"，成为遗留至今的问题。

关键词： 清末民初　娼妓　妓捐　娼妓条例　京师警察厅　京师济良所

引　言

娼妓或者通俗地说"卖淫者"，在社会大众的理解和认识里，总是和隐蔽、不正当甚至是肮脏这些词联系在一起，"娼妓问题"由此变成了一个讳莫如深的话题。它不算光明磊落，不能登大雅之堂，不够学术气派，但从它产生到现今社会的几千年里，却一直或暗或明地存在，成为社会管理、法律规制的一道坎。特别是近年来东莞事件的出现，"卖淫"和"娼妓"的问题愈发凸显，这更值得我们重新思考。"以史为鉴知兴替"，要解决当下的问题，反省求诸近代甚至是中国古代的娼妓制度在笔者看来是不可缺少的。之所以选择清末民初这个特殊的历史时期进行研究，是因为在中国漫长的娼妓史中，清朝娼妓制度经历了多次改革，严令禁娼和娼妓合法化两种迥然不同的制度交替出现，独特的现象引人深思，加之清末至民国初年在娼妓管理制度上一脉相承，也让这个时期的法律制度更具稳定性和代表性。在本文中，笔者以清末民初的娼妓制度为例，参考前人社会学和历史学方面的考究成果，将重心放在法律学研究方向，从娼妓的管理规则和机构等方面试做分析，尝试整理当时娼妓管理由上至下的完整体系，反思社会对于娼妓应当如何看待的问题，并对当今娼妓管理提出一些设想。

一、娼妓制度发展简介

"知其人，必知其根"，研究一项制度不可不知其历史和发展变迁过程，笔者在这一章节中明确了娼妓的定义，简单梳理了娼妓制度确立的始终，并着重介绍了清朝前后时期娼妓制度的重大变化，以期读者能对本文的历史背景有整体的把握。

（一）娼妓的定义及历史

研究娼妓制度，第一要素便是明确何为"娼妓"，对此，历来许多学者都给出了自己的观点，笔者在此试举两例：其一，美国学者道格拉斯认为，妓女是"将与己性交的权利出售给男人们以便为这种行动获取金钱报偿的妇女"[1]。其二，西方学者阿伯拉罕·福克莱斯奈表示，"任何为收费或其他任何钱财方面的原因而习惯地或偶然发生视若平常的性关系者，都是妓女"[2]。可以看出，这两位学者都将娼妓和性以及金钱联系在一起，笔者也认为这两点是"娼妓"定义的最基本的要素，不过对将男性排除在外这一点笔者要提

---

〔1〕 ［美］杰克·D. 道格拉斯、弗兰西斯·C. 瓦克斯勒：《越轨社会学概论》，张宁、朱欣民译，河北人民出版社1987年版，第205页。

〔2〕 ［法］劳尔·阿德勒：《巴黎青楼——法国青楼女子的日常生活》，施康强译，文化艺术出版社2003年版，第7页。

出异议。实际上，不论中外，男妓的存在虽不是主流，却是不可忽略的，尤为显著的就是魏晋南北朝的"男风"喜好之盛，此事虽未言明，但与卖淫无二，因而关于娼妓的定义，笔者认为，简单来说娼妓就是以"性交"换取金钱的人，而不论性别。不过在本文中，男妓的管理制度将不予讨论，而是集中梳理娼妓中与女性相关的制度，因为后者在数量、制度成熟度以及娼妓管理的背景相似度上相较现今更具有代表性。

至于娼妓的发展历史，按照王书奴先生的观点，东西方的娼妓起源最初都是和宗教联系在一起，可称为"巫娼"，这一点甚至早已被法律所规制。比如在沙尔·费勒克的《家族进化论》中，就有关于"女子去维纳斯（Venus）教堂淫乱"，按照法律规定女子不得拒绝嫖客，而所得嫖资则作为贡品（即香油钱）的记载。[1] 而后随着时代的发展、王朝的更替，奴隶娼妓、官妓、营妓、家妓、私娼相继出现，齐头并进，在唐宋时期达到鼎盛。

（二）娼妓制度的确立过程

在上节所提到的娼妓制度的发展过程之中，官妓、营妓、家妓、私娼的出现是较为重要的里程碑。

首先说官妓，早前娼妓的来源大多数是奴隶或罪人，"卖力而为奴隶，卖性而为娼妓"，奴隶和娼妓密不可分，在春秋之前，可以说都是奴隶娼妓的时代。而春秋初叶，管仲设立了"女闾"（这是国家经营娼妓的开头），其出现大致有三点原因，一是国家收租税（即花粉钱），这一点在后文将要研究的清末的"妓捐"中有所体现；二是容纳大量俘虏的奴隶；三是供游士和齐桓公享受。再者说营妓，其为汉武帝刘彻所创，主要为解决军士的生理需求。至于家妓，其风气盛行于南北朝，地位处在"婢"和"妾"之间，多是达官贵人享乐、交易的手段和权势的象征。最后说私娼，其从宋朝始便盛行不衰，经历清朝打压娼妓，清朝后半叶娼妓合法化的变革，因此成为娼妓存在的主要形式。

（三）清朝前后娼妓制度对比

经由历朝历代的发展，娼妓在社会中的影响越来越大，在清朝，这一点

---

[1] 王书奴：《中国娼妓史》，生活·读书·新知三联书店 2012 年版，第 21 页。

尤为突出，其成为尖锐的社会问题。清朝娼妓制度在整个娼妓史上具有相当的代表性和独特性，它经历了从"严格禁娼"到承认"公娼合法化"的转变，甚至到清代后期，娼妓在社会上已经泛滥成灾。

清初时期清廷依照明朝旧制，于顺治元年（1644 年）在京城设立了教坊司，负责掌管宫乐，实则就是宫妓。而到顺治八年（1651 年），又下令停止教坊乐，开始用 48 名太监代替女乐，[1] 这一事件成为从上至下开启"禁娼运动"的源头，不过此措施直至顺治十六年（1659 年）才被固定保留下来成为定制，自此才正式废除了教坊乐。[2] 而后，康熙十二年（1673 年），又复申禁令；康熙十九年（1680 年）在律例上明文规定禁娼之事，[3] 至此，京师和各省的官妓制度逐渐湮灭。[4] 康熙之后的雍正、嘉庆两位皇帝又分别下令废除全乐籍制度，禁止官员嫖妓，加大对处罚卖淫娼妓的力度，[5] 试图从源头上遏制娼妓的数量。[6]

由此可见，清朝顺治至嘉庆统治期间，朝廷对于娼妓的态度是严令禁止，采取的手段是法律禁娼，管理十分严格，但这一现象并未维持多久。咸丰年间，因帝王沉迷女色，无暇管理大臣将士，加之承平日久、法令松弛，颁布的律令多数失去了威慑力，帝王将相、平常百姓，都以狎娼为乐，虽法令禁止，但无人管制，娼妓得到了解放。此处有文为证："至咸丰初年，有兰仙、竹仙、蕙仙，一时名噪都下，朝绅争联镳诣之。金吾令亦少驰矣。"[7] 咸丰帝死后，慈禧太后上台执政，其于同治年间修订颁布了《大清律例》，虽然仍然保留了嘉庆时期"禁止买良为娼以及禁止文武百官狎娼或婆娼"的律例，

---

〔1〕《康熙会典》。转引自李良玉：《变动时代的记录》，吉林人民出版社 2003 年版，第 334 页以下。

〔2〕《皇朝通考·乐考》："顺治十二年（1655 年）仍设女乐，十六年后改用太监，遂为定制。"

〔3〕《刑部现行则例》："伙众开窑诱取妇人子女，为首照光棍例斩决，为从发黑龙江等处给披甲人为奴。"

〔4〕王书奴：《中国娼妓史》，生活·读书·新知三联书店 2012 年版，第 322 页。

〔5〕《大清律例》："京城内外拿获窝娼至开设软棚，日月经久之犯，除本犯照例治罪外，其租给房屋房主，初犯杖八十，徒一月……"

〔6〕《大清律例》："凡伙众开窑诱取妇人子女，藏匿勒卖事发者，不分良人奴婢，已卖未卖，审系开窑实情，为首照光棍例，拟斩立决，为从改发云、贵、两广烟瘴地方充军。"

〔7〕（清）王韬：《燕台评春录》，载氏著：《淞滨琐话》，齐鲁书社 2004 年版，第 257 页。

但删除了关于查获关闭娼寮的内容，这一处修改实际上相当于默认了妓院存在的合法性。

自此之后，被打压的娼妓事业渐渐复苏，通过缴纳"妓捐"的方式获得了合法性，形成了"公娼合法，私娼猖獗"的局面，而后偶有禁令，如1899年，载澜曾严令不许在北京内城立乐户，又或1907年春南苑万字地驱逐娼寮，但娼妓明禁暗驰，这种大体局面维持至民国南京废娼运动（1928年左右）为止。

一言蔽之，在道光以前，京师"绝少妓寮"，至咸丰之时，则"妓风大炽"，[1] 咸丰时期是娼妓制度的重大转折点。

二、清末民初禁娼松弛原因

凡事都无空穴来风，咸丰年间娼妓制度的重大变革背后有深刻的原因，笔者在本节中将这些原因归为统治者因素、经济因素以及社会因素，基于这三方面解释突如其来的制度变化的原因。

（一）统治者因素：清政府统治衰落，外国侵略者侵略

道光年间，爆发鸦片战争，这场战争给中国带来了巨大的伤害，致使国力衰落、财力下滑。外忧未除，"太平天国"起义运动的开展带来的内患更是雪上加霜，使得清王朝根本无力抑制娼妓的发展，颁布的法令因为没有外力的保障而成为一纸具文。外加在清王朝的统治岌岌可危之时，统治者和官吏也愈发堕落，公开狎娼，违反法令，这也间接助长了民间的嫖娼风气。

（二）经济因素

1. 中央财政赤字加大

自鸦片战争以来，经历一系列战争的失败，清王朝相继签订了多个丧权辱国的条约，这些不平等条约中无一不提到割地赔款等条款，对清政府的财政造成了极大的冲击和负担。为了还清赔款，清政府不得不加重赋税数量和种类，而"妓捐"就是新增赋税的一种。有文可证，《国闻备乘》记载道："北平罢巡城御史，设工巡局，那桐主之。局用不敷，议推广税务，遂及戏馆、娼寮。"1900年，户部正式允许地方自行筹备税款，开征牛皮捐、房捐、

---

[1] 徐珂编撰：《清稗类钞》（第一一册），中华书局1984年版，第5149页以下。

花妓捐等杂项税捐。[1] 另外，为了筹集清末新政改革所需经费，部分地区便规定按照人头抽收妓捐，以补充市政经费的不足，妓捐遂为正式税捐种类。甚至在 1905 年，北京设巡警厅，其目的就在于公开抽收妓捐，[2] 正式意味公娼合法化。由此可以看出，妓捐伴随着政府财政困难出现，而妓捐的出现，又将娼妓事业推向了另一个发展时期。

2. 小农经济的破坏，商品化经济加强

列强的入侵破坏了中国古代原有的小农经济，耕地面积减少，资本主义经济开始冲击中国社会。在当时的社会中，人们已经习惯了"男耕女织"的生活，但随着外国商品的涌入，商品化经济的增强，这样的农村生活被打破，与此同时女性生活保障渐渐消失，而女性通常受教育程度低下，又没有赖以生存的手段，只能回归到最原始的方式——靠出卖自己的肉体换取金钱。因而娼妓的数量大大增加，促进了娼妓事业的繁荣。毛泽东同志分析社会各阶层时就在《中国革命和中国共产党》一文中指出"乞丐、盗贼、流氓、娼妓与许多迷信职业家"就源于中国的半殖民地的地位造成的广大失业人群。[3] 另外，根据历史发展的态势，我们也不难发现妓女事业和商业总是齐头并进的。清朝末年，朝廷不断增开通商口岸，商品经济发展迅速，从而带动了近代城市经济的崛起，使得城市娱乐业得到了空前的发展，提供了巨大的消费市场，[4] 与此相对，嫖客的数量也增加了。娼妓行业供给和需求相互促进，妓业自然繁盛，这是社会发展自然驱使的。

（三）社会因素

清末社会上，开始显现的最为突出的一个社会问题就是男女比例严重失调。有学者研究发现，1776—1850 年间，江苏的男女比例是 128.1∶100 至 135.1∶100，在"太平天国"运动后，这一比例出现了进一步的提高；甚至

---

〔1〕 海口市地方史志编纂委员会编：《海口市志》（下册），方志出版社 2005 年版。

〔2〕 龚书铎总主编：《中国社会通史》，山西教育出版社 1996 年版。

〔3〕 毛泽东：《中国革命和中国共产党》，中国社会科学网：http：//www.cssn.cn/zt/zt_xkzt/mk-szyzt/mksdc/ddlx/mzd/201804/t20180427_4216105.shtml，最后访问日期：2019 年 8 月 20 日。

〔4〕 邵雍：《中国近代妓女史》，上海人民出版社 2005 年版，"绪论"。

在浙江的一些地区竟然高达 194.7∶100，男性比女性几乎多一倍。[1]另外，加之当时大多权贵之人都是三妻四妾，更加重了男女的比例问题。这二者的双重作用使得许多男性无法通过正常的婚姻关系满足自己的生理需求，性欲无从发泄，社会矛盾日益尖锐，迫使晚清政府不得不放开对色情业的禁令，以此缓和社会矛盾。

三、清末民初娼妓管理

清末民初娼妓分为"公娼"和"私娼"两类。"公娼"即是公开进行登记，被纳入政府的管理范围、需要交纳花捐并且要求定期检查身体健康状况的妓女，这一部分娼妓是合法的，她们受清政府管理，可以公开营业。与之相对，"私娼"则是没有任何营业执照、进行自由卖淫的妓女，被清政府严令禁止，政府对其采取的态度便是查获一家即查封一家。[2]另外，社会上还包括一些变相的妓女，比如在茶楼戏馆里添茶陪笑，或是应嫖客招呼赴酒席陪客的女人，她们因很难被定义为妓女，所以也没有明确的相关制度加以约束。

总的来说，清末民初期间，不论是清政府还是之后的国民政府，他们出台的政策都是针对进行登记的公娼而言的，而私娼一直处于违法被严禁的状态。这些政策有些是为了规范公娼经营，还有一些是为了禁娼而设；其中包括一些规则条例，也有相应的管理和救助机构，涵盖了营业管理、卫生检查、税款缴纳等方面。

（一）娼妓相关条例

自公娼合法化以来，清末民初时期，当局制定了不少相关条例来规范乐户和娼妓的管理，其中比较具有代表性的即为清末时期〔光绪三十二年（1906 年）〕经巡警部批准，由外城总厅制定和颁布的《管理娼妓规则》和《管理乐户规则》。这两部规则是当时管理娼妓业的重要指标，对娼妓业的发展起到了至关重要的作用，反映出政府在承认"公娼合法化"背后的真实意图，而其中的一些规定即使在现在看来，也是十分有意义的。

---

〔1〕 梁其姿：《施善与教化——明清的慈善组织》，河北教育出版社 2001 年版，第 215 页。
〔2〕 邵雍：《中国近代妓女史》，上海人民出版社 2005 年版，"绪论"。

在这两部规则中，为了便于管理，将乐户都划分了等级，[1] 而娼妓因为和乐户挂钩，[2] 也逐一进行了划分。根据等级的不同，她们所享受的待遇和所受的限制都不一样，如下文中将提到的卫生方面的管制就依据妓女的地位不同进行了不同的次数和金额的规定。在笔者看来，这种做法是较为科学的，将数量庞大的妓女和乐户联系起来，并将它们分级，可以大大提高政府行政管理的效率，但同时引发的问题就是使得不仅妓女和非妓女之间出现了歧视，在妓女内部也存在着大量不平等的现象，造成了后期规则形同具文的后果。

分析两部规则我们可以看到，虽然清政府默认了公娼的存在，但为了杜绝其泛滥，清政府对娼妓的从业者做出了许多条件的限制，主要有生理年龄（以 16 岁且身体发育为限）、身体状况（无传染疾病）、家庭情况等方面。

其中极为特别的是关于家庭亲族一说的规定，如下所述："有亲族人等不愿其为娼"则该女子不能为娼妓。这一条规定表明当时社会下，为妓不可或缺的一个要件就是获得亲族人的同意。"亲族人"这一概念不仅仅指的是"亲人"（父母子女等），还包括"族人"（同族同姓之人），后者概念较前者大大扩张。我们从中可以解读出几层含义：其一，政府本意是限制娼妓从业的，所以才会用一个宽泛的概念来规范；其二，即使在当时承认公娼的社会状态下，为娼仍是不光彩的行为，会遭同族之人的反对，甚至以同姓为耻；其三，政府此举也有规避族人因此进妓院闹事的用意，以免日后对妓女的归属产生不明之处，引起纷争。

相对在乐户的管理方面也有类似限制性的规定，《管理乐户规则》第1、2、3条就分别规定了各等乐户的数量并且为其划分了营业地区，超出规定部分的都需经由警察厅特别许可批准方可设立。[3]

另外，警察厅还通过颁发营业执照的方式，规定妓女招徕客人可使用的手段及妓院营业的时间，从而严格控制了娼妓的来源和质量。从这一点看来，娼妓业在当时其实可以看作是一门正常的经营行当，类似于现今的商业机构，

---

[1]《管理乐户规则》第1条："乐户营业计分四等……"

[2]《管理娼妓规则》第1条："娼妓以所入乐户之等分为四等……"

[3]《管理娼妓规则》第1条："乐户营业计分四等……"第2条："乐户营业以巡警厅圈出之地段……"第3条："乐户如欲迁移……"

领取执照并依法纳税，也可以有自己的妓院章程制度，对外遵守各方规定，同时也受法律的保护以保证其正常营业。

在乐户的管理条例中，就有一条提到嫖客闹事或赖账时妓院可以报明警察厅，由其主持公道。[1] 这一条规定使得整部制度不再局限于对于娼妓业的限制，也为其提供了一种法律保障，这是非常了不起的。因为在娼妓被看作是下作卑贱的职业的年代，法律上的这一规定是对其职业本质的一种承认。

除了对乐户的保护，联系到当时妓院对妓女普遍存在剥削的情形，两部规则中的一个亮点就是都大量叙述了对妓女的保护，基本包括从良的权利、财产的所有、身体健康的保障三个方面，比如为了防止妓院通过向妓女放贷的方式使其负债累累，难以从妓院脱身，就有限制妓院所借金额的规定。这一点也是值得肯定的，它保障了妓女的基本人权，将妓女在法律上的地位进行了提升，虽不能和常人相比，但至少生命安全和自由方面都有了一定的保障。

总的来说，这两部规则虽然在民国中后期已失去了原有的威慑力和适用性，但作为第一次官方颁布的专门管制娼妓业的规则，作为一次全新的尝试，在"公娼合法化"的社会背景下，它对于社会的稳定和娼妓的生存都产生了一定的影响，反映出当时政府和社会对于娼妓问题的看法，是我们当今可以借鉴和参考的，这极具社会价值、史学价值和法学价值。

（二）娼妓相关机构

规则是管理之本，但规则是固定的，再完美的规章制度也需要配套成体系的机构予以执行才能发挥原有的效力。清末民初时期当局在制定规则的基础上，也设立了不少机构来保障各规则的执行，主要分为管理机构和救济机构两大块，下文略有阐述。

1. 管理机构

清末民初时期，娼妓的管理一般归于治安管理组织，这些机构主要负责城市的治安管理方面，其中就包括对于娼妓的控制监督，更重要的是保证妓捐的缴纳。另外，随着传染病（主要为花柳病、梅毒等）在当时社会上的风

---

〔1〕《管理娼妓规则》第 11 条："乐户遇有下列事项须立刻报明于巡警厅……"

行，政府对于卫生方面的管理也逐渐重视起来，而花柳病又尤其和混乱的娼妓管理有关，因此在对娼妓的卫生管理方面，政府也安排了专门的机构组织进行管理。下面笔者将分别进行陈述：

（1）妓捐管理机构。晚清开放娼妓合法化的一个重要原因便在于收取妓捐，保证财政收入，因而政府对此项活动格外重视，专门在民政部设立了"调查乐户捐委员"，负责监控妓院，监察娼妓在领到执照后是否按时缴纳妓捐。比较妓院来说，娼妓流动性大，可以很轻易逃税漏捐，因此对娼妓的妓捐管理上，政府采取更为严格的"连坐"法。此法规定："凡娼妓逃税的，除了本人应当补足外，还要再罚其乐户捐和妓捐各一份；如若娼妓不照办，便惩办乐户主人"。这一方法将乐户主人和娼妓的利益联结在一起，乐户主人为了不缴纳多份妓捐，便会竭力督促娼妓按时纳捐，由此减少了逃税的风险。

（2）治安管理机构——以京师警察厅为例。有关治安管理机构方面，先后有工巡局，内外城巡警总厅以及京师警察厅，这三个组织是为了适应社会状况的发展，依次取代前一个组织出现的，并逐步发展和改进，因此三者之中，京师警察厅是管理制度最为完善、社会反响最好的，笔者在此将以它为例作详细阐述。

京师警察厅成立于1913年，正值民国政府内务部改革警制，便将巡警总厅改为京师警察厅，使其直属于内务部，作为北京全城的管理机构。其职责在于负责北京城的全城治安，其中就包括对娼妓的全面管理。在娼妓业的管理方面，京师警察厅有两部分任务，一是控制和保护合法妓院和公娼（向政府缴纳乐户捐和妓捐的妓女和妓院）；另一是取缔和限制私开妓院和暗娼（即未经警察厅允许营业的妓女和妓院）。

在控制妓院开设方面，警察厅采取的是划定特定的妓院区，[1] 限定开设妓院的数量、颁发营业执照、审查妓院的修缮规划等手段，试图从源头上控制妓院的数量，并将其统一管理在一定区域（当时存在三个主要妓院区：南城东南部的下等妓院区；前门向南不远，前门大街以东以及前门往南的一、

---

〔1〕《警察厅关于妓女和妓院的管理条例》。转引自丁芮：《北洋政府时期北平警察对娼妓的控制与救护》，载《中华女子学院学报》2012年第5期。

二等高级妓院），大大提高了管理效率。在妓院营业的管理方面，则着重于减少妓院虐待妓女、限制从良方面事件的发生并规定了相应罚则：违反上述规定，将被处以罚金或监禁；屡教不改，责令关闭。除了以上对妓院的种种限制，警察厅也对这些合法开设的妓院提供了营业的保障，比如若有人在妓院内寻衅滋事，警察厅便会出面干涉。

至于妓女的控制，大体和妓院类似，如进行登记注册，发放营业执照等；此外警察厅对妓女拉客的行为方式、地点以及对象也进行了相应限定，譬如不能勾引未成年人及学生[1]。对于违反相关规定的妓女，警察厅也会处以罚款或拘留以示惩戒。在保护公娼人身方面，警察厅主要是对年龄较小（未满16 岁）的女性进行保护，禁止其为娼，或是帮助妓女反抗暴虐的妓院主人，帮助从良；偶有被奸淫的妓女，警察厅也给予保护。有一例发生于 1920 年 9月，一唱新剧人刘鹃魂，就因"引诱妓女，奸宿于旅馆"，被警察查获，游艺园示众。这一个例子充分显现了当时对妓女人身的保障，反映出当时妓女的社会地位已经较之前大大提高。

对于暗娼和私开妓院，与上述警察厅对待纳捐公娼和纳税妓院的做法迥异，警察厅的做法坚决，秉承严格取缔的理念。京师警察厅各区署不定期会加派警察密查栈房、旅馆内游娼，或添派便衣巡警随时到闹市巡查，一旦被查获，一律驱逐境外。这种突击检查类的方法卓有成效，当时的许多暗娼、私娼就由此受罚。除管理职责之外，京师警察厅担负着收取妓捐和月户捐，开取收据并对进项备案的职责。[2]

警察厅在当时带来的社会影响是积极正面的，对娼妓管理的规范起着领头作用，但娼妓的繁盛带来了不少治安问题，如偷窃、抢劫、吸鸦片等，造成警察厅负担甚重，时日渐久，其便失去了最初的功效。

（3）医疗管理机构。政府对娼妓的卫生管理方面特别重视是随着社会上传染病的日益严重而起的。清末时期，花柳病、梅毒等性传染病开始荼毒社

---

〔1〕《管理娼妓规则》，载田涛、郭成伟整理：《清末北京城市管理法规》，北京燕山出版社 1996年版，第 503 页以下。

〔2〕《妓院纳税条例》，载［美］西德尼·D. 甘博：《北京的社会调查》（下），陈愉秉等译，中国书店 2010 年版，第 569 页。

会，到 1917 年情况严重到就医之人患此类病的有十之七八，而娼妓又在这些性病的传播扩散中起着媒介的作用，因此对于娼妓卫生医疗的关注度日渐上升，建立相关机构的计划逐步提上日程。实际上妓女医疗卫生管理机构的建立经历了一个十分曲折的过程，从 1906 年提出相关计划始，至 1927 年由警察厅请示内务部正式成立"检验娼妓事务所"止，足足经过了 21 年的时间。由此可以看出，娼妓医疗卫生在当时是处于一个十分落后的状态，而且一直没有独立出一个专门的例如"卫生部"之类的机构进行管理，而是一直依附于警察厅之下，受其管辖。在这一小节中，笔者将以 1927 年为分水岭，介绍建立检验娼妓事务所前后的卫生管理制度。

未成立专门的卫生机构之前，对于娼妓的卫生管理，并没有指定的医疗中心或者医院可以提供检查治疗，因而警察厅所采取的方法多为指派医生到妓院检查或是每年春季指定某一地点，实行为期一周的完整的调查、检验和治疗活动[1]，在这些定期的检查中，被查出的患者则要令其停止营业，如若抗拒，必重惩。由于没有固定的医疗地点，医生人手也常常不够，妓女数量又极为庞大，很难保证每个妓女都能够得到检查的机会，因此此举收效甚微。而后警察厅改变做法，要求各埠妓女定期前往外城医院候检[2]，但这一举措也没有得到切实的执行。究其原因，笔者认为，一是因为没有官方指定的机构专门管理性传染病的检验，而各大医院又无法腾派人手建立专门的检验科，妓女检查无门；二是警察厅从未出台过配套的惩治措施，而妓女因怕耽误生意、耗费钱财，通常不愿进行检查。

1927 年检验娼妓事务所成立之后，制定公布了《京师警察检验娼妓事务所简章》《京师警察厅检验娼妓事务所办事细则》《京师警察厅检验娼妓办法》和《京师警察厅检验娼妓罚则》等具体的制度，开始建立了一套较为完整的体系，娼妓检验的状况自此好转。从这些条款中，我们可以得到如下信息：

---

〔1〕《拟派医检验妓女》。转引自何江丽：《论清末民初北京对待妓女身体的舆论话语与政府作为》，载《北京社会科学》2014 年第 2 期。

〔2〕《实行检验娼妓》。转引自何江丽：《论清末民初北京对待妓女身体的舆论话语与政府作为》，载《北京社会科学》2014 年第 2 期。

关于事务所的经费，全部都是来自妓女检治所缴纳的费用[1]，依据妓女等级不同按规定数额缴纳，完全无需政府拨款。笔者认为关于经费来源的相关规定，是事务所能够长期存在下去的重要原因，因为当时的时局动荡、纷争四起，当局政府根本无暇固定分拨出一笔款项用于对社会局势来说无关紧要的项目，不过这一点同时也是日后事务所由于妓女检治次数下降而经费短缺的一个重大原因。

关于事务所的职责，大致包括妓女的传染病检查、复查以及简单的治疗，依照情况开发健康证或是诊疗单，其检查方式限于医疗水平，也十分简单，只涉及物理检查。因此总的来说，检验娼妓事务所所起的作用只是对现有的娼妓检查和诊疗，并没有规制整个娼妓行业卫生规范的功能。

关于事务所的运作，其运作方式则是和乐户的等级制度挂钩。所有登记过的妓女都是通过乐户和检验娼妓事务所建立联系，由乐户协助登记和检验。具体做法是由警察厅每星期收集一次乐户呈交的有关妓女的详细信息（如姓名、年龄、籍贯等），随后将这些妓女登记入簿后进行分配，按照不同的时间填写通知票交由乐户转交给各妓女，检验当天携票到所检验即可。这种方法以乐户作为媒介，将警察厅和事务所的工作量由妓女的数量减少到乐户的数量，使得整个检治过程更为有序，避免了妓女扎堆检治或是事务所门可罗雀的现象，将每日到检人数控制在八九十人左右。

为了规范和驱使妓女按时进行检治，事务所还提出了许多处罚条款，对不守规定者大多采取罚款措施，例如逾期不检者要罚洋五元并补检，以及责令停业的措施，起到了良好的威慑作用。

综观事务所建立后的实际影响，虽不能说将性传染病完全地控制住，但对减少当时妓女以及嫖客的患病率起到了积极的作用，对患病妓女也起到了一定的帮助作用，因为在此之前，由于缺乏对性病的了解，患病妓女多用土方治疗，造成了许多患者的死亡，相较而言，事务所的简单诊疗是当时对抗花柳病的有效手段。

---

〔1〕《京师警察厅检验娼妓办法》："每月一等一元，二等六角，三等三角，四等一角。每人每月受检验一次。"

2. 救济机构——以京师济良所为例

自愿为娼的妓女由上述的相关机构进行管制，那被迫卖淫的妇女又如何保障权益呢？在清末民初期间，陆续出现了一些对于妓女的救济机构，如1912年12月，由绍兴旅沪同乡会会董发起组织的中国救济妇孺会（非官办组织，主要活动地区位于上海一带），和1935年北平市统并各教养机构设立的社会局救济院中的"救娼部"，都对娼妓的救济有一定的推动作用。而在历史时代中，由于地理的特殊性和时间的跨度，最具有代表性的还是"京师济良所"。笔者将通过描述济良所的运营和其对妓女的管理，展示当时社会上救济机构的大致状况。

清光绪三十三年（1907年）9月10日，经民政部批准，外城巡警总厅接管了原由巡警部督同绅士管理的京师济良所，专门收容妓女，并制定了章程[1]，但济良所并不是官办的慈善组织，而是具有官督绅办色彩的机构。济良所的章程内容较为全面，规定了经费来源、妓女收容条件及择配条件、组织管理等方面内容，下面笔者将结合章程内容试做简要分析：

首先，其经费来源分为五种：功勋捐局拨款（每月银一百元）；领取者之捐助（无定数）；特别捐助（无定数）；原济良所房屋一处质银；总厅临时补助（不足时，无定数）。[2] 我们可以看出，济良所的经费主要源于政府的拨款以及社会的捐助。但其中政府拨款为固定账目，其数额远不够支撑济良所的运作，因而社会的扶助起到了很大作用。另外值得注意的一点是，关于济良所的收支情况，每月都要造册公开，呈巡警总厅查复批准后登报。此做法在当时看来十分具有超前意义，和现代要求的"阳光政府""信息公开"的理念不谋而合。

其次，关于妓女的收容条件，即什么样的妓女才能够进入济良所得到救助，章程也做了详细的规定，列举了"诱拐抑勒、来历不明；被领家需索重

---

〔1〕《重定济良所章程》，载田涛、郭成伟整理：《清末北京城市管理法规》，北京燕山出版社1996年版，第451页。

〔2〕《重定济良所章程》，载田涛、郭成伟整理：《清末北京城市管理法规》，北京燕山出版社1996年版，第451页，第2条："所中经费分如左之五种……"

价、肯阻从良；被领家凌虐；不愿为娼；无宗可归、无亲可给"五种情形[1]。符合上述规定的妓女可以亲自到巡警厅呈诉，也可以向平时街上巡逻的巡警寻求帮助，或者将署名的呈词邮寄至巡警总厅，危急情形下，径自投奔济良所也是允许的。[2] 由此分析看来，济良所不仅收容自愿来投靠以及被拐骗的妓女，也会解救被领家（即妓院主人）虐待、欲从良而不得的妓女，甚至连无家可归的妓女也一并加以保护，涉及的范围十分宽广，在一定程度上改变了苦难妇女被逼从娼的命运[3]。妓女一旦踏入济良所，其人身安全便得到了法律的保护，外人不得对她进行任何强制措施，其债务通常也一笔勾销，因而遭遇凄苦的妓女纷纷来此投靠。北京档案馆中就有不少记载，笔者试举一例："京师有一妓女唐红宝，因不堪虐待，便到警察厅报案，经查明后，最终送入济良所，得以保全性命"。[4] 济良所集收容和管理于一体，体现了对妓女的多方位充分保护。另外，章程允许妓女通过多种方式向济良所求助，如1905年间就约有200例通过匿名信获得济良所解救的妓女的案例，[5] 这一规定大大加强了对妓女的保护，使得在不同情形下，妓女都能够快速有效地获得救助。

最后，在章程中有很大一部分详细规定了妓女入所后的管理和教养，这是因为济良所不仅仅是一个收容机构，它最根本的目的是帮助这些妓女习得新的生活技能，摆脱身为妓女的命运，通过自我劳动或者是婚姻的方式来获得新生活，从而达到政府想要减少和禁止娼妓的目的。在章程的第四章和第五章分别系统地阐述了济良所内开设的教育课程和为妓女择配夫婿的具体标准。例如，关于济良所中对女子的教育就包括国文、伦理、算学、手工、音

---

〔1〕《重定济良所章程》，载田涛、郭成伟整理：《清末北京城市管理法规》，北京燕山出版社1996年版，第452页，第3条："妇女因下开各项事故经各官厅审实均可由外城巡警总厅发交所中教养择配……"

〔2〕《重定济良所章程》，载田涛、郭成伟整理：《清末北京城市管理法规》，北京燕山出版社1996年版，第458页，第16条："妓女愿入济良所者遵照下开各项呈诉均予办理……"

〔3〕刘荣臻：《"危险的愉悦"：浅析近代北京的娼妓业——以1912—1927年为范围》，载《山西高等学校社会科学学报》2011年第10期。

〔4〕北京档案馆藏，档案号：J181-019-16922，民国二年（1913年）三月。转引自宋庆欣：《民国时期北京娼妓研究》，首都师范大学2011年硕士学位论文，第39页。

〔5〕邵雍：《中国近代妓女史》，上海人民出版社2005年版，第104页。

乐、体操、图画、烹饪等，对于一天时间的划分也十分严格，必须按照规定时间晨起、读书、夜卧等，否则就会被记过甚至禀官追究。[1] 不难看出，济良所对于妓女的管理十分严格，所教导的事物不仅有比较实用的如烹饪和手工等技能，对于情操和思想的熏陶也有涉及，如音乐、图画等技能。笔者认为这是十分具有进步意义的一点，它赋予了女性以更加现代化的教育和更加长远的指导，对妓女之后的出路和生活都有十分积极的意义。关于择配这一方面，秉持着双方自愿的原则选配良人，[2] 而为了保障妓女婚后生活，济良所对于择配男子的家庭状况，如有无妻妾、职业住所都要进行审查[3]，甚至对于婚后女性的利益，济良所也会定期调查以保证妓女的归宿良好。如 1915 年，曾有男子张荣黼娶济良所女子孟彩仙为妾，但婚后常对其进行殴打虐待，最后孟彩仙无奈之下又经警察厅协助重回济良所。[4] 虽然济良所为妓女择配时在一定程度上是考虑到所内的经济利益（因男子娶所内女子时需向济良所缴纳一定的捐助）以及收容空间（因妓女数量过多而常常出现拥挤现象），但这种长期的、从始至终的保护，对于所内女子来说是有力的婚姻保障和生活保障，对避免其婚后遭受虐待、重蹈覆辙有十分积极的作用。

总结当时济良所在社会上的影响，有诗云："几人本意乐为娼？立所于今有济良。但出污泥即不染，莲花万朵在池塘。"[5]

四、制度总结及现实设想

经由上文的描述和分析，我们可以看到，在当时的情况下娼妓的生活总的来说还是受到成体系的规范的，因为娼妓在社会中的特殊存在，也有特别的机构和条例进行管制，这一点十分值得肯定。但这些制度和措施的具体效

---

〔1〕《重定济良所章程》，载田涛、郭成伟整理：《清末北京城市管理法规》，北京燕山出版社 1996 年版，第 456 页，"附罚则……"

〔2〕《重定济良所章程》，载田涛、郭成伟整理：《清末北京城市管理法规》，北京燕山出版社 1996 年版，第 464 页，第 28 条："愿娶所女者……总厅惩罚"。

〔3〕《重定济良所章程》，载田涛、郭成伟整理：《清末北京城市管理法规》，北京燕山出版社 1996 年版，第 465 页，第 29 条："请领所女者有本人……总厅查复批示"。

〔4〕《内务部受理诉愿人张荣黼因孟彩仙喊告虐待请求发交济良所一案不服京师警察厅之处分具状诉愿决定书（诉字第一号）》，载《政府公报》1915 年 3 月 17 日。

〔5〕（清）杨米人等，路工编选：《清代北京竹枝词》（十三种），北京古籍出版社 1982 年版，第 127 页。

果根据下文所述并没有得到政府预想中的效果，原因何在？清政府和民初政府的失败又能给现实生活带来何种反思？

（一）娼妓管理问题

娼妓分公私之别，前文已述，清末民初制度管理的问题就反映在娼妓数量过度膨胀，进而失去控制这方面，笔者在相关叙述中引用了具体的数据进行了直观的表述，展示了公娼和私娼在当时的泛滥汹涌程度之深。

1. 公娼泛滥

清朝光绪二十三年至二十四年间（即 1897—1898 年），京中妓院数量稀少，仅有 37 家，并且每家不过 10 人；[1] 而光绪三十一年（1905 年），京师巡警厅饬令妓院迁往城外时，颁发了营业执照的妓院就有 373 家；甚至到民国时期，当时的八条胡同[2]，已演变为十条胡同[3]；民国七年（1918 年）为京师妓女的全盛时期，"妓院增至 406 所，而妓女增至 3887 人。"[4] 有记载，民国时期北京登记在册的各等公娼人数基本维持在 3000 人以上，具体数据可见下表 1。[5] 从 19 世纪末的不过 300 人，经短短 30 年的时间，公娼的人数就翻了十番之多，清末"寓禁于征"的设想最后适得其反，不仅没有限制娼妓扩展，反而助长了其增长的趋势。

表1　北京公娼人数统计表

年份/年	娼妓人数/人	年份/年	娼妓人数/人
1912	3096	1917	3898
1913	3184	1919	3130
1915	3491	1928	3593

---

〔1〕　徐珂编撰：《清稗类钞》（第一一册），中华书局 1984 年版，第 5153 页以下。

〔2〕　西珠市口大街以北、铁树斜街以南，由西向东依次为：百顺胡同、胭脂胡同、韩家胡同、陕西巷、石头胡同、王广福斜街（现棕树斜街）、朱家胡同、李纱帽胡同（现小力胡同）。

〔3〕　卞修跃编：《近代中国社会面面观》，四川人民出版社 1999 年版，第 302 页以下。

〔4〕　麦倩曾：《北平娼妓调查》，载《社会学界》1931 年第 5 卷，第 115 页。

〔5〕　鲍祖宣：《娼妓问题》，上海女子书店 1935 年版，第 48 页。

2. 私娼猖獗

公娼之外仍有大量私娼、暗娼，其发展形势更为猖獗。据估计，私娼人数甚至达万人，[1] 这还是大量暗娼未纳入计算的数据。另外英国人甘博（Gamble）于 1919 年经实际调查做出统计：北平妓女与全部人口之比大概为 1 : 258，[2] 大概有 7000 人之多，远多于正式纳捐的妓女人数。

从总体来看，当时公娼加上暗娼数量达到 1 万人，这意味着北京当时每 81 人中便有 1 个妓女，或每 21 个妇女中便有 1 个妓女，[3] 这样的数据令人震惊，娼妓数量的庞大和政府最初的制度设计完全背道而驰，对社会造成了极大的影响，风气奢靡，世风日下，这样的结果使得许多有识之人对当时的制度提出了质疑，笔者在下文中大致总结了三点原因，归纳制度的缺陷和失败的缘由。

（二）原因分析

好的制度总是和特定的时代相挂钩，坏的制度亦然，有时候制度并无好坏之分，不过是适用的时代适合与否。清末民初时的娼妓制度以失败告终，分析造成这种结果的原因是汲取教训获得经验的捷径，同样的，笔者将社会、娼妓和嫖娼者分开，分别分析了各自的要点所在。

1. 社会原因

从社会背景来看，虽然当时政府积极承认了娼妓的合法性，但其根本出发点是征收赋税、充实国库，并没有认真考量娼妓的管理和控制，这是造成后期娼妓泛滥的一个重要因素。时人对民国时期北平市的捐税做统计时就发现，赋税种类达 29 项，而按数额由大到小排列，妓捐赫然列于 17 位。[4] 其数额不得不谓庞大。因此虽然政府曾对娼妓数量做出过限制，但因为妓捐是一笔可观收入，所以常常睁一只眼闭一只眼，形式上走走过场，任由乐户开设妓院，招纳妓女。此外，政府所设立的救济妓女的机构，如前文介绍的济

---

〔1〕 王书奴：《中国娼妓史》，生活书店 1934 年版，第 330 页。

〔2〕 鲍祖宣：《娼妓问题》，上海女子书店 1935 年版，第 51 页。

〔3〕 ［美］西德尼·D. 甘博：《北京的社会调查》（上），陈愉秉等译，中国书店出版社 2010 年版，第 261 页。

〔4〕 林颂河等：《北平社会概况统计》，社会调查所 1922 年版，第 8 页。

良所，虽在开设前期曾对妓女的从良起到了一定作用，但作为警察厅的附属机构加上时局动荡，后期该机构由于管理规则的无法贯彻和拨款经费不足的原因，早已名存实亡。到1928年7月，济良所改为社会局时，收容人数仅7人。对此，后人曾讥讽道："以往济良所弊端殊多：论其收容妓女无独立处理之权，凡娼妓到所请求救济者，非先呈报警察厅不得受领；加以该所一切之设施，所女之待遇，都异常恶劣；请领所女规则又多缺点，以致令不愿为娼之妇女裹足不前"[1]。由此看来，当时的救济机构也不甚完善，妓女在其中的生活不甚舒适，甚至比不上当妓女时来的半分惬意，因而妓女大多不愿投奔，良家妇女走投无路之时也宁为妓而不进济良所。

2. 娼妓自身原因

为娼者多为无安身立命之本的"无知"女子，"无知"并不是说她们愚笨，毫无思想，而是指她们没有任何生存技能，父亲或丈夫死后就没有可以依靠的生活来源，没有接受过教育也无从找到活计养活自己，便只好出卖身体换取银钱。基于这样的一个群体，在她们的思想中，虽然为娼是不光明的职业，但却是她们安身立命之本，而且这种工作相对于其他职业来说，赚钱来得更轻松更便捷，相较"洗衣女""裁缝女"，娼妓可以算得上是高收入人群。在20世纪50年代一次妓女的采访中就有人称是眼见其他为妓之人珠光宝气，终日寻欢作乐便学着放荡自己，最后一去难返。[2] 在这种思想的促使下，她们常常自甘堕落，甚至乐意成为娼妓，以拿到"花国总统"（当时上海妓女选美大赛的冠军称号）为荣，娼妓数量也因此迅速增长。

3. 嫖娼者原因

清末时期，清廷放宽了百姓嫖娼的禁令，仍保留了官吏狎娼的处罚规定[3]以严禁朝廷官员嫖娼，但即使如此，仍有不少官吏公然狎娼，甚至统治者自身也流连烟柳巷间。这些高官贵族仗着自身的权势，随意驱逐前来维持治安、整顿娼妓的巡警，庇佑非法营业的妓院以供自己享乐。曾有北京宪兵

---

〔1〕 周震鳞：《北平市社会局救济事业小史》，北平特别市社会局第一习艺工厂1929年版，第71页。

〔2〕 刘立云：《上海隐秘角》，江苏文艺出版社1989年版，第122页以下。

〔3〕 《大清律例》卷三十三《刑律》："凡文武官吏宿娼者杖六十，挟妓饮酒亦坐此律……"

司令王琦邀约其他大官狎妓时被前来稽查的官兵搅了兴致，最后打死了稽查大队队长，拘捕了所有稽查官兵以示惩戒。[1] 由此，许多非法经营的妓院仗着背后的权势，随意地招纳娼妓，开展营业，置规则于不顾。上行下效，嫖娼者的数量居高不下，而受供求关系的影响，有需求必定有供给，人人趋利，娼妓数量由此不断上升。

（三）现实设想

近年来，东莞扫黄事件和禁娼频繁地出现在人们的视野中，无孔不入的卖淫事件成为社会治安中一个难以解决的问题，加之其又牵扯到大量的道德层面的问题，更成为管理中的一个难关。在论文的最后一部分，结合上述整理的清末民初娼妓制度的优劣之处，笔者尝试浅谈娼妓未来的管制和发展方向。

在当今世界的大部分地区，卖淫都是非法的行当，在向来重视"礼教"的中国亦是如此。但在世界中也仍然存在着承认卖淫、承认妓女的职业身份的少数地区。而多年来，关于禁娼与否的问题也一直争论不休，难成定论。"卖淫合法"是完全有可能成立的社会制度，建立一个合法的红灯区并建立相关的法律制度对其进行规范是完全行得通的理论设想，但这一切都要基于特定的社会背景和大众思想。许多学者借由荷兰阿姆斯特丹的红灯区以及日本歌舞伎町的例子，对卖淫合法进行了十分深入和具体的论证，笔者在此简单论述一下有关荷兰阿姆斯特丹的卖淫合法的发展，并借此表达笔者对于中国应该选择哪种方向的一点思考。

在旧时的阿姆斯特丹，有关卖淫的看法，和大众的思潮一致，都将卖淫视为可耻的行径并加以禁止。当时妓女只能躲在社会的阴暗面生存，她们受着当局和社会的密切注视，不断遭人唾弃。此外，宗教的影响也造成了妓女地位的偏差，宗教对性的讳莫如深使得荷兰在受新教统治的一段时期内妓女生活得异常悲惨。而这种情况转变的开始是 1466 年对于卖淫相应的法律和敕令的颁布，以及阿姆斯特丹政府于 1580 年颁布的卖淫法。另外，随着航海业的兴起，赌场的繁荣，妓女为这些行业提供了其所需的性服务，卖淫变得大

---

〔1〕 许金城、许肇基辑：《民国野史》，云南人民出版社 2003 年版，第 94 页以下。

众化和公开化，社会对她们的看法也从"不诚实"的非市民变为了"可以被原谅的"。[1]

我们可以看到阿姆斯特丹对卖淫态度的转变点具有明显的时代背景，航海业的发达，赌场为性交易所提供的基石作用在中国都不具备。笔者认为所有卖淫合法地区的建立都是和当地对于性、对于妓女的看法以及当地的经济社会形势相关联的，在中国目前的情形下并不能适用或是借鉴其做法。作为一个对于性仍然持有禁忌态度的民族来说，卖淫公开合法是很难被接受的，这无关于社会制度的完善与否，诚如笔者认为禁娼与否并不存在孰优孰劣，它更主要的是思想层面的东西，而就道德层面来说，对于当今中国，笔者偏向于禁娼。

就目前主流的思想来看，社会大众并不能接受一名女性依靠自己的肉体来换取金钱，而且即使在性观念比较开放的西方国家，大家对妓女也无法做到一视同仁。更何况很多妓女并不是因为自身的意志而走上卖淫的行业，而是被拐卖或者被坑骗，卖淫合法更是会催生类似的犯罪情形，而禁娼所面对的主要问题就是如何处理好娼妓的后路。

在上述清末民初制度失败的原因分析中，我们总结出了社会、娼妓和嫖娼者三方面的原因，社会方面的"妓捐"的影响和男女比例失调造成的男性生理冲动无法解决的问题都随着时代的发展、税制的变化、性观念的转变而解决；嫖娼者中官吏带头狎娼的问题虽然始终存在着，但归根结底，其源头还是娼妓业的存在，试问如果没有性工作者，何来嫖娼之说？至此，最主要的问题还是娼妓本身的问题，而这一问题实际上又是社会如何安置这些卖淫工作者的问题。因为，普遍来说，自愿并且乐意从事卖淫工作的女子仍在少数，大多数是被逼无奈迫不得已才沦为妓女，而造成这种走投无路困境的原因又多在于金钱。妓女多数教育水平不高，无法适应现代社会的竞争模式，处于社会竞争的底端，稍有不慎就堕入为娼之道，因此建立一个适合这类人群工作的体系是禁娼所必要的。笔者认为，清末时期的济良所就是一次正确

---

[1] [荷]洛蒂·范·德·珀尔：《市民与妓女：近代初期阿姆斯特丹的不道德职业》，李士勋译，人民文学出版社 2009 年版，第 204 页以下。

的尝试，特别是在其章程中所规定的对于所内女子的教育以期她们能够适应整个社会的发展，学会其他的生存技能。虽然济良所最后以失败告终，但究其原因，还是经费和当时社会局势的影响，笔者认为，若在当今的情势下再尝试建立与济良所相类似的机构，建立管理该机构的完整体系，致力于促进娼妓从良，或许会有不一样的结局。

结　语

清末民初的时局动荡带来了娼妓的繁荣和相关制度的建立，前人对于这一现象进行过颇多历史学和社会学的研究，笔者在其基础上总结了当时娼妓的相关规则以及相关管理机构，分析了当时"寓禁于征"制度最后反而成为造成娼妓泛滥的原因这一现象的发生，并对当下"卖淫"的管理提出了寥寥设想。

娼妓作为历来的社会弱势群体，社会对其的关注度远远不够，法律上的保护更是不足，她们常常沦落为政府的剥削对象和世人的唾弃对象，这一状况至今未变，这对娼妓的安置显得更为重要。

昔有清末江南才子袁枚曾道，"两千年来，娼妓一门，历明主贤臣，卒不能禁，亦犹僧道寺观，至今遍满九州，亦未尝非安置闲民之良策"，表明了他对于娼妓存在的一种肯定。但笔者对此持异议，认为禁娼才是符合中国目前状态的最佳选择，而清末济良所制度更是值得参考的蓝本，但具体制度如何规划、如何实施，笔者限于自身学术水平，在此不敢妄言，更待诸位研究者的更深层次探讨。

代孕的法律规制

——一种有限开放的思路

◎夏原一 2013 级法学瀚德实验班

摘　要： 代孕是相伴生殖障碍而生的一种生殖手段。现代人工辅助生殖技术方兴未艾，代孕现象屡见不鲜。当前，我国法律全面禁止代孕，但面对社会存在的大量需求，绝对禁止代孕无法解决现实问题，代孕相关立法的空白不利于通过法律渠道进行管控。因此，全面、客观地理解代孕的概念及其社会价值，并以此为基础探寻一条科学、有效的法律规制路径尤为重要。

本文从代孕行为的定义及类型着眼分析各类代孕行为的利弊，进而说明非商业完全代孕的合理性及其合法化的学理基础。本文在理论研究的基础上，综合运用比较研究、实证调查、规范分析等多种方法来分析代孕行为中可能出现的争议点，进而主张一种有限开放代孕的规制思路，提出规范代孕行为需遵循的基本原则；并从限制代孕主体资格、规范代孕合同内容设计、给予代孕儿拟制婚生子女法律地位、行政部门应适当干预等方面，为我国设计开放非商业完全代孕的制度路径提出具体建议。

关键词： 代孕　非商业代孕　完全代孕

引　言

自 2016 年 1 月 1 日起，我国施行新修订的《中华人民共和国人口与计划生育法》（以下简称《人口与计划生育法》），从此"独生子女时代"告终，在政策层面开放了二胎。但一些患不孕不育症的夫妻却依然无法生育后代，在此情势下，代孕成为他们的希望，社会对于代孕讨论渐趋热烈。2015 年 12 月，全国人大常委会对《人口与计划生育法》立法草案进行审读，修改意见中指出全面禁止代孕与当前开放二胎的政策方向相悖。当前我国立法机关尚未出台法律条文明确禁止代孕。2017 年 2 月 3 日，人民日报刊登文章《生不出二孩真烦恼》，该文影射目前存在诸多受生殖障碍困扰而无法实现生育权的家庭，社会亟待探索有效的解决措施，而有限开放代孕不失为一种选择，[1] 这是官方媒体首次提出我国可以尝试有限开放代孕。该文随即引发舆论对代孕的讨论，其反映出当前社会对代孕众说纷纭、尚未形成统一意见，国家卫生和计划生育委员会回应道将继续严打代孕。[2]

目前，我国法学界在代孕议题上存在两派主流观点：一派以肖永平、罗满景等学者为代表，认为可以开放非商业完全代孕，代母不可索取高额报酬且不提供卵子，以自己的子宫帮助委托夫妻孕育胚胎。这一派学者支持有限开放代孕的理由有四点：其一，有限开放代孕是对生育权的尊重。生育权作为社会权利与习惯权利，且公众对平等享有生育权具有普遍共识。因此，生殖障碍夫妻通过代孕实现生育权具备合理性。其二，开放代孕是对身体权的尊重。代母出于利他考量而自愿接受代孕委托是一种正当行使身体权的表现。[3] 其三，代孕行为符合法律基本原则。"无伤害不禁止"为我国宪法的调控原则之一，目前立法层面未明文禁止代孕，且非商业完全代孕行为并未对他人权利、公共秩序造成损害。[4] 其四，有限开放代孕顺应中国人宗族繁衍的传统价值观。另一派以刘长秋为代表的学者持反对态度，反对任何形式的代孕行为。刘长秋认为随着人工辅助生殖技术的发展，难以真正禁绝代孕行为。但在当前社会背景下，从法律完善程度和公共价值观来权衡，有限开放代孕的时机尚未成熟。因此，当前在法律层面引入代孕的概念、明确规定禁止代孕技术是承上启下的阶段，既是日后开放代孕的缓冲过程，也可以弥

---

〔1〕 王君平：《生不出二孩真烦恼（聚焦·二孩政策一年追踪③）》，载《人民日报》2017 年 2 月 3 日，第 19 版。

〔2〕 李秀婷、卢茵：《国家卫计委：将继续严打代孕》，载《南方日报》2017 年 2 月 9 日，第 A10 版。

〔3〕 肖永平、张弛：《比较法视野下代孕案件的处理》，载《法学杂志》2016 年第 4 期。

〔4〕 罗满景：《中国代孕制度之立法重构——以无偿的完全代孕为对象》，载《时代法学》2009 年第 4 期。

补目前存在的法律漏洞。[1] 这一派学者反对开放代孕的理由有三点：其一，生育权的实现应通过婚姻家庭，如此形成的生育权才能获得法理与伦理认可。其二，代母无论是否出于商业目的，都是一种损害人格权的行为，代孕者沦为现实的"生育机器"。[2] 其三，代孕违反传统生育行为，将受精卵形成与胚胎发育相分离，易造成家庭伦理问题，有导致家庭秩序混乱、扰乱社会秩序之虞。

国外学者对代孕问题持两种态度。其中反对代孕的代表人物包括美国学者乌玛·纳瑞安（Uma Narayan）和乔纳斯·雷蒙德（Janice G. Raymond）等人。纳瑞安认为人工辅助生殖技术违反自然生殖规律，导致父权思想盛行，代母沦为"生育机器"。雷蒙德认为女性天然受缚于母性道德与使命，代孕的利他性使女性不能真正出于自愿而接受代孕委托。[3] 与之相反，支持代孕的代表学者是劳拉·普迪（Laura M. Purdy）等人。她认为代孕是代母自愿选择的权利，应当获得尊重。政府应适当干预、严禁商业代孕而非全面禁止。[4]

当前，我国对有限开放代孕的争论此起彼伏，社会中不乏需要通过代孕进行生育的现实需求。政府部门采取全面禁止态度，没有构建周密的制度框架进行有效规范管理。法律空白导致商业代孕屡禁不止，甚至形成地下产业链条。

本文研究相关学术文献，对比分析域外立法、司法实践经验，结合国内现已出现的司法案例进行实证研究，归纳总结适合我国具体国情的制度举措；试图解读代孕概念并进行价值评论，进一步探讨关于代孕法律规制的学界研究成果和域外立法、司法实践经验，最终立足于中国社会实际构建可行的法律制度框架，在多方利益与价值交叠中寻求平衡，对代孕行为进行合情、合理、有效的管理。

---

〔1〕 刘长秋：《有限开放代孕之法理批判与我国代孕规制的法律选择》，载《法治研究》2016 年第 3 期。

〔2〕 章梅芳：《代孕的身体伦理与性别政治》，载《中国妇女报》2017 年 2 月 14 日，第 B01 版。

〔3〕 任汝平、唐华琳：《"代孕"的法律困境及其破解》，载《福建论坛（人文社会科学版）》2009 年第 7 期。

〔4〕 Laura M. Purdy, "Surrogate Mothering: Exploitation or Empowerment?", *Bioethics* 3, 1989, pp. 18—34.

一、代孕行为概述

（一）代孕行为的含义

代孕，即代替怀孕，指求孕夫妻委托代母代替求孕妻子完成妊娠、分娩过程的情形。

（二）代孕行为的类型

代孕行为依据不同的标准有多种分类，目前学界讨论最多的是依据有无血缘关系、是否具商业性而形成的两种分类。

1. 完全代孕、局部代孕与捐胚代孕

依据是否具有遗传关系，代孕行为可以分为：完全代孕、局部代孕、捐胚代孕。[1]

完全代孕。精卵的组成有三种可能：由委托夫妻双方的精子、卵子组成；由委托夫妻男方的精子与第三人捐卵组成；由委托夫妻女方的卵子与第三人捐精组成。无论上述何种情况，代母仅代替委托夫妻中的女方完成妊娠、分娩过程，不捐赠卵子。代孕儿与代母没有生物学遗传关系。

局部代孕。在此情形下，精子来源于委托夫妻男方或其他捐精者，代母提供卵子并完成妊娠、分娩过程。局部代孕中，代孕儿的生物学母亲与分娩母亲均为代母。

捐胚代孕。精卵由捐赠者的精子、卵子组成，代孕儿与委托夫妻、代母三方均无生物学遗传关系，近似于领养。

2. 商业代孕与非商业代孕

以是否具有商业性为标准进行划分，亦有不同主张。有些学者认为可以划分为三类，即不收取任何费用的完全利他代孕、仅收取完成代孕必要费用的部分利他代孕、支付高额报酬的商业代孕。[2] 更多学者认为，可直接分为"商业代孕""非商业代孕"，本文亦采取二分说：

在商业代孕行为中，委托夫妻除支付完成孕育过程的全部必要费用外，还另外向代母支付高额报酬。对代母而言，这种代孕并非"无偿关爱"的行

---

〔1〕 席蒙：《代孕的立法构想》，河北大学 2013 年硕士学位论文，第 3 页。

〔2〕 张赫楠：《代孕行为的反思及法律规制》，载《卫生法学与生命伦理国际研讨会论文集》，2014 年 4 月，第 291~294 页。

为，而是具有营利性的商业行为。

在非商业代孕中，委托夫妻向代母支付仅限于合理范围的补偿。对于"合理范围内的补偿"的解释，学界众说纷纭，各国立法各异。新西兰 2004 年颁行的《人工辅助生殖技术法》禁止商业代孕，规定可以收取的费用包括：获取并使用人工配子医疗费用、人工辅助生殖医疗费用、法律咨询费用等。[1] 美国佛罗里达州州法规定，委托夫妻仅能向代母支付代孕期间医疗费、生活费、心理咨询费、法律咨询费等必要费用。[2]

（三）我国当前关于代孕的立法情况

2015 年 12 月，全国人大常委会审议了《人口与计划生育法修正案（草案）》，特别针对该草案第 5 条全面禁止代孕行为规定进行讨论，最终决定删去该草案第 5、6 条。全国人大法律委员会在《人口与计划生育法修正案（草案）》审议结果报告中说明删除原拟第 5、6 条[3]的原因，全国人大常委会认为修法应当围绕落实党的十八届五中全会决策进行，禁止代孕无助于全面实施二孩政策，且有些问题仍待深入研讨，建议删去原第 5、6 条。[4] 换言之，从全国人大或者全国人大常委会通过的法律层面上看，当前我国并没有制定具体法律条文对代孕进行规制。

虽然狭义法律层面存在漏洞，但在政策层面，国家卫生计生委、卫生部屡屡出台部门规章，明确禁止实施代孕技术，打击各种代孕行为。2001 年 2 月，卫生部发布《人类辅助生殖技术管理办法》，明确规定辅助生殖技术仅可

---

〔1〕 肖永平、张弛：《比较法视野下代孕案件的处理》，载《法学杂志》2016 年第 4 期。

〔2〕 The 2016 Florida Statutes, Title XLIII, Chapter 742.16.(4).

〔3〕《中华人民共和国人口与计划生育法修正案（草案）》（2015 年 12 月初拟，未经审议版）第 5 条：医疗机构实施人类辅助生殖技术需经省级人民政府卫生行政部门审查批准，同时规定禁止买卖精子、卵子、受精卵和胚胎，禁止以任何形式实施代孕。

〔4〕《全国人民代表大会法律委员会关于〈中华人民共和国人口与计划生育法修正案（草案）〉审议结果的报告》修改意见四：修正案草案第五条规定医疗机构实施人类辅助生殖技术需经省级人民政府卫生行政部门审查批准，同时规定禁止买卖精子、卵子、受精卵和胚胎，禁止以任何形式实施代孕。常委会组成人员对此意见分歧较大。有些常委会组成人员提出，这次修法应当集中围绕落实党的十八届五中全会决策进行，而本条规定与全面实施二孩政策没有直接关系，且有些问题还需深入研究论证，建议删去。法律委员会经研究，建议采纳这一意见，并相应删去修正案草案第六条。载中国人大网：http://www.npc.gov.cn/wxzl/gongbao/2016-02/26/content_1987081.htm.

用于医疗目的，必须符合强制规定、伦理道德和相关法律，并且禁止任何形式的代孕。[1] 自该办法颁行至今，有关部门屡次发布行政文件规范人工辅助生殖技术，明确禁止代孕。例如，2015 年 4 月，国家卫生计生委等部门发布《关于印发开展打击代孕专项行动工作方案的通知》，开展打击代孕专项行动。[2] 2015 年 6 月，国家卫生计生委发布《关于取消第三类医疗技术临床应用准入审批有关工作的通知》，规定医疗机构禁止临床应用存在重大伦理问题的医疗技术（如克隆技术、代孕技术）。

全面审读关于代孕的法律法规，会发现虽然在狭义的法律层面上没有禁止代孕，但行政法规、部门规章却全面禁止代孕。顾及现实中代孕行为屡见不鲜，代孕行为无法得到有效的法律规制，令这些法规陷于尴尬的境地。

二、各类代孕的评价及域外立法经验

绝对准许或绝对禁止代孕无益于民众对代孕形成客观、系统的认知，无助于推进法律制度的探索与设计。在这部分，笔者将以前文对代孕行为的分类为基础，针对各具体类型的代孕行为系统地进行价值评述，并介绍相关国外立法状况；以此为承接，分析开放非商业完全代孕的社会价值，同时介绍可供借鉴的域外立法经验，为后文设想制度路径作铺垫。

（一）完全代孕

1. 价值评价

完全代孕，也称"妊娠代孕"，首要特征是代孕儿与代母之间无遗传关系。目前，完全代孕已在大多开放代孕的国家合法化。我国学界支持部分开放代孕的学者也认可完全代孕。

完全代孕行为避免基因母亲让位于委托母亲的家庭伦理争议。代母代替委托夫妻女方完成妊娠、分娩过程，与代孕儿没有遗传关系。完全代孕行为可帮助不孕不育夫妻实现生育权，维护家庭关系稳定。

---

〔1〕 卫生部《人类辅助生殖技术管理办法》（2001）第 3 条：人类辅助生殖技术的应用应当在医疗机构中进行，以医疗为目的，并符合国家计划生育政策、伦理原则和有关法律规定。禁止以任何形式买卖配子、合子、胚胎。医疗机构和医务人员不得实施任何形式的代孕技术。

〔2〕 参见国家卫生计生委办公厅、中宣部办公厅、中央综治办秘书室等《关于印发开展打击代孕专项行动工作方案的通知》，国卫办监督发〔2015〕22 号。

站在代母的角度，完全代孕是实现自我价值的一种方式。代母出于自愿为委托夫妻孕育胚胎，独立行使身体权。既然血液、器官可以在不侵害捐献人身体权的前提下进行捐献，代母在自身状况适合孕育前提下自愿接受代孕委托，也是行使身体权的一种形式。[1]

2. 域外立法经验

笔者认为完全代孕体现代孕的利他性，有助于不孕不育夫妻平等实现生育权，应当在法律层面开放完全代孕。其他国家已有开放完全代孕的立法实践，例如南非制定的《2005 年关于儿童的第 38 号法》，对代孕精卵来源作出规定，允许配子中至少有一方来自求孕夫妻的完全代孕。[2] 美国弗吉尼亚州州法规定开放非商业利他型代孕，代孕补偿费用仅包括代孕期间的医疗费、必要生活费。[3]

（二）局部代孕

1. 价值评价

在局部代孕中，代孕儿与代母形成生物学遗传关系。这种情形可以依据委托夫妻中男方是否提供精子分为两类：一类是代孕儿与委托男方形成生物学遗传关系，另一类是借助第三人捐精与代母的卵子培育受精卵。在第一类下，可以依据授精方式划分为人工辅助生殖和自然生殖。人工辅助生殖，指借助现代医疗手段进行体外授精的生殖方式。自然生殖，指通过性行为使精子、卵子在人体内结合的生殖方式。委托夫妻中的男方与代母进行自然生殖，实际构成通奸，违背家庭伦理和社会道德。

从代母与代孕儿形成生物学遗传关系的角度看，代孕协议无论要求代母完全放弃对亲生儿女的抚养权，或准许代母定期探视，都有违社会伦理、不合人情。同时，作为代孕儿的亲生母亲，代母在分娩之后很可能难舍亲情，增加违约风险，造成社会关系的不稳定。[4]

---

〔1〕 刘强民、王磊、闫晓辉：《代孕的夹缝求生——妊娠代孕合法化的法律进路》，载《山东审判》2012 年第 5 期。

〔2〕 肖永平、张弛：《比较法视野下代孕案件的处理》，载《法学杂志》2016 年第 4 期。

〔3〕 Code of Virginia Chapter 9, §20-156.

〔4〕 肖永平、张弛：《比较法视野下代孕案件的处理》，载《法学杂志》2016 年第 4 期。

2. 域外立法经验

由于局部代孕会造成分隔母婴的伦理困局，常见于代母事后反悔引起抚养权纠纷。即使这类法律纠纷当事人诉至法院，也很难作出法理、伦理、情理都周全的裁判结果。为避免陷入这种困境，应从根本上禁止局部代孕行为。比如，我国香港特别行政区施行的《人类生殖科技条例》对代孕行为禁止使用的配子作出明确规定，要求在代孕行为中只可使用两类人士的配子，一是一段婚姻的双方；二是依据代孕协议，代母应当将代孕儿交予的人士，并由该人士在切实可行的范围内行使作为父母的权利。这种规定排除了代母提供卵子的基因代孕行为。[1]

（三）捐胚代孕

1. 价值评价

捐胚代孕中，委托夫妻的生殖细胞均不参与受孕，代孕儿与委托夫妻之间没有基因遗传关系，很难确保委托夫妻在胎儿出生后一定会履行抚养责任，易出现委托夫妻、代母双方推诿婴儿抚养义务的后果。此外，由于代孕儿并非委托夫妻或其中任意一方真正意义上的儿女，委托夫妻双方的生育权都没有得到完全实现，因此捐胚代孕不能体现代孕的利他性。最后，捐胚代孕的效果通过社会领养足以实现，捐胚代孕并非穷尽所有手段后才采取的最终措施。

2. 域外立法经验

由于捐胚代孕并非真正意义上的代孕，目前有限开放代孕的国家在立法时一般都排除"捐胚代孕"，故本文不再对捐胚代孕进一步讨论。

---

〔1〕 中国香港特别行政区《人类生殖科技条例》第 III 部第 14 条：禁制就代母安排使用捐赠的配子：在不损害《父母与子女条例》的施行的情况下，就某项代母安排而言，任何人只可使用符合以下规定的两名人士的配子——（a）属一段婚姻的双方；及（b）就该项安排而言，属"代母"的定义中（a）（ii）段所述的人士。第 I 部第 2 条释义：（1）……"代母"（surrogate mother）指符合以下情况的女性——（a）依据一项安排而怀有孩子，而（i）该项安排是在开始怀有该孩子前作出的；及（ii）该项安排的出发点是将依据该项安排而怀有的孩子交予其他人士，并由该等人士在切实可行的范围内行使作为父母的权利；及（b）怀有的孩子是借生殖科技程序而成胎的。

（四）商业代孕

1. 价值评价

商业代孕，亦称"报偿性代孕"，指在代孕行为中，委托夫妻不仅向代母支付妊娠分娩费用，例如医疗费、误工费、通信费、法律咨询费等，还支付高额报酬作为对代孕行为的犒赏。除少数完全开放代孕的国家外，在一些部分开放代孕的国家中，商业代孕行为由于可能引发法律、伦理冲突而被禁绝。

商业代孕行为将子宫商业化、胎儿商品化，矮化代母的人格。这种代孕使代母子宫成为可以明码标价有偿使用的工具，使孕育生命成为有偿商业行为。同时，父母对子女的亲权基于生育行为和父母身份而产生，父母亲权是平等的，不能因为一方支付报酬而贬损另一方的亲权。崇尚人格权的现代社会不应包容"亲权买卖"，这也将引发家庭伦理问题。

商业代孕可能引发更深层的社会不公平。通过高额报酬招徕自愿代孕者的做法仅适用于财力雄厚的中上等阶层，经济实力薄弱的普通人无力承担商业代孕开支。不同阶层的实力差异导致实现生育权的程度产生差别，从而加剧社会不公平，不利于社会稳定。

商业代孕可能形成灰色产业链，造成女性人格矮化。由于商业代孕协议以支付高额报酬为获取代孕儿抚养权的对价，部分女性可能会仅从报酬考量而从事代孕。此外，这种走捷径致富的心理可能为不法分子利用，形成地下商业代孕链条。不利于保护代孕女性权益，无助于形成勤勉向上的社会风气。[1]

2. 域外立法经验

商业代孕由于有"买卖婴儿"嫌疑而广受争议，目前大多数部分开放代孕的国家都禁止商业代孕。最早探索开放代孕的国家英国亦如此。1985年，英国议会颁行《代孕协议法》，这部法律是对代孕行为进行规制的总则性法律文件，明文规定违法进行商业性代孕、组办商业代孕中介、传播代孕广告等将承担刑事责任。[2]

---

〔1〕 胡梯:《论代孕的合理使用和法律调控原则》，中国政法大学 2010 年硕士学位论文。

〔2〕 潘荣华、杨芳:《英国"代孕"合法化二十年历史回顾》，载《医学与哲学》2006 年第 11 期。

笔者认为商业代孕是一种将人身商业化的行为，与拐卖人口、卖淫没有实质区别，此种行为应入刑，对任何营利性代孕行为应依据严重程度予以刑事处罚。

（五）非商业代孕

1. 价值评价

非商业代孕，指委托夫妻在代孕协议中不承诺向代母支付高额报酬，仅支付代孕的必要医疗费用、生育所需的营养费用、通信费用、心理咨询费用、法律咨询费用等。更有甚者为突出非商业代孕的利他性，委托夫妻不向代母支付必要医疗费以外的其他任何费用。

非商业代孕可以在一定程度上避免商业代孕的恶果，保证代孕行为的利他性。在非商业代孕下，代母不可能获取高额报酬，有效防止代母仅出于商业目的而接受委托，也避免形成商业代孕链条。同时，以利他性为特征的非商业代孕建立于代母无私帮助的善良意愿，并没有对子宫以及代孕儿明码标价，因此避免贬低代母及代孕儿人格的问题。

笔者认为非商业代孕行为的利他性虽避免将女性、生殖价格化，但是向代母支付合理报偿也不会将女性和生殖价格化。代母帮助委托夫妻完成妊娠、分娩过程已经体现"利他性"，而孕育生命充满艰辛，如果对代母毫无补偿，反而否定代孕行为的价值。需要注意的是，无论是人体器官还是人的生命都无法通过价格衡量价值，此处的"合理补偿"是为肯定代孕行为的价值所作出的物质表示，但不应用过高的物质报酬作为招徕代孕者的筹码。

2. 域外立法经验

在有限开放代孕的国家中，多数开放非商业代孕。例如英国 1985 年颁行的《代孕协议法》中规定代孕不得要求酬劳。澳大利亚首都特区在 2004 年颁行的《亲子法》中认可纯粹利他的非商业代孕的合法性。[1]

三、代孕的法律制度设计思路

前文对五类代孕行为进行具体分析，可见无论是学界理论研究还是域外立法实践，都以开放非商业完全代孕为主流。笔者也认为在当前社会现实下，

---

〔1〕 余提：《各国代孕法律之比较研究》，中国政法大学出版社 2016 年版，第 52、62 页。

完全禁止代孕并非长久之计，设定"非商业性""完全妊娠"两重标准对代孕行为进行限制是切实可行的突破口。在本文第三部分，笔者将讨论代孕可能引起的法律问题，涉及代孕协议的效力、亲子关系的确定；从国内外司法实践中汲取有益经验，设想在我国尝试有限开放代孕的法律规制思路。

（一）代孕行为引发的主要法律问题

代孕行为中最重要的两步是最初签订代孕协议、最终转移代孕儿抚养权，在这关键的两环节中容易出现法律纠纷。因此，代孕引发的常见法律争议集中于代孕协议法律效力的判断和亲子关系的确定。

1. 代孕协议

（1）代孕协议的性质。目前我国学界对代孕合同性质有不同看法，主要包括以下四种说法：其一，委托合同。有些学者认为代孕协议是委托夫妻为委托代母完成精卵孕育分娩过程，并最终由委托夫妻获取代孕儿的抚养权而签订的特殊类型合同。[1] 其二，租赁合同。有些学者认为代孕协议是委托夫妻为租用代母子宫，短期内使用子宫生殖功能孕育胚胎而签订的合同。[2] 其三，承揽合同。德国高等法院审理代孕案件曾运用这种观点并认为代母承揽孕育、分娩胎儿的劳动并获取相应报酬而签订代孕协议。[3] 其四，雇佣合同。有些学者认为委托夫妻雇佣代母完成孕育、分娩胎儿的工作并支付一定报酬而订立劳务合同。[4]

在四种学说里，笔者倾向于委托合同学说。鉴于代孕是求孕夫妻委托代母进行妊娠、分娩的行为，具有人身替代性，归为委托合同更恰当。租赁合同强调转移租赁标的物的使用收益权，代母使用自己子宫代为孕育，显然与租赁的情形不同。雇佣合同中雇工为雇主提供劳动力并获得相应报酬，雇工对雇主具有人身依附性，代孕双方显然是独立两方，并不完全符合这种情形。承揽合同以完成约定的工作并交付特定成果为合同标的物，在代孕案件中婴

〔1〕 张燕玲：《人工生殖法律问题研究》，山东大学 2006 年博士学位论文，第 79 页。
〔2〕 许丽琴：《代孕生育合理控制与使用的法律规制》，载《河北法学》2009 年第 7 期。
〔3〕 张燕玲：《人工生殖法律问题研究》，山东大学 2006 年博士学位论文，第 79 页。
〔4〕 吴国平：《论"完全代孕"协议的效力及其法律规制》，载《政法学刊》2013 年第 4 期。

儿作为活体不能成为合同标的物，这一主张也有失偏颇。[1]

（2）代孕协议的效力。当前我国在司法实践中判断代孕协议效力的通常做法是：直接判断代孕协议违反 2001 年《人类辅助生殖技术管理办法》第 3 条认定代孕协议无效。

对代孕协议效力进行判断的最终目的是为确定婴儿抚养权。当前，各国立法实践中大致可总结为以下三个模式：

模式一，忽略代孕协议，直接以婴儿最佳利益原则为裁判标准，由法官在审判具体案件时运用自由裁量权，判断最有助于婴儿成长的抚养权归属方。具体做法如：美国某些州直接认为代孕协议无效，英国仅视代孕协议为代孕行为的证明而不判断协议是否具有法律效力。1990 年，英国国会《人类授精与胚胎学法》第 36 条规定：代孕协议不具有强制执行力，不可作为对抗当事人的依据。[2]

模式二，代孕协议产生法律效力，但不产生强制执行力。代母分娩过后可以反悔并获得婴儿监护权。目前，美国密歇根州、弗吉尼亚州、纽约州都遵循这种做法。另有类似立法例的国家和地区，例如中国香港特别行政区、加拿大魁北克地区都立法规定代孕合同有效但不被强制执行。[3]

模式三，代孕协议合法有效，双方出现纠纷时按协议约定确权。2000 年，美国颁行《统一亲子法》，该法案规定经过法院听证、审批的代孕协议具有强制法律效力，委托夫妻可以要求法院在必要时强制执行代孕协议。[4] 当前，美国伊利诺伊州、佛罗里达州、内华达州和新汉普郡都采用这种模式。[5]

笔者认为，代孕既然是双方在意思自治前提下达成合意的行为，应当赋

---

〔1〕 王怡：《代孕合法化争议的法理辨析》，载《黑龙江省政法管理干部学院学报》2013 年第 4 期。

〔2〕 潘荣华、杨芳：《英国"代孕"合法化二十年历史回顾》，载《医学与哲学》2006 年第 11 期。

〔3〕 罗满景：《代孕合同合法性之立法比较研究——兼评中国现行规定》，载《内江师范学院学报》2009 年第 9 期。

〔4〕 李志强：《代孕协议法律规制之我见——以代孕双方权利义务为中心》，载《医学与哲学》2011 年第 8 期。

〔5〕 郑净方：《利用人工生殖技术所生子女亲子身份的认定》，厦门大学 2008 年硕士学位论文，第 23~27 页。

予所形成的协议法律效力。出现违约时,应遵守合同约定。

有学者认为,应当在划定抚养权归属时给予代母特殊保护。[1] 代母十月怀胎、一朝分娩便转交婴儿抚养权,在整个过程中处于弱势地位,不能要求其强制履行代孕合同约定。但从遗传关系角度考虑,求孕男方与婴儿存在遗传关系,是生物学父亲和法定父亲。在代孕行为开始之初,求孕夫妻获取婴儿抚养权的意图已十分明显,而代母自愿接受无偿代孕委托时仅有帮助求孕夫妻孕育胎儿的意思表达,并没有保留婴儿抚养权的意图。因此,笔者认为完成分娩后若出现抚养权纠纷,应当遵从先前合同约定。脱离个案情况,一概允许代母反悔并获得婴儿抚养权的做法不足为训。

此外,笔者认为代孕合同在最终形成并获得法律效力前必须有公权力机关干预。代孕合同不同于普通买卖合同,不是物质财富、商业服务的对等交换,而是牵涉人身关系的形成和变动。完全交由当事人双方自由约定可能损害弱势方的权利。代孕合同若能产生法律效力,必须符合社会伦理道德、法律强制规定,因此公权力机关的审批公证是赋予实现其程序正义和法律效力的必要手段。

2. 亲子身份关系

(1) 代孕儿法律地位。当前,由于卫生部 2001 年《人类辅助生殖技术管理办法》第 3 条规定,代孕技术依然被全面禁止,代孕协议无法律效力。代孕儿无法享有婚生子女的法律地位。目前,我国司法实践的模式是:确认生物学母亲与代孕儿的亲子关系;由于代母的代孕意愿是将代孕儿的抚养权让与委托夫妻,委托夫妻的求孕意愿表示委托夫妻愿意抚养代孕儿,再基于委托夫妻此后对代孕儿的抚养事实进一步确定委托夫妻与代孕儿形成收养关系。

2016 年 6 月,上海市第一中级人民法院开庭审理我国首例代孕引发的抚养权纠纷案,该案明确在求孕夫妻女方未提供卵子情况下,如何确定求孕女方与代孕儿的法律关系。案情如下:委托夫妻罗某(男方)与陈某(女方)因陈某患有生殖疾病,婚内达成合意通过人工辅助生殖技术结合罗某与第三人的精卵,委托第三方代孕。2014 年初罗某病逝,引发罗某父母(原告)与

---

[1] 王萍:《代孕法律的比较考察与技术分析》,载《法治研究》2014 年第 6 期。

陈某（被告）关于代孕儿女抚养权的争夺战。一审法院上海市闵行区人民法院认为陈某与代孕子女既无生物学遗传关系，也没有参与妊娠、分娩过程，缺乏认定代孕子女为婚生子女的事实基础，同时不构成合法的拟制血亲关系。一审法院判决原告罗某父母取得罗某代孕子女的抚养权。被告陈某不服一审判决，上诉至上海市中级人民法院。二审法院认为代孕子女是罗某、陈某在婚内达成合意，同意罗某与第三人借助人工辅助生殖技术手段进行代孕产子，是罗某的婚内非婚生子女。代孕儿女出生后，始终由二人进行抚养。基于陈某与代孕儿女间的抚养事实，可以确定陈某与代孕儿女形成继父母子女关系。二审判决驳回原告罗某父母对罗某代孕儿女的抚养权请求。[1]

从判决可见，我国目前并不认可代孕儿具有婚生子女法律地位，而是采取迂回手段，认定婴儿系委托夫妻中具有遗传关系者的非婚生子女，通过承认求孕夫妻中无遗传关系者与代孕儿女形成拟制血亲关系，确认求孕夫妻双方对代孕儿女具有抚养权。

（2）代孕儿伦理母亲的确定。在传统自然生殖中，基因母亲、分娩母亲与家庭母亲的三种角色由同一女性承担。然而，现代代孕使三种角色相分离，可能由二者甚至三者分别承担。代孕当事双方出现纠纷时，如何确定代母与代孕儿、委托夫妻女方与代孕儿两对关系尤为重要。学界常见看法有三类：

第一类，以分娩行为为准，视代母为伦理母亲。持这种看法的学者认为受精卵从早期人类胚胎发育成为具有鲜活生命的人，需要母体十月的孕育。虽然两性生殖细胞结合是生命的起源，但生命只有经历妊娠分娩，胚胎才能发育成人，最终降生。代孕儿得益于代母才成活，因此应当赋予代母伦理学母亲的身份。[2]

第二类，以基因为准，视基因母亲为伦理母亲。持这种看法的学者认为，基因组成是确定人的身份的重要标志。代孕儿的生命起源归结到基因母亲，应将基因母亲视为伦理母亲。[3]

第三类，以家庭伦理的基准，委托夫妻女方（即"家庭母亲"或"社会

---

〔1〕 参见上海市第一中级人民法院民事判决书，（2015）沪一中少民终字第 56 号。

〔2〕 朱川、谢建平：《代孕子女身份的法律认定》，载《科技与法律》2001 年第 3 期。

〔3〕 李志强：《代孕生育的民法调整》，载《山西师大学报（社会科学版）》2011 年第 3 期。

母亲"）为伦理母亲。持这种看法的学者认为代孕初衷是帮助委托夫妻实现平等的生育权，订立代孕协议的根本目的是使委托夫妻能够为人父母、形成完整家庭。因此，代孕儿的伦理母亲理应是委托夫妻中的女方。倘若视他人为代孕儿的伦理母亲，不符合制定代孕协议的初衷。同时，试想代孕儿的伦理父亲是求孕夫妻男方，而伦理母亲是代孕者，这种判断无助于家庭关系的完整稳定，不合情理和伦理。

笔者认为，确定代孕儿伦理母亲的最终目的是在争议发生时，确定哪一方可以获得代孕儿的抚养权。脱离具体案件情况，臆想出一劳永逸的适用规则是徒劳的。传统自然生殖情况下，生物学母亲、分娩母亲与社会母亲三种角色由同一人担当，这种情况成为一种思维定势，即一人只能有一位"母亲"。然而，代孕确实将母亲角色一分为三。如果依然维持传统思维，在三人中遴选出一人做"真正"的母亲是因循守旧的做法。从人的出生、成长进程来看，形成胚胎、孕育胚胎、抚养三方面都弥足重要，不能进行价值比较，不可区分高下。三选一的实质是完全承认一者的价值和身份、彻底否定其他两者，这种做法对其他两者不公平。

保留两方甚至三方的"母亲"身份不代表分割代孕儿的抚养权。换言之，代孕者可以保留"代孕母亲"的身份，同时委托夫妻女方保留"社会母亲"的身份，但抚养权仅能由其中一人获取，获取者即"伦理母亲"。[1]

由于代孕案件的具体案情各异，形成具有普适性的抚养权归属规则不具备现实性、可操作性。在这一点上，可行做法是由法官行使自由裁量权，根据具体案情综合考虑确定伦理母亲，作出最有利于代孕儿成长的裁决。

（二）代孕的具体制度构想

对于规制代孕的具体制度构想，主要分为两个部分：提出纲领性的基本原则，以及设想具体的制度措施。

1. 法律规制原则

（1）自愿原则。指代母接受委托夫妻代孕委托完全出于主观自愿，而非受到威逼利诱才接受委托。自愿原则从一定程度上反映出非商业原则。

---

〔1〕 梁立智：《代孕对不孕夫妻家庭关系影响的伦理探究》，载《医学与哲学》2016年第10期。

（2）主体身份有限原则。由于代孕行为具有复杂性，应限制主体资格。代孕牵涉法学、医学、伦理学。在个体层面上，代孕行为牵涉两方甚至三方，需要理清生物学关系，进而确定伦理、法律关系。

限制代孕主体尤为重要。例如，英国曾发生一宗由母亲代孕的案例，一男性同性恋者委托自己的母亲为自己和伴侣代孕，卵子来源于第三人捐赠。[1] 在中国的传统价值观念下，虽然母亲与代孕儿之间并无血缘关系，但由母亲来充当孙辈的"分娩母亲"很荒谬，违背伦常。因此，对参与代孕的双方主体都应设置限制标准，以免代孕跨越合理界限，造成"制度作恶"。

（3）代孕类型有限原则。前文已论述五种代孕行为利弊，笔者亦认同当前国内法学界及域外立法实践所推崇的主流，即开放非商业完全代孕。限制可行的代孕类型，旨在防止代孕技术滥用，造成难以修复的家庭及社会伦理问题。

（4）子女利益最大化原则。子女利益最大化原则是代孕纠纷发生时，法官对双方甚至多方利益进行确权时应遵从的规则。法官在具体案件中应当对儿童成长环境、儿童与成人之间是否已形成亲子关系、有无感情基础、家庭物质条件等方面综合考量，裁定最适合儿童成长的一方取得抚养权[2]。

2. 具体制度设计

（1）专门行政机关监督管理。为避免代孕走向商业化、形成大规模地下产业链条、助长不正之风，公权力应当参与、管理和监督代孕行为的全过程。

首先，应赋予计划生育主管部门审查、批准代孕协议的职权。虽然代孕协议归根结底是由求孕夫妻与代母签订的民事协议，遵从意思自治的基本原则，但由于代孕协议牵涉人身关系的变动，影响家庭伦理、社会道德，应当受到公权力机关的监管和限制。

其次，政府应设立具有"居间"职能的公益性代孕中介机构。委托代孕这一行为不应任由当事双方私下进行，应当尽力避免别有居心者借机发展地下代孕、形成不法商业链条；政府通过设置官方中介机构，能够有效区分出

---

〔1〕 余提：《各国代孕法律之比较研究》，中国政法大学出版社 2016 年版，第 17 页。

〔2〕 王军霞：《代孕的合法性论证及立法规制建议》，华东政法大学 2016 年硕士学位论文，第 31~33 页。

非法代孕中介并予以制裁。[1]

鉴于本文针对开放非商业完全代孕的制度路径进行探讨，在此情形下，公益代孕中介机构应承担的职能包括：

向求孕夫妻征收代孕全程所需要的必要费用，包括寻求代母的成本费用、中介与双方进行沟通的通信费用，以上费用由代孕中介机构收取。此外，求孕夫妻应当向代母支付的妊娠与分娩医疗费用、必要的营养费、代孕期间的误工费用等必要补偿，经由中介机构核实而后转交代母，从而避免日后双方产生经济纠纷。

代孕中介机构应当对求孕夫妻、代孕母亲两类人群进行资格审查、申请登记，以便将双方进行匹配；并在此后进程中协调双方签订代孕协议及其他有关协议，如保密协议。对代孕母亲进行体检并在代母怀孕期间对其日常生活习惯进行监督，从而进一步保证代母不会因为个人不良生活习惯造成婴儿出生缺陷。最终为代母分娩产子提供医疗服务。[2]

代孕中介机构发挥居间的作用，在代母分娩后将婴儿转交求孕夫妻。通过添加中间环节、增设代孕中介机构，能够减少代孕双方产生抚养权纠纷的可能。

另外，行政机关应当加大对医院的监管力度，对地下代孕中介严格控制、坚决取缔。未与上述公益代孕中介机构挂钩的医院，不应给予实施人工辅助生殖技术、进行代孕手术的医疗资格；获得可实施代孕手术资格的医院，仅能接诊获得代孕审批机构审批认可的代母并进行精卵着床手术。对于医院、地下代孕中介的违法行为应严厉惩处。[3]

（2）限制代孕主体。限制委托夫妻的资质，应包含委托夫妻的年龄、家庭情况、健康情况等方面。①委托夫妻应当是适合生育年龄阶段的合法夫妻，年龄不在适育年龄段内不应进行代孕委托。②委托夫妻必须有能力营造温馨、良好的幼儿成长家庭环境，例如夫妻关系和谐、家庭具备满足基本生活的经

〔1〕 吴国平：《论"完全代孕"协议的效力及其法律规制》，载《政法学刊》2013年第4期。
〔2〕 王心禾：《代孕问题，法律不应回避》，载《检察日报》2017年3月30日，第4版。
〔3〕 罗满景：《中国代孕制度之立法重构——以无偿的完全代孕为对象》，载《时代法学》2009年第4期。

济条件。③委托夫妻必须提供医疗诊断证明，说明因生理障碍造成生育能力缺陷，导致无法通过自然生殖方式生育后代。限制代母接受委托的资质，应涉及代母年龄、身体情况、家庭情况等。④代母年龄应在适孕年龄段内且已进行过一次生产。这种规定既是防止一些年轻女性受到金钱利诱而从事商业代孕，也是保护代母的人身安全。⑤代母必须接受全面体检，证明术前身体状况适合代孕，以免代母隐瞒真实健康情况，导致代孕儿出生缺陷，引发抚养权纠纷。⑥代母接受代孕委托时应当获取代母相关利害关系人的同意，例如其配偶、父母、其他直系亲属，以免代孕行为对代孕协议外的第三人造成损害。⑦代母不得为求孕夫妻中任何一方的三代以内直系亲属，以免出现家庭伦理争议。[1]

（3）代孕合同双方的权利义务。由于代孕并非普通商业交易，具有较强人身性，不能仅由当事人双方自由协议。行政机关应制定半开放代孕合同模版，规定强制义务和违反规定的法律责任。由于每宗代孕案件都有具体案情，应在合同范式中留下空白，以尊重代孕当事双方自由协商的空间。在代孕双方签订合同后，应交行政机关公证审批。此外，行政机关应规定合同特殊条款，如合同解除权，确保在妊娠晚期前不损害代母身体的前提下，代孕双方有权终止合同、终止妊娠。另外应当规定违约责任分担。

代孕合同中对代孕双方的基本法律关系进行规定。委托夫妻应当积极接受相关心理辅导、法律咨询，从法律、伦理、医学、心理学角度全面了解代孕常识。在提取生殖细胞前，接受全面体检，保证提供优质精卵。[2] 在代母怀孕至分娩期间，委托夫妻应履行必要支付义务，必要费用包括前期准备工作开支，如体检费用，法律、心理咨询费用，通信费用，代孕所需的各类必要医疗费，代母妊娠至分娩期间必要营养费以及对代母误工的适当经济补偿；此外，求孕夫妻还应对代母尽关爱义务，为代母在妊娠分娩期间提供必要食宿和卫生条件。在代母完成分娩后，委托夫妻应积极接收婴儿，到行政机关完成户籍登记、亲子关系认定等相关行政手续。

---

〔1〕 王苏野：《关于代孕行为的法律思考》，载《法制与社会》2015 年第 5 期。

〔2〕 张妞、徐菊华、张涛：《对不孕症夫妇开展生殖伦理教育和培训的探讨》，载《中国医学伦理学》2016 年第 5 期。

代母应当在接受委托前履行告知义务，全面披露个人生理及心理条件，学历及家庭状况等；妊娠期间履行勤勉义务，正常作息，杜绝不良生活习惯，尽最大努力避免出现胎儿出生缺陷，同时应当积极配合接受定期体检、法律咨询、心理辅导；此外，代母应在分娩完成后如约转交婴儿的抚养权、积极配合委托夫妻和代孕中介机构完成相关手续。[1]

（4）给予代孕儿拟制婚生子女法律地位。确定人工辅助生殖技术所生子女的法律地位是确定代孕儿法律地位的先决条件。2015 年 4 月 15 日，最高人民法院发布第 50 号指导案例《李某、郭某阳诉郭某和童某某继承纠纷案》，该案例给出确定人工授精子女法律地位的范式，其中一裁判要点是：在合法夫妻关系存续期间，经双方意见达成一致，借助人工辅助生殖技术，利用他人精子与女方卵子相结合使女方受孕，所生子女应视为婚生子女。[2]

代孕产子与该指导案例的相似点是：参与主体面临相似的生育难题，必须借助人工辅助生殖技术才能解决。相异点是：人工授精并未使分娩母亲与家庭母亲相分离；代孕则将生物学父母、分娩母亲、家庭母亲这三项原本仅限于夫妻二人的角色扩展到三人。此外，不违反法律强制规定的前提下，人工授精生子并未受到法律禁止；而代孕则被当前政策明令禁止。问题在于违法行为的后续结果是否也应贴上"违法""无效"的标签？根据《人口与计划生育法》的规定，生育子女应当是合法夫妻的婚内行为，《中华人民共和国婚姻法》第 25 条规定，非婚生子女享有与婚生子女相同的权利。从此可以推理出一个违法行为的衍生结果未必会受到法律的负面评价[3]。

笔者认为，对比 2015 年最高法指导案例的裁判要点，代孕儿获得拟制婚生子女法律地位具有相当的法理基础：①通常求孕夫妻的求子意图必然产生于婚姻存续期间；②求孕夫妻大多经过详细商议而后达成委托他人产子的合意。由于求孕夫妻与代母签订代孕协议时，求孕夫妻的合同意图已经非常明

---

〔1〕 李志强：《代孕协议法律规制之我见——以代孕双方权利义务为中心》，载《医学与哲学》2011 年第 8 期。

〔2〕 丁伟利、李兵：《〈李某、郭某阳诉郭某和、童某某继承纠纷案〉的理解与参照——双方同意人工授精所生子女视为婚生子女》，载《人民司法（案例）》2016 年第 26 期。

〔3〕 陈朝仑：《代孕引发法理与伦理相撞》，载《法制日报》2015 年 9 月 16 日，第 11 版。

显，即通过代孕行使生育权、获得代孕儿的抚养权。代母基于这一认知自愿签订代孕协议，帮助求孕夫妻实现生育权并无不合情理之处。应尊重双方意思自治的行为。

同时，求孕丈夫与代孕儿具有生物学遗传关系，是代孕儿的法定父亲。代孕儿系求孕丈夫与他人的生殖细胞结合发育而成，非真正意义上夫妻婚内所生子女。代孕行为中特殊的一点是，孕育代孕儿必然经夫妻双方协商决定，在代孕过程中，代母与求孕母亲实质上有角色替代的关系。笔者认为既然求孕夫妻抱着生育后代的目的委托代孕，代孕儿更应被视为拟制婚生子女，享有与婚生子女同等的法律地位。

（5）违约救济。违约情形是指求孕夫妻或代母在协议履行期间反悔，在违约情形下最重要的是如何确定抚养权归属。结合当前已完全开放或有限开放的国家立法例，有四种通常做法：一是根据生物学遗传关系确认亲子关系和抚养权。二是以分娩行为为准确定抚养权。三是依据合同约定确定抚养权。四是法官以子女利益最大化原则为准则，运用自由裁量权。

笔者认为判断婴儿抚养权归属的根本原则是婴儿最佳权利原则。虽然前文说明，出现纠纷时应当尊重双方在代孕合同中的约定；但考虑到代孕的特殊性，抚养权归属关系到未成年人今后的成长，刻板履行合同约定并不是私法自治精神的真正体现。经过十个月妊娠期，倘若分娩后代孕双方的具体情况发生改变，此时确定婴儿抚养权归属应以子女利益最大化原则为准，由法官发挥自由裁量权。因代孕纠纷具体案情各不相同，根据生物学遗传关系、分娩行为、代孕合同约定进行裁判，虽然判决结果可预见性高，但不利于保护儿童利益。例如，代母反悔、拒绝转交婴儿抚养权的情况下，仅根据分娩行为就将婴儿抚养权判归分娩母亲，而不针对求孕夫妻和代母的家庭情况、经济条件、受教育程度等进行对比、权衡，这种做法不利于为未成年人提供更好的成长环境。或者在十个月的妊娠期中，求孕夫妻发生死亡、离异、重大家庭变故等情况，导致未来无法为代孕儿提供良好的成长环境，如果强行按合同约定，支持委托方的抚养权诉请亦不利于保护未成年人利益。

除在子女利益最大化原则的基础上判断抚养权权属以外，还应当对违约一方的法律责任进行规定。根据《中华人民共和国合同法》第 107 条对合同违约责任的规定，被违约方可以要求违约方继续履行、采取补救措施或赔偿损失。然而，由于代孕合同具有人身性，强制履行或采取补偿措施均牵涉到人身关系的变化。因此，在代孕合同中继续履行或采取补救措施皆不可取。仅能规定出现违约时，被违约方可以向违约方主张经济赔偿。

（6）商业代孕入刑。在有限开放非商业完全代孕的情况下，违法情形主要是指商业代孕行为。如前文所述，商业代孕违背伦理，是将子宫工具化、生殖标签化的做法，实质是出卖生殖器官牟利。应对地下不法代孕机构严厉打击，对从事商业代孕当事人进行刑事处罚。

有学者提出可以增设"商业代孕罪"相关的新罪名，从而有效规制代孕行为，维持社会关系稳定，推动代孕技术能够被积极应用于非商业完全代孕。[1]

结 语

我国目前进入"二胎时代"，放开计划生育政策反映我国当前面临人口压力。随着人工辅助生殖技术愈发成熟，通过代孕帮助不孕不育家庭生育后代，有利于个体家庭关系的稳定，也有助于改善我国人口结构、维持社会整体稳定。[2]

本文通过论述代孕行为分类及对各种类型代孕进行评述，论证开放非商业完全代孕的可行性、可取性。非商业完全代孕行为以代孕双方合意为基础，无损第三人利益，顺应伦理道德、公序良俗，体现代母的利他初衷，有助于家庭关系、社会关系稳定。

笔者结合前人研究成果设想有限开放代孕的制度路径，认为即使已经将可开放代孕的类型限定为非商业完全代孕，但由于代孕本身牵涉家庭伦理，涉及委托夫妻、代母与代孕儿之间的亲子关系和抚养权问题，更牵涉社会伦理、家庭关系的稳定性，故在限制开放类型的基础上，还应设置较高的代孕主体标准以进一步限制进行代孕的人群，将代孕求子作为保障生育权的最后手段；同时赋予计划生育行政部门相关职权，设立专事机构对代孕全程进行

---

〔1〕 黄姝：《代孕过程中涉及的刑法适用问题研究》，上海大学 2013 年硕士学位论文。
〔2〕 杨彪：《代孕协议的可执行性问题：市场、道德与法律》，载《政法论坛》2015 年第 4 期。

监管。对于违反法律法规、进行地下代孕甚至形成产业链条的行为，应当进行刑事处罚。

　　希望我国立法机关能够站在当今人口结构压力渐长的背景下，慎重权衡有限开放代孕的利弊，有限、有理、有力地为非商业完全代孕打开制度大门。

自媒体语境下公共论坛的重塑

◎郑烨烨　2013 级法学卓越实验班

摘　要： 自媒体的发展为我国的言论自由带来了新局面，公共论坛出现了不少转机，包括数字鸿沟的抹平、新意见阶层的崛起、更多社会问题的暴露和公民新闻比重的上升等。但由于自媒体缺乏理性而带来的非理性氛围和群体极化、无序表达和无效表达带来的交流低效，使得其公共论坛的角色充满不确定性。本文以展现自媒体为公共论坛带来的转机和危机为主，结合言论自由的价值和理想公共论坛的特征，探讨如何让自媒体成为更加完善的公共论坛。文章主要聚焦于提高自媒体上言论的完整性和启发性，期待专业媒体人发挥更加积极的作用，并通过不同言论平衡自媒体作为公共论坛的言论生态环境，从而重塑一个质量更高、更具公共性的公共论坛。

关键词： 自媒体　公共论坛　言论自由　公共性　群体极化

引　言

言论自由作为公民一项重要的基本权利，并非中国本土的"原生概念"。无论是公民的言论自由观念，还是言论自由的整体实现程度，都尚未形成良好社会氛围。中国的言论自由发展历程同英国、美国、法国等言论自由发展久远的国家有着一定的差异性，比如中国的言论自由没有经过诸如沙龙、街头演讲、公园集会等多形式的公共论坛的发展阶段。[1] 要让言论自由成为全社会的共同观念并实现其应有价值，一个高质量公共论坛的培育不可或缺。对于公共论坛的培育，不仅是为了实现更高程度的言论自由，更关键的是，通过公共论坛，让社会中的不同个体共同参与到"我们"的事务讨论中，而不仅是低头专注于"我"的利益。[2] 公共论坛使社会成员能够共同分享经验，通过经验和观点的共享有机会达成更广泛的社会共识，避免阶层差异造成严重的社会撕裂。

本文首先将从分析自媒体为公共论坛带来的转机和危机入手，呈现公共论坛发展的新语境。其次在探讨言论自由应有价值的基础上，分析公共论坛上的言论应该满足哪些要求。最后文章将进一步思考为了满足这些要求，自媒体上的言论应该如何调整，从而重塑一个更具社会公共性的公共论坛。

就转机而言，自媒体的出现给中国社会注入了新的活力。它超越以往各种媒介，迅速网罗了尽可能多的受众群体，尤其是话语权较弱势的民众。一方面，低成本的媒介使用机会，得以造就扁平化的"信息—受众关系结构"，也带来了受众的广泛性和该媒介更强的代表性。自媒体这座信息桥使相似的群体得以聚合并产生影响力，主流话语体系之外的文化形态享有了话语空间，甚至反过来重塑主流文化的形态。另一方面，信息流的急剧增加提高了管控

---

〔1〕 西方国家的公共论坛，典型代表之一就是"哈贝马斯的咖啡厅"，它是早期资本主义发展过程中的一个关键环节。哈贝马斯将类似的、出现在资本主义不同发展阶段的公共论坛称为"公共领域"。他认为，公共领域是由私人意志集合形成的，但又与私人领域严格区分。公共领域产生公共舆论，对上起到制衡公共权力机关的作用，对下承接市民社会的私人领域，具有公共性、合理性和批判性的特征。但是商品化正在破坏公共领域，使之远离公共性和合理批判。参见〔德〕哈贝马斯：《公共领域的结构转型》，曹卫东等译，学林出版社1999年版。

〔2〕 美国学者 Robert D. Putnam 在著作 *Bowling Alone: The Collapse and Revival of American Community* 中表达了对美国传统社区衰弱的担忧。Putnam 认为，过去美国人热衷于公共议题，积极参与公益和公共事务。而现在，比起出门社交、去俱乐部参加活动，美国人更愿意在家看电视、独自去打保龄球（保龄球是一项个人的运动，不需要同他人合作即可完成）。这种公共性的丢失，伴随着美国社会的冷漠、信任危机等问题，使社会缺乏黏性。更重要的是，它带来民主制度运转的问题，因为民主政治的基础在于公民对公共事务的关心和参与。具体参见 Robert D. Putnam, *Bowling Alone: The Collapse and Revival of American Community*, Simon & Schuster Press, 2001. 同样地，反观中国的民主运行问题，一方面是公众对公共议题、民主政治的关注不足，另一方面是社会异质化带来的社会内部张力。因而通过公共论坛促进更广泛的公共议题讨论，不仅是民主政治的需要，更是提供社会黏性的需要。

成本，由此"溢出"的信息极大拓宽了进入公众视野的消息来源途径。公民新闻参与比重的上升，提高了公民在公共事件中的参与感，围观者同时也是信息的造就者。自媒体使得言论的自主性、完整性[1]得到极大提升，在官方传统媒体之外带来突破，从而重塑公共论坛。这个年轻的媒介带来了一个机会——开启更深刻、更全面的社会变革的机会。但是就目前来看，不应该对此抱有过分乐观的态度。

就危机来看，自媒体的优势本身隐含着危机。不同群体的话语权的加强造成自媒体上的文化形态有着浓厚的非理性氛围，对观点相似的群体的聚合和对用户偏好的无限满足，又会引发群体极化的问题，进而形成"沉默的螺旋"，这使得自媒体上的讨论偏离理性的价值。对"公"与"私"的界限的冲击，使得自媒体能够曝光被掩盖的问题，但也可能因此造成信息混乱，形成表达无序的状态。而热点事件中公民新闻的比重上升，带来了消息来源的拓广和公民参与度的提高，却也可能因此缺少对问题的深度挖掘，并使得话题滑向泛娱乐化和庸俗化。

要使自媒体更好地扮演公共论坛的角色，除了保证言论的自主性，更大程度地推进言论完整性，更要提升言论的启发性——即自媒体不能总是充斥着无关紧要的琐事，而是应该对公共议题投入足够的关注，并产生理性而有效的讨论。自媒体存在的问题很难通过某种方式来"割除"，对于草根化、碎片化等特性的克服也是对自媒体优势的阉割。要提高自媒体上言论的质量，应该通过自媒体上不同主体、不同言论的平衡来实现，从而进一步重塑公共论坛。

言论自由的精髓不仅在于"自由"，也在于理性、秩序、效果。只有呈现理性、有序（有序和多元并不冲突）又指向问题解决的讨论，言论自由的价值才能充分实现。一个高质量的公共论坛能够通过有价值的言论，推进各种社会问题的解决，更能借此提供社会黏性，为民主社会重拾"公共性"。自媒体身上埋藏着这个可能。

---

〔1〕"自主性"意味着言论更加符合发言者的真实意愿，言论的内容和主题不受自由意志以外的因素的限制。"完整性"则是强调言论的广泛代表性，能够充分反应不同阶层、不同群体的观点，且观点不是片面地呈现。这两个概念将会在本文第三章中详细论述。

一、自媒体繁荣与公共论坛转机

1994 年 4 月 20 日，中国正式加入国际互联网。1998 年到 2008 年是互联网商业化迅速发展的十年，这十年间诞生了阿里巴巴、腾讯、百度、新浪等一批互联网新星。[1] 2000 年，中国手机移动互联网投入运行，2002 年博客进入中国市场，中国的自媒体时代自此拉开序幕；2009 年，新浪微博问世，自媒体时代拉开了新篇章。[2] 自媒体用户的急剧扩张使之几乎成为“全民媒介”[3]。自媒体的繁荣为公共论坛创造了转机：普通民众媒介接近权的实现在一定程度上抹平了“数字鸿沟”，充满活力的自媒体造就了新意见阶层的崛起，多元文化形态对抗着主流话语体系的强势，“公”“私”界限的突破暴露出更多社会问题，公民新闻提高了普通民众在公共事件中的参与感。一个容纳更多公民、更具代表性的公共论坛在自媒体上形成，它以更低的成本实现更高的参与，用更庞大的信息流呈现更丰富的文化形态。

（一）“数字鸿沟”的跨越

普通民众获取信息成本的降低和发声渠道的增加是自媒体时代非常宝贵的馈赠。相比传统媒体在信息上存在准入特权，自媒体的门槛则要低得多。

对数字鸿沟的抹平，首先，体现在不同阶层间。截止到 2016 年 12 月，我国共有 7.31 亿网民，其中有 6.95 亿手机网民，占网民人数的 95.1%，有 1.73 亿网民仅通过手机上网。而使用手机的用户当中，有很大部分不具备其他硬件条件（如 PC、平板电脑、电视）接入互联网，而其中大部分是进城务工人员。数据显示，高中及以下学历的网民占总数的 79.4%，月收入 5000 元及以下的网民占总数的 83.4%，其中月收入 3000 元及以下的网民占总数的 60.2%。[4] 低门槛的准入条件和较低的硬件成本，使得低收入群体能够轻易

---

〔1〕 梁春晓：《互联网浪潮刚开始》，载《人民日报》2014 年 4 月 28 日，第 20 版。

〔2〕 郎为民、李建军、胡东华：《移动互联网的前世今生》，载《电信快报》2012 年第 8 期。

〔3〕 2016 年 9 月份，微信日登录用户达到 7.68 亿（数据来自：《2016 微信数据报告》，载腾讯科技网：https：//tech.qq.com/a/20161228/018057.htm#p=2），微博月活跃用户达 2.97 亿（数据来自：《2016 微博用户发展报告》，载微报告：https：//data.weibo.com/report/reportDetail? id=346）。2015 年，百度贴吧月活跃用户达 3 亿（数据来自：猎豹移动《全球智能手机使用报告》）。

〔4〕 第 39 次《中国互联网络发展状况统计报告》，载中国互联网络信息中心：http：//www.cnnic.net.cn/hlwfzyj/hlwxzbg/hlwtjbg/201701/P020170123364672657408.pdf，最后访问日期：2017 年 2 月 26 日。

进入自媒体。无论是信息的获取还是信息的发布，都可以随时随地"自助进行"。其次，是不同地区间数字鸿沟的降低。通过计算网民密度、网站密度和域名密度等指标的数据显示，中西部地区网络发展水平与沿海地区虽有差距，但相比经济差距而言这个差距不仅很小，也没有出现梯度效应，而且密度较低的省份的发展速度也远超发达省份，呈现可喜的发展态势。〔1〕 截至 2016 年，山西、新疆、青海、陕西、内蒙古、宁夏、西藏的互联网普及率（网民占省内人口总数）甚至还高于四川、湖南、江西、安徽等省份。〔2〕 最后，在总体上，以俞立平提出的互联网鸿沟系数 ID（Internet Divide）来定量数字鸿沟，我国的网民数字鸿沟指数也从 1998 年的 9.7 下降到 2004 年 3.05。〔3〕

数字鸿沟的减小和普通民众传媒接近权的提升，有益于跨越阶层的社会沟通。民主讨论的前提是充分的表达，更为平等的话语能力才能促进更加充分的讨论。数字鸿沟减小时，更多来自不同阶层的声音能够被听到，普通民众的生活状态才能为整个社会所知晓，不再局限于同阶层间而成为全社会的共同经验。而普通民众也因为更低成本的信息获取带来知情权的提升，进一步促进他们更为活跃地表达。这是权利的实现，也是对社会关系的重构。

（二）社会关系的重构：新意见阶层的崛起

自媒体的出现带来话语权的改变，不仅体现在每个人都有了一个麦克风以及发言机会。自媒体对阶层的突破作用，更体现在它允许人们转换身份。在自媒体上的身份是可以选择的，用户可以选择一个与现实中统一的身份出现在平台上，也可以选择一个完全不同的身份，一个独立于财富、学识、宗教信仰、人际关系、社会地位的身份。当身份得以转化时，阶层在一定程度上就可以被突破。当然，这里并不是完全在讨论互联网的匿名性，事实上，随着微信朋友圈等自媒体的使用，自媒体开始从匿名性越来越走向非匿名性。但尽管如此，这种身份转换的选择权依然广泛地存在着，它不仅存在于微博、

---

〔1〕 俞立平：《我国互联网数字鸿沟分析》，载《情报科学》2006 年第 1 期。

〔2〕 第 39 次《中国互联网络发展状况统计报告》，载中国互联网络信息中心：http://www.cnnic. net. cn/hlwfzyj/hlwxzbg/hlwtjbg/201701/P020170123364672657408. pdf，最后访问日期：2017 年 2 月 26 日。

〔3〕 俞立平：《我国互联网数字鸿沟分析》，载《情报科学》2006 年第 1 期。

知乎、百度贴吧、天涯等论坛，在微信朋友圈这样一个典型的熟人型自媒体社交平台，用户依然可以通过设立个人公众号去重新选择和定义自己的身份。一个普通的学生也可以通过观点的说服性和煽动性成为有无数追随者的意见领袖，一个村民也可以因为独具特色的诗作成为被热议的诗人。影响力取决于这个人的"独特"和所能引起的"共鸣"，甚至是来自以往最不起眼的阶层的共鸣。数字鸿沟的减小为这些看似不起眼的阶层创造了低成本的参与权。当身份可以剥离既有的现实社会角色，独立于财富、权力、年龄、性别，新的意见阶层也就得以孕育和形成，一个不同于"社会成功人士"的话语群体也就可以与"成功人士"相抗衡。

这个话语群体，即使不需要以现实社会中的影响力为基础，也可以享有一套完全不同于主流观念的话语体系。自媒体出现后，反心灵鸡汤的"丧文化"也完全能够被理解甚至支持，这样的所谓"毒鸡汤"经常得到点赞和转发，支持者不一定是出于认可这种理念的颓丧，但或多或少都包含着一种对反主流姿态的拥趸，对看似乐观积极但既不真实也不宽容的主旋律的叛逆。"恶搞"这种反权威文化更是自媒体上普遍的趣味，《一个馒头引发的血案》的视频、表情包、名人"鬼畜"视频都是"恶搞"文化的产物，通过对权威的"滑稽化"演绎，呈现出与主流话语体系不同的风貌。"恶搞"文化和漫画类似，常常是以辛辣风趣的手法，讽刺被恶搞的人或事件背后的问题。这些曾经被认为无足轻重甚至被主流话语权看作略显边缘的文化，在自媒体兴起的新意见阶层中却可以成为新的文化。而这些反主流、反权威的文化形态也暴露了被主流和权威所试图掩盖的问题。

自媒体给予的身份转换的机会，意味着更加平等的对话，一场可以剥去现实世界既有优势和既定劣势的对话。主流文化是一套强势的话语体系，追求稳定和统一，甚至是不容分说的。而借助自媒体得以生长的反主流文化，就是在不断突破这种"稳定和统一"去展现差异和个性，展现价值的非唯一性。"无中心化"的对话特点决定了网络信息最大程度的多样化。[1] 这对于所谓"主流文化"也许是危机，但对于观念的多元却是一个充满宽容的孵化器。

---

[1] 陈纯柱等：《互联网上宪法权利的保障与界限》，法律出版社2016年版，第50页。

（三）社会关系的重构："公共"与"私人"界限的变化

在自媒体时代，每个人似乎都认为信息的获取更容易了，但同时又都感受到了信息控制感的弱化和消失。"凡走过必留下痕迹"使得所有的私人信息都可能进入公众视野，隐私的界限也就被重新界定。

福柯曾用边沁的"全景监狱"（或称"敞视监狱"）来比喻现代社会的管理模式——少数人手握资源并监视着多数人；而被监视的多数人之间缺乏交流、彼此隔离，被监视者看不到监视者但知道监视的可能性持续存在，渐渐地被监视者会产生自我监督、自我规范。奥威尔创作的《1984》中的"老大哥"就是这样的一个监视者。而媒体的出现带来了一个新的模式——"共景监狱"（或称"全视监狱"），学者杰弗里·罗森基于前人的理论提出了这一理论。共景监狱下，不再是少数人监视多数人，而是多数人注视着多数人，人人都可能成为监视者。[1]

隐私权是一块不应该受外界任意进入的私人属地，但这块属地的边界却愈加模糊起来。自媒体让多数人监视多数人的"共景"模式更加显著，越来越多的人被纳入监督者的范畴，而因此监督的力量在变得越来越大，因此"公"与"私"的界限也随之变化。官员的日记到底是"私"还是"公"的范畴？如果日记里的内容涉及贿赂呢？同样地，个人的财产状况虽然完全是属于私人领地内的内容，但如果是"罗尔事件"[2]中罗尔的个人财产状况呢？依然是属于绝对的隐私权的范畴吗？这些问题无论在法律上如何定性，自媒体的环境可能都不会尊重这本日记和罗尔的财产状况以作为"隐私"而存在。事实上自媒体上"公众"与"私人"的界限正在突破法律所设定的界限。这种界限事实上和法理无关，也和立法无关，更多关乎事实，无论法理和立法是如何认定的，这一事实已经在重塑社会对"公"与"私"的感知。而这种突破，正是自媒体得以揭露大量被掩盖的问题的关键。以某种尚处于灰色地

---

〔1〕 关于"全景监狱""共景监狱"有关内容，可参见［法］米歇尔·福柯：《规训与惩罚：监狱的诞生》，刘北成、杨远婴译，生活·读书·新知三联书店 2003 年版；胡泳：《从敞视、单视到全视》，载《读书》2008 年第 1 期；喻国明：《媒体变革：从"全景监狱"到"共景监狱"》，载《人民论坛》2009 年第 15 期。

〔2〕 任孟山：《从"罗尔事件"看意见过剩与新闻稀缺》，载《传媒》2017 年第 2 期。

带的行为，去呈现本来无法出现于公共视野中的问题。

（四）热点事件演进方式变革：公民新闻比重上升

自媒体大规模普及前，公共视野中的热点事件发展路径大体遵循"事件发生—专业媒体介入—报道和传播—热点退潮"的路径。在四个阶段中，非当事人公民在"事件发生"和"专业媒体人介入"两个阶段之间可能成为信息的传递者，即作为将事件引入公共视野的"爆料人"，或者在"报道和传播"阶段进行自由讨论。除非报道事件的媒体平台特别注重收集反馈（开通热线电话或信箱邮箱、采访观众），或者公民以公开发表意见（如登报、著书）的方式讨论事件，公民与报道该事件的媒体平台很难具有大规模的、常态的对话性讨论。在整个发展路径中，作为非媒体人的一般公民的讨论和参与极其有限，更多的时候一般公民不是作为事件的主体或者参与者，而是作为媒体的对象，以消费者的身份面对热点事件。

自媒体平台上孕育出的热点事件，其路径呈现出"事件曝光—论坛内热议—微信/微博大量转发—自媒体平台扩散—热度蔓延"的规律。其中的每个环节，几乎都少不了普通公民。民众不是专业记者但可以成为论坛上的消息发布者，事件的热度也是通过普通民众点赞、评论和转发共同促成的，当然很多时候也存在关键意见领袖的推动。以"魏则西事件"为例，作为知乎活跃用户的魏则西发表了名为《你认为人性最大的"恶"是什么?》的帖子，讲述了艰难求医的过程和受骗经历，帖子在知乎内获得了极高的点击量。2016 年 4 月 27 日，曾在传统媒体做过调查记者的孔璞在自己的微博上表达了对此事的感慨，而后引起记者詹涓的关注。2016 年 5 月 1 日，微信公众号"有槽"发布詹涓的《一个死在百度和部队医院之手的年轻人》一文，该文被大量转发，而后"魏则西事件"的热度扩散至微博等自媒体平台、各大门户网站甚至传统媒体。类似的"雷洋案"也是由名为"山羊月"的知乎用户最先发布消息。2016 年 5 月 9 日晚，帖子《刚为人父的人大硕士，为何一小时内离奇死亡?》通过知乎发出，而后迅速在微信朋友圈和微博上大量转发，并引起自媒体和传统媒体超乎寻常的广泛关注。[1]"现象级"的事件几乎在

---

[1] "魏则西事件"和"雷洋案"的事件发展过程梳理，参见任孟山：《从魏则西、雷洋事件看社交媒体时代舆论新生态》，载《传媒》2016 年第 10 期。

一夜造出，速度和规模都前所未有。

自媒体的广泛普及，使得热点事件在两个方面都有极大的"量"的改变。一方面，信息提供者数量的急剧增加，普通民众不再必须依托专业媒体平台才能进行信息传递，每个人都是一个移动的消息发射塔。得益于消息来源的指数级增长，可以引发关注的事件得到了极大的拓广，原本可能没有机会出现在公众视野里的事件得以拥有一席之地，甚至发展成全民参与的现象级热点，传播速度也超过了以往的权威发布。另一方面，自媒体为热点事件的扩散增加了"对话性"因子。交流不再是专业媒体向消费者的单方输出，观众也是事件参与者和推动者。通过即时的点击、点赞、关注、转发、评论推动事件热度，与消息的最初发布者和事件当事人都在进行着各种形式的沟通，高吸引度的评论参与者也随时可以转身成为事件的主角。

我们很难想象，如果没有自媒体和互联网，"雷洋案"这样的事件还会不会出现在公众视野中，或是消失于无声无息中。尽管相比非政治言论，对于政治言论不该施与过于严格的审查要求。[1] 过于严格的言论审查制度，尤其是在政治领域和公共议题上的过分敏感，不仅带来了官方严格的事前限制，很多时候更带来了媒体人的自我审查和自我限制。过度的过滤使大量珍贵的信息根本没有机会进入公共论坛。而尽管自媒体不进行事前审查的做法意味着信息存在真实性风险（这将在后文详细论述），却又并未使得不当言论失去事后被追责的机会。这是对审查制度的小突破，却是言论自由往前跨越的一大步。

二、作为公共论坛的自媒体的困境

尽管自媒体的出现为公共论坛的培育带来了转机，但自媒体却也存在很多"画地为牢"的问题。之所以说该等问题是"画地为牢"，是因为这些问题也与自媒体的优势相伴而生，完全割除这些问题的同时也会使自媒体失去

---

〔1〕 关于政治言论和非政治言论的划分，是在美国法学家讨论言论自由与美国宪法第一修正案时进行的一种区分，包括米克尔约翰在内的学者认为，政治言论受第一修正案的绝对保护，不应受到任何限制，而非政治言论则可予以适当限制。因为政治言论关乎民主、公共利益，应当使之具有更大的空间。关于这部分内容参见［美］安东尼·刘易斯：《批评官员的尺度：〈纽约时报〉诉警察局长沙利文案》，何帆译，北京大学出版社 2011 年版。或者参见［美］亚历山大·米克尔约翰：《表达自由的法律限度》，侯健译，贵州人民出版社 2003 年版。

那些最强势的优点。这些问题主要集中在三个方面：一是表达缺乏理性，主要表现为自媒体中的群体极化现象；二是无效的表达，主要表现为缺乏深度的事实挖掘和观点讨论；三是无序的表达，主要表现为信息的混乱和庸俗化倾向。

（一）理性缺失之一：非理性的氛围

以"两微一端"（即微信、微博、各种新闻客户端）等为代表的自媒体平台，让交流成为一件低成本的事情。最令人担忧的地方在于自媒体上的许多交流方式其实是与理性无关的。不需要任何深度思考和知识基础，一个点赞就可以行使表达的权利。而这时的"点赞"已经不仅仅是一种权利，而是一种"权力"，一种握在所有网民手中的权力。它决定了哪些话题可以得到广泛的关注，哪些话题可以引起热议，哪些观点可以为人认可。所有网民——无论是握着手机在工地上的打工者、浏览微博的大学生、还是为日常琐事所扰的家庭主妇，转发和点赞即在塑造着一条信息、一个事件或者一个观点的命运。

这种低成本的交流方式颇有点"直接民主"的意味，同时也是自媒体兴起的原因，更是自媒体抹平数字鸿沟、促进更广泛的媒介接近权的贡献。但同时低门槛的交流方式也带来了非理性倾向的风险。

微博上热议的"人口贩子一律死刑"的话题迎合了公众公共安全感缺失的焦虑，该类话题的出现也是长期对法律制定的专业性不重视、不理解的氛围使然，很多民众未意识到量刑是一门极为复杂的专业学问，需要考虑量刑理论、刑罚威慑力和犯罪率的因素。"一律死刑"是否会带来人口贩子更加不计后果的恶劣行径？自媒体上的营销号或者利益团体有意利用公众焦虑（在互联网社交平台"流量即利润"的驱使下），煽动起民众对法学精英阶层更大的不理解，使民众展现出凭借道德直觉下论断的倾向。

除了迎合担忧，自媒体上也存在其他非理性议题。"李某某强奸案""李刚之子撞人案"中，民众最关心的并不是这个行为本身的违法性或者判决本身的法律逻辑，甚至也不关心这个事件的具体事实究竟如何，而是这个事件当事人特殊的身份特征。这种对民意中不理性倾向的迎合和利用，使得本在高度异质化的中国社会更易分流。而其他短视频社区中，自虐、低俗的风气也渐有从自娱自乐走向集体狂欢之势。低门槛的交流模式，草根阶层和"三低人群"（即低学历、低收入、低年龄的人群，是互联网的主要使用者）〔1〕大规模地涌入，加上为吸引关注度的有意利用，可能使非理性氛围在自媒体上愈演愈烈。

（二）理性缺失之二：群体极化与沉寂机制

自媒体带给用户很高的满足感与体验感中，有两种特别值得关注：一个是让拥有不同爱好的人更容易找到同好者；另一个是个性化的定制，即根据用户既有的选择来预测用户将要做出的选择并进行有针对性的推荐。

对于第一种体验而言，自媒体或者说以互联网为代表的新兴媒体，帮助了大量少数者群体找到了同伴，让原本话语权微弱的群体拥有更大的力量发声，也让一些人数较少的爱好拥有者享有归属感。对于第二种体验而言，作为消费者的用户享受到了细致的服务，也很大程度上提高了个人进行话题选择和信息搜索的效率。从消费者的角度上说，两种体验都是有好处的。

但民众不仅有消费者这样一种角色，公民也是其重要的角色身份，对"消费者主权"的过分满足可能因此损及对"政治主权"的实现。〔2〕

以上两种体验最大的风险就在于可能带来群体极化问题，即意见相同的人通过彼此交流，强化了原有立场直至走向极端化，从而有害于作为公民身份的个体的讨论。群体极化未必是一件坏事，通过和立场一致的人进行交流使自己具有更坚定的观点，这也是很多"主义"的发展方式。但是群体极化在当下特别值得警惕，一方面在于它的非理性加剧了社交平台上极端和浮躁的风气，另一方面对于一个异质化程度较高的社会而言，群体极化所带来的分化可能不利于社会黏性。群体极化在中国网民之间十分常见，从沸沸扬扬

---

〔1〕 截至 2016 年底，10~39 岁年龄段占网民总数的 73.7%，高中及以下学历的占网民总数的 79.4%，月收入 5000 元及以下的占网民总数的 83.4%，其中月收入 3000 元及以下的占网民总数的 60.2%。

〔2〕 凯斯·桑斯坦曾在书中提到一组对应的概念："消费者主权"和"政治主权"，"消费者主权"指的是媒体对消费者个人偏好的满足，这意味着消费者可以完全享有信息选择的权利，其过滤所读的力量越来越大；而政治主权则更主张民主而多元的信息和充分的讨论，是服务于个体的公民身份的。这种说法脱胎于霍姆斯和布兰代斯两位法官的争论。参见 〔美〕凯斯·桑斯坦：《网络共和国：网络社会中的民主问题》，黄维明译，上海人民出版社 2003 年版，"第二章"。

的"韩国部署萨德事件"来看，狂热的以爱国主义者自居的网民发表了大量仇韩言论，又因为捕捉到同样"爱国"的同伴意见，而更加坚定自己的看法。这和当年的"钓鱼岛事件"几乎如出一辙。激愤的"爱国群众"相聚在一起，在激昂的氛围中怒砸日本车、用 U 型锁砸破同胞的颅骨。这也是群体极化中自然产生的现象，群体的极化与狂热带来的沉寂机制使得很多观点根本没有被充分表达和重视。伴随着韩国队在世界杯亚洲区预选赛上对中国球员倒地后的踢人行为，自媒体平台对韩国运动员不良作风的批评，已经不是基于这种行为本身对竞技规则和体育精神的背离，而是基于这些行为由韩国运动员所为。

平台受众的差异所带来的平台内部的群体极化也非常明显。短视频社区更多展现了小城市乡镇的审美趣味，而"知乎"上则更多指向性少数群体权利的承认和女性独立。

这些用户的激情和群体化的偏见令人担忧。事实上，民众的激情和偏见与独裁者的专断和威权一样值得警惕，因为对保持理性的人而言，当权者的灌输和煽动未必能起作用，而当大规模的激情和偏见被利用时，新形式的集权也就极其容易复辟。而与群体极化相伴随的沉寂机制将会导致部分群体的失语，这也使得自媒体最大的优势——更普遍的媒介接近权受到损害。

（三）无序表达：信息混乱

相比于传统媒体在消息发布前的审查机制和专业媒体人的新闻伦理自觉（尽管不是所有媒体人都有这种自觉），自媒体上的信息发布可以不经过任何审查。很多微信公众号和大 V 已经具备了和出版单位相当的信息发布能力和舆论影响力，其可以不经任何事前审查就进行信息发布。正如前文所述，这当然不一定是一件坏事，严格的事前审查及自我审查，可能严重影响公民知情权。但自媒体上的这种无事前审查不仅是无政治性审查（这点尚有争议），也是无"专业性"审查，而这样的信息自由的成本同时也是昂贵的。自媒体热点事件的反转太过常见，而太多的反转则会带来自媒体上更普遍的不信任和更大的社会裂痕。《南方都市报》前深度报道部担任主任的龙志曾说：没有可靠、连贯而系统的事实，每一个人看到的都是一个面，随之产出的评论、批评和各类逻辑推演都可能是不准确的，不仅没有解决问题，还可能制造新的对立和撕裂。〔1〕"罗尔事件"的出现之初，本是一件唤起网民同理心的公益事件，之后迅速的舆论反转引发了自媒体新一轮的信任危机。"知乎童谣诈骗案"〔2〕也是如出一辙。舆论态度从同情到之后的惊讶再到愤怒，导致越来越多网民对自媒体慈善的怀疑和审慎，过分的怀疑和审慎常常就是冷漠的开始。信息混乱所带来的信任危机，已经严重影响了自媒体所具有的公共论坛属性。

（四）无效表达：信息庸俗化与深度挖掘的缺位

自媒体是信息交流平台，更作为社交娱乐平台被打造。无论是个体网民还是大 V、团体组织，"有趣"几乎是所有用户的追求。泛娱乐化的倾向，不仅意味着对严肃议题的忽视，也意味着深度信息的缺失。俏皮话和抖机灵比起深入的分析显然能引起更多的兴趣。这几乎也是新媒体与传统媒体在话题选择上两极化的差异：传统媒体爱好将一切事物与宏大叙事相连，热衷于从事件上挖掘出特殊的意义，并努力提炼出具有普遍意义的"启示"。而新媒体则有些矫枉过正，反感对严肃话题的过多探讨，对"有趣""自嘲""恶搞"极为欣赏。很多更本质、更深层的问题很可能因为这种氛围被掩盖。

互联网带来的信息更新速度超越了以往任何一种传媒，公众注意力转移周期更短，新的事件极为轻易地盖过了对旧事件的关注，即使两件事情出现在公众视野中相差不过三四天。公众注意力的短暂无论在传统媒体还是自媒体上都存在，只是和传统媒体不同的是，社交平台上因为营销号和水军的有意操纵，加之微博热搜话题可以通过一定价格强行买上或者买下（即从热搜榜中消失），无数事件在网民擅长遗忘的记忆中烂尾。热闹的讨论，无法落实到现实生活中切实的问题解决，大概是自媒体上的言论最为无力的一点。注意力不仅极易随着时间而转移，在同一时间维度上注意力的分散也是非常多发的。同时发生的热点事件越多，注意力的分散就越明显，对某一事件的讨论就越难形成大规模的合力。

---

〔1〕 任孟山：《从"罗尔事件"看意见过剩与新闻稀缺》，载《传媒》2017年第2期。

〔2〕 一名女大学生在知乎上发帖称自己患有心脏病急需医药费，在知乎上因为长相动人、先天患病、积极乐观、复旦学霸等特质而受到关注的大 V 童谣为该女大学生募捐，"女神"的设定和5万名粉丝的欢迎度使募捐迅速筹到善款15万元。但随后被曝光该"女大学生"和"女神童谣"两个账号其实同属一人，该用户真实身份乃是一名热衷网游的童姓男青年。

话题的偏好和注意力的更迭、分散使自媒体对信息的呈现普遍缺乏深度。这种缺失，既由于自媒体观众的特点所致，也由于信息发布者本身的非专业性所致。也许娱乐化未必是一件坏事，对于饱受生活压力的现代人而言自媒体的娱乐氛围是一种慰藉，只是习惯性的娱乐化思维，会掩盖和稀释对很多重要议题的讨论。毕竟对于雾霾，发发雾霾专用表情包更能让人会心一笑，在无可奈何中找到一些苦中作乐的意味，但解决问题需要的其实是对雾霾成因的系统分析和探索解决手段。相比自媒体，这点在传统媒体上却不难看到。

除去信息的真实性问题，自媒体上的话题讨论也常常让观点远离客观事实和深入分析的方向。自媒体上意见领袖的形态千姿百态，不需要像现实生活中的意见领袖那样拥有高水平的知识基础或某领域突出成就。具有舆论带动力就能在自媒体上成为意见领袖，获得关注度和话语权。这并不完全是关键意见领袖的个人问题，迎合现代人的压抑和缺乏安全感的焦虑便轻易拥有粉丝和流量的情况广泛存在。然而这些关键意见领袖可能不会去谈，为什么年轻人面临着越来越严峻的生存负担和越来越高昂的感情成本，也不会去讨论越来越严重的阶层固化所带来的社会裂痕、职场环境恶化和社会不公。而只是呼应着焦虑，从不解释和分析焦虑的来源。这些问题未必是自媒体上的意见领袖没有意识到的，却常常是他们不会去谈论的，因为这样的话题不足以引起热度和转发。

自媒体事件的频繁反转引发信任危机，信息混乱提高了沟通成本，信息庸俗化则会导致对深层问题的忽视，缺乏论证的讨论方式不能指向问题的有效解决。要使自媒体在发挥优势的基础上，成为更加高质量的公共论坛，在提高信息的质量（而不是数量），改善讨论的方式上还有很长的路要走。

三、公共论坛需要的言论

言论自由作为一项重要的公民基本权利具有极高的价值，其价值包括但不限于以下三个方面：一是公民权利上，通过言论自由才可能充分讨论并实现不同权利的平衡；二是在权力制衡中，言论自由是对权力进行监督的必要手段和有效方式；三是就民主政治而言，通过言论自由才能促进社会共识的形成，避免严重的社会危机。要实现言论自由的这些价值，公共论坛上的言论必须具有自主性、完整性和启发性。自媒体对提升言论的自主性和完整性都有不同程度的贡献，但是也有很多局限性，其中自媒体上言论缺乏启发性的问题尤为严重。

（一）言论自由的价值

首先，从公民权利的角度上看，言论自由对于权利配置具有一种逻辑上的"先在性"。公民权利之间不存在绝对的边界，不同的权利之间存在着相互重叠的区域，而不是两个独立的区块，因此不可能通过"精确界定"来区分不同权利从而完全避免冲突。在交叉区域内，保护 A 权利就不可避免地损害 B 权利，所以此时法律只能选择将权利更多地配置给 A 而让 B 承受损失，或者更多地配置给 B 而让 A 承受损失。比如就言论自由和名誉权而言，更大程度的言论自由则要求公民忍受名誉上可能带来的难以避免的不快。而追求高要求的名誉权保护，又势必因为对细节过于严格要求和语气过分谨慎使言论自由受阻。同理，在给环境造成污染的化工厂的经济权利与当地居民生命健康权之间也存在着类似的关系。这也被称为权利的"相互性"。[1] 当面对权利的相互性的时候，如何进行权利的配比，需要有一个事先的方案讨论，而方案讨论的过程就是自由表达的过程。尽管言论自由和名誉权、隐私权本身存在"相互性"，但通过充分讨论又是对这几种权利进行权衡和配置的前提（但不直接等于更大的重要性）。

其次，对权力监督而言，以权利制约权力的监督方式需要言论自由充分发挥作用。[2] 财产权、人身权等权利尽管也能为公权和私权划分界限，但这些权利对公权力的制约更多是消极制约，即这些权利具有不让公权力侵入的边界从而对权力形成制约。而诸如选举权、结社权、诉讼权（特别是提起行

---

〔1〕 权利的"相互性"这个概念是由苏力教授提出的，他用"相互性"来代替"权利冲突"以更好地表达不同权利之间的相互关系。参见苏力：《〈秋菊打官司〉案、邱氏鼠药案和言论自由》，载《法学研究》1996 年第 3 期。苏力在文中用科斯定理来进一步诠释权利的"相互性"，科斯定理主张，不同权利不可避免地存在冲突，有时候除了选择损害一种权利别无他法保护另一种权利。当市场交易成本大于零的时候，法律应当选择使社会整体效益最大化的方式，将利益配置给其中一种权利而选择损害另一种权利。这种选择在言论自由与名誉权、环境权利和经济权利等权利的博弈中极为常见。

〔2〕 侯健提出三种制约权力的方式，包括用权力制约权力（即分权制衡）、用道德制约权力和用权利制约权力。道德制约权力不具有强制性，而权力制约权力则是来自内部的制约，这些都不如以权利制约权力更为尖锐和有效。参见侯健：《三种权力制约机制及其比较》，载《复旦学报（社会科学版）》2001 年第 3 期。

政诉讼的权利）则能够对权力实现积极制约，对滥用权力的行为进行反击。其中最为核心的，甚至说最为根本的就是言论自由权。能够对权力进行积极制约的权利包括但不限于：选举权、参与权、检举权、申诉权、控告权、结社权、知情权以及言论自由权。[1] 一方面，这些权利或多或少都需要以言论自由为前提或者条件。选举权的行使，以广泛且充分地讨论为前提。参与权包括公民参与听证会、进行司法陪审等，参与的重要形式即是发表言论，其前提也是言论自由，包括表达的自由和知情权的保障，检举、申诉和控告的权力也大同小异。结社权，是表达的一种特殊形式，也是广义言论自由权的范畴。知情权本身也是言论自由的范畴。另一方面，言论自由权本身就是对权力进行监督的重要力量。舆论对政府的监督，具有更强的监督动力，利益相关之下公民会为了自身权利主动揭露问题和表达不满。这种监督具有更强的动机，更能够实现矛盾暴露，尤其是微小矛盾的暴露。

最后也最为重要的是，就民主政治而言，言论自由能够瓦解虚假的共识，有利于形成真正共识。在现代民主观点之下，统治者的合法性来源乃是"合意"，即公民间通过磋商程序达成一致意见，以某种彼此都能接受的方式进行国家的治理。而合法的政权一定出自真实的合意而非虚假的合意。充分的讨论，乃是合意达成必不可少的环节。缺乏言论自由的状况下，治理者可能会通过捏造事实或不充分的信息披露或对信息的封锁来捏造虚假的合意。刘瑜曾在文章中提出"程序性民主"的概念，相比"实体性民主"进行"人民"和"敌人"的敌我划分和选举后赢者通吃、败者毫无生存空间的做法，程序性民主更能保证民主成果的持续和稳定。程序性民主更重视民主磋商的过程而非选举的结果，因而选举的意义更在于这是一个大规模表达的机会，而不是敌我之间的权力之争。不仅要通过选举带动大型的辩论和协商，更要重视选举后反对派的言论和政治自由，避免因为选举过程导致国家内部裂痕的扩大，也避免选举结果恶化导致不同党派的政治矛盾。[2]

开放性的言论态度，使得政权建立在扎实的合意基础上，能够在具有不

---

〔1〕 侯健：《三种权力制约机制及其比较》，载《复旦学报（社会科学版）》2001 年第 3 期。

〔2〕 关于"程序性民主"的具体内容和相关案例，参见刘瑜：《两种民主模式与第三波民主化的稳固》，载《开放时代》2016 年第 3 期。

同立场、利益矛盾的各种群体间寻求更大程度的共识，避免虚假共识埋下的异质性带来的分裂的隐患。尤其是对当下社会异质化渐趋严重的状况而言，阶层差异的扩大导致无数的社会矛盾隐患。符合言论自由要求的公共论坛不仅是表达和疏解不满的渠道，更是进行经验共享的平台，使社会成员有机会形成更广泛的社会共识。这有利于全社会形成"我们"的整体感，而不是在内部严格地划分"你""我"，不至于因为差异性带来的内部张力导致严重的社会裂痕。

（二）理想的公共论坛

公共论坛是一个区域，更是一种机会，是一个发言者的声音能够被足够多的听众所接触的机会。对于一个较为理想的公共论坛而言，有三个要素不可或缺。一是言论的自主性，即言论的发表主体是出于自身的自由意志表达观点，而非出于自由意志以外的其他不得已的因素。二是言论的完整性，即不同的群体都能够充分地表达自身的观点和需求，公共论坛上的言论不仅具有充分的多样性，更能够充分代表每一个阶层。三是言论的启发性，即言论的内容不能总是无足轻重或浮于浅层、流于庸俗，而是能够对公共议题投入足够的关注和进行有价值的讨论。[1]

1. 言论的自主性

能够按照真实意愿自由地表达，是一个健康的公共论坛最基础的要素。建立在自主性的基础上，言论的其他要求才有可能实现。然而长期以来，言论自由最大的挑战也常常源自言论的不自主。无论出于如何复杂的原因，言论自主性的实现总是很不容易。我国《宪法》第 35 条明确规定了中华人民共和国公民有言论、出版、集会、结社、游行、示威的自由，在自媒体出现后，公共论坛最大的转机就在于言论自主性的提升。那些不能被表达的话，能够被表达；那些不敢被表达的话，得以隐匿于自媒体提供的身份转换的机会中，得以被表达；那些表达了却不能被听到的话，得益于自媒体带来的参与性、对话性和阶层的跨越、话语权的重塑，得以被听到。自媒体语境下，公共论

---

〔1〕 关于理想的公共论坛的几个观点，侯健在论述对言论管理的管理性权力（和规范性权力对应）时有提到类似的有益言论的特点，即有益的言论通常具有完整性和教育性。参见侯健：《表达自由的法理》，上海三联书店 2008 年版，第 166~167 页。

坛最为可喜的转变，也是曾经言论最难实现的追求。

自媒体为公共论坛带来了言论自主性的转机，但尽管如此，言论的自主性仍然有很长的路要走。在信息的提供有限或信息筛选存在偏见时候，那些看似出自自由意志的表达实际上并不是自由的，就像一个饱受饥寒的文盲认为温饱的价值永远大于教育的时候，这是否基于真正的、"自由的"意志？那些被灌输给受众的内容形成了受众的观念，继而受众根据这些观念做出了选择，这种选择是基于受众自己的意志还是基于灌输者的意志呢？所以，言论的自主性本身很难纯粹地靠"不干涉""能表达""有听众"就能被实现，言论的自主性还需要靠言论的其他要件来共同成就。这其中既需要自由，更需要理性。

2. 言论的完整性

言论的完整性，可以体现在两个方面：一方面是某个人的不同观点，无论是乐观的看法还是悲观的看法，同意的观点还是反对的观点，都能得以表达；另一方面是不同阶层的观点、不同团体的声音都能被充分表达，公共论坛上的言论能够完整反应不同阶层的声音。完整性包含了多元性的内涵，主张公共论坛上的言论应尽可能的多元繁荣，只有一个具有充分代表性的公共论坛，才能算得上是所有公民广泛享有的言论自由。少数者的言论自由不是言论自由，多数人的言论自由也不能算言论自由，只有无论阶层高低、无论群体大小都能有公平（但未必要完全等同）的发言权，且其发言不是被断章取义的，或者被偏颇理解的，这个公共论坛才算是言论自由的。而只有不同的声音都能被公平地表达，理性的讨论和决策才成为可能。话语权的失衡将会带来偏见、误解和失实，将导致基于不完备或者虚假的事实的决策。假设在美国总统大选时，民众只倾听一位候选人的声音而不是候选人双方的辩论，那么选民的信息失实将会比现在严重得多。

这一点也是自媒体所最值得称赞的——对言论完整性的贡献，尤其是对普通民众、少数者群体、边缘文化的话语权的提升，使言论更加多元的同时也能更加完整反应不同社群的观点。但同时，言论完整性本身是带有反群体极化的要求。群体极化本身带有不宽容的言论氛围，极端化、群体无意识和群体内部的高度统一有害于言论自主性，更有害于多元性。由此带来的沉默效应，将使得很多声音得不到充分表达和关注。群体内部的多元性受到损害，群体外部的多元性似乎可以通过群体的多元来实现。但群体尽管是多元的，却是彼此封闭的，彼此仇视、不能彼此交流的群体间又能如何进行有益的讨论和促进公共论坛发育呢？

除了群体极化及其带来的沉默机制，非理性的氛围也不能真正实现言论的完整性。固然，普通民众在原本话语权较弱的状况下享受到了跨越数字鸿沟的好处，从而因为自媒体而得到了某种"补助"，享有了更多的发言机会，但完整的言论不仅要有充分的来自草根的声音，也需要来自精英阶层的声音。

3. 言论的启发性

言论具有启发性，要求公共论坛上不总是充斥着无足轻重的琐事，公共论坛的参与者能够发布具有社会意义的重要信息并得到足够的关注，这些信息的发布启发公民的思考并引起有价值的讨论，对公共议题讨论不至于被无足轻重的信息淹没和稀释。讨论公共论坛上言论的启发性，就是在于公共论坛对于公民社会培育的重要性。政治的重要在于人们将它看得重要，当人们大谈娱乐、只顾私人生活琐事而忽视公共议题时，政治就从公民生活中退场。公民社会的成长，需要每一个公民去关注公共议题并争取必要程度的参与，不是一味专注于"我的利益"，而是将每一件公共事务当作"我们的事务"去投入关切，产生足够的自我管理和政治影响力。公共论坛上的言论具有充分的启发性，公共论坛才能具有公共性。

这几乎是一个理想的公共论坛最为关键的因素，却也是自媒体最为匮乏的因素。草根阶层在自媒体的活跃当然不是坏事，碎片化也带来更低的时间成本，但这些好处同时也带来对深度思考的懈怠。当习惯于以"有趣"作为发表言论的首要目标以吸引更多的受众时，某些更为重要的内涵也可能因此丢失。情绪化的直觉和偏激的"主义"不利于产生指向问题解决的、有价值的讨论，非基于理性的探讨对于公共议题不能带来足够的解决力。群体极化带来的社会分裂将使得公共议题的解决更加困难，因为公共问题的解决常常需要妥协和让步。信息的混乱会加剧公共议题探讨的负面作用，使得很多问题在未经论证的信息传布后更加负面。如果参与权的提高不能带来更为积极的公共议题的讨论意义，自媒体的公共性也就无从谈起。

四、通过言论平衡重塑公共论坛

对于追求一个良性的言论自由环境而言，自媒体中生长起来的公共论坛距离真正的"公共"论坛还相去甚远。重塑公共论坛，不仅是为了推进更大程度和更高质量的言论自由，更重要的是为了通过公共论坛促进相互讨论和理解，推动社会问题的有效解决，也避免严重的社会分化和社会撕裂。通过公共论坛来重拾公共性，对于社会问题的讨论是一剂良药。既然缺乏理性、无效表达和无序表达这些问题对于自媒体是难以完全革除的，问题的解决又应该指向哪里？言论市场就像一个生态系统，不可能通过灭除某种"害虫"来实现生态系统的优化。所以这些问题的解决思路也不是"割除顽疾"，而是努力实现一种平衡，通过言论市场中的不同主体来实现一种动态平衡。

对于自媒体现存的问题的解决可以有两种思路，一种是求诸于外，通过自媒体以外的力量来实现平衡；另一种是求诸于内的通过自媒体内部的不同言论主体来实现平衡。

（一）自媒体外部的平衡

从互联网时代兴盛之日起，"纸媒已死"的呼声从未停止。也许自媒体的到来、公民新闻的兴盛很大程度上已经使新闻专业主义不再那么无可替代，但专业媒体和专业媒体人不应该在互联网时代被边缘化，相反需要他们去做的事还有很多。分化带来生存空间，专业媒体与自媒体在新的环境下，通过角色的差异才能更好地定位自己的发展。专业媒体只有"更专业"才能拥有自己的市场优势。但这里的"更专业"不是指更加固守于传统的依靠广播电视、报纸杂志的信息传播方式，而是以专业性和自媒体的低门槛形成互补，推进更完善的公共论坛的形成。

狭义的言论自由专指表达自由，即公民阐述事实、发表观点而不受不当干预的权利。广义的言论自由包括公民的表达自由、知情权、媒体自由等权利（本文中讨论的言论自由，除非有特殊说明，均是指广义的言论自由）。谈论言论自由，更多的时候是从消极自由和防御性权利的角度来看待它，只要他人不对公民的言论施加过分的干预即可。而媒体自由作为言论自由中一种特殊的权利，则更偏向积极自由，甚至可以说具有请求权的属性。[1] 它不仅需要其他公民或者政府履行不干预的义务，还需要提供条件来满足权利行使，如记者的采访特权等，也需要专业媒体人更加积极主动地去追求实现。

1. 《穹顶之下》和"于欢刺死辱母者案"两个事件

专业媒体人在信息挖掘和整合上具有自媒体上一般公民无法超越的优势。柴静的《穹顶之下》短时间内创造了现象级的关注度，尽管雾霾纪录片《穹顶之下》是完全从互联网出发而传播开来的作品，但制片人前央视记者柴静的身份却也是这个事件中不可忽视的标签。从 1999 年进入央视到 2014 年从央视辞职，这 15 年间，柴静所拥有的绝不仅仅是对节目制作手法的了解。柴静凭借央视织就起来的庞大"信息资源网"和一支专业的"柴静团队"都是《穹顶之下》创作的必要前提。《穹顶之下》镜头里出现的北京市环保局机动车排放管理处处长李昆生、环保部车辆污染研究处主任丁焰、英国伦敦前环保督察员约翰·穆里斯（John Murlis）、英国能源与气候变化大臣爱德华·戴维（Edward Davey）等人这是非专业媒体人的民众难以接触到的。而对于片中出现的珍贵的数据，非专业团队也不可能做到柴静团队所呈现的完整度。不去讨论《穹顶之下》这个纪录片本身的客观性、科学性和严谨性，仅就其信息的深度和所引起的关注度而言，自媒体上的一般公民难以呈现出同样的效果。

"于欢刺死辱母者案"也是由《南方周末》记者王瑞峰和实习记者李倩发文后而引起剧烈的连锁反应的重要事件。案件的发生时间为 2016 年 4 月 14 日，作出一审判决时间为 2017 年 2 月 17 日，文章首发于《南方周末》2017 年 3 月 23 日刊，《南方周末》官网也刊载了此稿，而引起现象级的关注却是在 2017 年 3 月 25 日前后从微信朋友圈的大量转发开始。其中"网易新闻 APP"的两个动作不容忽视：一个是对稿件的更名，从《南方周末》的原题"刺死辱母者"变更为"母亲欠债遭 11 人凌辱，儿子目睹后刺死 1 人被判无期"，从冷静的"南方周末风"瞬间转变为吸引眼球的"网易风"。另一个是转载，通过"网易新闻"的转载该事件才从 PC 端走向了手机端。而微信公

---

〔1〕 张千帆主编：《宪法学》（第 2 版），法律出版社 2008 年版，第 196 页。

众号"晒爱思 PsyEyes"（现已注销）则是针对该事件发文的第一家自媒体，其标题也更加饱含情绪——"人民性丨辱母杀人案：冷血的法律羞辱人民"，该文自 2017 年 3 月 25 日 10 点 49 分推送，20 个小时后就产生了 150 万条评论。[1]

2. 专业媒体人与信息呈现

《穹顶之下》和"于欢刺死辱母者案"一样，都是由专业媒体人制作，而后通过自媒体平台引爆舆论的公共论坛事件。《穹顶之下》让人看到了一种可能，即专业媒体人通过自媒体能够发挥出不一样的能量，一种不完全基于新闻专业主义也不完全基于公民新闻属性的能量，而是二者相互的借力。自媒体的平台，使得专业媒体人能够呈现的话题更加多元，很多原来在传统媒体上根本无法去说的话有了说的机会；而专业媒体人对信息的整合和挖掘也为难以进行信息深挖的自媒体带来不同的深度，这既是基于二者资源的差异，也是专业特点的差异。而"于欢刺死辱母者案"则是专业媒体人通过自媒体所能引发舆论反应的规模的变化，自媒体平台的用户规模、信息的"传染性"、对话性的反馈机制和瞬息万变的信息更新速度所能带来的舆情变化远远超越了传统媒体，而专业媒体人对事件的追踪和梳理则使事件拥有广为传播的基础。

这两个事件中的专业媒体人，即无论是曾经栖身于传统媒体的柴静，还是仍然栖身于传统媒体的王瑞锋，都带给自媒体很深的震撼。专业的优势意味着更为深度和强大的信息整合能力以及更加复杂的事件整理能力。对于自媒体泛娱乐化的话题倾向和缺乏深度挖掘的问题而言，专业媒体人的存在使得更多严肃的话题、深度的信息得以展现。加之专业媒体人吸引眼球的特别的事件塑造能力，能够使这些事件不至于轻易被自媒体上海量的琐事讨论所淹没。但王瑞锋和柴静不同的是，柴静是主动走向自媒体从而推动《穹顶之下》的传播和热议，王瑞锋则稍显被动，是通过其他自媒体平台的推动才形成舆论效应。

---

〔1〕《〈刺死辱母者〉是如何传播与发酵的》，载海纳大数据分析平台官方账号：http://mp. weixin. qq. com/s/7N7dsKkC4rY1FaWNFLPelw，最后访问日期：2017 年 3 月 29 日。

信息的深度挖掘、筛选和整合自然是专业媒体人的贡献，对于自媒体平台上的无效表达和无序表达都会有所平衡。但是，专业媒体人所该做的远不仅于此。专业媒体人应该呈现更广泛的话题和观点，尤其是对相反观点的呈现。

微博上个人接受的信息范围，是由用户选择"关注"或"取关"的范围决定的。自媒体对个性的充分满足使得用户能够选择被与自己立场一致的观点包围，类似的观点仿佛是既有立场的回声，自媒体的"回音壁效应"带来群体极化。专业媒体人在呈现某一事件、某种观点的时候，不该只站在某一方的利益立场上，而应该为不同利益群体呈现不同的声音。尽管《穹顶之下》是一个不够科学、不够严谨的环保纪录片，但《穹顶之下》依然呈现了经济与环保博弈的局面。可是《穹顶之下》所做的也还远远不够，这也是为什么这部纪录片受到不少人的诟病。

专业媒体人不仅要呈现一种利益价值的珍贵，与此相关的其他利益的重要性也要得到重视和理性分析。当讨论某一项政策时，支持方和反对方意见都应该得到公平的呈现。

3. 专业媒体人与理性分析

专业媒体人应该利用资源对事件做更多专业和理性的分析。无论是门户网站还是传统媒体，专业媒体要邀请事件所涉及问题的专业领域人士进行分析都不是难办的事情。难的不是专业冷静的分析，而是这些分析对舆论所能产生的影响力。这一定程度上取决于专业媒体人的选择。迎合什么样的情绪，引起什么样的共鸣，其实是专业媒体人（无论栖身于体制内还是自媒体内）可以做的选择。当这样来谈这个问题的时候，听起来似乎是公共论坛的未来要依靠专业媒体人的道德自觉。

自媒体作为公共论坛的培育需要专业媒体人更多的贡献，尤其是对理性分析的贡献。但这种贡献应当是由规则、制度促成的，依赖道德自律几乎是最为无力和无效的，只有当其他事物——行业规则、法律制度都无法起到很好的作用时，一个社会才会将秩序寄托于人的道德。但是一旦要通过规则和制度去调整专业媒体人在自媒体上的行为，又易于因难以把握尺度而滑向变相的言论控制，那么自媒体这块刚刚稍为言论自由挣脱了一点枷锁的处女地也就失去了价值。

4. NGO 与信息披露

寄希望于 NGO（非政府组织）也许会是一条出路。行业协会、公民权利公益组织等 NGO 可以定期或不定期进行各大自媒体平台的数据整理发布或者第三方评估，包括过去一年这个自媒体平台所热议过的热点话题、讨论中出现的高频关键词、对问题解决的专业分析、建设性意见的占比和谣言的数量与比例。纯粹的信息披露和第三方评估，哪怕仅是告诉大众这些平台做了什么，就可以产生很大的效果。自媒体平台甚至不需要受到物质上的惩罚，只是所作所为被广而告之就会去重新审视和约束自己的行为。尽管新浪微博每年也会对自己过去一年的数据进行统计展现，但自我评估又报喜不报忧的做法根本不是信息披露应有的约束力。所以这件事应当交给第三方来做，尤其是具有一定影响力的第三方，也可以由一些更为成熟的国际性 NGO 来做。尤其是这种数据的整理与发布，必须以能够引起用户足够关注的方式来做，才能对自媒体平台施加足够的影响力。当然这也只是一种可能，这种方式的作用有多大，仍然是未知的。

（二）自媒体内部的平衡

除了专业媒体人以及其他 NGO 来促进自媒体作为公共论坛的言论构建，自媒体本身也可以在重塑公共论坛上做出努力。

一方面，自媒体应该以更积极的姿态去争取言论的自由。自媒体当然要继续保证普通的话语权，尤其在当下言论自由的构建还长路漫漫，普通民众没有能力也没有权力去使用其他媒体的时候。自媒体作为难得的突破数字鸿沟的重要媒介，应该保持和珍视己身的自由性，珍视自己作为尚属"青少年期"的公共论坛的不确定性，因为不确定即意味着非固化。尤其是不要"过敏"——所谓"敏感"常常是人造的，当对一个话题谈论得足够充分、足够公开，所谓敏感也就不再敏感了，因此亦不需要人为地去制造过多的敏感。但这种自由也不能是有偏重的自由，不必要一味去呼应民众情绪，也没有必要过多地害怕"人数众多"的批评，对问题的呈现可以保持本平台的风格，更要考虑问题本身的深度信息和理性价值。比如目前各自媒体平台都设置了举报链接，对于人身攻击、虚假消息理应借此得到过滤，但却不能将站内举报变成变相的言论自由限制。

自由的另一种体现，就在于一定程度上去缓解公众注意力短暂的问题，因为自媒体提供给了少数利益相关者持续发声的机会。公众注意力是一种稀缺资源，传媒就是一种靠公众注意力获利的经济模式。自媒体上，平均每个热点事件在公众视野的活跃时间约为 16.8 天，绝大部分的活跃时间集中于两周之内。[1] 传统媒体上，这种热度易逝的现象更加明显，信息都是经过某种筛选才得以出现在媒体上，只有拥有足够热度的话题才可能一直为媒体报道。但是自媒体上，由于消息的"多源性"，热度的持续可以因为少数人的关注而保持持久度，或是出现回潮。比如"杨永信与临沂网戒中心"的话题，在 2009 年央视纪录片《网瘾之戒》中柴静探访网瘾治疗中心后，沉寂了整整八年。2016 年 8 月初，微信公众号"雷斯林"的一篇文章《杨永信，一个恶魔还在逍遥法外》又重新让杨永信和网戒中心回到公众视野。知乎到现在为止，仍有热心的志愿者、相关领域研究者、网戒中心受害者在持续地从不同角度讲述和分析这个话题，每隔一段时间知乎日报上都会有关于杨永信和网戒中心的头条。正是因为问题尚未解决，当事人和关注这个问题的研究者的注意力从未从事件中转移。自媒体给了这些未曾遗忘事件的人一个唤醒大众记忆的机会。

不管是不是出于有意，公众注意力分散的问题对于讨论公共议题的影响是极大的。不同事件在同一时间的出现分散了舆论焦点，使得任何一个事件的关注都不足以形成足够强烈的凝聚力。"于欢案"之后"亚裔医生遭美联航强制下机"的新闻迅速转移了舆论焦点。如果自媒体能够让少数利益相关者对事件的忠实关注，带动公众整体对特定事件的持续性关注，注意力分散和短暂带来的问题将会得到缓解（当然自媒体本身信息的更迭速率同时也带来更为快速的注意力转移的风险）。

另一方面，自媒体在提供自由之外还应有限制，适当的限制反而是对自由的增进。稀释应当稀释的（群体极化、非理性倾向），加强应当加强的（公共的议题、深入的讨论）。

---

[1] 喻国明：《网络舆情热点事件的特征及统计分析》，载《人民论坛》2010 年第 11 期。

没有人有权力去强迫他人阅读某种信息。然而，通过提供更多种的信息以供人选择的确是一个好的"服务"，即用降低选择的成本去提供更多样的选择。在讨论美国的互联网所带来的民主问题时，凯斯·桑斯坦曾提出过一个政策设想："必须刊载"原则，即在最受欢迎的网站，要求以链接的方式呈现某些实质问题，或增加链接让网站访问者能够看到与所持观点意见不同者的主张。[1] 凯斯·桑斯坦讨论这个政策，更多是从政府力量的角度入手，希望政府出手干预美国互联网上愈来愈严重的信息窄化现象。这个措施通过自媒体本身去实行效果会更好。知乎上类似问题经常相互链接，这不得不说是一个很好的做法，这个做法也为论坛带来了更高的点击量，用户经常在阅读完一篇文章后看到相关问题的链接而进行更深一步的阅读。在一定程度上，这些相似的问题其实是对同一话题从不同维度进行的分析，对于反群体极化、促进观点的多元交流、深度思考都有着积极的价值。但是知乎的做法远远不够。对类似话题的相互链接是一个好的尝试，但是对相反观点的链接却是更加重要的，甚至有时候可以把对同一话题、同一事件的不同观点在同一版面中呈现。知乎用户在问答中"实名反对某答案"并附上己方分析的做法，是一个较好的现象。

自媒体上更需要加强的是对公共议题的关注。"亚裔医生遭美联航强制下机"就是一次很好地展现公共论坛之公共性的事件。在这个事件中，无论左派媒体、右派媒体、非裔美国人、亚裔美国人还是白人都难得一见地立场一致，谴责美联航的傲慢行径，非亚裔对事件的关注和反应丝毫不亚于亚裔群体。人们不再是停留在关注"我"和"与我有关"，而是关注"我的利益"之外的一些社会共同价值。相比对公共事件的关注，对于明星花边、出轨绯闻的围观更多的是事不关己的看客心态。对公共事件的讨论，不是为了增加看客的人数，而是让人们切实关怀我们所共同生存的社会和社会中的同伴。这需要公民带着支持者、参与者的态度去投入富有责任感的关切，而不是只做猎奇的旁观者和议论者（gossip）。

---

[1] [美] 凯斯·桑斯坦：《网络共和国：网络社会中的民主问题》，黄维明译，上海人民出版社2003年版，第120页。

自媒体对自由提供的良好条件使得很多本不可谈论的话题具有谈论的可能，这可以成为减少过分的话语敏感度的契机（当然这其中有大量非媒体的因素在起决定性作用）。这种由媒介接近权成本降低和对话性因素带来的自由度扩大，也能够为很多事件的"回潮"制造机会，从而推进某些议题的持久关注度，增加问题解决的可能。而自由之外，对不同群体交流的促进以及通过公共议题的呈现促进公共性，是自媒体公共论坛重塑的更重要的内容。

结　语

全文探讨了为了推进更完善的言论自由环境需要如何去重塑公共论坛，其实更深层的意愿是想要探讨如何通过公共论坛重建公共性——不让异质化撕裂社会，借助公共论坛形成更为广泛、更加真实的社会共识。然而笔者确实功力有限，对话题的探讨更多只能是现象的呈现。

自媒体的兴盛对中国的公共论坛而言是一个转机，同时也充满了危机。群体极化、非理性氛围使自媒体上的讨论偏离理性，信息的混乱、片面和浅俗既带来信息的低效也引发了信任危机，这些都可能给公共性带来致命的打击。要真正使言论自由充分实现其价值，起到民主讨论、权力监督甚至是更重要的形成社会共识的作用，实现言论自主性只是最基础的一步。对言论完整性的继续推进，对言论启发性的提升，才可能使自媒体成为真正的"公共"论坛。专业媒体人、NGO 和自媒体平台上的不同主体，可以通过自身的行为实现言论的多元平衡，从而重塑公共论坛。然而这只是一个大致的方向、一个美好的愿景，最终自媒体将会走向何方依然是一个未知数。也许可以通过自媒体去重塑公共论坛，也许最终商业化会战胜公共性也未可知。

人工智能创造物著作权法保护问题研究

◎梁敏　2014 级法学卓越实验班

　　摘　要：人工智能技术应用于文学艺术创作领域，生成的人工智能创造物引发著作权法问题。我国司法实践中，只有人类的智力创作成果才能成为著作权法保护的客体，而人工智能创作"作品"是否能受到著作权法保护引发学术争议。本文将厘清人工智能创造物的语义概念，按照著作权法规定的权利主体和作品认定标准，分析人工智能创作物难以受到著作权法保护的制度障碍。从激励创新、保护权利主体利益、维护版权市场秩序角度出发，探究对人工智能创作物予以著作权法保护的现实需要。域外已有国家、国际组织对计算机生成作品进行过相应法律探讨，其中英国更是率先从法律上肯定了计算机生成作品的著作权法客体地位，并确定了以"做出必要安排的人"为作者的权属规则。本文将考察域外国家、国际组织在人工智能创作物保护上的立法和司法实践，同时结合国内学者观点总结著作权法框架下实现人工智能创造物保护的三种不同方式：赋予人工智能机器法律人格、单设邻接权、人工智能创造物著作权客体化。通过对这三种不同保护方式进行对比分析，本文主张采取人工智能创作物著作权客体化的保护方式，并进一步探讨人工智能创作物的作品权属规则，通过对程序设计人、使用人、所有人进行对比分析，构建当事人约定优先，未约定情况下人工智能机器所有人为主的著作权权属规则。

　　关键词：人工智能创作物　著作权法　著作权客体化　权属规则

引　言

人类已经进入人工智能时代，从大众日常生活中网络购物的精准推送到自动化汽车的无人驾驶，再到智能人脸识别技术，人工智能技术服务已经渗透到社会生活的方方面面。人工智能进入全新发展阶段，已经成为各国竞争的焦点，并且是经济增长的重要引擎。[1] 作为引领未来发展的重要战略技术，各国都在进行相应的制度建设并出台相应政策，以期全面激发促进人工智能技术发展的动力。随着 2017 年国务院《新一代人工智能发展规划》的出台，人工智能技术发展已经被纳入我国战略发展的重要地位。在我国目前对人工智能技术有着明确发展计划的背景下，让法律适应现代人工智能技术的发展是亟待查明解决的问题。

在著作权法领域，随着电脑音乐家、电脑诗人、电脑画家、电脑小说家相继问世，文艺创作也成为人工智能活动的重要领域。人工智能技术应用于文艺创作，引发了作品创作方式的革新，从帮助人类完成创作的辅助工具到独立运用自身的数据进行创作，人工智能创作物也引发了相应的著作权法问题。我国司法实践中，只有人类的智力创作成果才能成为著作权法保护的客体，而人工智能利用自身数据创作的作品是否能受到著作权法保护引发学术争议。针对此问题，我国未有相应的法律规定和司法实践，学术界也尚且存在诸多争论。域外国家英国、美国、澳大利亚、日本对此进行过相应的探讨，英国更是率先从法律上肯定了计算机生成作品的版权法客体地位，并确定了以"做出必要安排的人"为作品作者的权属规则。澳大利亚、南非等国家都采用了类似的立法体例。参考域外国家的立法经验，本文将探讨我国著作权法框架下实现人工智能创作物保护的问题，以期为实现人工智能创造物的著作权法保护提供相应思考。

本文架构安排上，第一部分，将厘清人工智能创造物的语义概念，从著作权法主体和作品认定标准角度分析人工智能创造物难以受到著作权法保护的现状，并探究对人工智能创造物予以保护的现实需要；第二部分，本文将

---

〔1〕　国务院：《国务院关于印发新一代人工智能发展规划的通知》，载中国政府网：http://www.gov.cn/zhengce/content/2017-07/20/content_5211996.htm，最后访问时间：2018 年 3 月 1 日。

考察域外国家英国、澳大利亚、美国、日本以及国际组织对人工智能创造物保护方式及现状；第三部分，本文分别对人工智能创作物著作权法保护的不同方式进行可行性对比分析，确定采取人工智能创作物著作权客体化的保护方式；第四部分本文将讨论，在著作权客体化的保护方式下，通过对比分析讨论构建以人工智能机器所有人为主的权属规则，以期能够实现著作权法下人工智能创造物的有效保护。

研究方法上，本文将通过文献综述、实证案例研究，分析人工智能创造物难以受到我国著作权法保护的制度障碍，并在此基础上考察域外国家对人工智能创作物保护的立法和司法实践，同时结合学界观点归纳人工智能作品的不同保护方式，并对此进行对比分析，最后提出了个人见解，以期为实现我国人工智能创造物著作权法保护问题提供有效思考。

一、人工智能创造物的语义界定与保护障碍

（一）人工智能创造物的语义界定

人工智能的发展源于人类淳朴的好奇心和对知识的探求心，自计算机诞生以来，人们就对计算机的高速运算效率表示惊叹，不禁思索也许计算机可能变得比人类更为聪明，这就是人工智能技术的开端。[1] 1956 年召开的"达特茅斯会议"上第一次诞生了人工智能（Artificial Intelligence，AI）这一词汇，至此计算机科学家们开始了人工智能技术的真正研究。[2] 传统的计算机生成内容，需要根据预先设定的算法来解决特定领域内的问题，更多发挥的是辅助工具的作用。[3] 传统计算机作为辅助工具时，作品中的创作元素实际上是由人的构思生成，而传统计算机只在最终的结果生成上起着执行作用，其生成内容的最终结果也是基于计算机内部预先设定的内容生成。这种利用计算机生成的内容是在预设的程序下生成内容，其本质上是作为使用人的辅助工具来完成某种作品的创作。

人工智能发展至今其自主创作能力已有大幅度提升，人工智能机器能够

---

〔1〕 ［日］松尾丰、盐野诚：《大智能时代：智能科技如何改变人类的经济、社会与生活》，陆贝旎译，机械工业出版社 2016 年版，第 12 页。

〔2〕 史忠植编著：《人工智能》，机械工业出版社 2016 年版，第 3 页。

〔3〕 熊琦：《人工智能生成内容的著作权认定》，载《知识产权》2017 年第 3 期。

利用自身储存的数据库，发掘、整理信息后对信息进行组合、搭配并生成内容[1]。尽管程序员和用户都参与了人工智能机器数据和框架的选择设定，但人工智能系统才是最终进行实际选择创作运算的主体。[2] 因此，与传统作为辅助工具的计算机生成内容不同，本文所讨论的人工智能创造物是在脱离人类控制下，通过自我收集、整合筛选材料进行的文学艺术领域内的作品生成。其生成的内容并不基于内部程序或者算法的事前设计，而是通过收集、整合相应素材形成的新内容。现如今的科技发展水平下，人工智能机器也许无法实现像人类那样在天才般的灵感下进行创作，但却可以非常巧妙地将大量的素材进行各种组合搭配从而创造出与自然人创作作品表现形式完全一致的作品。[3] 基于此，本文所讨论的人工智能创造物，即指人工智能机器在无人控制下的自我运算、操作，最终通过数据加工生成的作品。抛开创作主体要件不谈，其作品的内容、表现形式与著作权法上的其他作品完全一致。

（二）现行著作权法下人工智能创造物之保护障碍

1. 人工智能机器不是现行著作权框架下的权利主体

根据现行法律的规定，人工智能创造机器无法成为法律上的权利主体。著作权是基于创作行为而产生，创作作品的自然人就是作品的作者，[4] 传统理论上认为，著作权法中包含"作者"的各个条款，都暗示着其自然人的特征。受到著作权法保护的作品的作者只应当是能通过大脑从事创作的自然人。[5] 包括著作权中精神权利的规定也是考虑到自然人作者才进行的相应制度设计。而要成为著作权主体，必须具有民事权利主体的资格，是法律上明确规定的权利主体，具有相应的法律人格。与此相悖的是，人工智能创造物的创作主体并不是人类，而只是拥有智能技术的机器，而人工智能机器不具有法律规定的权利主体资格，无法成为现行著作权法上的权利主体。

---

〔1〕 熊琦：《人工智能生成内容的著作权认定》，载《知识产权》2017年第3期，第5页。

〔2〕 Pamela Samuelson, "Allocating Ownership Rights in Computer – Generated Works", *University of Pittsburgh Law Review* 47, 1985, pp. 1128–1185.

〔3〕 ［日］松尾丰：《人工智能狂潮——机器人会超越人类吗？》，赵函宏，高华彬译，机械工业出版社2016年版，第8页。

〔4〕 王迁：《知识产权法教程》，中国人民大学出版社2007年版，第165页。

〔5〕 郑成思：《版权法》，中国人民大学出版社2009年版，第56页。

2. 人工智能创造物与著作权法上作品认定标准冲突

人工智能创造物并非人类的智力创作成果，而根据《中华人民共和国著作权法实施条例》（以下简称《著作权法实施条例》）规定，著作权法保护的作品必须是人类智力创作成果。[1] 按照传统观点认为，智力活动是人类才能进行的思维活动，所谓的"智力成果"也就是人类思维活动的产物。著作权法中"独创性标准"也暗含要求经过作者智力活动创造、并蕴含作者个性情感的特征。所谓的"创作行为"也被认定为人类进行精神活动生产的重要形式之一，是非常具有个性特征的观念性活动。[2] 人工智能机器创作的过程就是通过算法利用自身数据库实现对数据的不断组合搭配的系统运算过程，其中未掺杂人工智能机器本身的任何精神性活动，很难认定为是带有个性特征的精神性活动。因此从理论上讲，人工智能创造物既不是思想情感的表达，也不是人类智力活动的成果，对于只保护人类精神活动智力成果的著作权法来说，人工智能创造物难以被认定为著作权法上的"作品"受到保护。

（三）对人工智能创造物著作权法予以保护的现实需要

如前文所述，人工智能因为主体不适格，不能成为著作权法上的权利主体；同时，因为人工智能创造作品不是人类的智力成果，也难以归类到著作权保护的作品范围，人工智能创造物面临难以受到著作权法保护的制度障碍，但现实却存在必须对其予以保护的需要。

著作权法立法目的大致包含两项：保护权利主体权益、激励作品创作与传播、维护版权市场秩序。[3] 从保护权利主体利益角度来看，不对人工智能创造物进行版权保护将会损害权利主体的投资权益。投资者看中人工智能的技术高效，并在前期进行了大量的投资开发，当程序员和开发公司投入了大量的时间和金钱来创建人工智能机器，如果一概将人工智能创造物排除在外，他们将无法享受版权保护或与其相关的财产利益，不利于投资者的权益保护。

---

〔1〕《著作权法实施条例》第 2 条规定："著作权法所称的作品，是指文学、艺术和科学领域内具有独创性并能以某种有形形式复制的智力成果。"

〔2〕 冯晓青、冯晔：《试论著作权法中作品独创性的界定》，载《华东政法学院学报》1999 年第 5 期。

〔3〕 崔国斌：《著作权法：原理与案例》，北京大学出版社 2014 年版，第 1 页。

从激励作品创作与传播的角度而言，如果不对人工智能创造物进行保护，将会严重打击投资者对于人工智能技术的投资热情，不利于新人工智能技术的研究开发。1984 年美国索尼公司诉环球影城案件中最高法院判决认为，保护版权相关的利益本身旨在激励作者创造性活动，并允许公众能够在专有权有限期限届满后能够获得他们的天才产品。受版权保护的作品不仅可以激励创新，还可以在版权到期后增加公共领域的作品数量。[1] 如果断然拒绝向人工智能创造物授予著作权，将在极大程度上降低对人工智能技术的投资开发创新，并最终导致人工智能创作的作品数量减少，大大减少公众可获取的作品数量。

从维护版权市场秩序来看，不明确人工智能创造物权利归属，只会导致人工智能创造物权属混乱，引发大量的版权争议，导致版权市场的秩序混乱。因为人工智能创造物与其他自然人作者创作的版权作品在内容和表现形式上完全一致，如果贸然将这些人工智能创造物排除在作品范围之外，如何区分人工智能机器创造的作品与人脑智力成果创造的作品也会相当困难。同时，随着大量的人工智能创造物将会进入公共领域，文艺市场将会充斥大量不受保护的孤儿作品和无主作品，[2] 这无疑将导致版权市场的无序和混乱。

虽然人工智能创造物不是完全来自人类的智力创作成果，但它确实可以是一种具有价值的文学创作，是一种可财产化的信息。[3] 在不考虑主体要件的前提下，人工智能创造的作品与自然人创造的作品在表现形式上并没有实质差异。从保护权利主体权益、激励作品创作与传播，以及维护版权市场秩序角度出发也存在对人工智能创作物予以保护的现实需要，笔者认为有必要探究人工智能创造物著作权法保护的有效方式，以期实现权利主体利益保护，激励人工智能技术的不断发展创新。

---

〔1〕 Robert C. Denicola, "Ex Machina: Copyright Protection for Computer Generated Works", *Rutgers University Law Review* 69, 2016, pp.251-287.

〔2〕 熊琦：《人工智能生成内容的著作权认定》，载《知识产权》2017 年第 3 期，第 5 页。

〔3〕 张玲、王果：《动物"创作成果"的民事法律关系三要素分析》，载《知识产权》2015 年第 2 期。

二、域外国家人工智能创造物著作权法保护现状考察

（一）英国

英国是第一个在版权法中规定计算机生成作品可版权的国家。1988 年英国政府组织修改了《版权、外观设计与专利法案》[1]，修订后的《版权、外观设计与专利法案》（以下简称《版权法》）中首次对"计算机生成作品"（computer-generated work）做了概念界定，《版权法》第 178 条规定，计算机生成作品就是"在没有人类作者的情况下由计算机生成的版权作品"。由于法律上并不承认机器能够成为版权法上的权利主体，《版权法》第 12 条第 3 款规定，对于计算机生成作品的作者应该是"为计算机作品创作做出必要安排的人"。同时，考虑计算机生成作品的特殊性，《版权法》第 79 条第 2 款（署名权）和第 81 条第 2 款（反对贬低工作的权利）的精神性权利并不适用于计算机产生作品，即计算机生成作品的作者不享有本属于作品的精神性权利。对于计算机生成作品的保护期限，《版权法》第 12 条第 3 款规定，自计算机作品完全创作之年起 70 年期满。司法实践中，英国法院也已经出现了适用计算机生成作品的法律条款的案例。[2]

英国作为首个肯定计算机生成作品可版权的国家，考虑到创作主体的特殊性，版权法专门在权利类别、版权归属等问题上做出了特别规定。在确定对计算机生成作品享有的具体权利上，英国排除了精神性权利；对于作品的权利归属问题，版权法坚持了版权法人类作者的一般原则，把为计算机生成作品"做出必要安排的人"拟制为作者。显然，在版权法上，作品缺少人类作者并不妨碍其作为版权作品受到保护，如果一件作品是由计算机而不是由

---

〔1〕 Copyright, Designs and Patents Act 1998.

〔2〕 Nova Productions Ltd v. Mazooma Games Ltd & Ors Rev. 一案当中，Nova 公司有两位股东罗宾逊和琼斯，琼斯主要负责设计游戏，罗宾逊主要负责商业管理。琼斯创建了游戏中的位图文件，Nova 在位图图形中声明了版权，并声称其在这些艺术作品中的版权被侵犯。位图文件本质上是一种图像，这些图像存储在计算机内。在系统存储的图像数据基础上，计算机程序利用位图文件生成复合帧，通过拍摄表格的位图图像，然后将其与球、线索等的图像重叠来构建复合图像。法院认为这些复合图像构成版权法上的艺术作品，并且因为其是由计算机生成，因此可以认定为计算机生成作品；在确定作品版权归属时，法院认为，琼斯先生编写了计算机的基础文图文件，共同拥有软件和运行该软件的机器，以及提供资金用于制作游戏的公司，基本上承担了所有与其实际创作有关的安排，因此可以认定为版权法第 9 条第 3 款中为计算机生成作品"做出必要安排的人"，最终享有这些作品的版权。

自然人创作的，法律同样会保护作品的版权，只不过将版权赋予为计算机生成作品做出必要安排的人员。与英国采用相同立法例的国家还包括南非[1]、新西兰[2]、澳大利亚等国家，这些国家在规定计算机生成作品的法法律规定上都采用了类似的规定。

（二）澳大利亚

1993 年 6 月，澳大利亚发布了计算机软件保护相关的报告文书，该份报告文书针对计算机创作作品提出一个问题，即当计算机创作物的输出涉及人类劳动、技能无法达到被著作权法所承认的作者水平时，应该将谁视为作品作者的问题。澳大利亚著作权法要求作者必须是自然人，因此可考虑的候选人包括以下四种：①支持创建作品的程序版权所有者或程序员；②数据的提供者；③计算机的使用者；④计算机的投资者或所有者等。报告文书的结论是为了确定计算机创作物的定义，明确谁才是作品作者，提议按照英国著作权法所规定计算生成内容规定来进行著作权法修订。[3] 司法实践中，Desktop Marketing Systems Pty Ltd v. Telstra Corporation Ltd 一案中，原告主张对计算机生成的电话簿享有著作权。法院则认为，只有承认人类是计算机创作作品的作者时，计算机作品才能成为版权法上受保护的作品。[4] 目前澳大利亚"版权法"的具体规定中，要求只有澳大利亚公民或居住在澳大利亚的人才有资格获得作者身份，司法实践中法院严格把握自然人作者的身份，计算机生成作品只赋予自然人作者，并且这个作者还必须证明自身能够对计算机生成作品实现实际上的控制，否则法院也会排除保护完全由计算机系统创作出来的作品，Desktop Marketing Systems Pty Ltd v. Telstra Corporation Ltd 案件中，法院出于对作者身份的重新考虑，认为其中对于计算机生成作品缺乏自然人的有

---

[1] Hanah Simon, "South African Supreme Court Rules on Copyright in Software and Computer- Generated Works", *Journal Intellectual Property Law & Practice* 11, 2006, pp. 696-699.

[2] Mark Perry and Thomas Margoni, "From Music Tracks to Google Maps: Who Owns Computer-Generated Works", *Computer Law & Security Review* 26, 2010, pp. 621-622.

[3] 参见日本公益社団法人著作権情報センター：《著作権審議会第 9 小委員会·コンピュータ創作物関係·報告書》，载 http：//www. cric. or. jp/db/report/h5_11_2/h5_11_2_main. html#1_2，最后访问时间：2018 年 3 月 18 日。

[4] Jani McCutcheon, "The Vanishing Author in Computer - Generated Works: A Critical Analysis of Recent Australian Case Law", *Melbourne University Law Review* 36, 2013.

效控制，因此宣布纯粹计算机制作的输出为无效。[1] 可见，澳大利亚对于计算机生成作品虽然在版权法上承认其能够作为版权法客体受到保护，但在司法实践中却严格要求对于计算机生成作品必须受到来自人类作者的控制。

（三）美国

美国在 1966 年面对计算机生成的作品是否可登记的问题时，已经认识到需要区分计算机作为辅助工具创造的作品和计算机作为创作源头时创作的作品的问题。1974 年美国国会成立版权保护和新技术使用委员会，目的在于研究计算机和计算机相关作品中与版权作品相关的法律问题。1979 年版权保护和新技术使用委员会出版了版权最终报告，针对利用计算机创作作品的可版权性问题，委员会认为能够获得版权的关键取决于作品具有创造力，尽管计算机干预了作品创作过程但并不产生实质影响，因此对于通过计算机创作作品的作者，应该是使用计算机的自然人。[2] 对于计算机在作品生成中的作用，报告认为：计算机就像一台照相机或打字机，是一种"惰性机器"，只有当人类直接或间接激活时才能发挥作用；当它被激活时，它只能做到按照被指导的方式执行，无法实施直接的创作行为，其只能作为人类创作作品的辅助工具，因而不足以具有法律上的独立地位。[3] 对于人工智能的发展可能会产生缺乏人类作者的作品的状况，版权保护和新技术使用委员会认为这尚未成为现实，当时的人工智能作为新兴技术尚且处于初级阶段，以后或许能够独立生成与其他版权作品相似的作品，但这种"人工智能"能力发展尚未成熟，现在解决将太过于投机，所以还不能纳入考虑范围。[4] 但是随着技术的发展，国会技术评估局（OTA）于 1986 年制作的报告公开质疑了版权保护和新技术使用委员会狭隘的观点。报告中认为，将计算机程序视为惰性创作工

〔1〕 Mark Perry, Thomas Margoni, "From Music Tracks to Google Maps: Who Owns Computer-Generated Works", *Computer Law & Sec Review*, 26 (2016), pp. 621-629.

〔2〕 Final Report of National Commission on New Technological Uses of Copyright Works, Washington D. C., July 31, 1978.

〔3〕 Final Report of National Commission on New Technological Uses of Copyright Works, Washington D. C., July 31, 1978.

〔4〕 Final Report of National Commission on New Technological Uses of Copyright Works, Washington D. C., July 31, 1978.

具是相当具有误导性的。报告将计算机与其他创作手段进行比较，提出了交互式计算中计算机是否作为共同创作者，而不是创造工具的问题。[1]

现如今，美国国内外的经验以及诸多学者认识到，计算机生成作品已经不只局限于作为辅助工具的情况存在，部分情况下的计算机已经能够实现在没有人类作者情况下进行作品创作，对于这种计算机生成作品，部分学者认为可以为其提供版权保护。当美国在 1976 年修订其"版权法"时，考虑到作品表达形式将继续随着时代进步演变，因此新法规的起草应当具有极大的灵活性。在颁布新法案时，国会也承认"版权法的历史是逐渐扩大的作品类型之一"，其中包括新形式的创意表达（计算机程序等），这些程序是以前从未有过的，但是由于新的科学发现和技术发展让其成为可能。在可预见的未来，真正的问题也许不在于是否有人类作者，而在于作者是谁。版权保护和新技术使用委员会曾经指出，许多人经常参与使用计算机创作的复制工作当中，并且他们在不同程度上履行各种职责，一个先例只能确定一个特定的计算机生成作品的作者，而提供一种通用公式确定每个可能的计算机生成作品的作者是谁，将超出文本范围。虽然对于谁应该被认定为是计算机生成作品的作者有不同的看法，但学者们坚持认为它应该是人类或法律实体，[2] 在不止一个人声称作者身份的情况下，可以通过当事人之间的协议，或者当事人的意图来进行确定。

（四）日本

日本版权法第 2 条明确规定作品必须是能"创造性地表达感情或者情感之物"，人工智能创造物因为是机器自动生成的产物，无法满足版权法上的主体条件享有著作权，也不能成为著作权法的客体。日本政府在 2016 年 5 月颁布的《知识产权推进计划》中专章探讨了人工智能创造物的法律保护问题，认为有必要进行相应的制度调整以使人工智能创造物能够受到法律保护。[3]

〔1〕 Robert C. Denicola, "Ex Machina: Copyright Protection for Computer Generated Works", *Rutgers University Law Review* 69, 2016, pp. 251-287.

〔2〕 Pamela Samuelson, "Allocating Ownership Rights in Computer - Generated Works", *University of Pittsburgh Law Review* 47, 1985-1986, p. 1224.

〔3〕 曹源:《人工智能创作物获得版权保护的合理性》，载《科技与法律》2016 年第 3 期。

日本知识产权本部认为，考虑到人工智能技术不断发展进步的社会现实，将代替著作权法讨论制定人工智能创造物权利保护的新注册制度，或者通过修订反不正当竞争法来禁止擅自利用。[1] 同时，考虑到人工智能创造物的高效率，保护作品的对象将仅限于部分具有市场价值并受到读者欢迎的作品。日本属于大陆法系国家，对于版权法作品严格要求必须存在自然人作者，但出于保护人工智能技术和作品的考虑，日本选择通过版权法之外的其他法律制度来实现人工智能创造作品的法律保护。

（五）国际组织

联合国教科文组织和世界知识产权组织在 1979 年召集成立了"计算机版权问题工作组"并开始进行审议。经历过两次专家委员会后，于 1997 年通过了《解决计算机版权作品的使用和创作引起的版权问题的建议》（以下简称"建议书"）。该建议书提出了处理使用计算机系统引起版权问题的具体指导方针，并认为针对计算机系统以使用或创作版权作品应遵守各国版权法保护的一般原则。该建议界定了计算机系统在作品创造中的作用，认为在计算机系统用于创作作品的地方，计算机系统基本上应该只能被视为一种技术手段；针对计算机系统相关版权保护问题，建议书提出，为了在计算机系统帮助下创建版权作品受版权保护，它必须满足公约和国家法律规定的一般保护条件；对于作品的版权所有者的确认问题，建议书提出使用计算机系统创作作品的版权所有者应该是唯一产生基本创意元素的人，以便作品能够得到版权保护，并且是计算机程序的程序员，只有通过这种创造性的努力为作品做出贡献，才能被认为是合作者；如果将计算机系统用于临时工作或有雇用合同的人的版权作品，版权的归属问题应留给各国国内法律。

1991 年，世界知识产权组织组成"关于保护文学和艺术作品的伯尔尼公约议定书专家委员会"，并开始考虑编制伯尔尼公约议定书。根据最初的议定书规定，计算机制作的作品被列为受版权保护的作品，其中关于计算机生成作品的具体规定：①计算机作品就是计算机创作的作品，但因为人的创作贡

---

[1] 易继明：《人工智能创作物是作品吗？》，载《法律科学（西北政法大学学报）》2017 年第 5 期。

献融入了整个版权作品当中，所以无法评价作者对作品的贡献；②为创作作品安排必要安排的人成为版权所有者；③精神权利是不允许的；④作品保护期是创建后 50 年。原议定书中规定了计算机制作作品的规定，但正式的文件中删去了相关内容。伯尔尼公约指南中指出，因为每个国家对于版权法中作者认定的法律分歧很大，有些国家只承认自然人为作者，而另一些则将某些法律实体视为版权所有者，所以伯尔尼公约尽量避免做出规定。[1]

欧洲共同体 1988 年发布了欧盟绿皮书讨论版权与技术有关的各种问题。欧洲共同体认为，对于计算机生成的程序应当给予版权保护，但是编程的计算机本质上只是一种工具，所以应当由使用者、编程者或者计算机所有者拥有计算机生成程序的版权。欧洲共同体最终提出的观点倾向于认为编程者作为计算机生成程序的人类作者，因为编程者付出了足够的劳动和技能，并且最容易被识别。[2] 欧盟在 2019 年发布了《人工智能伦理准则》，提出可信赖的人工智能应当尊重人类相关法律、基本权利制度，并且也要符合相关的核心原则和价值观，欧盟在《人工智能伦理准则》中提出，人的能动性是以人为本价值观的具体体现，这要求坚持人在人工智能中的主体性地位，人工智能应当为保障人的基本权利而做出更好的安排和选择。

（六）小结

通过对域外国家在计算机生成作品版权法保护现状的考察，我们发现已经有国家通过法律明确了计算机生成作品可版权的问题。英国是首个在法律上肯定计算机生成物能够成为版权法客体的国家。英国版权法规定计算机生成作品是受版权法保护的客体，直接将计算机生成作品纳入版权法作品保护范围，并且通过法律确定了"为作品做出必要安排的人"为作品版权人的权属规定。英国的法律规定绕开了计算机生成作品不存在人类作者的保护障碍，避免了直接讨论计算机在版权法上的主体地位；又明确了权利人的版权权属规则，避免冲击传统的权利主体理论，保护权利人的利益，实现了机器创作

〔1〕 World Intellectual Property Organization, Guide To The Berne Convention for the Protection of Literary and Artistic Works II (1978), pp. 26-29.

〔2〕 Green Paper on Copyright and the Challenge of Technology – Copyright Issues Requiring Immediate Action, COM (88) 172 final, 7 June 1988, pp. 196-197.

作品的有效版权保护，对各国处理人工智能创造物的著作权法保护问题具有重大的借鉴意义。澳大利亚、南非、新西兰等国家都效仿英国，采取了类似的立法体系。

美国、日本立法和实践中始终坚持自然人作者的创作主体身份，日本更是尝试着从版权法以外的立法途径来实现对人工智能创造物的法律保护。国际组织层面，联合国世界知识产权组织对于计算机生成作品规定的相关讨论，普遍认为计算机本身不能成为权利主体，而且认为应当将计算机生成作品归属于自然人作者或者法律实体，给各国处理相关问题提供了具有指导性的建议。

从各国的立法和司法实践来看，计算机创作作品已有版权法的保护先例，并且已有国家选择了可行的保护方式，即将计算机作品纳入版权法的作品保护范围。又考虑到计算机作品创作主体的特殊性，包括英国在内的国家和国际组织都认为应该以相应的自然人和实体为权利主体，具体实现方式即通过为计算机创作作品拟制自然人作者，从而确定相应的自然人和实体为权利主体的方式实现计算机创作作品的保护，这为我国探讨人工智能创造物的著作权法保护问题提供了可借鉴经验。

三、著作权法框架下人工智能创造物不同保护方式探究

英国、澳大利亚、南非等域外国家都选择了将计算机生成作品纳入版权法作品保护范围的著作权客体化保护方式，在此基础上还坚持了以人类作者为版权人的权属规则。国内学者在讨论如何实现人工智能创造物的著作权法保护问题时，还提出了不同的实现方式，包括赋予人工智能机器法律人格、为人工智能创造物单设邻接权保护等保护方式。赋予人工智能机器法律人格的保护方式主张赋予人工智能机器相应的法律人格，[1] 让其能够以权利主体的身份成为著作权法上的"作者"，对自己所创造的作品享有著作权。单设邻接权保护方式主张，可以参照邻接权的设计思维，为人工智能创造物创设新的邻接权，从而实现人工智能创造物的保护。[2]

---

〔1〕 袁曾：《人工智能有限法律人格审视》，载《东方法学》2017 年第 5 期。

〔2〕 易继明：《人工智能创作物是作品吗?》，载《法律科学（西北政法大学学报）》2017 年第 5 期，第 135 页。

（一）赋予人工智机器法律人格可行性分析

有学者认为，从激励创作的角度来看，如果能够赋予人工智能法律人格，将会很大程度上激励研究人员对人工智能新技术的开发，也为人工智能提升创造力提供了发展动力。[1] 同时，赋予人工智能权利主体身份，人工智能创造物的著作权权属体系将会非常明确，人工智能机器能直接成为作品的"作者"，作为作品的著作权人享有作品权利并承担相应侵权责任，无需再进行相应的权属体系设计。

但是笔者认为，赋予机器法律人格的保护方式并不可行。首先，赋予机器法律人格会冲击以人为核心的法律制度根基。法律自产生以来，便是以人为主体进行的制度设计，机器拥有与人同样的法律地位将会颠覆传统法律观念，既缺乏相应的法律价值指引，又缺乏具体的运行规则标准，将会导致在实践中无法认定人工智能侵权责任承担过错等问题。[2] 毕竟人工智能就算能够模拟人脑运转，其与人类也存在本质上的区别：其既无法以人类的实体存在，[3] 又难以真正行使权利并承担相应责任，缺乏一个完全意义上的自然人所应当具备的自决和承担责任的能力。其次，在私法体系中，人工智能机器系统可以作为权利客体存在，却始终无法成为权利主体，因为私法体系中权利主体和客体本身相对，权利客体只能作为权利主体法律支配的对象，其法律地位不能相互转换。[4] 从激励创新的角度而言，承认人工智能权利主体地位事实上也没有任何实际意义，如前所述，保护人工智能创造物真正要激励的并非机器本身，而是人工智能机器背后隐藏的权利人，赋予人工智能机器人排他性权利并不会产生激励创新的实际效果。[5] 因此笔者认为在现有的法律框架下，对于人工智能创造物并不适宜以赋予其权利主体的方式予以保护。

〔1〕 Ryan Abbott, "I Think, Therefore I Invent: Creative Computers and the Future of Patent Law", *Boston College Law Review* 57, 2016, pp. 1079-1099.

〔2〕 袁曾：《人工智能有限法律人格审视》，载《东方法学》2017 年第 5 期，第 54 页。

〔3〕 ［德］卡尔·拉伦茨：《德国民法通论（上）》，王晓晔等译，法律出版社 2013 年版，第 119 页。

〔4〕 ［德］汉斯·布洛克斯、沃尔夫·迪特里希·瓦尔克：《德国民法总论》（第 33 版），张艳译，中国人民大学出版社 2012 年版，第 4 页。

〔5〕 袁曾：《人工智能有限法律人格审视》，载《东方法学》2017 年第 5 期，第 54 页。

（二）单设邻接权保护方式可行性分析

大陆法系国家的版权法广义上是包含著作权和邻接权的制度设计，版权法非常强调精神性权利，因此对于版权作品中的人格因素也要求非常严格，按照这样的作品标准，人工智能创造物将会被排除在作品范围外。版权法中的邻接权保护客体，包括原创性程度无法达到版权要求的作品。[1] 因此，有学者认为可以参照邻接权的设计思维，为人工智能创造物创设新的邻接权，从而进行人工智能创造物的保护。[2] 单设邻接权的保护模式不仅能够绕开版权法只保护人类作品的制度障碍，而且能够实现保护投资者的利益，鼓励新人工智能技术的投资和创新。

对于邻接权的保护方式而言，邻接权是为了保护传播者的传播行为而设计的权利类型。郑成思认为，广义的邻接权，就是一切传播作品的媒介所享有的专有权，邻接权更为准确的提法应该是"作品传播者权"。[3] 无论是表演者、录音录像制作者，还是广播组织的角度都与作品的传播有关，因此一般认为邻接权是为了鼓励传播行为而进行的制度设计。表演者、录音制品制作者以及广播组织，在对作品的传播上投入了大量的资金和技术劳动，[4] 这对作品起到了实质上的贡献价值，虽然他们的创作达不到版权作品的要求，但为鼓励其付出的经济性劳动，可以通过设立邻接权提供专门性保护。与邻接权制度价值不同的是，保护人工智能创造物主要为了保护投资者在对作品创作中的经济投入，而不是要奖励权利人在人工智能创造物传播中所做出的经济性贡献。人工智能创造物与邻接权的权利本质存在区别，因此适用邻接权的保护模式也并不适宜。

（三）人工智能创造物著作权客体化保护可行性分析

著作权客体化保护方式为大多数学者认同，也是为本文认为最为可行的

〔1〕 Tracy Reilly, "Good Fences Make Good Neighboring Rights: The German Federal Supreme Court Rules on the Digital Sampling of Sound Recordings in Metall auf Metall", *Minnesota Journal of Law*, *Science & Technology* 13, 2012, pp. 154-209.

〔2〕 易继明：《人工智能创作物是作品吗？》，载《法律科学（西北政法大学学报）》2017 年第 5 期，第 135 页。

〔3〕 郑成思：《版权法（全二册）》，中国人民大学出版社 2009 年版，第 56 页。

〔4〕 ［德］M. 雷炳德：《著作权法》，张恩民译，法律出版社 2005 年版，第 501 页。

保护方式。英国在 1988 年修订版权法时，也对计算机作品采取了著作权客体化的保护方式，国外的立法、司法实践证明将人工智能创造物纳入著作权法作品保护范围的著作权客体化保护方式具有可行性。

如前所述，直接将人工智能创造物当作著作权法上的作品面临着著作权法只保护人类智力创作成果的制度障碍。对于理论上必须存在自然人"作者"的制度障碍，学者认为可以通过拟制人工智能创作物"法律作者"的方式确定作品的权利人。英国版权法在对于计算机生成作品的保护问题上，即选择了通过法律拟制"为作品做出必要安排的人"为作者的保护方式，绕开了版权法只承认自然人作品的制度障碍。如此的立法模式，与法人作品的版权归属有类似之处。[1] 人工智能创造物亦可以按照法人作品原理进行处理，虽然人工智能机器是事实上进行创作的主体，但却可以通过法律拟制，确定相应的权利主体为作品法律上的作者，将作品的著作权直接归属于该主体。这种方法尊重了权利人与人工智能创造物之间的复杂关系，又绕开了人工智能创造物保护的制度障碍。[2] 对于著作权法中的作品认定障碍，可以通过改变作品认定标准中"来源于人类智力创作成果"的要求，不再严格强调作品必须是人类智力成果，以此便可突破制度上的障碍，将人工智能创作物认定为著作权法上的"作品"。[3] 理论上只需要转化角度，建立以受众（读者）为中心的著作权法作品认定理论，[4] 从读者角度来审视人工智能创造物是否满足著作权法作品的创作高度和保护标准。作品认定的"独创性"标准只对"作品"客观属性做出要求，只要求作品具有在表现形式上的独创性，而无须对"作品"的创作主体做出要求，即可绕开人工智能创造物的作品标准认定障碍。[5]

---

[1] 《著作权法》第 11 条第 3 款规定："由法人或者其他组织主持，代表法人或者其他组织人意志创作，并由法人或者其他组织承担责任的作品，法人或者其他组织视为作者。"

[2] Annemarie Bridy, "Coding Creativity: Copyright and the Artificially Intelligent Author", *Stanford Technology Law Review* 4, 2012, pp. 5-28.

[3] 乔丽春：《"独立创作"作为"独创性"内涵的证伪》，载《知识产权》2011 年第 7 期。

[4] 梁志文：《论人工智能创造物的法律保护》，载《法律科学（西北政法大学学报）》2017 年第 5 期。

[5] 乔丽春：《"独立创作"作为"独创性"内涵的证伪》，载《知识产权》2011 年第 7 期。

　　相较前两种保护方式而言，著作权客体化保护方式有其优势之处。通过将人工智能创造物著作权客体化，可以成功将人工智能创作物纳入版权法作品保护范围，实现了对人工智能创造物版权法的有效保护。著作权客体化的保护方式通过法律拟制自然人作者为权利主体，能够避免从法律上探讨人工智能机器的主体地位，不至于冲击传统的民法理论，弥补了著作权法只保护人类作者作品的版权障碍。从版权法激励创新的制度目的出发，实现人工智能创造物的保护，著作权授予相关权利人，能够使得权利人为作品创作的劳动、经济投入得到回报，能够实现大幅度激励新人工智能的研究开发和人工智能创造物的投资创新。除此之外，从读者的角度出发审视作品是否能够成为版权法上的作品，以作品的客观审美价值来决定著作权法作品的认定，也更符合市场经济下作品的评判标准。

　　人工智能创造物之所以不能成为著作权法上的作品，主要原因在于部分国家的法律对作品创作中人类作者的元素要求严格。但是随着技术的进步，作品创作方式的不断革新，利用机器创作部分作品将逐渐缺失人类作者的元素，人工智能机器极有可能成为未来文艺作品创作的重要主体。大数据时代背景下，如果要求作品必须源于人类的智力创造成果，并不适应时代的发展需求。著作权客体化保护方式是一个切实可行的解决方案，能够实现对权利人的保护，保证对开发人员的激励作用，并且不会破坏当前的法律体系，能够确保人工智能技术的顺利发展，并确保其作为创造力和创新驱动力的长期作用。[1] 探讨我国人工智能创造物的著作权法保护问题，选择著作权客体化的保护方式，同时通过法律拟制相应权利人确定著作权权属规则，将是解决人工智能创造物著作权法保护障碍最有效可行方法。

四、著作权客体化保护模式下的权属规则构建

　　确定采用著作权客体化保护方式，将人工智能创造物纳入著作权法作品保护范围，同时需要探讨作品的版权归属问题。考虑到人工智能机器本身不

---

　　[1] Robert C. Denicola, "Ex Machina: Copyright Protection for Computer Generated Works", *Rutgers University Law Review* 69, 2016, pp. 251-287.

能成为作品的作者，因而真正的问题在于确定作品版权归属于谁。[1] 在分配人工智能创造物的所有权时，版权归属涉及人工智能完成作品创作过程的所有参与人，其中涉及三方主体：人工智能的程序设计者、人工智能机器使用者以及人工智能机器的所有者。程序员是创建人工智能系统的基础程序的主体，使用者是在程序上发布指令触发作品最终创作生成的主体，而所有者则是实际上拥有人工智能机器所有权的投资主体。不同情况下，程序设计者、使用者、所有者可能是同一个人，也可能会出现分离。作品创作往往凝聚了多数人的劳动投入，如何赋予垄断权来进行保护是一个政策衡量的问题。谁将成为人工智能创造物的版权人，不仅要考虑实际的创作状态，还需要衡量不同制度可能带来的社会效益、经济效益。一般情况下，基于私法自治的规则，分离状态下的三方主体可以通过合同事先约定确定作品的版权归属。在约定不明的情况下，程序设计者、使用者、所有者之间如何确定智能作品的最终版权归属，必须通过对不同分配方式的评估，充分考虑版权归属规则可能带来的社会整体效益影响，平衡各方权利主体利益，从而确定最合理的版权权属规则。

（一）程序设计者

支持程序设计者拥有版权的学者认为，程序设计者本身拥有人工智能机器系统的版权，其对于人工智能创造物的程序设计以及提供的源代码是人工智能机器创作作品的源动力，[2] 人工智能系统能够创造作品都依赖于先前的计算机程序系统设计，因此鉴于程序设计者在人工智能系统创建版权作品中所做出的实质性贡献，就应当将人工智能创造物版权归属于人工智能程序设计者。[3]

---

〔1〕 Arthur R. Miller, "Computer Programs, Databases, and Computer-Generated Works: Is Anything New Since CONTU", *Harvard Law Review* 7, 1993, pp. 977-1073.

〔2〕 Darin Glasser, "Copyrights in Computer-generated Works: Whom, If Anyone, Do We Reward", *Duke L. & Tech. Review* 1, 2001.

〔3〕 Darin Glasser, "Copyrights in Computer-generated Works: Whom, If Anyone, Do We Reward", *Duke L. & Tech. Review* 1, 2001.

（二）使用者

从作品的产生过程来看，使用者在人工智能系统创作作品的途中也发挥了关键性作用，因为只有使用者通过输入操作指令，人工智能机器才能开始创作作品的程序，可以认为人工智能系统是在使用者的指令下完成了作品的创作；[1] 与使用者相比，程序设计者的创作意图主要在于程序的设计而非最终作品结果的呈现，作品创作的过程似乎并没能体现程序设计者的意志，相比程序设计者而言，使用者在作品创作中发挥了重大的作用，其向机器提供了相对详细的指令，并且使用者使用程序来实现作品创作可能完全超出程序员专业知识的框架，在作品创作中做出了最重大的实质贡献；就著作权法的激励创新作用而言，支持使用者成为版权人也将会为最符合激励创新的目的，因为使用者是最终决定人工智能系统是否创作出最终作品的主体，使用者也决定了最终进入市场的人工智能创造物的数量，因此赋予使用者版权将在最大程度上实现版权法激励创作的立法目的。[2]

当然有人会质疑，对于人工智能系统创作作品来说，程序员做出的贡献也许比使用者更为重要，不能否认程序员奠定了机器进行创作的程序基础。但是版权法本身存在一种贡献/权利悖论，即受到版权保护的一方也许并非是值得受到版权保护的一方。[3] 以法人作品为例，雇员虽然实际上是创作出作品的主体，但其却未能成为版权法上作品的作者，而是由雇佣公司作为作品版权法上的权利主体享有权利。与此类似，程序员也许在创建人工智能时做出了创造性的劳动贡献，但版权最终会分配给使用者，因为这从社会政策角度来看最为满足著作权法的激励机制要求。也有人主张不同情况下，可以将程序员和使用者视为合作作者，因为这种模式下可以很好地避免讨论谁才真正是人工智能创造物的作者的问题，毕竟程序员和使用者都在人工智能创作过程中发挥了作用。但笔者认为，程序设计者和使用者并不满足著作权法上

---

[1] Pamela Samuelson, "Allocating Ownership Rights in Computer-Generated Works", *University of Pittsburgh Law Review* 47, 1985, p. 1189.

[2] Robert Yu, "The Machine Author: What Level of Copyright Protection is Appropriate for Fully Independent Computer Generated Works", *University of Pennsylvania Law Review* 165, 2017, p. 1288.

[3] Ibid.

合作作者的认定标准，因为被认定为作品的合作作者，要求创作者具有创作的合意，而程序设计者和使用者在人工智能创造物的创作过程中既未有实际上的共同创作行为，更没有所谓的创作合意，因此认定为合作作者过于勉强。

（三）所有者

所有者是对人工智能创造物做出最大经济投入的主体。程序设计者与所有者出现分离的情况下，所有者通过支付对价获取人工智能系统的所有权，如果所有者能够拥有人工智能创造物的版权，便可以利用人工智能系统创作出来的作品，最终转化成商业利益，可以认为，人工智能所有者是最有动机去促进人工智能系统创作作品的主体。

与程序设计者相比，确定以人工智能所有者为权利主体的权属体系，将更为符合投入与产出的生产实际。人工智能系统的所有者对于人工智能系统创作作品做出了最为巨大的经济投入，类似法人作品制度原理，人工智能创造物的权益应该由做出实际投入的人工智能系统所有者拥有，如果赋予程序设计者所有权，将会呈现激励过度的不良效果，[1] 因为程序设计者在将所有的智能系统转让给他人时，已经获得了相应的经济报酬，再让其享有人工智能系统创作的作品版权，并不符合公平的效益原则。在程序员、所有者分离情况下，程序员与所有者相比，所有者已经通过支付相应报酬买断了人工智能机器以及人工智能可能生成的内容，获取了系统的所有权，其既然已支付相应对价，出于公平考虑，作品所有权就应当归于所有者[2]。而将所有者与使用者相比，在使用者与所有者出现分离的情况下，使用者利用人工智能系统之所以生成出具有经济价值的作品，也是在执行所有者的意志，这类似版权法中的法人作品的原理，雇员的所有工作成果自然归雇主所有，雇主在创造过程中不需要直接参与创作过程就能获得雇员创作成果的版权。因此，与使用者相比，所有者更为适宜作为人工智能创造物的权利主体。

英国版权法规定对于计算机生成作品的作者应该是"为作品创作做出必

---

〔1〕 Robert Yu, "The Machine Author: What Level of Copyright Protection is Appropriate for Fully Independent Computer Generated Works", *University of Pennsylvania Law Review* 165, 2017, p. 1288.

〔2〕 Pamela Samuelson, "Allocating Ownership Rights in Computer-Generated Works", *University of Pittsburgh Law Review* 47, 1985, p. 1120.

要安排之人"，也即认定为作品创作做出最必要贡献的人才是作品的版权人。在三者分离的情况下，所有者为了能让人工智能系统创作出版权作品，其进行了经济投入购买人工智能系统的版权，同时，为了保证人工系统能够创作，所有者又雇佣了雇员（使用者）来具体操作系统，可以认为人工智能系统的所有者才是为人工智能系统能够创作作品做出必要安排之人。并且从激励创作的角度，赋予所有者版权，将会激励所有者对新人工智能系统的不断投资，有益于人工智能系统进行更多作品创作活动；从保护权利主体利益而言，赋予所有者对于人工智能创造物版权，也会更为符合投入与产出的生产实际，保护所有者的权利利益。因此，在程序设计者、使用者和所有者出现分离，又没有事先约定的情况下，考虑建立以所有者为主的著作权权属规则将更为合理。

五、结语

人工智能技术已经应用于文艺创作的事实提醒我们，人工智能技术正在改变着传统著作权法作品创造方式。法律具有滞后性，但对法律问题的思考必须时时具有前瞻性，[1] 为了适应我国人工智能发展总体部署，促进人工智能技术的进一步发展，针对人工智能技术对法律提出的制度挑战，我们必须在法律上做出相应的回应，以期解决人工智能创作带来的著作权法问题。也许有人质疑现在讨论人工智能创造物的版权法问题也许为时过早，但在人工智能技术高速发展态势下，人工智能大范围应用于文艺创作很快将变为现实，我们应该在技术高速发展的态势下积极做出回应。

在我国对人工智能技术有着明确发展计划前景下，通过将人工智能创造物客体化保护，直接规定版权人将使得人工智能创造物更容易被版权法所接受。这是类似于法人作品直接将版权赋予法人组织的机制，被承认的不是所涉作品的实际作者，而是对人工智能创造物做出最大贡献的自然人，[2] 这既可以解决人工智能创造物的作者身份问题，又能够实现人工智能创造物的有

---

〔1〕 吴汉东：《人工智能时代的制度安排与法律规制》，载《法律科学（西北政法大学学报）》2017 年第 5 期。

〔2〕 Annemarie Bridy, "Coding Creativity: Copyright and the Artificially Intelligent Author", *Standford Technology Law Review* 4, 2012, p. 27.

效保护，绕过了"人工智能系统"事实作者在法律上的身份困境；关于人工智能创造物的作者身份问题，视所有者为权利人，可以避免讨论人工智能机器的权利主体地位，又能够实现著作权法的激励效益，是对复杂法律关系的简单化处理。[1] 将人工智能创造物纳入著作权作品保护范围，并建立约定优先，未约定情况下以所有权人为主的权属规则，是实现人工智能创造物著作权法有效保护的妥善解决之道。

---

〔1〕 Ibid.

有限责任公司股权对外协议转让的法定限制

——从股权优先购买权出发

◎ 舒静怡　2013 级法学瀚德实验班

摘　要： 对股权对外协议转让制度的讨论，主要涉及股权优先购买权制度与同意权制度。股权优先购买权的权利属性争论使其行使效果不明，也增加了股权对外转让的复杂程度。同时，同意权制度因"同意"语词的含义模糊，以及"视为同意"的情况存在，在实践中无法取得其应有的效果。为了完善股权的对外转让程序，应从合同的成立要件出发来判断股权转让协议的效力，将股权优先购买权作为非绝对形成权移出法定限制；将同意权与指定购买权融合并拓展"同意"之内容，使得在未规定优先购买权时，股权自由转让原则与有限责任公司人合性仍能协调；相应明确新型股权对外转让制度中的通知方式与投票机制，允许转让股东放弃转让。

关键词： 股权对外协议转让　优先购买权　同意权　股权转让协议

引　言

在有限责任公司股权对外转让中，由于股权不仅包含"投资的转让"[1]，更是囊括了股东身份和地位的变化，所以一个普遍被认可的观点就是，为保护公司架构的稳定性，股权对外转让时应当被加以一定的限制。

---

[1]　周海博：《股权转让论——以有限责任公司为视角》，中国社会科学出版社 2011 年版，第 13 页。

《中华人民共和国公司法》（以下简称《公司法》）对有限责任公司中的股权对外转让协议设定了两个限制：同意权制度与优先购买权制度。由于优先购买权制度会涉及公司外的第三方，并且程序更为复杂，所以一直在学界有着广泛的讨论。2017 年 9 月实施的《最高人民法院关于适用〈中华人民共和国公司法〉若干问题的规定（四）》第 16 条至第 22 条就优先购买权的"同等条件"[1]"股权转让合同效力"[2]的判断等作出进一步细化的规定，以期能够妥善解决股权优先购买权的问题。

股权对外转让整体过程主要分为股权对外转让的债权性行为和股权变更的履行行为，本文不讨论股权对外转让中股权如何进行变更、登记等履行行为，而仅讨论股权对外转让中的债权性行为，即谁能取得该转让之股权，是其他股东或者是公司外的第三人。[3] 且实践中关于股权转让有多种规避转让限制的方式，也有多种简化的方式，本文仅就理论部分，即法律规定的程序方面进行讨论。

我国在股权对外转让的限制上，独树一帜地采取同意权和优先购买权相结合的法定限制模式，这使得整体股权转让流程显得非常繁杂，并且它设置的必要性存在疑问。尤其是股权优先购买权作为法律创设的产物，在股权转让流程中起到什么作用、是否有其存在意义都值得探讨。故而本文将从股权对外转让整体流程的分析出发，剖析股权优先购买权制度和同意权制度存在的问题，探讨如何对股权对外转让制度进行完善。

一、现有法律框架中的股权对外协议转让

（一）股权对外协议转让的整体过程分析

"股权转让"分为对内转让与对外转让，两者以转让股权的客体是否"可

---

〔1〕 其中第 18 条中提出"同等条件"的判断应该基于"转让股权的数量、价格、支付方式及期限"等。

〔2〕 关于股权转让合同的效力问题，第 21 条规定当发生损害其他股东优先购买权的行为发生时，需要股东"提出确认股权转让合同及股权变动效力等请求"且"同时主张按照同等条件购买转让股权的"，但仍未明确股权转让合同有效、无效或者可撤销。

〔3〕 我国《公司法》第 71 条中仅确认"其他股东"有优先购买权，所以此处未将"公司"作为获得转让股权之主体。

能"涉及公司外部人进行区分。股权转让的"转让"虽有广义与狭义之分[1]，但是由于"转让"在文义解释中是"等价有偿的交换行为"[2]，故而本文不讨论股权赠与、强制执行、股权继承等非等价有偿的行为而导致的股权变动情况。

按照现有法律规定，股权转让过程如下：转让股东有权对内或对外转让其股权；股权对外转让需要书面通知且经过除转让股东外的全体股东过半数同意后，该股权才得以转让；若有不同意转让之股东，应由其购买该转让之股权，否则视为同意转让；以上被称为同意权制度，且在行使同意权的过程中，报价并不受"同等条件"的限制。若无股东购买转让之股权，转让股东与受让第三人草拟股权转让协议，内容应包括股权转让价格、数量、具体转让方式等尽可能详细的内容；之后，转让股东与其他股东商议是否在价格、数量等"同等条件"下购买该预转让之股权，即行使优先购买权；若股东不行使优先购买权，转让股东与受让第三人正常履行股权转让协议，若股东行使优先购买权，则转让股东与行使优先购买权股东之间达成股权转让协议；以上被称为优先购买权制度。股权转让协议生效后，双方需履行协议中各方义务，其中，出让股东应履行转让股权的义务即完成股权交付程序以便产生对抗公司及第三人的效力。其中按照《公司法》第73条的规定，股权交付程序包括注销原股东出资证明、签发新股东出资证明书，并相应变更股东名册，修改公司章程等。

（二）股权对外协议转让中的股东类型

上述股权对外转让的过程分析中，涉及两个主要程序以及多种人。两个主要程序以是否开始涉及第三人为划分标准，区分为同意权制度和优先购买权制度。股权对外转让中可能涉及多种人，分别为：拟转让股权的股东（转让股东）；拟受让该转让股权的公司外第三人（受让第三人）；同意转让股权且不行使优先购买权的股东（同意股东）；同意转让股权但行使优先购买权的

---

[1] 广义的股权转让是指所有原因而发生的股权变动；狭义的股权转让仅指由于实施民事法律行为而发生的股权变动。

[2] 陈立斌主编：《股权转让纠纷》(第3版)，法律出版社2015年版，第116页。

股东（同意却优先购买股东）；不同意转让股权却不购买，之后也不行使优先购买权的股东（不同意股东）；不同意转让股权而直接购买拟转让的股权的股东（同意权股东）；不同意转让股权却不购买，之后行使优先购买权的股东（不同意却优先购买股东）。

之所以会出现这些不同的除转让股东以外的其他股东，是因为其他股东对转让之股权以及公司权力架构有不同的想法。同意股东是对"谁"进入公司以及"股权架构"均无异议的股东，所以对于此次股权转让没有任何意见。不同意股东可以算是对转让股东退出公司的一种"形式"抗议，因为他并不能改变任何事实。同意权股东是抗拒所有可能进入公司的外部人。在现有制度下，同意却优先购买股东可能是对进入公司"特定的人"有所不满，或者本身有意愿想购买转让的股权而之前不愿对股权进行估价，总体来说是对转让股东的退出行为表示同意的。相对的，不同意却优先购买股东的状态有很多种，但本质来说不同意本次股权转让：可能是自己不愿进行具体估价所以未在同意权行使时即达成股权转让协议，待转让股东与受让第三人确定价款后直接评判价款是否合理而接受；或者虽意图行使同意权进行购买，但与转让股东就价款未谈妥，而不得不通过优先购买权来进行购买，此时被迫成为"视为同意的情况"；或者该类股东对转让股东转让的股权与进入公司特定的人都不同意，所以才会行使优先购买权进行阻止。

可以发现，其他股东行使优先购买权仅为得到两种保护：预期的合作困难如何解决，即希望选择"特定"的人进入公司；如何以"合理"价格购买预转让之股权。

二、股权对外协议转让制度的问题分析

（一）股权优先购买权制度的存废之辩

近年来，对于股权对外转让制度的疑问，尤其是对于股权优先购买权的行使效果、对象、方式都存在着诸多争议：金某某诉上海哲野印刷有限公司等股权确权纠纷案提出，在股东不同意转让股权且合理时间内不进行购买时，以及在合理时间内未行使优先购买权时，不能以之对抗受让第三人[1]；北京

---

〔1〕 上海市第二中级人民法院（2012）沪二中民四（商）终字第585号民事判决书。

新奥特公司诉华融公司股权转让合同纠纷案[1]强调优先购买权并非是一种对股权"完全排他"的权利；楼国君与方樟荣等股权转让纠纷案[2]确定，内外有别之价格系有违诚实信用原则；复星—SOHO案[3]对优先购买权的权利辐射范围有所争议；李胜荣诉王洪等案[4]确定，内部转让的其他股东不享有优先购买权。

本节将从股权优先购买权的问题分析出发，探究股权优先购买权的性质以及其存在的必要性，或者说是探讨优先购买权存在的"不可替代性"。

1. 股权优先购买权的权利属性分析

优先购买权是指"特定的民事主体享有的可先于他人进行购买'所有人转让的权利'或者'买卖的物品'的权利"[5]。优先购买权的目的主要在于保障商品经济的发展，促进社会组织结构的稳定和有序运行，可以说优先购买权的产生即为"满足社会需要"而非"限定某些权利"。[6] 股权的优先购买权作为优先购买权的类型之一，是指转让股东在转让股权的过程中，除转让股东外的其他股东基于"股权关系的有效存在"[7] 而享有的先于他人购买的权利，是为稳定公司发展，维持股东组成的一个制度设计。

探讨优先购买权对股权对外转让整个过程所产生的影响，不得不先对其属性进行考量。虽然民法中对权利有不同的分类标准，但是在判断股权优先购买权的性质时，相对比较有价值的分类方式为"支配权、请求权和形成权"以及"既得权和期待权"两种。

首先，支配权的特征为"在客体上单方实现自己的意思"[8]，此项权利要求具备"直接支配"和"无需他人同意"的特点[9]。而股权优先购买权，

---

〔1〕 最高人民法院（2003）民二终字第 143 号民事判决书。

〔2〕 最高人民法院（2011）民提字第 113 号民事判决书。

〔3〕 上海市第一中级人民法院（2012）沪一中民四（商）初字第 23 号民事判决书。

〔4〕 李胜荣诉王洪、李光股权转让纠纷上诉案，转引自王元庆主编：《股权转让纠纷裁判规则与适用标准》，法律出版社 2015 年版，第 370 页。

〔5〕 许尚豪、单明：《优先购买权制度研究》，中国法制出版社 2006 年版，第 23 页。

〔6〕 许尚豪、单明：《优先购买权制度研究》，中国法制出版社 2006 年版，第 78 页以下。

〔7〕 周海博、卢政峰：《股东制度疑难问题研究》，化学工业出版社 2015 年版，第 40 页。

〔8〕 金可可：《论支配权的概念——以德国民法学为背景》，载《中国法学》2006 年第 2 期。

〔9〕 许尚豪、单明：《优先购买权制度研究》，中国法制出版社 2006 年版，第 163 页。

在行使优先购买权之前的股东都无标的物"股权",而是行使之后才可能有股权,更不能未经他人同意而直接支配未取得的股权,所以认为股权优先购买权是一种支配权显然是不合理的。其次,请求权是指"要求特定人为或不为特定行为"[1] 的权利,请求权被普遍认为是一种债权性的权利,即仅在双方主体之间存在,是相对于义务人而言的权利,所以单纯将优先购买权定性为"请求权"并不能让其拥有可以影响股权转让协议效力的特性,因此理论中有人称优先购买权为"附强制缔约义务的请求权"。但该定性也有问题。一方面,"强制缔约义务"要求法院对相关诉请确认后强迫转让人承诺,但该承诺并不能直接导致双方达成协议,而需要新的磋商,即达成要约和承诺后才可使得合同成立,这与优先购买权行使后转让股东与其他股东可以直接达成股权转让协议不符。另一方面,从民事诉讼的成本上看,股东需要另外进行"给付之诉"才能算行使其权利,并且当未达成要约承诺时需要再次进行给付之诉才能强制成立合同,然而这样的权利行使方式成本高昂。因此,定性为"请求权"也不甚科学。最后,形成权是指"依权利人的意思表示为之,使法律关系发生、法律关系内容变更或者法律关系消灭"[2],这是一种权利人可以决定而非双方协商的结果,这也就意味着,优先购买权人行使优先购买权将直接无条件导致同意却优先购买股东或者不同意却优先购买股东与转让股东之间的股权转让协议成立。但此形成权并非绝对形成权,而是"附停止条件的形成权",于"出卖标的物于第三人时"[3] 才能行使。但是出卖给第三人是否能成为"条件"也存在疑问。[4]"条件"被理解为"纳入法律行为"并且使得"法律效果受制于将来的不确定事件"[5],而此处"附停止条件"指是否转让给第三人,产生的结果是其他股东是否能够享有优先购买权,而非其他股东是否能够行使优先购买权。其中典型的情况是,当股权内部转让

---

〔1〕 王泽鉴:《民法总则》,北京大学出版社 2009 年版,第 74 页。

〔2〕 王泽鉴:《民法总则》,北京大学出版社 2009 年版,第 79 页。

〔3〕 王泽鉴:《民法学说与判例研究》(第 1 卷),中国政法大学出版社 2003 年版,第 614 页以下。

〔4〕 蒋大兴:《股东优先购买权行使中被忽略的价格形成机制》,载《法学》2012 年第 6 期。

〔5〕 《Staudingers 德国民法典评注》,Sellier De Gruyter 出版社。转引自袁治杰:《法律行为的条件理论》,载《私法研究》2010 年第 1 期。

时，其他股东从始至终不享有优先购买权；多个股东同时行使优先购买权时，优先购买权也不能作用于股东内部，所以附条件形成权实际上也无法解释优先购买权的性质。

第二种分类中主要讨论的是优先购买权是否属于期待权，它相对于既得权来说，是为"取得权利"[1]之权利，但是对比优先购买权的权利性质与期待权的性质，优先购买权本身即需要满足多个基本法律事实发生之后才可产生。而且"期待并不等于期待权"[2]，因为只有在受让第三人购买情况下，优先购买权才可以行使，这已经是一种既得权；而在转让股东意图对外转让而未转之时，除转让股东的其他股东不过是有一种期待状态而已。所以用期待权对股东优先购买权进行定性也颇为不合理。

归因于传统观点认为优先购买权仅为保护除转让股东的其他股东的利益而设，上述权利属性的分析均由其他股东的角度出发。由于优先购买权的权利设置实际上是对各方利益的平衡，所以也有观点从《中华人民共和国合同法》（以下简称《合同法》）出发，认为优先购买权是对转让股东的"意思表示撤销权或合同解除权"[3]。但是根据合同的相对性，除转让股东外的其他股东优先购买权实际上没有合同撤销权或解除权的性质，即优先购买权无法使得股权转让协议自动无效或者撤销。根据物债两分的理论，或者类比一物二卖的情况，债权性的合同签订行为与物权性的物权变动行为应当分开，即"优先购买权的行使与否不影响转让协议是否生效，而只能影响该协议是否履行"[4]。所以优先购买权仅使得转让股东与受让第三人先前的股权转让协议无法履行，而不能将优先购买权视为有合同解除或者撤销的效果。

实际上，优先购买权直接被定性为"非绝对"形成权即可。从优先购买权行使的效果来看，转让股东与同意却优先购买股东或者不同意却优先购买股东"可以"直接达成股权转让协议。之所以称为"可以"，是因为当有多个股东行使优先购买权之时，并非直接达成，而需要股东内部协商，若协商

---

〔1〕 王泽鉴：《民法总则》，北京大学出版社 2009 年版，第 185 页以下。

〔2〕 许尚豪、单明：《优先购买权制度研究》，中国法制出版社 2006 年版，第 126 页。

〔3〕 蒋大兴：《股东优先购买权行使中被忽略的价格形成机制》，载《法学》2012 年第 6 期。

〔4〕 陈立斌主编：《股权转让纠纷（第 3 版）》，法律出版社 2015 年版，第 113 页。

不成则需按照各自的出资比例进行购买。所以将股权的优先购买权理解为一种非绝对的形成权似乎显得更为适宜，即它具有形成权的性质却没有绝对形成权的效力。此种定性虽然模糊，但实际上也能解决实践中的很多困境，比如优先购买权的穿透效力，股权转让协议效力的认定等。

2. 股权优先购买权的存在价值

一般而言，对于转让股东而言，股权的对外转让是一种"回收投资"[1]的行为，其价值实际上是股权的自由转让价值。股权的自由转让是指投资者可以自由地买入或者卖出其所持有的股份，其主要意义在于协调了公司资本不变前提下的退出机制，以吸引投资者更多地对市场进行投资；同时由于财产在流通中会不断增值的特性，市场经济导致现代公司的发展离不开股权的"资本性"与"转让性"，[2] 也正是其可转让性使得社会财富不断增加。[3]与此同时，股权作为一种"出资财产所有权的对价"[4]，也有人会将其看作是"私人财产，从而处置自由"[5]，英国[6]和美国都采纳此种观点，从而取消对股权转让的法定限制。

但有限责任公司与股份有限公司的重要区别之一在于股东人数的多少。由于股权的"人身权性质"[7]在有限责任公司中体现得更为明显，且有限责任公司被普遍认为是一种更适合中小企业发展的形式，[8] 所以有必要设置人

---

〔1〕 北京市第一中级人民法院民四庭编著：《公司法审判实务与典型案例评析》，中国检察出版社 2005 年版，第 338 页。

〔2〕 江平、孔祥俊：《论股权》，载《中国法学》1994 年第 1 期。

〔3〕 施天涛：《公司法论》（第 2 版），法律出版社 2006 年版，第 132 页。

〔4〕 江平、孔祥俊：《论股权》，载《中国法学》1994 年第 1 期。

〔5〕 郑彧：《股东优先购买权"穿透效力"的适用与限制》，载《中国法学》2015 年第 5 期。

〔6〕 Company Act 2006 未对股权转让加以任何限制，且在 Greenhalgh v. Mallard，[1943] 2 ALL ER 234 中也明确表示"股权是私人财产，可以自由买卖或转让"，该项规则成为"普遍原则"被广泛使用于有关股权转让的案例中，如 Cosmetic Warriors Ltd v. Gerrie，[2017] 2 BCLC 456，p. 53。基于以上原则，虽股权优先购买权仍被允许在章程中规定，但却应该用尽量清晰的语言在合理范围内用章程或者股东协议间规定股权优先购买权，参见 United Company Rusal Plc v. Crispian Investments Limited，Whiteleave Holdings Limited，[2018] EWHC 2415（Comm），pp. 60-70.

〔7〕 罗培新：《抑制股权转让代理成本的法律构造》，载《中国社会科学》2013 年第 7 期。

〔8〕 赵东济：《大陆公司法制有限责任公司资本与运营》，台湾"亚太综合研究院" 2002 年版，第 60 页。

数限制。也就是说，有限责任公司的"股东人数小于 50 人的特性决定了股东之间存在的信赖惯性，即体现人合性的特点"[1]。当然人合性的特点对股权转让，不仅是对"对外转让"也是对"对内转让"提出了一定要求，即由于信赖关系的存在而可以决定"与谁合作"和"持股比例"[2]。这决定了从公司设立之初，股东需要明确对其所投资的"产权稳定预期"与"追求长期利益"的可能性。[3] 所以为维护人合性，也可以对财产自由转让设置"合理的"限制[4]。

由于法律保护一定的社会存在或者相关的利益需求，人合性和自由转让原则天然的矛盾使得优先购买权制度有其存在的必要，但是各国实践有所不同。[5] 优先购买权正是协调人合性和股权自由转让的产物，其设立之初的目的就是基于股东可以转让股权的前提下，同意却优先购买股东与不同意却优先购买股东还能通过行使优先购买权来限制进入公司的特定的人。更有观点认为优先购买权制度是为通过增加购买者的人数而刺激股权的自由流通而设立。[6]

所以无论股权的对外转让如何发展与完善，基本出发点有两个：一为转让股东只要想转让股权，就能转让出去；二为股东要么不变，要么新进股东得到其他股东的认可，也就是股东相互之间的信赖关系将会被维持。

3. 股权优先购买权的制度缺陷

依照现有的制度设计，对交易的三方虽有协调价格的作用，但是各方付出的经济成本之大，使得整个过程中的经济效益并不能轻易被忽视。

对于转让股东来说有一个很重要的难题，当除转让股东外的其他股东还未行使股权优先购买权时，转让股东与受让第三人的股权转让协议的效力有

---

〔1〕 施天涛：《公司法论》（第 2 版），法律出版社 2006 年版，第 187 页。

〔2〕 夏建三：《有限责任公司股权转让法律问题研究》，法律出版社 2013 年版，第 41 页。

〔3〕 高永周：《有限公司股东优先购买权的产权逻辑》，载《南京大学学报（哲学·人文科学·社会科学版）》2015 年第 3 期。

〔4〕 Saylor Arthur E., "Restrictions of Stock Transfer", *Dickinson Law Review* 63, 1959, p. 265.

〔5〕 北京市第一中级人民法院民四庭编著：《公司法审判实务与典型案例评析》，中国检察出版社 2006 年版，第 325 页。

〔6〕 白慧林：《股权转让热点问题规则与实践的考量》，法律出版社 2014 年版，第 125 页。

很大争议。无论是视为合同有效、无效、可撤销或者效力待定，转让股东都可能需要对受让第三人进行额外的赔偿，这对于转让股东来说本身就是一笔非必要的额外支出，对他来说并不合理。

对于受让第三人来说，即使因为法律规定而明知其他股东享有优先购买权，并有所防备或者有心理预期，但法律对受让第三人与转让股东草拟股权转让协议有规定得愈发详细之意。这意味着受让第三人在签订合同时需要耗费更多的人力物力对公司的市场价值、发展潜力等各个方面进行准确了解后，才能提出合适的报价与其他相关条件。从此方面来看，受让第三人在订立股权转让协议时付出的成本还是很大的，同时他还需受到该协议效力情况不确定的影响。尽管在同意却优先购买股东与不同意却优先购买股东行使优先购买权后可能获得转让股东的赔偿，甚至与转让股东签订补偿协议，但该赔偿一般难以填补之前所支出的成本。即使填补了受让人的支出成本，这就回到了转让股东"非必要性支出"的问题了。所以对于受让第三人来说，购买对外转让的股权有很大风险，并且结果极有可能是为他人做了嫁衣。

那是否对同意却优先购买股东与不同意却优先购买股东来说真的是一个保障呢？不尽然，"同等条件"的限制使得他们只能选择接受可能不是很合理的价格或者相反被迫接受因自己无法购买而新进公司的股东。有限责任公司的股东对于自己公司的运营状态及预期估值比公司外的人相对要清楚，当转让股东通知公司买卖的价格和方式时，行使优先购买权的股东只能被动承受，除了用恶意串通来使得股权转让协议无效外，结果往往是抵挡不了想要进入公司的受让第三人。

从整个股权对外转让的过程上来看，优先购买权的交易成本过高无法平衡其带来的优势。股权转让的步骤不可谓不复杂，尤其是从转让股东与受让第三人签订的协议详细程度来看，这不是一个草拟合同或者合同商议阶段，而是一个拥有基本构成要件的合同，换言之，需要对股权的转让有"确定性"。并且法律对于"同等条件"正走向细化的方向，这意味着此转让合同基本会等同于最终签订的合同。对于受让第三人来说，虽然因法律规定的优先购买权制度使得他对股权转让协议面临的问题有其预断，或者可能通过订立附条件合同来减少风险，但是作为公司外的人，他需要了解股权的实际价值，理论上来说，为此付出的成本比股东自身了解本公司股权价值相对要多。换个角度看，如果股东决定购买时，为何不在之前行使同意权时就进行购买呢？这也是上述不同意却优先购买股东这种类型出现的原因。此种先让受让第三人签订合同再行使优先购买权的行为未免有恶意之嫌，毋宁说这是一种坐享其成的态度。如若不行使优先购买权，则转让股东要向股东会提交或者单独向各股东征询意见的一系列过程也是一种浪费时间和人力物力的行为，实属不必要。

所以现有优先购买权制度伴随的高成本不足以平衡其所带来的保护公司"人合性"的优势。既然优先购买权能保护的公司"人合性"也主要着重于对于价款和特定人的承认，那么是否同意权制度就无法满足上述两点呢？

（二）无实质性阻碍效果的同意权制度

同意权制度一般是国家采取限制股权对外转让态度的制度选择，[1] 我国对有限责任公司股权对外转让设置先同意权后优先购买权的双重障碍，其限制力度可见一斑。那么与前面探讨内容相似，同意权制度的设计意义何在？

1. 同意权中的"同意"

同意权的权利主体为"除转让股东外的全体股东，而不包括公司、股东会、董事会等的同意"[2]。按照我国同意权制度与优先购买权制度相结合的股权对外转让程序上来看，"同意"的内容仅包括是否同意把"多少股权"转让给"股东之外的人"。在此由于我国对内转让采取自由主义模式，[3] 即允

---

〔1〕 夏建三：《有限责任公司股权转让法律问题研究》，法律出版社 2013 年版，第 84 页。

〔2〕 赵德勇：《基于法律行为的股东资格变动研究——以有限责任公司为中心》，中国政法大学出版社 2014 年版，第 151 页以下。虽然有部分观点认为，由于股权变动而引起"公司内部关系发生变动"，为尊重公司独立人格，同意权主体应当包括"公司"，参见周海博：《股权转让论——以有限责任公司为视角》，中国社会科学出版社 2011 年版，第 80~81 页。但对比 2004 年《公司法》第 35 条和 2018 年《公司法》第 71 条可以发现，我国《公司法》已经从以前"全体股东过半数同意"改为"其他股东过半数同意"，足以见得现在已经无需将"公司"纳入同意权的主体范围内。新修订的制度排除了转让股东同意的权利，可以防止陷入投票权的僵局或者大股东控制；其次还可避免繁琐的股东会召开程序。至于尊重公司独立之人格，当转让股东将转让信息告知给公司时，就应被视为尊重公司之人格，而无需特别要求通过股东会的形式。

〔3〕 周海博、商丽娟：《有限责任公司股权内部转让制度重构》，载《辽宁大学学报（哲学社会科学版）》2015 年第 2 期。

许股权在股东中自由流转，所以不存在"同意"转让给"其他股东"之说。尽管自由主义的模式可能导致公司内部权力结构、股东架构发生极大的变化，也产生了较大争议，但由于本文不讨论股权内部转让之问题，此处尚且采纳股东之间的股权转让不存在"同意"之说的观点。

回到股权对外转让中，举个例子来说，转让股东 A 告知其他股东 B、C、D，将对外转让 10 000 股，如果 B 同意，相当于他既同意相应股权数量（10 000 股）的转让，也同意对外转让，且自己不接手股权。但是之后，可能由于种种原因 B 不同意这个"具体的"受让第三人，所以 B 就成为同意却优先购买权股东，此时行使优先购买权是一个阻却某些"特定人"进入公司的一个方式。如果 C、D 不同意，可能是不同意 10 000 股这个具体的股权数量，可能是不同意对外转让，即拒绝一切可能进入公司的外部人，前者由于股权数量不可协商，不同意之后并无阻却办法，后者可以通过直接购买或者行使优先购买权，阻却外人进入。假设 C、D 都是不同意后直接购买，即均为同意权股东，那么此时 B 是否能"不同意"C、D 的购买呢？答案应该是否定的，由于前述股权在股东之间转让不存在"同意"之说，所以 B 无权对 A 与 C、D 之间的股权转让提出异议，当然 C、D 之间的购买比例应当先行协商，协商不成按照出资比例进行购买。

2. 同意权的价值分析

同意权制度的设置也是对内部权力格局的一种维护。有限责任公司的基础是合理的股权结构，所以它的"出资比例是经过精心设计的"[1]。因此为了维持这种相对合理且精心设计的股权架构，维持其他股东在公司中的持股比例与地位，也会对股权对外转让设置一些障碍。[2]

如前所述，有限责任公司的闭锁性或者说是人合性的维护比股份有限公司更为重要，所以股东也有义务"在转让股权时征得他人同意"[3]。如果说

---

〔1〕 〔加拿大〕布莱恩·R. 柴芬斯：《公司法：理论、结构与运作》，林伟华、魏旻译，法律出版社 2001 年版，第 309 页。

〔2〕 段威：《有限责任公司股权转让时"其他股东同意权"制度研究》，载《法律科学（西北政法大学学报）》2013 年第 3 期。

〔3〕 Frank L. Dewey, "The Transfer Agents Dilemma: Conflicting Claims to Shares of Stock", *Harvard Law Review* 52, 1939, p. 558.

优先购买权赋予了其他股东选择未来特定合作伙伴，那么同意权则赋予其他股东拒绝接受任何外来合作伙伴的可能，以此维护人合性，也可以说同意权制度是比优先购买权制度更加严格地维护有限责任公司人合性的一项制度。

与此同时，当其他股东表达不同意且进行购买时，实际上也是将股权对外转让简化的一项措施。一般情况下，转让股东将股权进行内部转让时，更加自由也更加方便，所以转让股东意图转让股权时首先会征询其他股东的购买意愿，其他股东不愿意购买时转让股东才会考虑对外转让的过程。同意权的设置可以说给了其他股东一次反悔的机会，让他们在"购买"与"接受公司外第三人"之间做出一个选择。一旦选择行使同意权购买，也就是将股权对外转让程序停止，节省交易时间与交易成本。

3. 同意权的制度缺陷

根据《公司法》相关规定，一半以上的股东同意即可转让，同时不同意时需要购买，此时未对转让价格等条件进行限制，所以当既不同意又没有足够的资金进行购买时，只能视为同意。也就是说，同意权的权利行使对于股权对外转让的结果基本没有任何影响，也无法改变转让股东想要转让给受让第三人的想法；如果转让股东同意转让给不同意却优先购买股东，则完全可以走对内的转让过程，以此节省交易成本。

在不同意却优先购买股东的情况下，有一种原因就是价款的不合理导致的无法购买，而不得不行使优先购买权购买转让之股权。现在公司法没有规定同意权行使时的价款问题，从而会出现"转让股东把价格抬得很高而使得不同意转让的股东无法购买，或者不同意转让的股东只同意以极低的价格购买股权而使得转让股东遭受损失"[1] 的情况出现。

综上，同意权制度虽有维持公司股权结构，维护公司"人合性"以及简化股权对外转让过程的作用，且同意权行使的效力实际上比股权优先购买权更强，操作程序由于不存在受让第三人的加入，显得更加简单。但《公司法》为保证股东正当行使同意权，设计出推定同意的制度；并且《公司法》对于同意权行使时的价格问题未作规定，两者叠加后的效果就是同意权制度形同

---

[1] 夏建三：《有限责任公司股权转让法律问题研究》，法律出版社 2013 年版，第 90 页。

虚设，更沦落为一种可有可无的状态。

三、股权对外协议转让制度的完善

（一）股权优先购买权制度的完善

1. 股权转让协议的效力应独立判断

在股权对外转让中，转让股东与受让第三人在第一次协商的股权转让协议中，即未确定行使优先购买权之前的股权转让行为，是否有效的问题一直饱受争议。"由于股权转让是一种法律行为，所以首先需要符合民法中对于主体、内容、意思表示真实、标的适当的要求，同时要求满足《公司法》中的效力要求"[1]，即股权转让的生效需要符合民法和公司法双重的要求。整个股权转让是以生效债权合同结合其他履行行为，如交付与登记行为，才能发生物权变动的效果。也就是说，股权的转让应当包含两个行为：签订股权转让协议这种债权行为及进行股东名册变更等履行行为。上述分析中，优先购买权作为一种"不绝对"形成权，影响的应该只是后续的履行行为，而债权性的股权转让协议的签订行为不应因此受到影响。

那么股权转让协议的签订行为是否无效呢？股权转让协议实质上是一份合同，可以用《中华人民共和国民法总则》（以下简称《民法总则》）与《合同法》进行判断。合同无效对双方以及市场经济并无太大益处，所以法院不倾向于直接判定合同无效。如果合同无效，合同自始无约束力，双方要承担恢复原状及缔约过失的赔偿责任。所以《合同法》中对于合同无效的规定仅限定于第52条规定的几类情形，而《民法总则》更是限缩了合同无效的情况，仅含违反强制性规定、公序良俗与恶意串通损害他人合法利益的三种情况。其中，"违反强制性规定而导致合同无效"，即《合同法》第52条第5项，《民法总则》第153条来确定股权转让协议无效存在较大争议。

以《合同法》第52条第5项认定无效的案件并不多[2]，有学者认为由于该项不具体而不能单独将其作为裁判依据[3]，但是在案例研究中发现该项

---

[1]　施天涛：《公司法论》（第2版），法律出版社2006年版，第255页。

[2]　叶名怡：《我国违法合同无效制度的实证研究》，载《法律科学（西北政法大学学报）》2015年第6期。

[3]　朱庆育：《〈合同法〉第52条第5项评注》，载《法学家》2016年第3期。

判定的"无效比"[1] 还是颇高，那么判断《公司法》第72条是否属于"强制性"规定显得颇为重要。由于并非所有的强制性规定都必定导致合同无效，《最高人民法院关于适用〈中华人民共和国合同法〉若干问题的解释（二）》第14条用"效力性强制性规定"对"强制性规定"进行限缩解释，而学界以效力性强制规定与管理性强制规定作为分类标准，但是《民商事合同案件指导意见》第15条"违反管理性规定应视具体情况而定"却也说明此分类标准来判定是否无效也不恰当，如违反《公司法》第148条的合同并非无效。在《民法总则》第153条中强调"不导致民事法律行为无效的强制性规定除外"的情况下，应当对第72条进行实质性判定是否为强制性规定。根据上下文解释的方法，第72条第4款含有"章程另有规定"，所以第3款的优先购买权规定应当属于非强制性规定，即可以通过章程对优先购买权进行排除适用，便利股权对外转让。所以违反该条的协议当然不能用《合同法》第52条第5项来判定股权转让协议无效。

再者从《公司法》整体规定上看，强制性规定并不多，大部分倾向于以章程为准；并且即使章程根据第72条第5款来限制股权对外转让，无效的理由也是"违反股权自由转让原则"而非"违反强制性规定"。

综上，股权转让协议的效力仅需依照《合同法》的相关规定对合同效力进行判断，而不因优先购买权制度有任何改变，也即股权转让协议的效力与股权优先购买权应当独立判断。若转让股东行使优先购买权，其结果是股权转让协议中约定的股权转让不能履行，但其他合同条款，如赔偿或补偿条款，仍应有效。

2. 股权优先购买权不应作为法定限制

虽然股权转让协议的问题得到解决，股权优先购买权也有协调"人合性"和股权自由转让的作用，但由于前述经济成本过大的影响，不妨将我国股权对外转让法定限制模式中的优先购买权去除。公司希望采用股权购买权制度，则可以在章程中自行规定，当股权优先购买权被纳入章程自治中时，公司有

---

[1] 叶名怡：《我国违法合同无效制度的实证研究》，载《法律科学（西北政法大学学报）》2015年第6期。

更多可以调整的空间，比如股权优先购买权人的范围扩大[1]、优先购买权行使的流程细化等，使得股权优先购买权的行使更加灵活。但是章程应被限定为初始章程，这至少能更明确地表明转让股东与其他股东自愿接受股权优先购买权可能带来的额外交易成本，且未被大股东所控制。并且在转让股东与受让第三人进行股权转让协议的签订过程中，受让第三人也会知悉此项风险。易言之，虽然章程规定的优先购买权可能在整体过程上仍会有交易成本浪费之嫌，但是在三方知悉并且接受的情况下，可以弱化此项不利。

在《公司法》第71条第4款的"另有规定"可以理解为限缩性或者扩张性的章程都被允许的情况下，将法定股权优先购买权认定为约定优先购买权并非不可。现在各地区对于股权转让限制的立法模式大致分为："仅法定限制模式、仅约定限制模式与折中模式，其中我国对于对内转让采取的是仅约定限制模式，并且未对章程如何规定采取限制性措施。我国对于对外转让则采取折中模式，用《公司法》对转让予以限制性规定，又授权公司章程可以变更"[2]，也被称为"法定但可被选出的条款"（Opt-Out Clause）[3]，这意味着从该条的条文逻辑来看，股权对外转让是否受到优先购买权及同意权的限制首先取决于章程，章程未规定才应该是《公司法》规定之内容，[4] 所以也不必强调股权优先购买权为法定的。

---

　　[1]　许多国家都将"公司"纳入优先购买权人的主体范围中去，如西班牙《企业公司法》第107条2（c）规定"当股东会无法确定一个或多个股东"；或见郑彧：《股东优先购买权"穿透效力"的适用与限制》，载《中国法学》2015年第5期，第248页，"第三人能够完全取得欲转让之股权时，依据本法140条，股东会可以达成协议使公司取得部分无人购买之股权"；美国特拉华州 Seessel Holdings, Inc. v. Fleming Companies, Inc., [1996] 949 F. SUPP. 572 表明股东可以达成协议使得公司成为优先购买权人。当然由于公司回购股权时涉及注册资本减少等问题，我国《公司法》原则上禁止股份回购。但如果并非滥用股东权利，或者公司不当减少注册资本损害债权人利益，《公司法》第74条和《最高人民法院关于适用〈中华人民共和国公司法〉若干问题的规定（二）》第5条都可被理解为允许公司回购转让股东之股权。

　　[2]　夏建三：《有限责任公司股权转让法律问题研究》，法律出版社2013年版，第42页以下。

　　[3]　郑彧：《股东优先购买权"穿透效力"的适用与限制》，载《中国法学》2015年第5期。

　　[4]　胡晓静：《股权转让中的股东资格确认——基于股权权属与股东资格的区分》，载《当代法学》2016年第2期。

最后，《公司法》发展方向是减少法律强制性规定而丰富章程的规定，[1]以此来减少国家干预的影响。综上，将优先购买权制度移出法定限制模式，不仅可以减少其带来的高成本，同时可以更好地贴合《公司法》未来的发展方向。

（二）同意权制度应基本满足股东的需求

同意权制度由于其程序上的简单性，维护公司"人合性"的表现更为突出，所以更适宜被保留，但却需要增加部分内容，特别是当股权优先购买权被移出法定限制之列时，股权对外转让流程中仅存可有可无的同意权制度之时。即存在当股东在同意权行使中将报价提到很高时，基本等同于自由对外转让的情况发生。为了避免人合性受到极大的破坏，同意权制度应当作出相应的补充规定，弥补优先购买权的缺失带来的两大问题：股东如何选择特定合作伙伴？如何以合理的价格受让股权？

1. 股东对"特定人"的需求

为了满足股东对特定合作伙伴的要求，同意权应与指定购买权相结合。指定购买权是指在"股东拟对外转让的计划遭到否决时，由公司或者其他股东指定他人或者公司（被指定购买人）受让拟转让股权的制度"[2]。此项制度的优势在于，在同意权因无力购买而"推定同意"的情况下，同样可以使得被指定购买人与除转让股东之外的其他股东之间有良好的信任和合作关系，同时也保护了转让股东的退出机制。

既然指定购买权是为股东之间和谐稳定的关系，那么按照现有的立法逻辑，股权的转让应取得所有股东的认可，会出现以下几种情况：其一，股东全部为同意股东，股权自然对外转让，转让股东与受让第三人直接进行股权转让手续。其二，其他股东全部不同意转让，则他们需协商出被指定购买人，可以是几个被指定购买人按比例进行购买，也可以是一个被指定购买人。若被指定购买人同意购买，则与转让股东基于诚实信用原则协商转让，若未能

---

[1] 胡田野：《公司法任意性与强行性规范研究》，法律出版社2012年版，第340页以下。除此之外，《全国人民代表大会常务委员会关于修改〈中华人民共和国公司法〉的决定》（2018）第2项提出要"赋予公司更多自主权"以完善《公司法》中有关资本制度的规定。

[2] 夏建三：《有限责任公司股权转让法律问题研究》，法律出版社2013年版，第131页。

协商出被指定购买人，或者被指定购买人拒绝购买，或者指定购买人超出一定期限未作答复，则视为其他股东同意转让股东对外转让。其三，只有部分股东同意转让，则其他不同意转让的股东协商出被指定购买人进行购买。在一定期限内，如若协商不出被指定购买人，则视为同意对外转让。

2. 股东对"合理价格"的需求

"合理价格"的考量最重要的是"同等条件"的延伸，即"同意"的内容应当增加，转让股东应提出是否同意把"多少股权"以"多少价格"转让给"股东之外"的人。转让股东所提之价款，也应是转让股东给受让第三人提出的"同等条件"。

转让股东需要先行提出价款的方式，虽然会增加转让股东的交易成本，但是这同时意味着转让股东不能过高或者过低报价，转让相应股权之前也应有相应的市场估值，以免出现转让困境，此种方式也是实现价值合理的一种手段，同时这并不意味着转让股东不可以就该价格与其他股东间进行协商。

所以分析可能出现的结果如下：如果是同意股东，则同意了上述的三个条件；如果是不同意股东，也视为同意所有条件；如果是同意权股东，则可以通过进一步协商除价款以外的其他条款进行购买；如果是同意却优先购买权股东与不同意却优先购买股东，其本质意图都在于防止特定第三人进入公司，此时上述指定购买权就可以弥补之间的漏洞。

（三）相关程序性问题的优化

1. 通知义务针对的对象

在此种同意权加指定购买权的制度设计下，为保证其他股东能够获取转让信息并且能够行使其同意权，需要着重强调转让股东的"通知义务"。《公司法》第 71 条仅规定"书面通知其他股东"，但是由转让股东直接通知还是通过公司通知？

直接通知的优点就是能够确保每一个股东都收到及时有效的信息并作出相应决定，与此同时的弊端就是小的有限责任公司，比如股东在有限数量内的情况下，单独联系并无不可；但是如果股东人数过多如 50 人的情况，一一征求意见，成本过大。

由于公司更加了解股东的基本信息，通过进行通知的方式，不仅尊重了公司独立人格，维护其自身的"人合性"，更有动力去通知及征询意见，省去转让股东一一通知的成本。而且若转让股东与其他股东之间"有矛盾而不能保证通知的公平性"[1]时，公司作为中立一方更适宜承担通知的义务。

相比而言，第二种方式稍优，至少能够保证每一个股东能够及时且公平地通知，转让股东承担的通知义务减轻，更利于股权对外转让的有序进行。

2. 投票机制的确定

在投票机制的选择上，主要是关于投票是"一人一票"还是"一股一票"。

首先，股权对外转让要满足的是"人合性"和股权自由转让的要求，其中"人合性"，易言之，就是每个股东能够有一定权利选择他的合作伙伴，这个与股权的多少无关。

其次，根据同意权投票的制度上来看，其实并没有强制要求投票超过 2/3 或者 1/2 的数量限制，而且"其他股东过半数"的文义解释也明确强调投票的方式应当为按"股东人数"行使表决权[2]。

而在指定购买权行使中，决定被指定购买权人的程序也需考虑投票机制，那么为了避免大股东恣意操纵进入公司的其他股东，不得不选择按人头投票的方式以维护小股东的利益。

3. 转让股东的放弃转让

转让股东是否有权在整个股权对外转让中放弃转让，笔者认为无需加以限制。

转让股东可能由于价格不合适，不想转让给特定的人或者其他原因不想转让，这是所有合同中都可能出现的问题，而且既然股权是可以自由转让的，那么放弃也无可厚非。

同时，放弃转让也可以使得交易价格在几方博弈中显得更为合理，转让股东应当可以通过自由意志决定是否放弃转让，只不过如果已经达成股权转让协议，转让股东需要按照《合同法》有关规定承担违约的结果。

---

[1] 叶林：《公司在股权转让中的法律地位》，载《当代法学》2013 年第 2 期。
[2] 夏建三：《有限责任公司股权转让法律问题研究》，法律出版社 2013 年版，第 87 页。

四、新型股权对外协议转让制度的思考

在对以上股权对外转让的重新构建之后，实际上会产生一个疑问：同意权制度仍需增加内容（新型同意权制度），那么新型同意权制度一定会比之前的制度更优吗？由于前述对于法定优先购买权的否定在于经济成本分析[1]，所以此处的可行性分析主要以经济成本分析为主。而在经济成本分析上，也就是将现有的同意权制度结合优先购买权制度的经济成本，和约定同意权结合优先购买权制度的经济成本，以及新型同意权制度结合约定优先购买权制度的经济成本进行比较。

现有制度下的同意权加优先购买权的制度设计，首先对于同意权制度而言，由于同意权制度的无实质性阻碍效果，而整个同意权征集的过程，实际上没有任何的议价效果，而带来的是征询股东意见的成本，包括等待的"默示同意"中的时间成本。当这项制度没有起作用的时候，实际上这些都是非必要成本。而优先购买权制度的三方循环性的非必要交易成本，使得整个股权对外转让过程显得程序繁杂、多方损失、时间漫长，十分不利于现今活跃的资本市场。即使分析优先购买权的议价机制，转让股东先在同意权制度下跟其他股东议价，再与第三人议价，以相同的价格再与其他股东签订合同，若转让股东放弃转让，那么再进行一轮，以此类推，且不算上之间因为放弃转让而带来的违约成本。

就选择单一法定限制的股权转让制度而言，仅保留同意权与仅保留优先购买权实际差别不大。约定同意权结合优先购买权制度，考虑最简单的情况，即仅有优先购买权制度，那么转让股东可以省去同意权制度下的议价成本。转让股东先与受让第三人议价，再将价款提供给其他股东，若放弃转让，重复以上步骤。约定优先购买权制度而结合新型同意权制度下，转让股东可以在理论上不涉及第三人时达到股权转让的效果。转让股东直接与其他股东协商价款，若其他股东不同意，那么直接以相同价款转让给受让第三人，若无受让第三人进行购买，则转让股东与其他股东再次协商。

---

〔1〕 判断股权转让制度是否得以优化时，应当以公平效率作为判断标准，使得"股权转让相关主体利益的最大化"且满足"股权转让权利分配的公平和股权转让结果的公平"，参见周海博：《股权转让论——以有限责任公司为视角》，中国社会科学出版社 2011 年版，第 49~51 页。

但是为何选择仅保留同意权呢？因为如前所述，避免仅保留优先购买权制度"产权逻辑"中"坐享其成"的股东直接行使优先购买权取得他人议价成果[1]；而在仅保留同意权制度当中，受到同等价款的限制，受让第三人只是单纯地当合适的价格出现时进行购买，转让股东需要积极地回应，取得合适的价款，不然受让第三人直接受让股权进入公司。此种制度设计使得股权转让的相关主体都能公平合理地行使自己的权利。

当然在新型同意权制度的构建下，其他股东的义务由于指定购买权的行使又增加了许多，但是整个股权对外转让过程的限制性措施既然大部分是为了维护其他股东的未来合作关系，那么其他股东为此承担部分的成本也无可厚非。尤其是相对于优先购买权中一直拒绝特定的第三人，倒不如直接选择可以合作的伙伴。而此过程中，转让股东和受让第三人的交易成本显著下降。

综上，运用新型同意权制度的经济成本和交易程序更为简单，且更符合股权对外转让过程中的几方交易成本的协调，所以该项股权对外转让的过程更优。

结　语

由于优先购买权有非绝对形成权的性质，使得在整个股权对外转让过程中，股权协议效力的不确定，股权转让过程的繁杂对转让股东，受让第三人，其他股东以及公司来说，都有相当大的不必要损失。虽然股权优先购买权对有限责任公司的"人合性"和股权自由转让原则有相应的影响，但同意权制度的完善也能起到协调作用。所以不妨将法定优先购买权改为约定优先购买权，由公司的初始章程决定是否将优先购买权纳入公司股权对外转让的限制之列，让股东和公司来决定损失的分担方式。此时，即使股权转让协议违反股权优先购买权，只要满足合同有效的要件，应当被视为有效。这不仅符合《公司法》第71条第3款的非强制性条款的性质，也符合物债两分视角下的判断结果。由于优先购买权制度的缺失，相应的同意权制度也要完善，以期保障公司的"人合性"。同意权制度应当结合指定购买制度，满足股东对于未

---

〔1〕　高永周：《有限公司股东优先购买权的产权逻辑》，载《南京大学学报（哲学·人文科学·社会科学版）》2015年第3期。

来合作伙伴的需求；将"同意"的内涵进一步扩大为同意以"多少价格""对外转让""多少股权"三个内容，满足股东对于价款的需求；并明确相应的程序性事项。

综上，完善后的股权对外协议转让过程如下：第一步，转让股东需要先通知公司，由公司通知全体股东，内容应当包括需转让的股权数量、价款以及合理的答复时间等条件；如果在合理时间内未答复则视为同意转让；若全都不同意转让，但有股东愿意购买，则愿意购买的股东与转让股东签订股权转让协议，若有多个愿意购买的股东，则应先行协商购买比例，协商不成时按出资比例进行购买；若全都不同意转让，且均不愿意购买，则全体股东应当协商出被指定购买人进行购买，协商不成，或者被指定购买人不同意购买，或者被指定购买人与转让股东无法达成合意，视为同意转让；若部分股东不同意转让，但有愿意购买的股东，则愿意购买的股东与转让股东签订股权转让协议，若有多个愿意购买的股东，则应先行协商购买比例，协商不成时按出资比例进行购买；若部分股东不同意转让，但无股东愿意购买，则该部分不同意转让的股东应协商出被指定购买人进行购买，协商不成，或者被指定购买人不同意购买，或者被指定购买人与转让股东无法达成合意，视为同意转让。第二步，转让股东与受让第三人直接就同等条件下的股权数量，价款以及其他购买条件进行磋商，并签订股权转让协议，及时履行合同，进行股权变更。

股东签名被伪造形成的股东会决议效力问题探究

◎李正洋　2014 级法学卓越实验班

摘　要： 伪造股东签名形成的股东会决议剥夺了相关股东参与公司决策的权利，同时也违背了公司决议形成的正当程序原则。《公司法司法解释（四）》引入了公司决议不成立制度，但是对于股东签名被伪造形成的股东会决议效力问题并未做出明确规定。准确认定伪造股东签名形成的股东会决议不成立，需要在正确划分股东签名被伪造形成的股东会决议在司法实践中呈现出的两种不同情形的基础上，充分考虑公司决议形成的过程是否符合法律、行政法规和公司章程的规定，保障股东意思表示的自由与公司决议的真实性和正当性，同时结合民法中有关法律行为和意思表示的一般理论加以分析，更好地实现私法自治与社会公正，推动市场经济主体健康发展。

关键词： 股东会决议　效力瑕疵　决议不成立　签名伪造　瑕疵治愈

一、引言

2017 年 9 月 1 日，《最高人民法院关于适用〈中华人民共和国公司法〉若干问题的规定（四）》（以下简称《公司法司法解释（四）》）正式施行。这部司法解释在现行《中华人民共和国公司法》（以下简称《公司法》）第 22 条所确立的决议无效、决议可撤销的基础上，新增了确认决议不成立之诉，形成了我国公司决议效力的"三分法"格局，即决议不成立、决议可撤销和决议无效。"三分法"格局的确立，在很大程度上弥补了《公司法》对于公司决议效力形态规定的漏洞，区分了决议的成立与生效这两个环节，使法官在处理司法实践中一些公司决议本未成立的案件时，有了统一的法律适用依据。

对于股东签名被伪造所形成的股东会决议效力问题，最终通过的司法解释并没有作出明确规定，而是回避了在 2016 年底最高人民法院颁布的《公司法司法解释（四）》（原则通过稿）所采用的处理方式。在决议无效、可撤销的基础上，增加了"决议不存在"和"未形成有效决议"两种情形，并将股东签名被伪造的情形明确认定为决议不存在。最终通过的版本中并未再明确提及股东签名被伪造的效力问题，而是做了模糊化处理——将原则通过稿中的第 4 条、第 5 条合并为"决议不成立"，并在第 5 条的最后一款使用了"导致决议不成立的其他情形"这一兜底条款式的立法处理。这样一来，股东签名被伪造形成的股东会决议效力成为这部司法解释中的一个空白点。

在有关公司诉讼的司法实务案件中，对于股东会决议股东签名被伪造这一现象却层出不穷，对于这一现象所产生的股东会决议的效力应当如何认定？应当认定为决议不成立，还是适用《公司法》第 22 条认定其为无效的决议或者可撤销的决议？在不同情形下的伪造股东签名形成的股东会决议应当如何适用法律和司法解释的规定？

一般而言，股东签名被伪造形成的股东会决议包括两种情形，一种是股东会根本未曾召开或者形式上虽然召开了股东会，但是并未形成会议决议，行为人伪造部分股东的签名而炮制出所谓的股东会决议；另一种是股东会实际召开，但是部分股东对股东会拟决议事项持反对意见，行为人通过伪造股东签名在股东会决议上署名同意（包括决议上的部分签名系无权代理人未经股东授权为之的情形）。

在《公司法司法解释（四）》颁布施行之前，对于前述两种情形产生的案件不胜枚举，但是如何认定不同情形下的股东会决议效力，法官往往是在尊重案件客观事实的基础上，变通适用法律：有的将其认定为无效——违反

《公司法》关于人事制度的强制性规定无效[1]，违反《公司法》关于修改公司章程表决比例的强制性规定应属无效[2]；有的将其认定为可撤销——侵害了股东所享有的《公司法》第 4 条所赋予的参与重大决策权，且会议程序严重违反法律和公司章程的规定，应当予以撤销[3]。甚至有的法院为了案件真实，立足于案情本身，突破了《公司法》第 22 条的规定，在判决主文中直接认定股东会决议不存在。

前述认定为无效或者可撤销的判决虽然以《公司法》本身作为裁判依据，达到了有关无效或者可撤销决议法律适用的效果。然而就其本质而言，上述判决仍是立足于股东会决议已经存在的基础上展开的分析，难以经住推敲。[4] 被认定为决议不成立的判决，虽然判决说理逻辑清晰，但是仍是对现有法律的突破，且我国并非判例法国家，这种做法并不能够得到普遍适用的效果，有违法律的预测功能。"法律作为一种公认的、有确定内容的规定，使人们依据法律就可以判断自己行为是否合法，是否能够得到国家机关的支持和保障。"[5]

通过前述对于司法实践的现状分析不难看出，对于股东签名被伪造形成的股东会决议，大多数法院的判决由于缺少法律、司法解释的裁判基础，产生了以下两个方面的问题：其一，把决议不存在混同为决议可撤销，大大增加了原告的举证责任，并且对原告的起诉时间提出了更高的要求，同时法院也会基于意思自治、商业效率和交易安全的考量，对于违反法律的程序性规定和公司章程的做法，不区分程序瑕疵的严重程度一概予以驳回，损害了公司股东的合法权益；其二，将严重的程序瑕疵认为是违反法律、行政法规的强制性规定，实质上混同了会议程序与会议内容这一实体要素，容易导致司

---

[1] 参见姜敏诉北京城建弘城物业管理有限责任公司公司决议撤销案，北京市西城区人民法院（2013）西民初字 10876 号民事判决书。

[2] 参见于英海与沈阳天之源市场管理有限公司公司决议效力确认纠纷案，沈阳市中级人民法院（2014）沈中民三终字第 1240 号民事判决书。

[3] 参见刘书云诉井冈山盛泰通讯技术有限责任公司公司决议撤销案，江西省吉安市吉安县人民法院（2014）吉民初字第 63 号民事判决书。

[4] 步兵、孟星宇：《股东会决议不存在探析——以〈公司法〉第 22 条为中心》，载《东南大学学报（哲学社会科学版）》2014 年第 2 期。

[5] 姚建宗：《法理学》，科学出版社 2010 年版，第 192 页。

法权力过度介入商事活动，不利于商事交易的安全性和稳定性。

上述两个方面的问题实则属于伪造签名决议效力的不正确认识产生的两个极端。解决上述问题，仅从《公司法》及《公司法司法解释（四）》的相关条款中并不能直接得到答案，需要结合该问题的不同情形进行分析，进而解决当前司法实践中处理相关问题时十分尴尬的境况。在《公司法司法解释（四）》实施之后，公司决议不成立制度已经得到了最高审判机关司法解释的认可，在类似案件中，法官的判决有了法律的依据，这无疑是公司法领域的一大进步。对于存在伪造股东签名的股东会决议的效力问题，尽管司法解释中没有明确规定，但是从民商法的基本原理和法律解释的角度出发，也应当归入到该解释第 5 条所规定的决议不成立的范围中，根据案件的不同情形，适用相应的条款。

本文将立足于公司决议瑕疵的形态以及公司决议与股东意思表示的一般理论，从公司决议不成立的制度价值出发，结合公司决议的性质、股东意思表示和公司决议效力瑕疵的基本理论，分别讨论前述股东签名被伪造的两种情形，并结合司法判例，为司法实践提供参考。准确认定该决议的效力对于相关利害关系人向法院提起公司决议瑕疵之诉，保障股东依法参与公司经营管理事项的决策权力，维护私法自治和商事秩序具有重要的意义。[1]

二、股东签名被伪造与决议不成立

股东签名被伪造属于股东会决议在效力上存在瑕疵，由于不同瑕疵所涉及的程度不同，《公司法》和《公司法司法解释（四）》确立了公司决议效力瑕疵"三分法"的格局。但是对于股东签名被伪造这一情形应当属于何种瑕疵形态，法律和司法解释条文中并未明确列举，因此需要从理论上分析决议不成立制度本身以及其与其他两种瑕疵形态之间的区别。

（一）股东会决议效力瑕疵的基本形态

股东签名被伪造所形成的股东会决议在效力上是存在瑕疵的，因此，明确股东会决议效力瑕疵的基本形态，是认定伪造股东签名形成的股东会决议

---

〔1〕 为了写作方便，本文之后的公司决议的效力分析将主要围绕有限责任公司的股东会决议展开，董事会决议、股份有限公司的股东大会决议分析思路同本处相似，故不再单独论述。

不成立的基础和前提。

作为社团自治下的产物，股东会决议的成立与生效取决于程序和内容两个方面，其中程序包括了召集程序和议事方法。只有程序和内容均合法的股东会决议，才能够充分保障股东在公司的重大事项决策权，维护公司的利益。当前述两个内涵中的任何一个部分出现违反章程或法令，股东会决议则存在着瑕疵，法律应当对其效力予以否定性的评价，此即股东会决议瑕疵制度。

作为一项单一团体的意思，股东大会决议是"资本多数决"规则的产物，其本质是资本多数出资者的意思决定。[1] 在大陆法系国家，《德国商法典》系统规定了股东会决议瑕疵制度和有关情形，将其分为无效和可撤销两类，其他大陆法系国家如日本、韩国在制定商法典时也效仿了德国的做法，采取两分的模式，但是由于司法实践中商事活动的多样化以及法学理论的不断发展，日韩等国在 20 世纪后期相继修改了其商法典，在两分的基础上引入了决议不成立制度，形成瑕疵决议三分的格局。德国虽然没有修改其商法典，但是学术理论界和司法判例中已经承认了决议不成立这种决议形态，形成实质上的三分法格局。

1. 无效与可撤销的二分法格局

根据民法的基本原理，民事法律行为产生拘束力的基础在于意思自治。意思自治作为法律行为的核心，不仅要求内容上符合法律规定、不违背公序良俗和不侵害社会公共利益，还要求意思表示内容的真实性。决议作为民事法律行为的一种，其拘束力同样也源于意思自治，只不过此时不再是参与表决者的意思自治，而是社团的意思自治。因此意思机关一旦通过法定程序作出选择，无论社团还是其成员均应受该自由选择的拘束，即使此时真理掌握在少数人手中，或者多数决定形成的意志对社团明显不利，亦是如此。[2]

我国现行《公司法》第 22 条前两款确立了决议效力的无效与可撤销的二分法结构，尽管在法律适用的过程中思路简洁明了，但是该条法律规范的适用前提是决议已经成立。当公司未曾召开股东会形成一份所谓的股东会决议，

---

〔1〕 钱玉林：《股东大会决议瑕疵的救济》，载《现代法学》2005 年第 3 期。
〔2〕 徐银波：《决议行为效力规则之构造》，载《法学研究》2015 年第 4 期。

或者股东未出席股东会却被伪造签名形成股东会决议，在事实判断上如果将前述情形归属于决议无效或者决议可撤销，则割裂了决议"形成—生效"这一逻辑顺序，忽视了决议在形成阶段存在的重要瑕疵。同时，在采取二分法立法例的国家中，其普遍逻辑认为决议的瑕疵程度是二分法的适用基础，即对于瑕疵严重者，已经达到违反法律、行政法规强制性规定的程度时为决议无效；对于瑕疵相对轻微，仅在程序上违反法律、行政法规或内容上违反公司章程的程度时为决议可撤销。这种简单的以实体和程序瑕疵的异同来区分决议效力的方式过于形式主义，缺乏坚实的法理基础。

在本文的引言部分，笔者简要介绍了股东签名被伪造形成的股东会决议的两种情形，这两种情形涉及股东会形成过程的不同阶段：第一种处于股东会决议的成立阶段，因为没有股东对待决议事项作出同意、反对或者弃权的意思表示，因此此种情形下伪造的股东会决议欠缺成立要件，类似于民法中法律行为的成立阶段；第二种涵盖了股东会决议的成立和生效阶段，即股东做出了意思表示，但是行为人通过伪造部分或者全部股东的签名篡改其本身的意思表示，导致最终的股东会决议满足《公司法》或者公司章程规定的投票比例[1]，类似于民法中法律行为的生效阶段。

《公司法》第22条对公司决议效力"二分法"的设计是立足于公司决议已经成立的基础之上的，但是前述两种情形都在公司决议的形成阶段就存在瑕疵的情况，即涉及公司的决议是否实际成立的问题，对此《公司法》《公司法司法解释（四）》都没有提出明确的处理方式，尽管在之前的司法解释原则通过稿中有部分涉及，但也仅是昙花一现，对这一问题的最终态度，最高人民法院并没有给出明确的解释。

---

[1] 根据《公司法》第43条的规定，有限责任公司股东会的议事方式和表决程序，除《公司法》另有规定的外，由公司章程规定。

2. 决议不成立制度的引入：三分法的内涵与其合理性[1]

虽然表面上看"三分法"只是在"二分法"格局的基础上增加了"决议不成立"作为一种新的决议瑕疵类型，但是这种体系的架构和逻辑上的分离有充分的理由：依照"三分法"的观点，股东会决议本质上是一种民事法律行为，而法律行为的成立和生效是两个不同阶段的不同概念。相应地，股东会决议的成立和生效也应与民法中有关法律行为的理论相吻合。[2]

2017 年 10 月 1 日起正式施行的《中华人民共和国民法总则》（以下简称《民法总则》）也采纳了法人决议的法律行为说，认为决议行为是民事法律关系主体之间基于共同的意思表示而意图实现一定私法上法律效果的行为，其满足民事法律行为的所有条件，是一种民事法律行为[3]。当欠缺成立要件时，该民事法律行为不成立；同理，当股东会决议欠缺成立要件时，该股东会决议亦不成立。故在公司法中，决议不成立（或者决议不存在）应当解释为"决议在程序上的瑕疵十分明显，以至于无法认定该决议在法律上存在的情形"[4]。

区别于民法中一般的单方、双方和多方法律行为，股东会决议作为一项

---

〔1〕 关于公司决议瑕疵形态，学界还有一种观点认为是采用四分法，即在三分的基础上增加"未形成有效决议"（或者决议未生效）这一情形，2016 年底《公司法司法解释（四）》（原则通过稿）也采用了这种形式，但是后来的正式稿仍然选择了三分法，一些主张四分法的学者认为，其理论基础在于在决议的效力层面增加决议如何执行这一环节，因此对决议瑕疵方面还应得到不同的价值判断结论。但是决议的执行问题本身涉及的是公司法的另一个问题，即三机关的相互关系问题，且不同类型的公司其公司章程也会作出更加具体的规定。尽管二者表面上处于不同阶段，即是否已经召开过相关会议，但是生活事实上的差别不一定能一一对应地反映到法律条文中，法律条文恰恰是对生活事实的抽象、概括、归纳。参见王轶：《论民事法律事实的类型区分》，载《中国法学》2013 年第 1 期；王雷：《公司决议行为瑕疵制度的解释与完善——兼评公司法司法解释四（征求意见稿）第 4~9 条规定》，载《清华法学》2016 年第 5 期；张旭荣：《法律行为视角下公司会议决议效力形态分析》，载《比较法研究》2013 年第 6 期。

〔2〕 钱玉林：《股东大会决议瑕疵的救济》，载《现代法学》2005 年第 3 期。

〔3〕 《民法总则》第 134 条规定：（第 1 款）民事法律行为可以基于双方或者多方的意思表示一致成立，也可以基于单方的意思表示成立。（第 2 款）法人、非法人组织依照法律或者章程规定的议事方式和表决程序作出决议的，该决议行为成立。参见李适时：《中华人民共和国民法总则释义》，法律出版社 2017 年版，第 42 页。

〔4〕 李建伟：《公司决议效力瑕疵类型及其救济体系再构建——以股东大会决议可撤销为中心》，载《商事法论集》2008 年第 2 期；吴建斌编译：《日本公司法（附经典判例）》，法律出版社 2017 年版，第 436 页。

法人的意思表示，其形成过程需要经过两个阶段，首先需要形成股东们的个人意思表示，在此基础上形成一个意思表示的集合体，即"在重大问题上，在对外从事行为之前，还必须先在内部形成社团的意思"[1]，经过会前的召集程序、会上的充分讨论后，按照法定的表决程序形成最终的股东会决议，然而"决议的根本目的不在于调整参与制定决议的个人之间的关系，其是构建他们所共同拥有的权利领域或者他们所代表的法人的权利领域"[2]。

三分法以股东会决议这一特殊的法律行为作为分析起点，类推适用了民事法律行为的一般法理，虽然具体细节上存在不同，但是在股东会决议的成立和生效问题上，二者包含了相同的法理。如此，在判断一份股东会决议是否存在瑕疵时，应当遵循的判断步骤是：先从事实层面判断决议是否成立，例如修改公司章程必须经过代表 2/3 以上的表决权的股东表决通过，如果低于该比例，该项股东会决议不能成立；之后再从效力层面判断该项决议是否有效，例如该项决议的内容是走私，则该项决议因违反《中华人民共和国刑法》（以下简称《刑法》）而自始无效；或者公司章程明确规定修改公司章程必须经过代表百分之百表决权的股东通过，而实际票决结果仅为 4/5，虽高于《公司法》的最低限度，但因为未满足公司章程的规定，相关利害关系人可以提起决议撤销之诉。

（二）将伪造股东签名认定为决议不成立的依据

1. 伪造股东签名形成的股东会决议不属于决议无效

如前所述，法律行为的成立与生效是两个不同的概念，尽管在法律效果上不成立与无效具有一定的相似属性，但这种效果上的趋同性并不能就此将二者划等号，不能因此认定二者在构成要件、行为指引意义和其他方面不存在任何差别，法律行为成立制度具有其独立的内容要求和价值意义，公司决议行为成立制度亦是如此。[3]

---

〔1〕 ［德］迪特尔·梅迪库斯：《德国民法总论》，邵建东译，法律出版社 2000 年版，第 841 页。

〔2〕 ［德］卡尔·拉伦茨：《德国民法通论》（下册），王晓晔等译，法律出版社 2003 年版，第 433 页。

〔3〕 王雷：《公司决议行为瑕疵制度的解释与完善——兼评公司法司法解释四（征求意见稿）第 4~9 条规定》，载《清华法学》2016 年第 5 期。

公司的决议行为包括了内容和程序两个维度，决议程序的合法合规有利于保障实体内容的公正，同时决议程序本身也有着其独立价值——维护企业的运行秩序和商事效率，因此公司决议的成立意味着该项决议必须是法定主体依据法定职权或者章程的授权，在符合法律或章程规定的召集程序和表决方式下做出。当公司决议在前述过程中有任何一个环节严重违反既定规则时，在此基础上形成的决议也不能称之为公司决议，即公司决议并未成立。此时无需探究其效力，因为从程序上该项决议就不符合公司会议的正当程序。同时，也正是因为该项决议未能成立，公司之后还可以依据法定和既定章程重新召集会议作出内容相同的决议来治愈程序上的瑕疵；然而若一项决议被认定为无效决议，该项决议自始不会发生效力，公司也不能再次作出包含相同内容的决议。伪造股东签名所形成的决议虽然在公司决议的成立阶段就因为股东意思表示存在瑕疵而导致公司决议缺乏成立要件，但是这种情况完全可以通过重新按照正当程序再次决议的方式予以治愈，并且如果治愈后的决议结果与之前瑕疵决议的结果相同，也能够保护公司外交易相对人的交易预期，不会因直接认定为无效而导致善意相对人交易安全处于一种不稳定的状态。况且有时并非所有伪造股东签名的行为都一定会损害股东的利益，例如增加公司注册资本的决议等。如若对那些明知股东权益受到侵害但却长期不主张伪造决议无效的股东予以放任，任随其毫不受限地诉请决议无效，必将导致对这些股东的投机心理的纵容以及权利的滥用，并在第三人要求股东承担责任时逃之夭夭。[1]

2. 伪造股东签名形成的股东会决议不属于决议可撤销

股东签名被伪造这一行为发生于公司意思表示的形成阶段，尽管根据实际的情形不同，可以将其认定为是程序违法抑或是行为人侵犯了有关股东的实体权利，但是归根结底最终形成的公司决议仍然是欠缺成立要件；公司决议可撤销的原因大多也包含程序上的瑕疵，因此认定伪造签名形成的股东会决议不成立，首先要明确其与决议可撤销之间的关系，这往往也成为司法实践中的核心问题，笔者认为，二者的不同主要体现在以下三个方面：

---

[1] 袁辉根：《伪造公司决议的效力认定》，载《人民司法》2010 年第 6 期。

第一，制度价值不同。法律行为是否成立涉及的是事实层面的判断，而法律行为是否有效却是价值层面的衡量。如前所述，股东签名被伪造属于公司决议成立阶段，缺乏被伪造签名股东的意思表示意味着该项公司决议违背了公司决议的基本原理——基础成立要件缺乏，自无所谓效力评价问题。[1]

第二，瑕疵的程度和内容不同。程度上，不成立的决议的程序瑕疵严重程度要强于可撤销决议，前者的程序瑕疵严重程度更高，以至于决议根本不能成立；内容上，决议不成立的事由仅包括程序存在瑕疵，而决议可撤销事由还包括决议的实质内容违反公司章程[2]。对此，日本的立法例甚至直接认为，决议不成立的瑕疵就是指"高于决议撤销事由，同时对该瑕疵的诉讼主张设置三个月的不变期间实为不当的程度上的瑕疵"[3]。股东签名被伪造不仅仅对公司决议的是否成立造成了影响，同时也对股东参与公司决策的权利造成了侵犯。仅将其认定为可撤销决议，事后通过一些股东追认等补救措施予以完善，混淆了股东个人意思表示和公司意思表示。

第三，股东权利保护期限不同。根据现行《公司法》的规定，股东可在法定期间内向法院诉请撤销。[4] 这60天属于法定不变期间，不能够中止、中断和延长。决议不成立由于本身属于法律行为形成阶段的一个环节，在伪造决议的情形下，股东甚至不知道决议作出的真实日期，更何况是保护股东权利。更需要质疑的是，既然决议是伪造的，那么该份决议根本不存在一个"作出"的行为，又怎能够认定决议作出的日期？这一点更加突显了决议可撤销说的内在矛盾和局限性。[5]

三、未召开股东会而伪造股东签名所形成的股东会决议的效力

股东会未曾召开，意味着股东没有经过法定程序表达其真实意思，因此

---

〔1〕 杜万华主编：《最高人民法院公司法司法解释（四）理解与适用》，人民法院出版社2017年版，第138页。

〔2〕 李建伟：《公司决议效力瑕疵类型及其救济体系再构建》，载王保树主编：《商事法论集》（总第15卷），法律出版社2009年版。

〔3〕 张凝：《日本股东大会制度的立法、理论与实践》，法律出版社2009年版，第303页。

〔4〕 《公司法》第22条第2款规定：股东可自决议作出之日起60日内，请求人民法院撤销决议。

〔5〕 袁辉根：《伪造公司决议的效力认定》，载《人民司法》2010年第6期。

判断该种情形下伪造股东签名形成的股东会决议首先应当从该种行为的形态进行——即分析股东会决议构成的要件，进而结合公司和股东个人意思表示的形成过程来分析其效力形态。

（一）行为形态

公司股东会的决议须满足如下四个条件：决议机关确有举行会议、有法定人数出席会议、会议曾做出表决、表决结果达多数决要求。[1] 如果公司股东会未曾召开股东会，则无法形成社团意思，更无法形成决议。具体而言，这主要包括两种情形：一种是根本未曾召开股东会，股东在毫不知情的情况下被伪造签名形成了股东会决议；另一种是股东聚集在一起开会，但并不知道或者并不认为现在是股东会，或没有认识到是在进行表决，在此基础上形成的所谓决议——二者的核心在于缺乏决议法律行为的"成立"这一过程。

（二）认定为决议不成立的依据

如前文所述，作为一种法律行为，应当严格依照法律或者章程所规定的议事方式和表决程序进行，这是股东会决议成立的前提。对于第一种情形，公司的意思表示形成机关根本上未曾做出任何意思表示即形成所谓的"决议"，此种行为类似于两自然人之间订立买卖合同，一方当事人未曾发出要约，另一方即要求对方按照"合同"履行给付义务。这种伪造股东签名的行为，实质是股东会会议的召集程序上和表决过程中存在重大瑕疵，属于《公司法司法解释（四）》第5条第1项和第2项所列决议不成立的情形。因此，在没有召开股东会的情况下，伪造股东签名进而伪造股东会决议，无法满足前述决议成立的四项基本要件，同时这一行为也侵害了其他股东的合法权益和利益，严重违反了法定程序，故该类决议因不满足决议成立的要件而不成立。[2]

意思表示作为法律行为的核心，包含了行为意思、表示意思和效果意思三个方面。适用于公司决议，则要求做出公司决议的主体也需要满足上述三个层面的内容才能够形成最终的意思表示。股东会作为有限责任公司的权力

---

[1] 徐银波：《决议行为效力规则之构造》，载《法学研究》2015年第4期。
[2] 杜万华主编：《最高人民法院公司法司法解释（四）理解与适用》，人民法院出版社2017年版，第134页。

机关，是有限公司的决议主体，因此有限公司股东会的决议只能体现股东会的意思，而不能是个别或者少数股东的个人意思。故即使召开了公司会议，但行为人通过伪造他人签名形成了"书面决议"，最终也会因不满足决议成立的形式要件而被认定为不成立。此种情况下，虚构决议行为并非公司股东或者董事共同作出的法人意思表示的体现，仅反映了虚构者的个人意志，实际上是以个人意思代替公司意思，不能产生法律约束力。[1] 故对于第二种情形，因为没有真正的决议存在，类似于根本未曾召开过实质意义上的股东会，因此也应当认定为决议不成立。

相比较于决议无效，认定为决议不成立还能够更好地保护善意第三人的合法权益，保障交易的稳定和安全。决议无效说的问题是，即使被伪造签名的股东事后已经知道或应当知道伪造决议的内容，并在公司经营中以明示或者默示的方式实施或者遵守了该决议的内容，他也可以在决议作出后的任何时间诉请确认决议无效并废弃决议内容指向的既成事实，进而对第三人抗辩，损害第三人的合法权益。[2] 然而决议不成立因为其本质并不涉及价值判断，故不能和决议无效等同，仅是决议未成立，不存在决议的效力有无问题，前述情形完全可以按照法定程序重新形成一份体现之前被伪造签名股东真实意思表示的股东会决议。

相比较于决议可撤销，认定决议不成立更能符合被伪造的公司决议的本质，同时也能够更好地保护股东和公司的合法权益和利益。决议不成立说要求公司全体股东对这份未通过法定程序形成的决议予以追认才能够认定其成立并评价其效力，故只要公司股东没有追认，则在法定诉讼时效期间内股东均可向法院提起确认之诉。这样能够使得企图通过伪造股东签名损害其他股东利益的行为不受法律保护，同时还给予了相关股东对其受到侵害的权利以救济途径。决议可撤销规定的法定 60 日不变期间，在期间届满之后决议便有效，这对于维护其他股东的股东权益是明显不利的。尤其是在一种更为极端的情形下——被伪造签名的股东根本不知道或者根本没有机会知道伪造的决

---

〔1〕 杜万华主编：《最高人民法院公司法司法解释（四）理解与适用》，人民法院出版社 2017 年版，第 134 页。

〔2〕 王林清：《公司纠纷裁判思路与规范释解》（第 2 版），法律出版社 2017 年版，第 873 页。

议已经存在这一事实——就更难以保证公平，而决议不成立说恰恰填补了这一漏洞。[1]

（三）司法实践中的法律适用与评析

在《公司法司法解释（四）》正式颁布之前，由于缺乏决议不成立的法律适用依据，司法实践中对于未召开股东会而伪造股东签名形成的股东会决议的主要态度取决于决议本身的内容：如果决议内容本身严重侵害到股东的权利的行使，则判定其为无效；此外还有部分判决法院则直接判令决议不存在。

在"古健民与湖南中油鄱阳汽车加气站有限公司公司决议纠纷、股权转让纠纷案"中，湖南省长沙市中级人民法院认为，有限责任公司通过股东会决议的方式进行公司章程的变更、决定股权的转让等行为，实质是股东通过股东会行使股东权利、决定变更自身与公司的民事关系的法律行为，故股东实际参加股东会并作出真实有效的意思表示是股东会及其形成的决议有效的必要条件。[2] 被告公司章程明确规定公司变更注册资本，必须召开股东会并由全体股东通过并作出决议，而诉争的股东会决议中原告的签名系伪造，因此不能认定该次会议为有效的股东会决议，即相关工商登记所依赖的股东会决议并不存在。

在"王雨峰与黄锦春、南通南黄海旅游服务有限责任公司等公司决议效力确认纠纷案"中，江苏省高级人民法院认为，陆翠英向任益明转让股权之事项亦未书面通知黄锦春，陆翠英表示其与王雨峰没有股权转让的关系，南通南黄海旅游服务有限责任公司从未开过股东会。王雨峰和该旅游服务公司没有通知所有股东，便自行召开股东会并伪造股东黄锦春的签名，故基于此形成的股东会决议的行为违反《公司法》的规定，侵害了黄锦春的股东权益，法院不予认可其效力。[3] 该案的核心在于股东向公司股东以外的人转让股权，但未曾召开股东会，且伪造其他股东同意转让的股东会决议签名，侵害

---

〔1〕 王林清：《公司纠纷裁判思路与规范释解》（第2版），法律出版社2017年版，第873～874页。

〔2〕 湖南省长沙市中级人民法院（2013）长中民四终字第01997号民事判决书。

〔3〕 江苏省高级人民法院（2014）苏审二商申字第00393号民事裁定书。

了公司现有股东的优先购买权，其伪造股东会决议的行为违反《公司法》第72条关于有限责任公司股东优先购买权的规定，侵害了原告的股东权益，不产生法律效力。

在"毕文钢等与南京中兴房地产开发有限公司公司决议效力确认纠纷案"中，一、二审法院均认为，南京中兴房地产开发有限公司办理公司营业期限变更登记的依据，实质是公司控股股东的个人意思表示的产物，所谓的"股东会决议"严重侵害了三位原告作为股东的合法权益，且在本案诉讼中，毕文钢等三位原告明确表示对此股东会决议拒绝予以追认所以不能发生法律效力。[1] 有限公司的股东会应当依照法定和章程规定的召集和议事方式进行，在股东会拟对相关事项作出决议时，应当由股东会按照法定和公司章程所规定的程序进行，且须结果达到法定和章程规定的表决权比例，此时股东会决议才能够形成。通过股东会决议对公司营业期限等章程内容的变更，实质是股东通过参加股东会行使表决权的民事法律行为，是变更股东个人与公司民商事法律关系的过程，其核心是股东的参与行为及其意思表示的客观存在，包括以口头明示或行为参加股东会、进行表决的表示。尽管各股东的表示与最终形成的决议可能并不一致，但股东会的组织形式以及会议最终形成的文件理应包含这一形成过程和实质。

上述判决在说理部分把握了股东会决议瑕疵这一节点，有的虽然维护了股东的权益，但混淆了决议的成立与生效两个环节；有的虽然抓住了决议未成立这一事实，但因缺乏法律依据因而缺少普遍的适用性和参考价值。但上述问题在《公司法司法解释（四）》出台之后得到了解决，该解释第5条第1项和第2项明确列举了前述情形所形成的决议不成立。[2] 为召开股东会或者股东大会、董事会而虚构决议的，以及会议未对决议事项进行表决而形成的公司决议不成立。决议不成立制度的设立，弥补了我国《公司法》有关公司

---

[1] 南京市中级人民法院（2013）宁商终字第1001号民事判决书。

[2] 《公司法司法解释（四）》第5条规定，股东会或者股东大会、董事会决议存在下列情形之一，当事人主张决议不成立的，人民法院应当予以支持：①公司未召开会议的，但依据《公司法》第37条第2款或者公司章程规定可以不召开股东会或者股东大会而直接作出决定，并由全体股东在决定文件上签名、盖章的除外；②会议未对决议事项进行表决的……

决议瑕疵制度的立法漏洞，较为全面地体现了公司实践中决议瑕疵的多样性，赋予了当事人在符合法定条件时可以提起确认决议不成立之诉的权利，也有助于法官确定裁判依据和裁判路径[1]。

四、已召开股东会决议而伪造股东签名形成的股东会决议的效力

股东会已经召集意味着在形式上股东有做出意思表示的行为，但是在内容上与最终公示或者发生效力的股东会决议不符，该情形跨越了公司决议的形成和生效两个阶段，并且与民法理论中的无权代理行为有相似的地方，认定该种情形下股东会决议的效力实践中也往往存在"剔除法"和"一概认定为决议不成立"两种较为极端的做法，但是为了保持司法对公司自治介入的客观和公正，应当将处理的焦点回归到被伪造签名股东本身的真实意思与其所谓伪造的决议生效之后的行为上。

（一）行为性质

在公司运行的过程中，还会出现股东会决议上股东签名被伪造的另一种情形，即股东会已经按照法定和章程规定的程序召开，且股东会会议记录上有显示股东或者其代理人出席，然而在最后形成并在工商备案的股东会决议上，该股东的意思表示被篡改或者部分签名系无权代理人签署，至于其意思表示被篡改的原因可以是事后篡改，也可以是事前个别股东及其代理人受到了行为人的欺诈或者胁迫导致其在股东会决议时，做出了不真实的意思表示，这种情形类似于民事法律关系中的无权代理[2]。结合上文对法律行为与公司决议之间的分析，笔者认为，此种情形可以类推适用民法中的无权代理的定性。但是民法中的代理行为属于双方法律行为，而公司决议作为一种独立的法律行为类型，尽管可以类推适用无权代理，但是对于公司瑕疵的处理方法却不能直接照抄民法。

同时，需要明确的是，该种情形与前一部分论及的一种情形不同，其既存在于公司决议的形成阶段即股东作出意思表示，又存在于公司决议的生效

---

[1] 杜万华主编：《最高人民法院公司法司法解释（四）理解与适用》，人民法院出版社 2017 年版，第 134 页。

[2] 《民法总则》第 171 条"当行为人没有代理权、超越代理权或者代理权终止后，仍然实施代理行为"属于无权代理。

阶段。尽管在公司决议的成立阶段，该项决议客观上已经符合公司决议成立的一般构成要件，但是在公司决议的生效阶段，因为行为人伪造相关股东签名的行为，导致有关股东意思表示不真实，其实质是排除了股东个人的真实意思表示在公司决议中所发挥的作用，反映在公司决议的形成过程中，即是缺乏公司法和公司章程所要求的公司决议成立的主观要件——股东就特定事项做出意思表示，因而在满足一定条件时，也应当认定该种情形下形成的公司决议不成立。

（二）理论上的两种处理方法及评述

在理论上，对于前述情形的处理方式主要存在两种，分别是"剔除法"和"一概认定为决议不成立"。这两种方法分别站在效率和公平的角度，对股东签名被伪造的情形做出了价值层面的判断，为解决这一问题提供了思路。但是，这两种方法站在两个极端的层面，且都是从结果出发逆向评价过程，忽略了在股东意思表示形成过程中和公司决议过程中的行为细节，同时也没有实现公平和效率二者在法律效果上的价值均衡。

1. 剔除法

剔除法的分析思路主要从公司的资本多数决这一前提入手，首先承认被伪造签名的股东，属于意思表示不真实，但是出于决议的效率考量，如果在剔除该股东的表决权比例后公司决议仍然能够符合法律或者公司章程规定的表决比例，该项决议仍然是有效的。剔除法认为，对于一些股权结构较为分散的公司，一些小股东为了自己的利益，可能会阻挠公司的正常经营计划和投资方案，因此会以种种理由找出公司股东会决议的程序上存在的瑕疵，并诉诸法院认定决议不存在。但是假设前述股东的确在决议本身没有任何瑕疵的情况下参加了股东会决议，并且投了反对票，且仍然不会影响股东会决议最后的结果时，此种情形下这些股东的个人意思表示对于公司决议的最终成型并不会发生举足轻重的影响。

剔除法站在宏观经济运行的角度，立足于商法外观主义的特点，保障公司的运行效率和相对人的交易安全。但是这种做法忽略了股东作为社团成员的决策权，公司作为社团法人，其存在的基础是社团成员之间的合作，特别是有限责任公司这种人资两合性的企业，其决议的形成有赖于社团内社员的参与，直接剔除某个股东的表决结果，这种做法完全忽略了股东的社员权利。

2. 一概认定为决议不成立

公司民主是一种参与式民主，强调股东之间的协商、讨论以达成共识，力求最大限度地保护绝大多数股东的利益。[1] 股东参会不仅能够行使表决权，同时还可能通过会议上的陈述影响其他股东的表决行为，影响最终的投票结果。此种观点假设了另一种情形，就是对于股东人数较少的有限责任公司，股东之间的"人合性"是公司运营的重要基础之一，因此股东的签名被伪造或者篡改，实质上是对公司中"人合性"因素严重破坏，有损公司的重要根基，也不利于今后公司的发展。同时，如果在会前或者会中部分股东受到了来自控股股东或者利害关系人的欺诈或胁迫，一方面他在股东会上做出了虚假的意思表示，同时他也有可能丧失了在会上了解真实情况，判断决议的潜在风险，并说服其他股东改变其意志或者向其他股东揭穿决议隐藏目的的机会。[2] 此时对于一些跟风投票的股东而言，虽然他们的意思表示并非真实，但却为支配股东所利用。

因此，一概认定为决议不成立的做法强调股东会决议不能仅看伪造签名的股东的股权比例，资合性只是公司决议形成的一个方面。这种观点站在股东的社员权角度出发，人——维护了股东的权利和公司产生的重要基础，具有一定的可取之处。但是如果任何决议都一律认定为决议不成立，特别是对于一些对股东实体权利并不会造成重大影响的决议，直接认定为决议不成立有些过于极端，一定程度上也不利于公司决议效率的提高。

（三）根据个别股东对决议结果的影响来认定决议的效力

通过分析上述两种处理方式，不难发现，二者在事后对于被伪造签名的股东本身的意思和行为关注度并不够。即我们在类推适用这种情形为无权代理的情形下，应当关注这种决议瑕疵实质上更多的是立足于委托人和代理人之间的内部关系，因此运用民法中的代理法律制度，这种瑕疵也是能够得到解决的。

---

〔1〕 张闽：《资本多数决的滥用与纠正》，山东大学出版社2014年版，第13页。

〔2〕 赵心泽：《股东会决议效力的判断标准与判断原则》，载《政法论坛》2016年第1期。

民法中，被代理人的追认可以补足行为人无权代理的效力瑕疵，在无权代理行为未得到被代理人的追认的情况下，其对被代理人不发生效力。[1] 类推适用于公司决议中，应当根据个别股东对决议结果的影响来认定决议的效力：第一，如果该被伪造的具有瑕疵的意思表示（无论无效还是可撤销）的表决比例被剔除后，剩余的表决比例仍能够满足公司章程的规定，说明该股东的投票行为并未对其他股东产生实质影响，该决议有效；第二，如果该股东意思表示本身即是无效的（参考股东个人意思表示无效的民法规则，例如行为人与第三人恶意串通而形成的意思表示等情形）且其对其他股东的投票造成了实质性影响，此时决议不成立；第三，"如果该股东的意思表示具有可撤销的原因并且其表决权重对资本多数决原则产生了实质性影响，那么此时的决议为可撤销的决议，并非无效决议，这是根据意思表示的基本理论，在撤销前该个人表决行为是有效的，除非其表决行为被撤销才会影响最终的决议效力"[2]，例如股东受到欺诈或者胁迫而作出的意思表示在其意思表示通过司法途径被撤销前仍然是有效的。

因此，如果委托人（被伪造签名的股东）在知道相关股东以自己的名义投票这一事实后一定时间内没有提出异议或者明示接受投票结果，即代理行为没有被撤销则无权代理投票行为有效，符合法定或者章定比例的，股东大会决议则成立生效[3]。

在最高人民法院起草《公司法司法解释（四）》的过程中，对于这一问题，具有较大的分歧。但是在最终确定的司法解释中，并没有对于该类型行为做出明确的规定。笔者认为，这样做的立足点在于司法解释的制定者希望这一类案件应当采取个案分析的方法，不能一概而论，即在某种意义上否认了前述两种较为极端的做法，而是关注在伪造签名的股东会决议作出后股东是否对其追认，或者以明示的方式接受了决议内容。这种明示的接受主要体现在按照决议的内容行事等方面。当然其中也包括一种情形，即如果股东未

---

[1] 张新宝：《〈中华人民共和国民法总则〉释义》，中国人民大学出版社 2017 年版，第 370 页。
[2] 王林清：《公司纠纷裁判思路与规范释解》（第 2 版），法律出版社 2017 年版，第 923 页。
[3] 杜万华主编：《最高人民法院公司法司法解释（四）理解与适用》，人民法院出版社 2017 年版，第 145 页。

曾参加过股东会会议即"被伪造签名"形成股东会决议时，如果伪造签名的人能够举证证明原告有充分的可能知道或者应当知道决议内容的存在并对决议内容表示接受，则基于此形成的公司决议仍然是成立的。否则，则属于股东会决议程序出现了严重瑕疵，应当适用《公司法司法解释（四）》第5条的兜底条款，认定决议不成立。

（四）司法实践中的法律适用与评析

在《公司法司法解释（四）》颁布之前，对于该类案件，一些法院也采取了与笔者的分析思路相近似的方法来认定决议的效力。例如，在"张建军诉北京中西多元教育咨询中心公司决议效力确认案"中，北京市第二中级人民法院认为，虽然涉案决议中"张建军"的签名虽非本人所签，但在涉案决议作出时，在无相反证据证明的情况下，可以认定张建军系多元中心公章的控制人或支配人，对此法院足以认定其于2011年10月查询工商档案时才知道涉案决议内容，决议内容系其真实意思表示，原告张建军上诉称其于2011年10月查询工商档案时才知道涉案内容决议，该上诉主张与常理明显不符，法院不予采信。[1] 该二审判决分别从张建军的身份、决议的内容、印章的控制及盖章情况、决议的履行情况等方面，论证了原告知道并同意相关的决议事项。法院通过对举证责任的分配和证明标准的把握，一方面使得法律事实尽可能趋近客观事实，另一方面也逐步引导当事人减少乃至杜绝代签名行为的发生。

有关股东追认决议上签名的问题，在"张艳娟诉江苏万华公司等股东权纠纷案"中，法院认为，虽然被告万华拥有工贸公司绝对多数的表决权，但并不等同万华可以利用控股股东的地位，将个人决策行为与公司决议行为相混同，更不意味着万某的个人意志可以代替股东会决议的效力，故不能认定工贸公司召开了股东会并形成了真实有效的股东会决议……诉争的所谓股东会决议，系万某所虚构，实际上并不存在，当然不发生法律效力……对于由此形成的股权转让协议，张某亦拒绝追认，故该股权转让协议依法不

---

[1] 北京市第二中级人民法院（2013）二中民终字第4357号民事判决书。

成立。[1]

上述判决根据案件的实际情况，把握了原告股东的行为是否构成追认或者其是否做出追认的明示意思表示这一关键点，在合理划分举证责任的基础上，运用民事诉讼法中证明责任的理论，合理解决了诉争的股东会决议的效力问题。但是在《公司法司法解释（四）》正式实施之后，对于实践中存在的股东签名被伪造且明确拒绝追认的案件，在明确案件事实确属公司决议缺乏成立要件的前提下，应当适用决议不成立的兜底条款，判定决议不成立。

五、结语

《公司法司法解释（四）》通过限缩解释《公司法》第 22 条，创设了公司决议不成立制度，形成了公司决议瑕疵"三分法"的制度架构，这对于保障公司作为盈利性社团法人在进行团体决策时遵循正当程序原则具有重要意义。符合法律规定的决议行为可以保障公司这一团体的决策避免沦为少数居于表决权优势地位的人滥用权力的工具，促进公司所有的表决权人更加自由地表达意志，进而提高合意形成的效率。[2]

股东签名被伪造情形下形成的股东会决议，在实践中呈现出的两种不同的情形，其中一种已经为《公司法司法解释（四）》第 5 条的前两项内容所吸收，认定为决议不成立；对于"无权代理"条件下的伪造股东签名形成的股东会决议，虽然司法解释并没有明确地将其认定为决议不成立的一种情形，但是通过本文对决议不成立制度价值的分析，立足于公司决议行为的性质、意思表示与法律行为基本理论以及公司运行的效率，笔者认为，在今后的司法实践中法官应当灵活地根据案件实际情况运用决议不成立制度的兜底条款判定决议不成立。同时在适用法律、司法解释的过程中，应当注意决议瑕疵的解决。

对于存在轻微瑕疵或者当事人在事后通过其行为已经认可决议内容的决议，法院不应当一概认定为决议不成立，而是应当充分对被伪造签名股东的

---

〔1〕 摘自《最高人民法院公报》2007 年第 9 期（总第 131 期），江苏省南京市玄武区人民法院（2006）玄民二初字第 1050 号民事判决书。

〔2〕 王雷：《公司决议行为瑕疵制度的解释与完善——兼评公司法司法解释四（征求意见稿）第 4~9 条规定》，载《清华法学》2016 年第 5 期。

事后个人意志以及其行为是否已经认可了伪造的股东会决议予以充分考虑。程序正义与公司的经营成本、商事交易的效率和法律关系的稳定之间存在内在的张力——程序正义、经营成本与司法处理的严格化呈正相关性；相比之下商事效率、法律稳定与司法处理的严格化呈负相关性。[1] 司法权对公司决议行为的合理介入，一方面有助于纠正市场经济本身存在的不足，另一方面可以最大限度地保障公司股东的合法权益与公司决策效率之间的平衡。在审理公司决议瑕疵纠纷案件中，既要充分关注少数参与方，又要协调好公司和多数参与方之间的平衡，二者的正当利益对于实现股东与公司利益的和谐发展具有重要的意义。[2] 因此，法官在适用法律的过程中，应当把握好各种价值、原则之间的冲突和焦点，寻求它们之间的平衡，最大限度地维护经济效率和交易安全。

法律行为的高度抽象性能够使其贯穿于私法的各个方面，并适用于丰富的社会生活，进而最大限度地实现私法自治。[3]《公司法》作为维护我国社会主义市场经济稳定运行、保障市场经济活力的重要商事法律，对于公司这一市场经济主体的生存和发展具有重要的意义。民商法之间的紧密联系，公司决议行为的法律行为性质的认定使得公司决议瑕疵的体系构建也更加完整，准确诠释决议效力形态，妥善处理公司决议瑕疵，必然能够实现民商法体系下的私法和谐。

---

〔1〕 赵心泽：《股东会决议效力的判断标准与判断原则》，载《政法论坛》2016 年第 1 期。
〔2〕 王林清：《公司纠纷裁判思路与规范释解》（第 2 版），法律出版社 2017 年版，第 858 页。
〔3〕 张旭荣：《法律行为视角下公司会议决议效力形态分析》，载《比较法研究》2013 年第 6 期。

优先股与普通股股东利益冲突的法律制衡

——美国特拉华州法院立场的演变及其启示

◎钟茹雪　2014 级法学瀚德实验班

摘　要：优先股和普通股股东由于利益来源和风险偏好的不同，在投资经营策略选择、公司并购或解散中常存在利益冲突，这也给董事会履行信义义务作出决策带来了困难。美国特拉华州法院最初认为董事对优先股股东不承担信义义务，优先股股东仅享有合同约定的特殊权利。Jedwab 案承认了优先股股东除特殊权利外还享有同于普通股股东的权利，董事对这部分权利负有信义义务。但此后法院重视剩余索取权人利益的最大化，往往更偏向于普通股股东的利益，强调优先股股东以合同保护为主，实践中董事在履行合同义务时受到商业判断规则的保护，也能通过合同解释排除信义义务。我国对优先股强制分红、优先股回购、表决权恢复、分类表决的相关规定能在一定程度上处理二者的利益冲突，但在公司合并的分类表决权上宜考量公开发行和非公开发行时投资者不同的商事能力，在优先股股东行使回购选择权时宜规定不得使公司资不抵债。

关键词：优先股　普通股　利益冲突　信义义务

引　言

2008 年金融危机后，优先股作为美国救助金融机构的重要工具引发关注。随着 2013 年国务院《关于开展优先股试点的指导意见》（以下简称《指导意见》）和 2014 年证监会《优先股试点管理办法》（以下简称《试点办法》）

的发布，优先股也登上了我国资本市场的舞台。2018 年，我国香港地区联交所实施了"同股不同权"新政，小米科技和美团点评均以此类架构上市。2019 年证监会在《关于在上海证券交易所设立科创板并试点注册制的实施意见》中也明确允许符合要求的"特殊股权结构企业和红筹企业"在科创板上市。"同股不同权"在我国得以逐渐推行。

我国关于优先股的研究因此从国外制度的引进论证转到分析具体实践问题和现有监管规则的优化。由于优先股的引入，公司的内部利益关系变得更为复杂，股东会的决策效率将受到优先股与普通股股东利益冲突的影响，而董事会在公司治理中的作用也将相应凸显。对于这种利益冲突，我国目前主要采取事前禁止的模式加以调整，对法定优先股的模式设置了诸多限制，如规定上市公司公开发行的优先股只能是固定股息率、强制分红、可累积、非参与的[1]，而商业银行发行非强制分红、非累积、不可回购的优先股[2]，也由此减弱了优先股的灵活性和市场吸引力。

相对于中国以规则化为主的公司法视角，美国的优先股制度[3]更多强调自治，授权公司章程约定优先股股东权利，使其由公司法和合同法共同调整。[4]其中，公司董事的忠实和勤勉是股东权益的重要保障。当董事利用职权牟取私利给公司造成损失时，优先股和普通股股东无利益冲突，都可以通过董事信义义务得到救济，但在优先股和普通股股东利益不一致时，如何公平对待二者颇有争议。美国"公司天堂"特拉华州的法院在此问题上所做的

---

〔1〕 参见《优先股试点管理办法》第 28 条：上市公司公开发行优先股应当在公司章程中规定以下事项：①采取固定股息率；②在有可分配税后利润的情况下必须向优先股股东分配股息；③未向优先股股东足额派发股息的差额部分应当累积到下一会计年度；④优先股股东按照约定的股息率分配股息后，不再同普通股股东一起参加剩余利润分配。

〔2〕 参见中国银监会、中国证监会《关于商业银行发行优先股补充一级资本的指导意见》：根据《商业银行资本管理办法（试行）》的有关规定，商业银行应在发行合约中明确有权取消优先股的股息支付且不构成违约事件；未向优先股股东足额派发的股息不累积到下一计息年度。商业银行不得发行附有回售条款的优先股。

〔3〕 此处指《标准公司法》（Model Business Corporation Act）和《特拉华州普通公司法》（Delaware General Corporation Law）中的优先股制度。

〔4〕 李晓珊、倪受彬：《优先股的制度功能及理论视角之比较分析》，载《证券法苑》2014 年第3 期，第 390 页。

一系列判决曾引发实务界和众多学者的探讨。2017 年 4 月，Frederick Hsu Living Trust v. ODN. Holding Corp. （以下简称"ODN 案"）的判决中关于董事在涉及优先股股东权益时如何履行信义义务的问题，反特拉华州衡平法院一贯有利于董事的态度，受到风险投资界的密切关注。

本文采取案例分析和比较研究的方法探讨了特拉华州法院对如何调整此利益冲突的态度演变，结合中国现行优先股制度得出对我国在法律上调整优先股和普通股股东利益冲突的建议。第一部分描述了优先股和普通股股东利益冲突的原因和常见情形。第二部分结合了特拉华州的判决——Jedwab v. MGM Grand Hotels, Inc. （以下简称"Jedwab 案"）、In re FLS Holdings, Inc. Shareholders Litigation （以下简称"FLS 案"）、In re Trados Inc. Shareholder Litigation （以下简称"Trados 案"）、LC Capital Master Fund, Ltd. v. James （以下简称"James 案"）、SV Investment Partners, LLC v. ThoughtWorks, Inc. （以下简称"ThoughtWorks 案"），分析了特拉华州对优先股和普通股股东利益冲突的处理规则。通过对优先股的研究，丰富董事信义义务的内涵，不仅有助于投资者在投资美国公司时保护自己的利益，也有利于考量优先股在我国更广泛地使用，加强金融创新，完善公司治理。

一、优先股与普通股股东间的利益冲突

股份类型多元化的公司中利益冲突可以分为两类：一类是股东与董事高管的纵向利益冲突，此时优先股和普通股股东的利益一同受损，均可通过管理层的信义义务解决；另一类是不同类型的股东之间的横向利益冲突，这类横向冲突是优先股制度施行中不可避免的新问题。[1]

（一）优先股的定义和价值

优先股是相对于普通股的一种股份，是指"或在盈余分配时或在清算分配时或在二者同时进行时，优先于普通股进行分配的股份"。[2] 根据《指导意见》，我国目前允许发行的优先股的股东享有优先分配利润和剩余财产的权

---

〔1〕 Lawrence E. Mitchell, "The Puzzling Paradox of Preferred Stock (and Why We Should Care About It)", 51 *Bus. Law.* 443, 1996, pp. 449–450.

〔2〕 施天涛：《公司法论》（第 2 版），法律出版社 2006 年版，第 184 页。

利，但表决权等权利受到限制。[1]

优先股是公司融资、优化资本结构的重要工具。当公司处于经营低谷时，普通股价格下跌，公司可以通过发行股息较高的优先股维持较高的股价，吸引非风险偏好的投资者。不同于负债，发行优先股无需承担投资失败还本付息的责任，从而在一定时间内缓解公司资金压力。[2] 2010 年巴塞尔协议Ⅲ将核心资本充足率从 4% 提高到 6%，中国银监会随后也颁布了《商业银行资本管理办法（试行）》，并对国内银行资本的充足率提出了更高要求。优先股作为银行自有资本的第二类资本可以补足一级资本提高资本充足率。[3]

（二）利益冲突的主要原因

优先股和普通股股东的利益冲突主要源于二者的利益形式和风险偏好不同。优先股股东通过章程预先约定的股息和清算金额获利，注重短期利益、倾向回避风险，而普通股股东劣后于优先股股东分配利润和剩余财产，倾向于提高公司经营绩效换取未来更大的回报。[4] 在公司运营状态极好或极坏时，优先股的优先权利能得到保障，因为公司有足够盈余给普通股和优先股股东分红，或者公司资不抵债二者都不能获利。但当公司处于二者的中间状态时，普通股和优先股股东的利益冲突就凸显了。[5] 普通股因为已经不能分到可观盈利更愿意接受风险高收益大的项目，而优先股因为有稳定收益偏向风险更小的项目。公司理论也认为：无权获得边际收益的人可能并不以公司参与各方的整体效益最大化为目的。[6]

---

〔1〕 国务院《关于开展优先股试点的指导意见》第 1 条：优先股是指依照公司法，在一般规定的普通种类股份之外，另行规定的其他种类股份，其股份持有人优先于普通股股东分配公司利润和剩余财产，但参与公司决策管理等权利受到限制。

〔2〕 Ben Walther, "The Peril and Promise of Preferred Stock", *Del. J. Corp. L.* 39, 2014, pp. 173-174.

〔3〕 冯威：《优先股市场实践与理论定位的背离及其制度完善》，载《清华法律评论》2015 年第 2 期，第 193 页。

〔4〕 楼建波、马吾叶·托列甫别尔干：《管理层对优先股股东负信义义务吗？——美国特拉华州法院立场的演变及其对我国的启示》，载《商事法论集》2015 年第 2 期，第 222 页。

〔5〕 William W. Bratton, *Corporate Finance: Cases and Materials*, New York, Foundation Press, 2012, pp. 544-545.

〔6〕 ［美］弗兰克·伊斯特布鲁克、丹尼尔·费希尔：《公司法的经济结构》，张建伟、罗培新译，北京大学出版社 2005 年版，第 77 页。

（三）利益冲突的常见形式

1. 公司投资经营中的利益冲突

普通股股东和优先股股东由于具有不同的风险偏好，在投资经营中可能会持有不同的策略。比如当一个运营平稳的公司决定是否实施新项目时，优先股股东因为按固定股息率分配利润且运营失败会使投资受损而采取更审慎的态度。当公司经营状况不理想时，有回购选择权的优先股股东为了收回投资、减少风险将要求公司回购其股份，此时公司若没有足够资金，将选择减少业务扩展或是出售公司资产、业务来积累资金以完成股份回购，由此对公司的运营产生不利影响，并进一步影响普通股股东利益。

根据当年未足额分配的股息能否累积到下一个会计年度，优先股分为累积优先股和非累积优先股。[1] 公司是否派发股息取决于董事会的商业判断（business judgment）或股东会的决定，公司可能为了增加价值将盈利转化为公司资本选择不分红。对于非累积优先股，若公司长期不分红，等到分红时非累积优先股股东不能获得之前未分配的利润，只能得到当年的股息。而对于累积优先股，如果章程没有相关规定，持有人并不享有请求利息的权利，等到分红时利益实际上有了减损。[2] 尽管优先股股东具有优先于普通股股东分配股息的权利，但如果当年不派发，优先股股东实际上并不能获利。普通股股东能从公司价值的增长中获益，而由于章程一般已经规定优先股有固定的清算金额，公司价值的增加并不会给其带来明显的利益增长。[3]

2. 公司并购解散中的利益冲突

当公司的盈利能够偿还负债但不能足额支付优先股股息时，公司可能会寻求新的资金注入，或是被更有经营管理经验的公司并购来改善经营状况。此时可累积优先股股息被不断累积，而普通股股东一直得不到分红，公司也没有盈利转增资本来增加公司价值，由此普通股的股价会较低，投资者面对

---

[1] 中国证券监督管理委员会：《优先股的种类》，载 http://www.csrc.gov.cn/pub/newsite/tzzbh1/tbtzzjy/tbjczs/201407/t20140721_258046.html，最后访问日期：2018 年 4 月 15 日。

[2] 楼建波、马吾叶·托列甫别尔干：《管理层对优先股股东负信义义务吗？——美国特拉华州法院立场的演变及其对我国的启示》，载《商事法论集》2015 年第 2 期，第 223 页。

[3] 李莘：《美国公司融资法案例选评》，对外经济贸易大学出版社 2006 年版，第 118~119 页。

高额的累积未付股息也会望而却步。公司为了吸引投资，尤其是由普通股股东控股的公司，在实践中可能会采取修改公司章程、发行股息分配更优先的新优先股、通过虚假合并将优先股转为普通股等方法来限制或消除累积未付股息，如此便对优先股股东的利益产生了负面影响。[1]

大多优先股股东并不会对并购价格做事先约定，等到并购时优先股和普通股股东在分配被收购的价款时便是一场零和博弈，董事会在确定价格时可能偏向一方的利益，而法院多依照商业判断规则尊重董事会的决定。同时，由于优先股和普通股股东在并购时可能有不同偏好，在优先股股东有分类投票权的情况下，并购效率会因此受到影响。优先股的优先权利也常会影响潜在的收购者，比如当章程规定优先股在并购后继续存在于公司资本结构中股息率较高时，投资者可能会压低普通股的股价以平衡整体利益。[2]

当公司经营困难、优先股股东利润分配权难以实现时，优先股股东会考虑解散公司分配剩余财产，避免公司运营进一步恶化后承担更大损失。而普通股股东在公司清算时劣后于优先股股东分配财产，往往更希望公司继续存续并改善公司经营现状。

二、特拉华州法院处理利益冲突的立场演变

美国特拉华州在公司注册市场中占据优势，被誉为"公司天堂"。特拉华州法院在《公司法》领域享有盛誉，其判决是众多学者研究的参考，[3] 也是本文分析的重点。

（一）董事信义义务的确立——Jedwab 案

优先股股东相对于普通股股东的特殊权利一般被记载在公司章程或股权凭证中，这些条款被称为优先股合同。[4] 在 Jedwab 案以前，特拉华州法院认

---

〔1〕 Victor Brudney, "Standards of Fairness and the Limits of Preferred Stock Modifications", *Rutgers L. Rev.* 26. 1972, pp. 450-480.

〔2〕 William W. Bratton and Michael L. Wachter, "A Theory of Preferred Stock", *Penn. L. Rev.* 161, 2013, p. 1842.

〔3〕 ［美］罗伯塔·罗曼诺编著：《公司法基础》（第2版），罗培新译，北京大学出版社 2013 年版，第 120~158 页。

〔4〕 楼建波、马吾叶：《优先股与普通股股东间利益冲突的处理原则——美国司法实践的演进及其启示》，载《证券法苑》2015 年第 3 期，第 9 页。

为优先股股东的所有权利的实质是合同权利，在合同订立之时即被合同条款确定下来。[1] 法院拒绝承认任何《合同法》之外的对优先股股东的信义义务，优先股股东仅能获得合同救济。但在特拉华最高法院坚持优先股股东权利的契约性时，衡平法院已经开始扩大解释优先股股东权利，如在 Lewis v. Great Western United Corp. 一案中，法官认为普通股控股的公司没能在合并时考虑对优先股股东的实质公平。[2] 不过，直到 1986 年，信义义务对优先股股东的保护才在 Jedwab 案中被正式确立下来，优先股股东在合同之外的权利受到董事信义义务的保护。

在 Jedwab 案中，Kerkorian 是 MGM 酒店的董事，拥有 69% 普通股和 74% 优先股。Jedwab 代表除 Kerkorian 以外的优先股股东对 MGM 酒店及其董事提起诉讼。1980 年，因公司遭遇火灾，公司市值降低，MGM 公司采取了换股计划。一份普通股可转换成一份优先股，股息率与原普通股相同，无投票权，但赋予清算优先权，每股清算价格为 20 美元。1985 年，Kerkorian 对外宣布寻求"现金资遣合并"（cash-out merger）交易，将普通股每股标价 18 美元，但保留优先股。董事会就此组建了特别委员会，并聘请了法律顾问和一家帮助寻求收购者的投资银行。之后 Bally 公司和 MGM 酒店达成以 4.4 亿美元收购 MGM 酒店所有发行在外的股票的协议。不考虑股票类别，每股可平均分得 14.03 美元。由于协议并未约定普通股和优先股对交易总价款的分配，这个问题便留给董事会讨论解决。Kerkorian 与法律顾问、投资银行讨论决定付给每支优先股 14 美元，普通股仍为每股 18 美元。而 Kerkorian 自己拥有的普通股为 12.14 美元每股，并获得 MGM 酒店名称的专有权和一些火灾诉讼中可能获得的赔偿金，如此加起来的总额将少于以 14 美元每股优先股和 18 美元每股普通股计算的股票价值。该方案最终获得董事会和股东会的通过。[3]

原告认为这项并购分配方案对优先股不公平，因为在公司中优先股是由

---

〔1〕 Melissa M. McEllin, "Rethinking Jedwab: A Revised Approach to Preferred Shareholder Rights", *Colum. Bus. L. Rev.*, 2010, p. 906.

〔2〕 Melissa M. McEllin, "Rethinking Jedwab: A Revised Approach to Preferred Shareholder Rights", *Colum. Bus. L. Rev.*, 2010, p. 907.

〔3〕 *Jedwab v. MGM Grand Hotels, Inc.*, 509 A. 2d 584, pp. 587-590 (Del. Ch. 1986).

普通股一比一转换而来，二者分配的股息相同，在审计中也被同等对待，不应在分配中偏向普通股。而 Kerkorian 为了避免改变之前公开的报价被普通股股东起诉，选择牺牲优先股股东的利益，违背了信义义务。[1] 被告援引了一系列案例证明优先股股东不受信义义务保护，只拥有章程中明确规定的权利。面对优先股股东是否受董事和控股股东信义义务保护的问题，该案法官否定了被告所有优先股股东权利都是合同性质的主张，并对其进行了区分：章程或股权凭证中规定的优先权利和特殊限制是合同性质的，而在合同之外优先股与普通股股东的权利相同，是股权性质的。如此确立了为优先股股东提供更多保护的 Jedwab 规则：公司管理层对优先股的特殊权利仅承担合同义务；对优先股在合同之外的权利负信义义务，给予与普通股股东平等的保护。[2] 这实际上赋予了董事信义义务一层新内涵，董事在做出商业决策时不仅要勤勉忠实，还应公平对待不同类别的股东。这种公平义务强化了董事对公司整体利益的信义义务，而非个别股东的利益。[3] 本案中，原告主张的权利不属于优先股合同中的内容，可以适用信义义务。本案的另一个焦点问题是用完全公平（entire fairness）还是商业判断规则判断利益最大化的可能性，法官认为只有在存在利益冲突时才会适用完全公平标准，其他情况适用商业判断规则，本案中 Kerkorian 在决定分配方案时排除了其他股东的参与，触发了完全公平标准的审查。考虑到 Kerkorian 因对优先股和普通股均持有较大份额而有实现总价款最大化的利益驱动，且并未在分配时偏向某一类股份，法官审查后认为其合理地履行了信义义务。[4]

（二）信义义务与合同救济

1. 设置代表优先股利益的独立机构——FLS 案

FLS 公司有三类股票，A 类、B 类普通股和优先股。只有 500 000 股 A 类普通股有投票权，其中佛罗里达钢铁公司高管持有 33.78%，高盛公司持有

---

[1] *Ibid.*，p. 591.

[2] *Ibid.*，pp. 593-594.

[3] 朱慈蕴，沈朝晖：《类别股与中国公司法的演进》，载《中国社会科学》2013 年第 9 期，第 156 页。

[4] *Jedwab v. MGM Grand Hotels, Inc.*，509 A. 2d 584，pp. 596-600（Del. Ch. 1986）.

45.56%，花旗银行持有 4.3%A 类普通股和全部 61 013 股 B 类普通股。1988 年 8 月，FLS 公司收购了佛罗里达钢铁公司 84.5% 的普通股，并在 11 月收购 佛罗里达钢铁公司剩余股份，将其转换为 FLS 公司的优先股。优先股每股有 53.33 美元的清算优先权，股息率为 17.5%。在收购后 FLS 公司的经营业绩并 未达到预期，到 1992 年已濒临破产。FLS 管理层和高盛公司开始寻求买家， 其中报价最高的是 Kyoei 钢铁公司。董事会聘请高盛公司负责并购交易。高盛 公司认为 Kyoei 公司最初的方案过于偏袒优先股。此后 FLS 董事会讨论了优先 股和普通股股东公平分配的问题。6 月 Kyoei 公司提出第三份方案，普通股每 股 12.4 美元，优先股每股 38.4 美元。高盛公司继续为普通股股东争取更高 的价格，最后双方达成一致，Kyoei 公司以普通股每股 15 美元，优先股每股 24 美元收购所有股份。在尽职调查后，Kyoei 公司发现了高于预期的环境清理 责任，双方协商后达成以普通股每股 17.998 美元，优先股每股 18.124 美元的 收购协议。[1]

　　FLS 案与 Jedwab 案类似，优先股合同中没有约定并购利益分配，FLS 公 司的优先股股东起诉认为公司在与 Kyoei 公司合并时收益分配不公平，对其程 序上的保护不足。因为 FLS 公司与 Kyoei 公司的谈判的董事会成员持有大量普 通股，也没有任命独立顾问或独立委员会，并且优先股股东对并购事项没有 表决权，由此优先股股东受到不公正对待。本案中只有一位投资银行家在签 署合并协议后发表了一项意见，认为该分配对优先股是公平的。本案的焦点 在于设置怎样的程序机制解决优先股和普通股股东的利益冲突，保障在公司 并购时优先股股东受到公正对待。法院首先认可董事在分配并购价款时对优 先股和普通股股东均负有信义义务，因此有义务公平对待两者。[2] 法官在判 决中指出，优先股股东的特殊权利应该在章程中明示，而公司章程需要被严 格解释。如果章程的修改会对优先股股东的特殊权利产生消极影响，优先股 股东有权对该事项进行表决。公司应该在交易完成之前设置代表优先股利益

〔1〕 *In re FLS Holdings, Inc. Shareholders Litigation*, No. 12623, 1993 WL 104562, 1-4 (Del. Ch. 1993).

〔2〕 *In re FLS Holdings, Inc. Shareholders Litigation*, No. 12623, 1993 WL 104562, 4 (Del. Ch. 1993).

的独立机构来确保并购交易的公正性，本案中只有投资银行家的事后意见，对优先股的程序保护相对较弱。[1] FLS 案为 Jedwab 规则中保证公平对待普通股和优先股股东共同享有的权利提供了一种履行方法。

2. 特殊权利受制于商业判断规则——ThoughtWorks 案

ThoughtWorks 软件公司在 2000 年向 SVIP 风险投资公司发行了 2660 万美元的优先股，双方在优先股合同中约定如果 SVIP 公司在投资五年后不能通过 IPO 等形式退出，ThoughtWorks 公司有义务按发行价格，用所有"合法可用的资金"（funds legally available）赎回优先股并支付累积未付股息。然而 ThoughtWorks 公司由于 21 世纪初互联网泡沫破裂，五年内并未成功上市。SVIP 公司在一年宽限期后于 2006 年要求 ThoughtWorks 公司回购股份。ThoughtWorks 公司董事会认为：虽然可能存在盈余，但公司无法赎回所有股份，因为这样赎回将影响公司持续经营的能力，触发破产。在接下来的每个季度，董事会都仔细地重新考虑回购问题。到 2010 年，ThoughtWorks 公司共赎回 410 万美元的优先股。SVIP 公司向法院起诉，主张 ThoughtWorks 公司有足够的净资产，请求执行其强制赎回权。[2] SVIP 公司提供了专家证据表明 ThoughtWorks 公司的盈余在 6800 万美元到 1.57 亿美元之间。而 ThoughtWorks 辩称公司现金流长期不稳定、不可预测，赎回将危及公司偿还到期债务的能力。

Thoughtworks 公司的章程中包含了相当典型的语言，其中仅可用"合法可用的资金"赎回优先股。法院着重分析了"合法可用的资金"的含义和 Thoughtworks 董事会评估公司赎回股份的能力的过程。《特拉华州普通公司法》第 160 条规定在公司资本受损或赎回将导致公司资本（capital）受损时，公司不得用现金将现有股份赎回。根据特拉华州法律和相关判例，长久以来公司仅用"盈余"（surplus）赎回股份，即《特拉华州普通公司法》第 154 条规定的"净资产超过公司已发行股票面值的超出部分"。但本案中法院强调，"盈余"不等同于"合法可用资金"，"合法可用资金"是指能够立即使用的

---

〔1〕 *Ibid.*, p. 5.

〔2〕 *ThoughtWorks, Inc. v. SV Inv. Partners, Inc.*, 902 A. 2d 745, 749-750 (Del. Ch. 2006).

现金，且不违反公司能够继续存续、不会破产等法律限制。第 160 条只提到"资本"而不是盈余，公司可以有盈余但仍然没有合法可用的资金赎回股份。法院认为，根据普通法（the common law）当回购股份会降低公司的偿债能力或减少债权人的担保时，不论是否有法定盈余（statutory surplus），公司都不能购买自己的股份。该决定明确表示，即使章程没有"合法可用的资金"的语言，这种限制仍然存在。

同时，法院认为原告试图挑战 ThoughtWorks 董事会的决定，必须证明董事会在确定是否有合法可用资金时有恶意、采用了不可靠的方法数据或是构成了实质性的欺诈。法院不参与"小型评估"（mini-appraisal），而是集中分析董事会是否足够谨慎和善意。本案中董事会在 SVIP 公司请求赎回优先股后连续十六个财政季度对该问题进行了重新审议，并持续与财务和法律顾问进行磋商，且积极（尽管最终不成功）追求债务融资以筹集赎回优先股所需资金，法院尊重董事会的决定。[1] 如此便是引入了商业判断规则使董事会未履行优先股股东的强制赎回权免受责任追究。原本关于回购股份的权利是约定在优先股合同中受合同法规制的特殊权利，但法院在这里实际上采取了《公司法》中的标准，审查董事是否善意地为公司利益行事。ThoughtWorks 案表明，当优先股和普通股股东发生利益冲突时，若董事从公司整体利益最大化出发使得优先股股东的特殊权利受损，也能不承担责任。

3. 通过合同条款的解释排除信义义务——James 案

James 案的原告是 QuadraMed 公司的优先股股东 LC 风险投资公司，起诉要求停止该公司正在进行的并购交易。本案中，QuadraMed 公司组建了特别委员会来评估收购出价，委员会建议由 Francisco Partners II，L.P. 收购。在合并中，QuadraMed 公司董事拟通过优先股合同中优先股转换为普通股的固定比率来确定优先股的价格，即根据章程约定每股优先股可转换为 1.6129 股普通股，在并购交易中优先股以普通股价格的 1.6129 倍（13.7 美元）被收购。QuadraMed 公司章程中规定优先股股东享有与发行价相同的优先清算权，原告

---

[1] *ThoughtWorks, Inc. v. SV Inv. Partners, Inc.*, 902 A. 2d 745, 753-754（Del. Ch. 2006）.

要求以当初优先股的发行价 25 美元的价格被收购。[1] 原告认为按转换比率的股价确定方法没有考虑到优先股其他的合同权利，如优先清算权，公司董事会没有在优先股和普通股股东之间公平分配收购价款，而且董事未能通过合理的努力确保最高的出售价格。[2]

法院认为，尽管董事对优先股股东负有信义义务，但优先股股东的权利仍然主要是合同性质的。一旦董事履行了对优先股股东的合同义务，他们有权偏向普通股股东的利益。当合同中没有规定如何向优先股和普通股分配收购价款时，董事会有填补空白的义务（gap-filling duty），避免优先股股东利益受到侵害（arbitrary treatment）。只要优先股合同中有条款提供了分配价款的客观基础，就不存在填补空白的义务。法院认为董事会必须遵守优先股股东的合同权利，但不必进一步向优先股股东提供不明确的利益，而牺牲普通股股东的利益。本案中公司章程有规定优先股转换成普通股的对价，董事只要按章程规定的最低要求实现优先股股东的权利，就不再对其承担信义义务。这里法院将优先股转换成普通股的权利和价格计算方法扩大解释成优先股并购交易时合同规定的股价确定方法，排除了董事的信义义务。

法院还解释说，尽管 QuadraMed 公司在并购交易中成立的特别委员会成员均持有普通股，但原告没有证明这些成员因为这种所有权而在实质上是自利的，或者说原告没有证明优先股股东因股价低产生的损失对董事的个人经济状况有重大意义。法院进一步指出，不能轻易认定公司的独立董事因为只持有普通股、不持有优先股，而不受到商业判断规则的保护。持有普通股能赋予董事有效履行其信义义务的动机。在适用完全公平标准前，判断其是否欠缺独立性需要谨慎。[3]

4. 完全公平标准判断交易公平——Trados 案

在 Trados 公司中，持优先股的风险投资公司是控股股东。在与 SDL 公司合并前，董事会由两名管理董事、三名风险投资公司任命的董事和两名外部

---

[1] *LC Capital Master Fund, Ltd. v. James*, 990 A. 2d 435, 440 (Del. Ch. 2010).

[2] *Ibid.*, pp. 435, 438.

[3] *Ibid.*, pp. 445–454.

董事组成。此时，公司尽管未亏损，但已经不具备可观的盈利能力。风险投资公司认识到此时可以退出，但投资回报不大。2004 年，董事会聘请了新的首席执行官 Campbell，让其使公司产生足够的短期利润以便风险投资公司退出。同时董事会实施了一项激励计划，对管理层争取到较高收购价格给予奖励。有记录表明投资者们仅仅在寻求收回投资而没有讨论普通股的价值和继续经营公司的可能。后来，Campbell 成功提高了公司的盈利能力并在 2005 年和 SDL 公司达成以 6000 万美元收购 Trados 公司的协议。根据激励计划，管理层（Campbell、Hummel 等人）将获得 780 万美元奖金。其中，剩余的 5220 美元将全部支付给优先股股东，因为 Trados 公司章程规定公司的合并构成清算，优先股股东的优先清算金额为 5790 万美元。如果没有激励计划普通股股东可分得 210 万美元。得不到收益的 Trados 公司普通股股东因此以董事会未尽信义义务为由提起诉讼，认为在公司经营状况改善的情况下无需出售公司，如果公司不被收购，普通股股东也能获利。[1]

本案是典型的优先股与普通股股东的利益冲突，如果公司继续运营，优先股股东将承担无法收回投资、运营失败的风险。而普通股股东在公司被收购、清算与运营失败时无其利益，但运营良好时则能获得不断增长的利润。Trados 案的特殊之处在于优先股股东是控股股东，董事会因存在利益冲突而不再适用商业判断规则，需要适用完全公平标准判断交易是否公平。这推翻了风险投资模式固有的标准操作假设，本案中 Trados 董事会并没有可以被视为特别不正当的行为，但法院确定了若干涉及利益冲突和不公平交易的领域，这些可作为优先股股东在今后收回投资时避免完全公平标准审查的参考。

具体来说，法院首先分析了董事向公司和股东履行信义义务的基本原则，即董事要对剩余索取权人的最终利益（the ultimate benefit of its residual claimants）负责，而剩余索取权人通常被理解为普通股股东。在优先股股东的合同权利和普通股股东的利益相冲突时，董事对普通股股东承担信义义务。本案中法院认为七名董事中有六名缺乏独立性。两名管理董事（Campbell 和 Hummel）的年薪与他们在激励计划下获得的报酬相比显著较低，同时考虑到

---

〔1〕 *In re Trados Inc. Shareholder Litigation*, 73 A. 3d 17, 21-35 (Del. Ch. 2013).

Campbell 在 SDL 合并后的工作和 Hummel 在同意不与 SDL 竞争后获得的额外补偿，两名董事缺乏独立性。对于三名代表风险投资公司的董事，法院审查了风险投资的本质和动机，根据风险投资经济学，优先股投资者从公司价值增加中获得的收益要比公司价值下降所损失的要少。因此，由优先股股东控制的董事会倾向于立即变现而非高风险投资，即使公司持续运营能带来更多长期收益。本案中董事专注的是在两年内完成公司的出售，而非考虑其他替代方案使普通股股东受益，因此也存在利益冲突。此外，一名外部董事因为与另外两名风险投资董事的商业关系和他持有的优先股股份而缺乏独立性。综上，应适用完全公平标准。

法院最后认为董事并未违反忠实义务。完全公平标准不仅需要判断交易程序和价格是否公平，还需要考量整体的案件事实。在交易程序公平的判断上，法院采取了典型的风险投资思维过程，并将其视为未能公平对待普通股股东。法院在脚注中解释了这一决定可能带来的担忧：风险投资退出本质上并不是什么错误，甚至会带来更大的总体回报并最大限度地提高整体社会财富。但法院的任务只是根据个案中具体公司对合同权利和信义义务的安排来评估被告行为的公正性，而不是将它的标准应用于更广泛的政策关注。不过，法院最终认为并购交易是公平的，因为尽管交易程序不公平，本案中交易价格公平更重要，Trados 公司普通股的经济价值为零，根据专家证人的 DCF 分析，Trados 公司当时最多价值 5190 万美元，远低于收购价格，即使持续经营公司普通股也是毫无价值的。[1]

(三) 特拉华州的立场演变小结

1. Jedwab 规则的变迁

特拉华州早期仅承认对优先股股东权利的合同救济，将其限缩于合同明确约定的条款之中，导致优先股股东处于较弱势的地位。Jedwab 案对优先股股东权利做了扩大解释，认可其在合同之外有与普通股股东平等的权利，加强了对优先股股东的保护。如此优先股股东便受到《合同法》和《公司法》的规制，《合同法》考量各个主体之间的风险分配和利益最大化，而《公司

---

[1] *In re Trados Inc. Shareholder Litigation*, 73 A. 3d 17, 52-56 (Del. Ch. 2013)

法》考量公司整体利益的最大化。[1]

不少学者指出了 Jedwab 规则的缺陷。比如，界定优先股股东权利是否为特殊权利时涉及公司章程的解释，而实践中特拉华州往往要求董事及其律师作出解释，董事在解释时需要选择是从对优先股股东负有信义义务的受托人（fiduciaries）角度，还是从平等交易主体（arms-length）的角度解释。如果从优先股股东的受托人角度，董事应当做有利于优先股股东的解释。[2] 在界定权利时，法院可能会通过合同条款的解释排除信义义务，将不利后果归因于磋商协议条款时的疏忽，正如 James 案中在确定优先股被收购股价时的情形。另外，Jedwab 规则试图将优先股股东权利的债权性和股权性严格区分，但现实中二者往往相互交织。[3] 尽管合同中对优先股的特殊权利有明确规定，法院也可以引入公司法的衡平规则而非遵循合同的规制，如 ThoughtWorks 案中对优先股股东的强制回购权的限制，这使得优先股股东的特殊权利往往不能完全实现。

传统的优先股股东并不参加公司治理，但现代已出现很多风险投资公司既参与分配股利又参与公司治理的实例[4]，如 Trados 案、ODN 案。优先股股东受到的法律保护有限，这可能与越来越多的风险投资企业选择优先股投资有关。风险投资企业往往具有很高的谈判磋商能力，能制定出有利于自身的合同条款，审慎地签订优先股合同，从而一定程度上降低因合同约定不完善承担不利后果的可能性。尽管引入信义义务本是为加强优先股股东的保护，但有学者指出，当风险投资企业通过优先股投资时，信义义务越来越成为风险投资者收回投资的障碍，并可能导致法院穿透公司一层向直接责任方追

---

〔1〕 William W. Bratton and Michael L. Wachter, "A Theory of Preferred Stock", *Penn. L. Rev.* 161, 2013, p. 1815.

〔2〕 Lawrence E. Mitchell, "The Puzzling Paradox of Preferred Stock (and Why We Should Care About It)", 51 *Bus. Law.* 443, 1996, pp. 448-449.

〔3〕 Charles R. Korsmo："Venture Capital and Preferred Stock", Brook. L. Rev. 78, 2012, pp. 1180-1181.

〔4〕 于莹、潘林：《优先股制度与创业企业——以美国风险投资为背景的研究》，载《当代法学》2011 年第 4 期，第 77 页。

责。[1]法院要求董事追求公司整体利益的最大化而不是严格遵循服务于持股股东的信义义务，优先股股东的特殊权利可能会因公司整体利益需要或保护债权人等而不予强制履行。

2. 利益冲突处理小结

关于董事在普通股和优先股股东利益冲突时做出的决策，特拉华州主要有两层评估：商业判断规则和完全公平标准。若要证明董事未能尽到信义义务，首先需要推翻商业判断规则，即证明董事违反了注意或/和忠实义务，这两者的证明标准都不低。当商业判断规则的推定被推翻，或者因为是以控股股东为对手的交易不适用商业判断规则，董事可证明采取了程序性手段来重建该规则对董事的保护，如设置有独立的、无利害关系的董事组成的特殊委员会、设置独立财务顾问审核公平性等。[2]当商业判断规则的推定被推翻且未能重建，则适用完全公平标准，董事就需要举证交易过程和价款的公平[3]，如Trados案中董事缺乏独立性存在利益冲突而适用完全公平标准。

2017年特拉华州衡平法院ODN案[4]的判决重申了有关优先股的一系列重要的法律规则，引用了Trados案和ThoughtWork案中的观点，展现了法院如今对优先股的态度：①法院明确虽然在会计准则中短期回购优先股的义务常被计作流动负债，但优先股是股份而不是债务。有强制回购权的优先股股东不能绝对地强制公司回购股权，董事做出回购决策需要考虑公司不会破产等

---

[1] Douglas G. Baird, M. Todd Henderson, "Other People's Money", *Stan. L. Rev.*60, 2008, p. 1313.

[2] Steven E. Boschner, Amy L. Simmerman, "The Venture Capital Board Member's Survival Guide: Handling Conflicts Effectively While Wearing Two Hats", 41 *Del. J. Corp. L.*, 2016, pp. 1-19.

[3] 张毅、楼笑晗：《从ODN案看美国董事信义义务的新动向》，载《财经法学》2018年第1期，第159页。

[4] 风险投资企业Oak Hill在2008年以优先股入股ODN公司，并于2009年成为控股股东。优先股合同规定Oak Hill可在投资五年后要求ODN公司赎回其优先股及未支付的股息，若公司届时无足够资金回赎优先股，应在法律允许范围内以可能的最快速度筹集足够的资金来完成回赎。2011年ODN公司业绩下滑，销售额从2亿美元减至1.41亿美元，Oak Hill宣布在2013年行使优先股的赎回权。ODN公司至此改变了经营模式，积累资金且不再扩展业务，并通过出售ODN业务筹措资金。等到2014年Oak Hill实现回赎权，ODN公司的年销售额已降至1100万美元。ODN公司股东Hsu随后起诉了ODN公司董事及控股股东Oak Hill。2017年4月14日特拉华州衡平法院判决董事会为赎回Oak Hill的优先股而变卖主线业务的决策不符合对股东的信义义务。

现实情况。②法院进一步指出信义义务是对公司及其股东的义务，服务于剩余索取权人的利益，不包括优先股股东的特殊权利。受托原则并不保护特殊的偏好或权利，因此基于受托人的行为标准要求决策者集中精力促进总量中整体股权（undifferentiated equity）的价值。即董事有责任在忠实履行对优先股合同承诺的情形下追求公司及其多数股东的最大利益。[1] ③法院还引用了效率违约（efficient breach）理论来平衡信义义务和合同义务。董事需要权衡履行合同与支付违约赔偿的影响，做出对剩余索取权人最有利的选择，[2] 比如董事在决定回购优先股时可做此类考量。

三、中国现行优先股制度对常见利益冲突的处理

特拉华州《公司法》规定发行优先股需记载于公司章程或董事会依章程授权所做的决议中，而我国优先股的发行授权限定在章程中，我国通说认为公司章程是自治法性质的[3]，因此优先股有关问题在公司法领域下规制，而非公司法和合同法共同规制。

（一）分红条款

关于公司投资经营时是否分配股息的冲突，若规定强制分红，能在一定程度上提前排除股东间因决策偏好不同产生的利益冲突。若为非强制分红优先股，关于股息分配的利益冲突仍将存在，由于优先股的表决权受限，往往普通股股东更占优势。我国《指导意见》规定公司需在章程中明确在有可分配税后利润时必须分配利润。《试点办法》规定上市公司公开发行优先股应当在章程中明确强制分红，商业银行应当在发行合约中明确有权取消优先股的股息支付。由此，上市公司公开发行的优先股强制分红，商业银行发行的优先股非强制分红，非公开发行的优先股是否强制分红需在章程中明确。

（二）表决权恢复

关于优先股股东优先分配利润，我国还设置了表决权恢复制度。根据《试点办法》第11条，当公司累计三个或连续两个会计年度未按约定分配股

---

〔1〕 Douglas G. Baird, M. Todd Henderson, "Other People's Money", *Stan. L. Rev.* 60, 2018, pp. 1323–1328.

〔2〕 *Frederick Hsu Living Trust v. ODN. Holding Corp.*, C. A. No. 12108–VCL. (Del. CH. 2017).

〔3〕 刘俊海:《现代公司法》（第3版），法律出版社2015年版，第138页。

息时，优先股股东自股东大会决定当年不分配利润次日起表决权恢复至公司全额支付其应得股息。优先股股东表决权恢复需在公司不按约定支付股息后经过一段期间，如此在一定时间内满足了普通股股东投资经营提高公司价值的需求。并且章程中可规定表决权恢复的其他情形，由此给优先股股东在利益受损后通过恢复表决权保障自身利益留出空间。

（三）分类表决

关于公司并购解散时的利益冲突，《试点办法》第 10 条规定了分类表决机制。公司合并、解散事项，分别须经出席会议的普通股股东（含表决权恢复的优先股股东）和优先股股东（不含表决权恢复的优先股股东）所持表决权 2/3 通过。修改章程中关于优先股的内容、一次累计减少注册资本超过 10%、发行优先股以及章程规定的其他情形也受同样的限制，分别需要两类股东绝对多数通过。由此，优先股股东对公司合并和解散也有表决的权利，也降低了普通股股东因累积未付股息过多而采取发行新优先股、修改章程、虚假合并等限制或消除累积股息损害优先股股东利益的可能性。

（四）回购条款

优先股股东将优先股转换为普通股或回售也能一定程度上缓解利益冲突。《指导意见》指出公司可在章程中规定关于优先股被回购、转换为普通股的事项以及回购选择权、转换选择权的行使主体。当章程规定优先股股东有强制回购权时，优先股股东便具有退出机制以保护自身权利。当优先股股东有转换选择权时，也能在转换身份后消解利益冲突。我国《试点办法》规定上市公司不得公开发行可转换优先股，非上市公众公司也不得发行此类优先股。公司可约定优先股回购条款，但应在公司章程和招股文件中明确。但商业银行发行的优先股由商业银行行使赎回权，且须设置商业银行触发一定条件后优先股强制转换为普通股的条款。由此我国目前并不能发行可转换优先股，但公司章程可规定回购条款。此外，根据《中华人民共和国公司法》，对股份有限公司股东大会作出的关于公司合并、分立的决议持有异议的股东，可以要求公司收购其股份。

（五）诉请解散公司

我国公司法在公司经营严重困难时对股东也有普遍的救济，普通股股东和优先股股东均可适用。经营管理困难的公司继续存续将严重影响股东利益时，比如公司持续两年以上无法召开股东大会，股东大会由于无法达到表决比例持续两年以上无法作出有效决议，股东大会无法解决长期冲突的公司董事等情形，公司持有公司 10% 以上表决权的股东在穷尽其他途径后可诉请法院解散公司。优先股并不能因为利益分配权受损而诉请公司解散，而且优先股股东在除分类表决机制规定的事项之外是没有表决权的。只有在表决权恢复的情况下，即至少是公司有可分配利润但累计三个或连续两个会计年度未按约定分配股息时，并且出现上述公司经营管理严重困难，才有可能请求人民法院解散公司。这样优先股股东能利用此途径获得救济的可能性并不大。

四、拉华州法院利益冲突处理对中国的启示

尽管优先股和普通股股东在股利分配等方面常存在利益分歧，但根据特拉华州的案例，二者诉诸法院的利益冲突常发生在作为优先股股东的风险投资企业通过优先股回购或公司并购收回投资时。虽然我国尚未出现相关案例，但为保证优先股制度的完备性，结合前述我国已有的利益冲突相关规定，提出如下建议。

（一）关于公司合并时的分类表决

优先股和普通股股东的利益冲突常发生在公司并购时，比如 Jedwab 案、James 案、Trados 案中并购价款分配的问题，FLS 案、James 案中优先股股东对并购事项是否享有表决权的问题。我国优先股制度中与此类冲突解决直接相关的是分类表决制度，其规定关于公司合并事项的决定须分别取得两类股东所持表决权的绝对多数通过。这将意味着占极少量表决权的优先股股东能推翻大多数股东作出的决定，杠杆很大。比如中国农业银行共发行 800 亿元的优先股，占公司总资本（注册资本 2600 亿元加上优先股资本额）的 23.53%，只需其中 1/3 的表决权，即约 7.85% 的表决权即可否定其余所有股东的决定。如此将不利于提高交易效率，保证优先股和普通股利益权衡中的公平性。

特拉华州对优先股的规定十分灵活，公司可以发行有全部的、有限的或者无表决权的优先股，[1] 公司和投资者可以自行协商安排。在美国，2009 年至 2013 年间公开发行的优先股中，有约 50% 的章程中规定了优先股股东对公司合并的表决权或类似的保护，剩余的 50% 没有设置对优先股股东在公司合并问题上的保护。而通过研究在 2011 年第二季度非公开发行优先股的上市公司的文件，仅有 29% 的章程中规定了这样的表决权或者类似的保护。[2] 可见相较于公开发行，非公开发行的优先股的股东大多对公司合并事项不享有表决权。这可能是由于非公开发行时大多投资者为经验丰富的风险投资企业，而公开发行时公众投资者的商事能力有限。

当上市公司公开发行优先股时，公众投资者抗风险能力、信息获取能力较弱，其利益应受到更大的保护，享有对公司合并交易的表决权。而非公开发行面向合格投资者，其具备一定的投资能力、风险承担能力以及协商合同条款的能力，且对公司治理的参与度往往高于公众投资者。考虑到两者商事能力的差异，对公司合并时优先股股东享有分类表决权因此一概而论并不合理。建议规定持有公开发行的优先股股东享有公司合并事项的分类表决权。而非公开发行时优先股股东在公司合并时的利益如何保障可以留置投资者与公司自行约定，比如在没有表决权时，参考 FLS 案设置代表优先股股东利益的独立机构，允许该机构审核并购方案并发表意见，一定程度上保障并购交易中的程序公平。

（二）关于优先股的强制回购

优先股和普通股股东的利益冲突也常出现在公司决定回购优先股时，如 ThoughtWorks 案和 ODN 案。ThoughtWorks 案表明公司用于回购的"合法可用资金"是指可立即使用的现金，且不违反公司能够继续存续且不会破产等法律限制。其认为回赎义务不等同于偿债义务，优先股股东没有权利强迫公司无条件地回购其股份。有律师建议投资者为保障自身利益在此情况下提高违约责任，使得董事选择履行回购义务的决策更合理，比如在协议中约定若公

---

[1] 张志坡：《论优先股的发行》，载《法律科学（西北政法大学学报）》2015 年第 2 期，第 143 页。

[2] William W. Bratton, Michael L. Wachter, "A Theory of Preferred Stock", *Penn. L. Rev.* 161, 2013, p. 1841.

司未能按照约定完成回购，则增加优先股的股息或者能够以股东身份采取行动。[1]

虽然我国没有优先股股东享有回购选择权的实例，但有不少公司签订过有股权回购条款的对赌协议，如勤上集团与投资人纪荣军等在 2009 年签订的《关于股份回购的协议》中约定如果勤上集团未能在 2011 年 6 月 30 日前成功上市，则纪荣军等有权要求该公司回购其所有股份。目前我国公司法仅规定股份有限公司以减少注册资本等目的的回购股份行为，而对于有限公司回购股东出资的行为未有明确规定。[2] 签订有股权回购条款的对赌协议的融资企业回购股份需根据公司法的规定履行减资程序。司法实践中最高人民法院在海富投资诉甘肃世恒对赌协议案中认定了投资方与目标公司签订的有回购和补偿条款的对赌协议无效。这主要是考虑到合同补偿、回购等内容涉及目标公司债权人的利益，有可能会存在投资方与目标公司合谋转移资产等侵害目标公司债权人的利益输送行为。[3]

我国允许公司发行优先股时在章程中规定回购选择权在投资者手中。潜在的问题在于当优先股股东决定行使回购选择权而公司缺乏足够资金时，公司若按照章程规定回购股份将面临破产，这会外溢影响到公司债权人的利益。这样不仅对普通股股东不公平，实质上优先于债权人分得了公司的资产。优先股是股不是债，公司回购优先股的义务不同于偿债义务，不可无条件强制公司履行。为避免优先股股东行使回购选择权后公司被掏空难以存续，可以在法律中明确当回购优先股股份将使公司破产时，优先股股东的回购选择权不能实现。而公司未履行回购，优先股股东通过公司承担违约责任来得到救济。

---

〔1〕 Jon Ballis, Daniel Wolf, " Just How Preferred Is Your Preferred？", available at https：// www. law360. com/articles/923133, 2018-4-15.

〔2〕《中华人民共和国公司法》第 142 条：公司不得收购本公司股份。但是，有下列情形之一的除外：①减少公司注册资本；②与持有本公司股份的其他公司合并；③将股份用于员工持股计划或者股权激励；④股东因对股东大会作出的公司合并、分立决议持异议，要求公司收购其股份的⋯⋯公司因前款第 1 项、第 2 项规定的情形收购本公司股份的，应当经股东大会决议；公司因前款第 3 项、第 5 项、第 6 项规定的情形收购本公司股份的，可以依照公司章程的规定或者股东大会的授权，经 2/3 以上董事出席的董事会会议决议。

〔3〕 杨明宇：《私募股权投资中对赌协议性质与合法性探析——兼评海富投资案》，载《证券市场导报》2014 年第 2 期，第 66~68 页。

结 语

优先股的引入有助于满足企业多元化的融资和投资者多样化的需求，但对公司治理也提出了更高的要求。管理层在向股东履行忠实和勤勉义务时将面临不同类别股股东的不同需求。优先股股东相较于普通股股东更倾向于选择风险小的项目，且二者在公司并购利益分配上存在不可避免的零和博弈。面对二者的利益冲突，特拉华州法院早期不承认优先股股东具有合同之外的权利，公司管理层对其不负信义义务。通过 Jedwab 案，优先股股东受公司法和合同法双重保护的规则被确立。优先股股东除合同中的优先权利或特殊限制外，享有和普通股股东同样作为股东的权利，受到信义义务的保护，合同中的特殊条款仅受合同义务的保护。由于两种权利存在交织，并不能完全分开，此后，出现了类似 James 案中法院通过合同解释排除董事信义义务的情形，也出现了 ThoughtWorks 案中法院引入衡平原则衡量董事合同义务的履行。董事在履行合同时受到商业判断规则的保护，优先股股东的"优先地位"得到的保护有限。法院认为信义义务服务于长期股权投资人的共同利益，而非短期性的投资利益，董事会在行使裁量权时，一般需要将普通股股东的利益置于优先股的特殊利益之上，强调优先股以合同保护为主。

在中国的优先股制度中，法律规定了表决权恢复、分类表决机制，并规定公司章程须明确是否在有可分配税后利润时必须分配利润，且可以规定优先股回购事项，在一定程度上避免了不同类别股东之间的利益冲突，保障了冲突的公平处理。结合特拉华州的具体案例和美国的优先股实践，我国现行关于利益冲突的制度设计存在两点不足：一是关于公司合并时的分类表决权杠杆过大，很可能影响交易效率和交易稳定，考量美国公开发行和非公开发行时对合并时优先股股东利益保护的不同选择，建议我国考虑不同投资者的商事能力，在非公开发行时不必强制公司规定该分类表决权，赋予投资者和公司协商的空间；二是优先股在对运营困难的公司行使回购选择权时，存在掏空公司甚至使其濒临破产损害债权人利益的情形，建议借鉴特拉华公司法规定回购时不得损害公司的偿债能力。

优先股在美国被许多风险投资企业用于创业型企业，中国发行优先股的主力是商业银行和资本密集型企业，且已发行的优先股均为非公开发行的方式，优先股在我国是否会得到广泛应用还存疑。本文仅分析了优先股制度中与利益冲突处理有关的制度，并未研究我国关于优先股类别、发行、具体的分类表决制度等整体问题。关于董事信义义务和由此衍生的控股股东的信义义务也还待进一步研究。

我国海洋渔业捕捞限额制度研究

◎刘晓菲　2013级法学卓越实验班

摘　要：《联合国海洋法公约》确定了以"最高持续产量"为标准的总可捕量制度，在实践中发展为总可捕量与渔获配额相结合的捕捞限额制度，被各国和国际渔业组织广泛采用。但直到2016年我国开展捕捞限额试点工作以前，该项制度一直未受重视。本文通过系统梳理渔业可持续利用下捕捞限额制度的发展历程，尤其在《联合国海洋法公约》以后的制度设计，结合中国管辖海域内和管辖海域外渔业捕捞的相关实践，分析在我国实行捕捞限额制度的必要性与可行性。在借鉴其他国家实践的基础上，针对我国现有渔业管理制度中的不足之处，对《中华人民共和国渔业法》第22条所规定的捕捞限额制度提出完善建议。

关键词：总可捕量　配额制　捕捞限额　可持续利用

一、绪论

（一）背景

1. 世界渔业资源历史变迁与发展现状

自古以来，鱼类是人类所需蛋白质的重要来源。19世纪中叶以前，人口压力不大，人类对水产品资源的需求有限，加之捕捞技术落后，捕捞效率低下，人们对渔业资源的利用没有超过其自然增长率。受渔船动力限制，作业海域多局限在沿海水域，渔业资源被认为是取之不尽、用之不竭的自然资源。[1] 并且由于其洄游性和共有性特征，渔业资源一直被认为是一种公共资源，各国政府认为没有管理的必要，公海捕鱼自由传统逐渐形成。

19世纪后半期，蒸汽机被应用到渔船动力系统，鱼群侦察技术和渔获保鲜技术提高了渔船捕捞能力。[2] 二战期间凸显了海洋自然资源的价值。二战后，全球海洋渔业捕捞量飞速上升，在1995年达到峰值。对渔业资源近乎疯狂的争夺导致其在全球范围内的衰退。根据"公地悲剧"理论，渔业资源权属不明导致世界各国因为担心渔业资源枯竭而竞相争捕的情形不断出现，并由此引发国家间渔业冲突。[3] 资源的共享性割断捕捞者对资源的经营意识，现时利益成为捕捞者的所有追求，自由的捕鱼权力也不允许个别国家对资源做出长期、持续利用的规划。

随着理性认知的提升，人类逐渐意识到鱼类作为可再生性较强的资源，对其有规划、有限度地利用，所能获得的利益远比短期、掠夺式利用要大。因此，第三次海洋法会议订立的《联合国海洋法公约》（以下简称《海洋法公约》）提出通过限制以最高持续产量（Maximum Sustainable Yield，MSY）为标准的总可捕量（Total Allowable Catch，TAC）的方式实现海洋渔业资源的养护。随后，TAC制度在世界各国专属经济区内和公海上的渔业管理中均得到了广泛应用。一些国家如美国、澳大利亚、新西兰等国的渔业资源状况得到显著好转。

2. 我国渔业资源利用现状与存在问题

我国在2000年对《中华人民共和国渔业法》（以下简称《渔业法》）进

---

〔1〕 Stephen C. Nemeth et al. , " Ruling the Sea: Institutionalization and Privatization of the Global Ocean Commons", *The Official Journal of the Society for Neuroscience*, 2008, p. 14.

〔2〕 唐建业：《捕捞限额制度：法律与制度研究》，上海海洋大学2004年博士学位论文。

〔3〕 Stephen C. Nemeth et al. , " Ruling the Sea: Institutionalization and Privatization of the Global Ocean Commons", *The Official Journal of the Society for Neuroscience*, 2008, p. 14.

行修订时新增了第 22 条，建立捕捞限额制度，[1] 由国务院渔业行政主管部门根据渔业资源的可持续增长量确定渔业资源的 TAC。但一直没有更明确、更具操作性的规定出台，也没有开展相应资源评估工作。直到 2016 年山东、浙江两地开展试点工作前，我国专属经济区内渔业管理中没有更多捕捞限额制度的实践。

目前在渔业管理上，我国依然以传统投入控制为主。主要包括实施渔船"双控"制度，控制海洋捕捞渔船数量和主机功率；设置禁渔区与禁渔期；建立捕捞许可制度，对"入渔"进行限制；设立水产种质资源保护区、水生生物资源保护区和海洋保护区；采取人工放流、建造人工鱼礁、建造海藻林等措施增值资源，修复渔业水域生态环境；大力发展水产养殖业等措施，试图减少海洋渔业捕捞压力。

尽管从统计数据看，我国捕捞努力量一直在减少，根据《中国渔业统计年鉴（2013）》，我国过去 10 年中海洋捕捞渔船总数量由 222 390 下降至193 372 艘，减少 29 018 艘。但从我国渔业资源的变迁来看，自 20 世纪 80 年代我国开始对近海渔业资源进行全面开发，捕捞对象逐渐由 20 世纪 60 年代大型底层和近底层种类转变为以鳀鱼、黄鲫、鲐鲹类等小型中上层鱼类为主。21 世纪后，传统捕捞对象如大黄鱼基本绝迹，带鱼、小黄鱼等的渔获以幼鱼为主，经济价值大幅降低，进而引发更大数量的捕捞，近海渔业的开发陷入恶性循环，渔业资源衰退趋势明显。[2] 传统"四大渔场"渔业资源显著减少，"渔汛"已经十分少见。

我国渔业资源持续衰退的趋势并没有得到缓解，以传统投入控制为主的

---

〔1〕 参见《渔业法》第 22 条：国家根据捕捞量低于渔业资源增长量的原则，确定渔业资源的总可捕捞量，实行捕捞限额制度。国务院渔业行政主管部门负责组织渔业资源的调查和评估，为实行捕捞限额制度提供科学依据。中华人民共和国内海、领海、专属经济区及其他管辖海域的捕捞限额总量由国务院渔业行政主管部门确定，报国务院批准后逐级分解下达；国家确定的重要江河、湖泊的捕捞限额总量由有关省、自治区、直辖市人民政府确定或者协商确定，逐级分解下达。捕捞限额总量的分配应当体现公平、公正的原则，分配办法和分配结果必须向社会公开，并接受监督。国务院渔业行政主管部门和省、自治区、直辖市人民政府渔业行政主管部门应当加强对捕捞限额制度实施情况的监督检查，对超过上级下达的捕捞限额指标的，应当在其次年捕捞限额指标中予以核减。

〔2〕 岳冬冬等：《我国近海捕捞渔业发展现状、问题与对策研究》，载《渔业信息与战略》2015年第 4 期。

渔业管理制度不足以实现对渔业资源的养护和恢复的目的。在这一背景下提出的"如何完善我国渔业管理制度的议题"引发广泛讨论。

（二）研究现状

从国内来看，海洋法领域内对海洋渔业资源开发与养护问题研究的关注点主要在《海洋法公约》建立的专属经济区制度对渔业资源开发与利用的影响、《海洋法公约》对传统公海捕鱼自由的冲击、《海洋法公约》建立的不同鱼种的利用养护模式和渔业争端解决机制等，如王翰灵著《跨界和高度洄游鱼类渔业争端的解决机制》。[1] 也有相当一部分学者系统梳理渔业国际公约和渔业组织的相关内容，如许立阳著《国际海洋渔业资源法研究》。[2] 有学者专注于《海洋法公约》后中国参与国际海洋渔业开发与养护的相关实践，如薛桂芳著《国际渔业法律政策与中国的实践》。[3] 专注于海洋资源养护的著作则更为稀少，且倾向于对海洋生物资源的整体性研究，如刘丹著《海洋生物资源保护的国际法》。[4]

而在渔业可持续利用方面，则更多偏向于通过对渔业资源生物学与经济学模型的构建进行相关数据分析。对捕捞限额制度的探讨集中在渔业资源公共管理方面，并且大多数都集中在如何构建捕捞限额制度，却忽略了非常重要的问题：为什么应当在我国建立捕捞限额制度？

国外学者对海洋渔业资源的研究更为透彻。有的系统研究公海渔业资源开发利用的历史变迁，包括《海洋法公约》建立的专属经济区制度对公海捕鱼的影响；[5] 有的研究国际或区域渔业养护和管理体系；[6] 有的学者研究国际渔业争端。国外学者很少忽视"为什么"的问题，并且他们较重视国际习惯法和国际法原则在渔业资源利用与养护中的应用，并对可持续发展原则

〔1〕 王翰灵：《跨界和高度洄游鱼类渔业争端的解决机制》，载《中国国际法年刊》2008年第1期。

〔2〕 许立阳：《国际海洋渔业资源法研究》，中国海洋大学出版社2008年版。

〔3〕 薛桂芳：《国际渔业法律政策与中国的实践》，中国海洋大学出版社2008年版。

〔4〕 刘丹：《海洋生物资源保护的国际法》，上海人民出版社2012年版。

〔5〕 Francisco Orrego Vicuña, *The Changing International Law of High Seas Fisheries*, Cambridge University Press, 2005.

〔6〕 Olive Schram Stokke, *Governing High Seas Fisheries: The Interplay of Global and Regional Regimes*, Oxford University Press, 2002, p. 22.

在渔业公约中的具体内容进行探讨。[1]

而在对捕捞限额制度的研究中，尽管主体研究仍然在渔业资源管理、渔业数据生态与经济学模型的构建上,[2] 但也有部分学者开始关注捕捞限额制度在海洋渔业可持续发展中的独特作用。[3]

总体而言，对捕捞限额制度的研究主要集中于 TAC 应当如何确立、采取何种配额方式等方面，对为什么要建立捕捞限额制度的讨论较为缺失。因此，有必要探讨捕捞限额制度是否适合我国渔业管理、该项制度在中国实施的必要性与可行性何在，以便为我国渔业可持续利用提出更加契合国情的建议。

（三）研究意义与目的

《海洋法公约》确立的 TAC 制度被广泛应用到各个国家和区域渔业管理组织 RFMOs（Regional Fisheries Management Organizations）中。我国作为《海洋法公约》缔约方之一，有在本国专属经济区内设立以 MSY 为标准的 TAC 的条约义务。在近海捕捞方面，我国与周边国家签订的双边渔业协定对相关区域渔业资源的养护均通过设定 TAC 实现。由于专属经济区的建立，我国渔民可自由捕捞的范围大大缩小，这迫使我国大力发展远洋捕捞。《海洋法公约》限制公海捕鱼自由，并提出设立 RFMOs 管理跨界鱼群、高度洄游种群和公海渔业资源。中国必须通过加入相应的 RFMOs 参与对相应渔业资源的开发与利用。因此，TAC 制度成为中国参与海洋渔业国际实践中不能回避的一项制度。

从中国的现状来看，现有捕捞管控制度无法实现渔业资源养护的目的。在这一背景下，一项新的思路被提出：对最终的渔获量——捕捞产出进行直接控制。由 TAC 制度和配额制度共同构成的捕捞限额制度再次引起关注。2016 年末，农业部正式批准山东省和浙江省的捕捞限额试点工作，这也许意味着在不久的将来，这项制度将被广泛应用到我国的渔业管理实践中。

---

〔1〕 Serge M. Garcia, "The FAO Definition of Sustainable Development and the Code of Conduct for Responsible Fisheries: An Analysis of the Related Principles, Criteria and Indicator", *Marine & Freshwater Research* 51, 2000, p. 51.

〔2〕 Daniel Pauly et al., "Towards Sustainability in World Fisheries", *Nature* 418, 2002, p. 418.

〔3〕 H. J. Rätz and J. Lloret, "Optimizing Sustainable Management of Mixed Fisheries: Differentiating and Weighting Selective Strategies", *Ocean & Costal Management* 134, 2016, pp. 150-162.

因此，本文希望通过系统梳理捕捞限额制度的发展历史、制度设计、域外国家及 RFMOs 的实施现状，在对我国参与海洋捕捞的国际、国内实践的分析中，解决以下三点问题：

（1）捕捞限额制度能否解决我国参与海洋渔业资源可持续利用在国际、国内实践中面临的问题？能够解决哪些问题？

（2）我国是否具备在近海实施捕捞限额制度的条件？

（3）如何利用捕捞限额制度解决我国渔业可持续利用中的问题？

二、捕捞限额制度概述——渔业可持续利用的重要手段

海洋渔业捕捞限额是指根据渔业资源的评估结果，以确保资源再生量和利用平衡为标准，对特定海域、特定时间内所利用的特定种群设定总可捕量 TAC，并采取有效控制手段保障其执行的一种渔业管理制度。[1] 该制度是重要产出控制手段之一，通过控制最终的渔获量，保持在其最佳再生能力前提下实现渔业可持续利用。捕捞限额的实施通常包含两大阶段：总可捕量的确定（TAC）和总可捕量的分配（配额制度）。

（一）渔业可持续利用简述

1. 可持续发展原则为理论基础

（1）发展历史。可持续发展的理念在"太平洋海豹仲裁案"中初现端倪，[2] 仲裁庭在肯定"公海自由"原则的同时专门为保护公海上的海豹规定了一系列措施，这是人类首次从国际法层面萌生对海洋自然资源的养护意识。

可持续发展的概念最早出现在 1987 年世界环境与发展委员会（WCED）发表的《我们共同的未来》报告中。该报告将"可持续发展"定义为："既满足当代人的需要，又不对后代人满足其需要的能力构成危害的发展"，[3] 该

---

〔1〕 黄金玲、黄硕琳：《关于我国专属经济区内实施捕捞限额制度存在问题的探讨》，载《现代渔业信息》2002 年第 11 期。

〔2〕 太平洋海豹仲裁案：1893 年，美国主张其有权在 3 海里领海线以外的海域采取行动保护经常光顾美国岛屿的海豹，英国则以传统的"公海自由"原则反对美国的主张。虽然仲裁庭以"公海自由"的原则裁决美国对于处于领海外的海豹不享有保护权和财产权，但是同时仲裁决定规定了一些如禁猎季节、禁猎工具等保护处于 3 海里领海线以外公海海豹的措施。

〔3〕 世界环境与发展委员会：《我们共同的未来》，王之佳、柯金良等译，吉林人民出版社 1997 年版，第 13 页。

定义被第 42 届联合国大会接受。随后，可持续发展成为国际热点。1992 年里约联合国环境与发展会议上通过的《环境与发展宣言》（以下简称《里约宣言》）和《21 世纪议程》明确将可持续发展作为国际环境政策的主导概念。[1] 这是各国家在环境与发展领域展开合作的最高级别政治承诺。《里约宣言》提出的 27 项原则试图对可持续发展原则在实践中的做法提出一些指导。里约会议标志着可持续发展原则在国际社会的正式确立。[2]

（2）内涵。可持续发展的核心是发展。发展需要考虑经济、社会、文化等多方面，在不同国家、不同领域的着重点也有所差别。国际上对可持续发展原则的解读来自各方各面，如美国对可持续发展的定义为"有益于今世和后代人类但又不损害地球资源和生态系统的经济发展"，国际生态学协会和国际生物科学联合会则将可持续发展定义为"保护和加强环境系统的生产和更新能力"。[3]

笔者较为赞同英国学者菲利普·桑兹提出的可持续发展四要素论，[4] 他将可持续发展分为代际公平、代内公平、可持续利用、环境与发展一体化。

第一，代际公平。关注当代人与后代人间的利益平衡问题。当代人享有的正当的环境权利后代人也应当享有。本代人不能滥用自己的环境权利。按照此观点，人们要承担维护后代人生存发展、公平利用自然资源的义务。

第二，代内公平。即同一时代所有人均享有平等利用自然资源和清洁、良好的环境的权利。这要求对资源和环境在代内进行公平分配，任何地区和国家的发展不能以损害别的地区和国家的发展为代价。

第三，可持续利用。以可持续、谨慎、理性、合理且合适的方式利用自然资源。具体而言，对于可再生资源，在保持其最佳再生能力前提下进行利用。对于不可再生资源，以保存和不使其耗尽的方式利用。因此可持续利用的核心在于把握利用的限度。

第四，环境与发展一体化。在制定发展计划时考虑环境保护的需要，在

---

〔1〕 张弛：《论可持续发展原则与国际法》，载《求索》2011 年第 11 期。
〔2〕 徐祥民、孟庆垒：《国际环境法基本原则研究》，中国环境科学出版社 2008 年版，第 39 页。
〔3〕 徐祥民、孟庆垒：《国际环境法基本原则研究》，中国环境科学出版社 2008 年版，第 45 页。
〔4〕 林灿铃等：《国际环境法的产生与发展》，人民法院出版社 2006 年版，第 122~129 页。

追求环境保护目标时考虑发展的需要，二者需要协调发展。

2. 渔业可持续利用发展历史

可持续发展在海洋渔业资源的养护与开发中体现为可持续利用。并且，可持续性的观念最早也是在渔业领域中提出。[1]

传统国际法中，海洋被划分为领海和公海两大部分，沿海国对本国领海享有专属捕鱼权，其他国家渔船未经允许不得在该海域从事捕鱼活动。公海水域对所有国家开放，各国渔船享有无限制的公海捕鱼自由。随着捕捞能力的发展，国际社会意识到海洋渔业资源并非是取之不尽。1893 年"太平洋海豹仲裁案"是可持续利用理念第一次出现在国际渔业纠纷的司法裁判中。

两次世界大战后，可持续利用思潮进一步发展，并在一些渔业公约中体现。1949 年订立的《西北大西洋渔业国际公约》指出，渔业养护的适当目标是将鱼群保持在"最高持续捕捞的水平上"。1966 年签订的《国际养护大西洋金枪鱼公约》也提及"在防止枯竭的情况下保持每年的最高合理利用"。

1955 年，联合国粮农组织（FAO）召开养护海洋生物资源国际技术会议。会议上达成了"养护海洋生物资源的主要目标是实现最高持续产量，从而确保最大限度地共赢食物和其他海产品"的共识。[2]

1958 年，第一次联合国海洋法会议通过了《捕鱼及养护公海生物资源公约》（以下简称"1958 年《公约》"），1958 年《公约》第 2 条规定："本公约所称'养护公海生物资源'系所有可使此项资源保持最适当而持久产量，俾克取得食物及其他海产最大供应量之措施之总称。"[3] 并且，1958 年《公约》允许沿海国在特定情况下单方面采取养护措施。[4]

20 世纪 50 年代拖网技术的大规模应用使捕捞能力再次提高。鱼群的流动性导致公海上过度捕捞影响到沿海国管辖海域渔业资源的存续，沿海国开始主张扩大渔业管辖范围，建立专属渔区。专属渔区与传统公海捕鱼自由间的

---

〔1〕 ［荷兰］尼科·斯赫雷弗：《可持续发展在国际法中的演进：起源、涵义及地位》，汪习根、黄海滨译，社会科学文献出版社 2010 年版，第 16 页。

〔2〕 FAO：《养护海洋生物资源国际技术会议报告》，第 1~10 页。

〔3〕 ［荷兰］尼科·斯赫雷弗：《可持续发展在国际法中的演进：起源、涵义及地位》，汪习根、黄海滨译，社会科学文献出版社 2010 年版，第 16 页。

〔4〕 参见《捕鱼及养护公海生物资源公约》第 7 条。

冲突也导致渔业纠纷频发。1958 年《公约》已经不足以应对海洋渔业开发中的问题。

第三次海洋法会议制定的《海洋法公约》建立了专属经济区制度，并在第 5、7 部分分别对专属经济区内、公海上海洋生物资源养护与利用做出了相应规定，希望借助国家对专属经济区的主权和国家间的合作促进渔业资源的可持续利用。

1992 年，里约环境与发展会议上，负责任捕捞和可持续发展成为渔业管理主导思想。[1] 1993 年，FAO 通过《促进公海渔船遵守国际养护和管理措施的协定》（以下简称《挂旗协定》），强化船旗国管辖并控制悬挂其国旗渔船的义务。1995 年，FAO 通过《执行 1982 年 12 月 10 日〈联合国海洋法公约〉有关养护和管理跨界鱼类种群和高度洄游鱼类种群的规定的协定》（以下简称《联合国鱼类种群协定》），对《海洋法公约》中的各项规定进一步细化。

目前，世界渔业资源的可持续利用主要以《海洋法公约》及其后制定的一系列公约为基础，依靠全球性、区域性渔业组织、国家间渔业协定来实现。

3. 渔业可持续利用两种模式

19 世纪末，人们对海洋渔业资源是否不可竭尽展开探讨。并在 1983 年承认海洋渔业不仅可能竭尽，而且正在快速竭尽。[2] 进入 20 世纪后，海洋渔业管理制度逐渐建立。这一时期的管理制度主要表现为投入控制，沿海国对本国所主张的"专属渔区"进行捕捞努力量的控制，如设置禁渔期、禁渔区，限制捕捞时间与范围。美国即在 1924 年颁布法案，设置禁渔区和限制渔具，对阿拉斯加的大马哈鱼进行保护。[3] 在这一时期，人们普遍认为限制人类捕捞行为是对渔业资源进行养护的最直接手段。

1931 年，拉塞尔（F. S. Russell）提出种群捕捞理论，他提出渔业种群的数量取决于补充、生长、自然死亡和捕捞死亡四大因素，并建立关系式：$S2=S1+R+G-M-F$。其中 $S2$ 和 $S1$ 分别为年末和年初的种群重量，R 为补充量，G 为个体增长量，M 为自然死亡量，F 为捕捞死亡量。也就是说，要使渔

---

[1] 徐祥民、孟庆垒：《国际环境法基本原则研究》，中国环境科学出版社 2008 年版，第 39 页。

[2] 刘丹：《海洋生物资源保护的国际法》，上海人民出版社 2012 年版，第 98 页。

[3] J. A. Gulland, *The Management of Marine Fishery*, Univ. of Wash. Press, 1974, pp. 10–67.

业资源不出现衰退，则必须保证 S1 = S2，则 R+G = M+F。因此渔业资源的管理需要控制 F，即控制年度最大可捕量，这为产出控制模式的形成提供理论基础。并逐渐发展出 TAC、By-catch limit（兼捕限制）、Species limit（鱼种限制）等产出控制方式。

目前，绝大多数国家采取投入控制与产出控制相结合的渔业管理模式。受篇幅所限，本文研究重点放在产出控制中的捕捞限额制度，包括 TAC 制度及配额制度。

（二）总可捕量的确定——TAC 制度

1. TAC 制度的发展历史

TAC 制度最早出现在美国和加拿大之间对太平洋北部庸鲽渔业的管理中。两国于 1923 年和 1930 年签订的关于保护太平洋北部的庸鲽渔业协定中规定了该海域庸鲽的捕捞限额。随后在 1936 年，加拿大继续对鲱鱼渔业采用 TAC 制度。20 世纪 40 年代中期，国际捕鲸委员会对鲸类的猎捕量也做出限额规定。

随着捕捞技术的进一步发展，海洋渔业资源进一步衰退，人们逐渐意识到仅控制捕捞努力量的投入远远无法达到养护海洋渔业资源的目的。并且，随着科学技术的发展，对渔业资源的科学、准确的评估得以实现，对渔获物上岸量的监控也可以实现。对鱼类种群生态与经济学上的研究逐渐揭示鱼类可持续利用的本质：找到资源消耗量与可再生量间的平衡点。人们意识到，对渔业资源的可持续利用绝不仅仅包括对其生物学上的养护，还包括促进渔业市场、从业者等在经济上的可持续发展。因此，传统对捕捞能力的控制已无法满足渔业可持续利用的要求，产出控制受到进一步认同。[1] 在 20 世纪 70 年代中期，冰岛、荷兰、瑞典、加拿大等国家均开始在其"专属渔区"内对特定捕捞对象实施 TAC 管理。

1982 年，《海洋法公约》确定了以 MSY 为标准的 TAC 制度，TAC 管理在渔业发达国家和有关国际渔业组织中得到十分广泛的应用。欧盟、北大西洋

---

[1] M. J. Peterson, "Science and Policy for Sustainable Development", *International Fisheries Management: Environmental* 34, 1992, p.31.

渔业组织、波罗的海渔业管理委员会、国际太平洋庸鲽委员会等均建立了长期且应用广泛的 TAC 制度。

2. TAC 制度的国际法律体系

（1）《海洋法公约》下的 TAC 制度。《海洋法公约》于 1982 年订立。自生效以来，被各国广泛接受。其确定的专属经济区制度以及关于国家对专属经济区权力与义务的一系列规定也被各国采纳，许多非公约缔约方也宣布了本国的专属经济区。其第 5、7 部分的规定成为《海洋法公约》后国际海洋渔业资源开发与利用的纲领性文件。

（2）《海洋法公约》对海洋资源的养护主要是以 MSY 为标准，设定特定区域、特定种群的 TAC 制度实现，通常分为以下四种情况。

第一，沿海国对专属经济区内鱼种养护体系规定在《海洋法公约》第 56、61、62 条，沿海国对其专属经济区内渔业资源享有专属、排他的利用权，同时也必须承担采取养护措施的义务。沿海国决定可捕量。由沿海国决定专属经济区内生物资源的可捕量，可捕量的决定必须以可靠的科学数据为基础，必须使捕捞鱼种的数量维持在或恢复到能够生产最高持续产量的水平，并且考虑经济因素（沿海渔民社区的经济需要和发展中国家的特殊要求）和环境因素（有关联或依赖该鱼种生存的鱼种所受影响）。沿海国许可并决定他国在专属经济区内渔获量。对于沿海国捕捞能力以外的可捕量，应当准许其他国家捕捞可捕量的剩余部分。并且对本国专属经济区内其他国家渔船，可以控制其捕捞努力量。

第二，溯河性种群与降河性种群。溯河性种群，是指在海洋中生长，成熟后上溯至江河中上游产卵繁殖的鱼类，《海洋法公约》对其规定在第 66 条。由于鱼源国对该种鱼类繁殖的重要性，根据《海洋法公约》规定，《海洋法公约》将对该鱼种的利用养护的主要管理权赋予其鱼源国。该鱼种鱼源国应制定关于在其专属经济区外部界限向陆一面一切水域的捕捞管理措施，并且在与其他捕捞国家及下游国家协商后，确定该种群的 TAC。捕鱼活动只应在专属经济区外部界限向陆一面进行，这意味着公海捕鱼自由在溯河性种群的情况下被限制，其他捕捞国家捕捞此鱼种需要得到该鱼源国的许可。根据第 66 条第 4 款，下游国家应当与鱼源国在养护管理方面进行合作，这实际给予鱼源国考虑他国利益的可能性。降河性种群，是指生活在淡水江河中，成熟后洄游到海中繁殖的鱼类。《海洋法公约》对降河性鱼种规定在第 67 条，将对这种鱼种的养护义务赋予其度过大部分生命周期的水域的沿海国，由该沿海国决定该鱼种的 TAC。同时，《海洋法公约》同样限制了降河性鱼种的公海捕鱼自由，该规定对其捕捞活动只能在专属经济区外部接线向陆一面的水域进行。

第三，跨界鱼种，指生存于相邻国家管辖水域间，或出现在一国管辖水域和邻接公海海域的种群。《海洋法公约》规定在第 63 条，对该鱼种的养护主要依靠相关国家达成相应的协议而实现。

第四，高度洄游鱼种，指随着大洋洋流作长距离洄游的鱼类种群，这类种群生存区域通常跨越多个专属经济区及公海，因此还涉及公海捕鱼的相关问题。《海洋法公约》对高度洄游类鱼种的规定在第 64 条及第 7 部分第 117、118、119 条。根据《海洋法公约》规定，对该类种群的养护主要通过沿海国和其他国家共同参与的 RFMOs 制定相关措施进行养护。其一，全球性海洋生物资源养护条约。《海洋法公约》生效后，在 FAO 的主导下，成立了一系列全球性公约，对各国应当如何参与海洋渔业资源的开发与养护工作进行了更具操作性的规定。1995 年《联合国鱼类种群协定》对《海洋法公约》要求成立的分区域、区域渔业组织的成立、运作流程、合作机制进行细化规定。《关于预防、制止和消除非法、不报告、不管制捕捞的港口国措施协定》对如何加强打击非法捕捞国际合作问题进行规定。《挂旗协定》则对各缔约方加强对公海捕鱼的本国渔船可持续捕捞做出要求。其二，区域性国际渔业公约。除了全球性公约，还有一系列针对特定种群、特定区域的渔业资源可持续利用而制定的渔业公约，尤其是对活动范围跨越多个国家专属经济区和公海的鱼种。例如《养护大西洋金枪鱼国际公约》《南极海洋生物资源养护公约》等。其三，政府间渔业协定。政府间签订渔业协定，是国家间在解决双方均各自主张专属经济区管辖的争议水域渔业资源开发利用问题的手段，是"搁置争议、共同开发"的载体，也是一国开发利用他国专属经济区内渔业资源的手段。其四，不具有约束力的倡议。除具有约束力的协定、条约，还有《负责人渔业行为守则》等一系列不具有强制约束力，但希望能够对国家行为进行正面强化的文件。这些国际法律文件中均采纳《海洋法公约》的做法，将TAC 制度作为渔业资源可持续利用的重要手段予以采纳。

（三）总可捕量的分配——配额制度

在确定 TAC 后，紧接着需要考虑的问题就是如何将这些可捕量分配到捕捞单元。对于总可捕量分配制度，不同学者有不同的分类方式，笔者较为赞同唐建业教授在其博士论文《捕捞限额制度：法律与制度研究》中采用的分类方式：按分配与否，将其分为奥林匹克式自由竞争捕捞制度（FFOC）和配额管理制度。后根据被分配对象不同分为社区配额制度（CQ）和个体配额制度。再根据能否转让，分为个体不可转让配额制（IQ）和个体可转让配额制（ITQ）。[1]

1. FFOC 制度

奥林匹克式自由竞争捕捞制度，是在捕捞限额制度建立早期的制度。在一定期间特定区域内，对特定鱼类资源品种设定 TAC 后，并不将该 TAC 分配给具体的捕捞主体，而将其作为一块蛋糕，由市场自由竞争，管理部门仅监督渔获物的上岸量。当上岸量达到年度 TAC 时，在该年度关闭捕捞作业。因为采取自由捕捞，竞争程度比未实施该制度时更为剧烈，渔民为尽可能过多占有总可捕量中的份额，会不断采取各种措施提高捕捞效率，并集中在短期大量渔船竞相捕鱼，最终在短时间内消耗完本年度的 TAC。于养护而言，短期大量捕鱼会影响该种鱼类的自然生产繁殖进程，不利于该种群的发展；于经济发展而言，这会导致恶性竞争，大量渔获量在短期内上岸，渔获物大量积压，远远超过本地市场需求，鱼价大幅下跌，而禁捕后又会导致鱼价大幅上涨，这不利于渔业经济的健康发展。

根据经济合作与发展组织（OECD）的统计，在 1997 年 18 个国家采取FFOC 制度管理的渔业中，没有超过总可捕量限制的渔业只有 7 种，即便有些国家在采取 FFOC 制度的同时，也限制入渔，设定捕捞季节或限定单船捕捞努力量，但在自由捕捞的制度下收效甚微。因此，FFOC 制度目前并未被大多数国家采用。

---

〔1〕 唐建业：《捕捞限额制度：法律与制度研究》，上海海洋大学 2004 年博士学位论文。

2. CQ 制度

社区配额制度，即以渔村或渔业社区作为主体，直接将相应配额分配到整个社区，由社区内部自行分配到个体。一般情况下社区无偿获得配额，但不能转让给社区以外的人。CQ 制度给沿海渔民特殊保护，确保沿海渔业社区从海洋渔业资源的开发利用中获得利益，从而强化以捕捞业为基础的经济活动。[1] 该制度利用社区本身的凝聚力和既有的管理模式，极大降低政府部门渔业管理的成本。但是 CQ 制度的实施通常需要极为成熟或非常有效的社区管理体制为基础，因此不具有普遍适用性。

3. IQ 制度

个体不可转让配额制度，在确定特定水域、一定时期 TAC 后，将 TAC 的一定份额分配到每一捕捞单元（可以是渔民、渔船主、渔船或渔业企业），但是配额一旦被分配，不能更改也不能转让。因此会发生部分获得配额者因为捕捞效率低下无法完成配额，而部分效率较高的捕捞主体无法获得配额，甚至最后会发生 TAC 无法完成的状况。实践中，通常会采取韩国的做法，在 TAC 完成度达到一定比重或到一年的某个时间节点，由政府回收剩余渔获配额，进行再分配。

4. ITQ 制度

个体可转让配额制度，将 TAC 分配到各捕捞单元后，配额拥有者可以将这些配额在既定期限、既定水域内像其他财产一样交换、转让。ITQ 制度被认为是最有效的渔业管理制度之一，适用范围也最广泛。这项制度发挥了市场优化配置资源的作用，在既有产出量的控制下，以最小的投入获得最大的经济效益。但有可能造成资源配置的不公平性，甚至造成捕捞行业的垄断。

（四）部分国家捕捞限额制度实施现状

从前段论述可以看出，目前，TAC 制度在世界范围内得到了广泛应用。受篇幅所限，本文仅选取实施较为成熟和独特的部分渔业管理制度中发达国家的制度加以论述。无论是 FFOC、CQ、IQ 还是 ITQ，都有其实施的局限性。因此大多数国家会根据本国渔业资源与捕捞状况，将上述制度配合使用。

---

〔1〕 方芳：《捕捞限额制度施行效果及实施对策的初步研究》，中国海洋大学 2009 年硕士学位论文。

1. 新西兰的 ITQ 制度

新西兰地理位置得天独厚，拥有世界第四大专属经济区，近海渔业资源十分丰富，于 1977 年宣布建立和实施专属经济区制度。作为世界上最早实施配额制度的国家，新西兰在 1986 年就建立了相对完善的 ITQ 制度，并且在其颁布的《1996 年渔业法》中从法律上确立了捕捞限额制度。新西兰捕捞限额制度的实施通常具有下列步骤：

（1）决定：农林渔业部长根据渔业委员会讨论结果和渔业资源评估小组的评估结果决定 TAC 制度。评估小组由科研机构、非政府组织及捕捞业代表组成。

（2）分配：根据过去 3 年的捕捞记录将 TAC 制度分配到每个捕捞单元。分配对象可以是渔民、渔船、企业等，对于商业捕捞者采取拍卖方式，对于居住在沿海的传统渔民，根据其历史渔获免费发放。配额拥有者必须每月向管理机构报告其配额消化情况，经登记的承销商购买渔获物时必须提交购买渔获物的有关报告。[1]

（3）分配后流转：配额接受者可将配额自由流转。

（4）政府的调控：政府通过回购和出售配额来进行调节，并且为防止垄断出现，任何捕捞个体不允许拥有占 TAC 制度配额 20%以上。

（5）与入渔许可的结合：只有获得政府发放的渔业许可证才能从事配额捕捞。

（6）监控：根据渔民渔商的报告、渔船生产日志、转让配额总数等信息对渔获量和配额实施情况进行监控。

2. 美国与加拿大对特殊利益群体的保护

美国建立了非常完善的捕捞限额制度，从 1923 年开始，陆续对除阿拉斯加以外四个海区的所有经济品种和阿拉斯加海区大多数经济品种的捕捞实行 TAC 控制，采取自由转让的 ITQ 制度。但同时，美国也关注到世代以捕鱼为生的村落在自由交易的配额制度下显然无法与具有更先进技术、更雄厚资金

---

〔1〕 新西兰渔业部网站：http：//www.mpi.govt.nz/travel - and - recreation/fishing/fishing - methods/，最后访问日期：2017 年 5 月 1 日。

的商业捕捞主体相抗衡，并采用 CQ 制度作为解决方式。每年会保留 5%～20%的配额，无偿分配给阿拉斯加州沿岸较为贫困的渔村。

与此类似的还有加拿大对龙虾渔业的管理，在 TAC 下，加拿大政府将捕捞海域分为若干个较小龙虾捕捞区（LFA），在这些 LFA 内都保留了专门发放给原住民的少量捕捞许可证。并且，对不同 LFA 设置不同禁渔期，避免龙虾集中上市，有利于维持市场的稳定。

3. 韩国 IQ 制度

韩国的 TAC 制度采取了政府严格管控下的个体不可转让配额制度。韩国对捕捞限额制度的规定主要有《渔业法》和《水产资源管理法》两部法律，其实施通常需要以下步骤：

（1）选取 TAC 管理对象。TAC 管理对象必须符合下列准则：渔获量多而经济价值高的鱼种、资源减少而必须保全管理的鱼种、因渔场竞争等而必须进行渔业调整的鱼种、周边水域中与近邻诸国渔船共同利用的鱼种、市道知事认定的具有资源保护必要性的鱼种。[1]

（2）决定 TAC：分为海洋水产部长官管理鱼种和市、道知事管理鱼种。前者以国立水产科学院的资源调查数据为基础，由中央水产调整委员会决定 TAC 基本计划。后者由市、道制定 TAC 管理计划提交给本市、道水产调整委员会审议，由海洋水产部批准。

（3）分配 TAC：由水产业合作社根据实际渔船渔获情况提出配额计划。长官和知事以此为基础进行分配，并发放配额证明书。配额一经分配，不得转让，初次通常分配 TAC 的 70%。

（4）追加分配与再分配：当渔获量达到初次分配量 80%的渔业者出现，按照实际渔获量进行追加分配。最后回收未消耗的剩余渔获量，进行再分配。

---

〔1〕 阮雯等：《韩国渔业管理制度探析》，载《渔业信息与战略》2015 年第 1 期。

三、我国海洋渔业资源利用的挑战与原因分析

（一）我国海洋渔业捕捞管理制度

我国是海洋渔业捕捞大国，自 1989 年起，水产品总产量连续居世界第一位。我国海洋渔业捕捞管理制度可分为近海渔业和远洋渔业两大部分。

1. 我国近海渔业捕捞管理制度

我国海岸线较长且蜿蜒曲折，海洋鱼类资源较为丰富，捕鱼历史悠久，对近海渔业的开发与利用主要分为三大渔区：黄海渔区、东海渔区和南海渔区。渤海渔场、南海渔场、舟山渔场、北部湾渔场是我国传统四大渔场。1996 年，我国批准《海洋法公约》并实施 200 海里专属经济区制度。同年，日、韩均批准《海洋法公约》并于 1997 年宣布实施 200 海里专属经济区制度。沿海国的管辖范围大幅扩展，东海原属公海的大面积海域将分属各国经济区，并且出现海洋划界存在争议的海域。为了解决跨界鱼种和争议海域的渔业资源开发问题，我国相继与日本、韩国、越南签订了双边渔业协定，划定双方明确专属经济区，对于有争议的区域，采取《海洋法公约》第 74 条规定，设定为"暂定措施水域"，作为共同渔区开发。采取互惠捕鱼政策，给予对方一定渔船数量和渔获配额。渔业协定采取 TAC 的方式，由根据协定建立的渔业联合委员会决定年度 TAC，并分配给双方国家。[1] 以 2017 年为例，我国在中日暂定水域获得的配额是 164.4 万吨。

我国近海渔业资源的管理范围包括我国专属经济区以内以及黄海、东海、南海上中韩、中日、中越共同渔区和这三个国家专属经济区内我国渔船。以《渔业法》为基础，并有《中华人民共和国渔业法实施细则》《渔业捕捞许可管理规定》以及地方性法规等其他法律文件，我国近海渔业建立了以投入控制为主的管理制度。

（1）禁渔区与禁渔期制度。我国于 1981 年形成沿岸全年禁止机动渔船底拖网作业区，该禁渔区线向陆地一侧和海域全年禁止机动渔船底拖网作业。1995 年开始实施海洋伏季休渔制度，由沿海地方政府确定本省沿海地区伏季休渔时间，时长 2 个月至 3.5 个月。

---

〔1〕 方芳：《捕捞限额制度施行效果及实施对策的初步研究》，中国海洋大学 2009 年硕士学位论文。

（2）"渔船双控"制度。由国务院制定海洋捕捞船网工具指标总量，下达给各省、自治区、直辖市，通过对海洋捕捞许可证的审批实现对海洋捕捞渔船数量和主机功率的控制。

（3）总可捕量制度。根据《渔业法》第22条的规定，由国务院渔业行政管理部门确定近海总可捕量，经国务院批准后逐级分解下达给各地方政府。

（4）捕捞许可证制度。我国通过对捕捞许可证的审核发放实现对捕捞努力量和TAC的管控。根据《渔业捕捞许可管理规定》，渔业捕捞许可证分为8类，涉及海洋渔业资源利用的有海洋渔业捕捞许可证、公海渔业捕捞许可证和外国渔船捕捞许可证。在申请和年审捕捞许可证时，对渔船数量、主机功率、渔具数量、渔捞日志等进行审核，确保不超过渔船"双控标准"和捕捞限额指标。一般由国务院渔业行政管理部门分配到各沿海省、自治区、直辖市，再由各地方政府自行分配。分配到的捕捞许可证一旦发放不能转让。为确保公平，通常由当地政府或当地渔业协会组织有申请资格的渔船抽签进行分配。

（5）其他技术管理措施。我国设立水产种质资源保护区、水生生物资源保护区和海洋保护区，对这些保护区内的渔业资源实行更为严格的管控制度。并且，我国常常采取人工放流、建造人工鱼礁、建造海藻林等措施增值资源，修复渔业水域生态环境。

（6）渔民转产转业政策。受近海渔业资源衰退和中日、中韩渔业协定签订的影响，我国近海可捕捞渔业资源大幅减少，捕捞许可证发放数量也随之减少，许多沿海渔民被迫放弃捕捞行业，政府也通过补贴、提供培训等方式鼓励渔民减船转产。

2. 我国远洋渔业捕捞管理制度

远洋捕捞是指到其他国家专属经济区或公海从事渔业捕捞活动，但不包括黄海、东海和南海。[1] 由于近海渔业资源的衰退和捕捞能力严重过剩，自20世纪90年代以来，我国远洋渔业得到较大发展。我国远洋渔业捕捞管理制度包括两步骤：获得渔获配额、将渔获配额分配给国内捕捞主体。根据《海

---

[1] 参见《远洋渔业管理规定》第2条。

洋法公约》确定的海洋生物资源养护和利用制度，我国参与国际渔业开发需要受到其他沿海国和相关 RFMOs 的约束。因此，远洋捕捞受到我国法律制度和相关渔业协定、渔业公约的双重约束。我国对其规定主要在《渔业法》和《远洋渔业管理规定》等法律中体现。

（1）通过渔业双边协定、多边渔业公约获得年度 TAC。专属经济区制度的普遍应用将囊括世界 90% 的渔业资源。要获得其他国家专属经济区内渔业资源的捕捞权利，必须获得该国同意。通常采取订立渔业双边协定的方式，在两国的协商下确定该区域的年度特定鱼种 TAC。

对于公海上渔业资源，《海洋法公约》对传统公海捕鱼自由进行限制，之后订立的《联合国鱼类种群协定》将其置于 RFMOs 的管理之下。[1] 因此，我国对公海上渔业资源的开发利用需要通过加入相应 RFMOs 实现。据不完全统计，目前我国签署并批准、已经成为委员会成员方的主要国际渔业条约有：《养护大西洋金枪鱼国际公约》《建立印度洋金枪鱼委员会协定》《中西部太平洋高度洄游鱼类种群养护和管理公约》《关于加强美利坚合众国和哥斯达黎加共和国 1949 年公约设立的美洲间热带金枪鱼委员会的公约》（安提瓜公约）《南极海洋生物资源养护公约》《中白令海峡鳕资源养护与管理公约》《南太平洋公海渔业资源养护和管理公约》《北太平洋公海渔业资源养护和管理公约》《国际管制捕鲸公约》。这些公约通常的做法是由设立的委员会在各成员方的协商下，确定一定时期内公约适用海域特定种群的 TAC，再根据一定分配标准将总的 TAC 分配到各成员方。

（2）对 TAC 的分配与管理。对于从双边渔业协定和渔业公约下获得的 TAC，由农业部通过对海洋、公海捕捞许可证的核发将 TAC 分配给国内捕捞个体。获得许可的远洋渔船必须安装渔船监测系统（VMS），以便提供其船位、航迹和渔获量数据，接受农业部派遣的政府随船观察员,[2] 填写渔捞日志并向省级渔业行政部门报送渔获量。[3]

---

〔1〕 参见《执行 1982 年 12 月 10 日〈联合国海洋法公约〉有关养护和管理跨界鱼类种群和高度洄游鱼类种群的规定的协定》第 8 条。
〔2〕 参见《远洋渔业管理规定》第 26 条。
〔3〕 参见《远洋渔业管理规定》第 12、20 条。

（二）我国渔业发展存在问题与原因分析

尽管我国建立了较为全面的以投入控制为主的管理制度，并且各项控制措施逐年趋紧，捕捞努力量持续减少，但近海渔业资源持续衰退的趋势始终无法得到缓解，近海已经无鱼可捕。[1] 这迫使许多渔民在无法获得捕捞许可证的情形下，为了生计铤而走险，到中韩、中日渔区边界无证捕捞，导致我国与周边海上邻国渔业冲突频发，渔民人身和财产安全在冲突中受到威胁。同时，在远洋渔业捕捞中，我国难以履行相关公约赋予的船旗国和成员国关于收集、提供渔获数据、进行 TAC 管理的条约义务，因无法履行条约义务而无法获得更多的 TAC 配额。

分析上述问题产生原因，本文认为主要有以下几点：

1. 现有渔业管理制度无法控制最终渔获量

尽管我国对捕捞努力量进行严格控制，依然无法阻止渔民在有限的捕捞条件下发挥自身主观能动性去提高捕捞生产效率。因为始终无法掌握最终的渔获量，从表面上看我国捕捞投入强度在持续降低，但实际渔获量在不断上升。许可证的颁发、渔船的双控制度等与渔业资源的实际状况相脱节，无法达到通过控制捕捞强度实现渔业资源养护的目的。

2. 现有渔业管理制度缺乏对沿海渔民特殊利益的关注

渔民获得捕鱼资格的途径是申请获发海洋捕捞许可证，然而由于近海"双控"制度和禁渔区、禁渔期等制度的实施，多个渔业双边协定的签订缩小传统渔场范围，每年发放捕捞许可证的数量在减少，远洋渔业的高资金、高技术要求无形中提高准入门槛。随着商业资本介入捕捞业，这些小规模的传统渔民无力与商业性捕捞相竞争。因此，需要采取措施对处于商业性捕捞竞争中的传统渔民给予特殊的保护政策。

3. 缺乏完善的渔获数据监测体系

目前我国主要采用全面统计调查的方式获得渔业基本数据。由乡（镇）政府指定的统计机构或人员取得一手资料，制作渔业统计报表上报渔业行政主管部门，最终报送农业部，以专项调查、年终调查、渔情采集、遥感监测

----

[1] 参见本文绪论部分。

等作为补充数据。按照拖网、围网、刺网、张网、钓具和其他渔具分类进行大类的总渔获量的统计。[1] 虽然建立了渔捞日志制度，要求大中型渔船在捕捞许可证年审或再次申请捕捞许可时必须提交渔捞日志，[2] 但是按照作业类型分类填写，不能反映单个鱼种的渔获情况，且仅包含大中型渔船，不具有全面性。在远洋捕捞方面，我国的渔业数据获得方式仅有 VMS、渔捞日志和随船观察员三种，VMS 仅能获取渔船位置和航迹，对渔船的渔获量无法进行直接观测；随船观察员制度物力和人力成本较高，不具有普遍实施的可能；渔捞日志作为渔获量最为直接的来源，在我国没有相应监督管理制度。

缺乏先进的、完善的渔获数据，一方面会造成我国无法履行渔业公约赋予的成员方义务，[3] 另一方面因缺乏对我国捕捞现状的准确把握，缺乏制定相应养护措施的基础。因此，实现渔业资源的养护需要更精确、更实时的渔业信息监测系统。

四、我国实行捕捞限额制度的必要性与可行性分析

（一）实施捕捞限额必要性

面对我国渔业发展的诸多问题，有必要对我国现有渔业管理制度进行完善。

1. 契合渔业资源的生物特性

渔业资源是具有自身独特生物特性的一种生物资源，其可再生性、洄游性、共有性等特征影响了对其可持续利用与养护措施的选择。

（1）可再生性。渔业资源是一种可再生资源，自行繁殖能力较强，能够通过种群的繁殖实现资源恢复。

（2）洄游性。渔业资源具有洄游性，除少数定居性种类外，绝大多数鱼类种群都有在水中洄游移动的习性。许多种类产卵时洄游到近海岸区，产卵后向外洄游，其在发育的不同阶段生活于不同海区。因此，不少鱼类的整个生存范围会跨越多个国家和地区管辖的水域及公海。

（3）共有性。因其洄游性，渔业一直以来被当作一种共有资源被开发，

---

[1] 陈园园、唐议：《关于改善我国海洋渔业统计制度的建议》，载《海洋渔业》2012 年第 4 期。

[2] 参见《渔业捕捞许可管理规定》第 26 条。

[3] 黄永莲、黄硕琳：《〈中西太平洋高度洄游鱼类种群养护和管理公约〉对我国金枪鱼渔业影响的探讨》，载《上海海洋大学学报》2004 年第 4 期。

因此有了传统的捕鱼权。即便《海洋法公约》建立了专属经济区制度，使世界 90% 的渔业资源被划归各个沿海国管辖，但其洄游范围内的各个国家实际上依然对这一种群资源处于共享状态。

渔业资源的可再生性促成拉塞尔公式的出现，实现渔业的可持续利用就是实现资源减少量与再生量的动态平衡，直接促成 MSY 概念的出现，并导致通过确定 TAC 实现养护的思路的出现。洄游性和共有性决定了养护和管理海洋渔业资源，仅凭一个国家出台的相应措施显然是不够的，需要一个跨区域甚至世界性的多方合作机制，对其进行动态的管理。TAC 制度的普适性也使得跨区域、世界性的多方合作机制成为可能。

2. 参与国际渔业管理对话的必要工具

对本国专属经济区内鱼种建立 TAC 进行养护作为《海洋法公约》下一项条约义务被赋予各缔约方。

TAC 制度在世界各国和 RMFOs 被广泛采用，建立相应的对捕捞活动和渔获量的监测制度成为许多渔业公约对缔约方的义务要求；并要承担作为船旗国，对本国渔船进行 TAC 下相应捕捞行为管理的义务。我国与日本、韩国、越南签订的双边渔业协定中也采用了 TAC 制度。

因此，TAC 制度成为我国参与《海洋法公约》后国际海洋渔业开发与养护实践所无法回避的一项制度。为了更好地履行《海洋法公约》及相应渔业公约的义务，同时在国际渔业合作中更好维护中国的国家利益，有必要尽快建立我国的 TAC 制度。

3. 完善我国渔业管理制度的必然手段

（1）促进我国专属经济区内渔业资源的恢复，解决我国投入控制强度不断加大，但渔业资源持续衰竭的问题。如本文前述，我国已建立十分完善的投入控制管理制度，但是渔获量并没有显著减少。究其原因，笔者较为赞同黄硕琳教授的观点：我国渔业管理措施的设立始终与我国渔业资源的实际状况脱节，因此很难使我国对渔业资源的开发能力与渔业资源的承受能力相适应。[1]

---

〔1〕 黄硕琳：《国际渔业管理制度的最新发展及我国渔业所面临的挑战》，载《上海海洋大学学报》1998 年第 3 期。

无法控制最终渔获量，即便对捕捞投入进行再全面的控制，也无法阻止因捕捞技术发展、捕捞效率提高和渔民发挥主观能动性而导致的捕捞量增加。建立捕捞限额制度，对渔获量和上岸量进行直接控制，并结合特定鱼种的资源现状，根据其恢复速度设定 TAC，能够达到养护我国近海渔业资源的目的。

（2）对沿海渔民给予特殊保护。在传统的投入控制制度下，设定禁渔区、禁渔期、限制渔船数量等，加上商业性捕捞公司的介入，许多沿海渔民被迫转产转业。捕捞限额制度可在对 TAC 的分配上，通过预留份额和社区配额的方法对沿海渔民群体的利益给予特殊的关注与保护。

（3）促进我国渔业管理统一机制的形成。通过建立捕捞限额制度，将近海捕捞与远洋捕捞的渔获量汇总，根据远洋捕捞中国获得的配额情况决定我国专属经济区内 TAC，并在分配时尽可能将近海配额分配给渔民，而将远洋配额分配给商业捕捞公司，再根据 TAC 决定渔船数量、发放捕捞许可证，这样，就将我国的远洋渔业、近海渔业，产出控制、投入控制有机结合。

（二）实施捕捞限额可行性

渔业信息收集、监测技术的进步为我国渔业资源的准确评估提供技术支撑。对渔业资源现状的准确评估是 TAC 制度发挥作用的必要前提，卫星定位系统、摄影摄像技术的发展都为渔业信息的收集和监测提供了新的手段，让收集与监测工作变得更为简单和准确。

众多发达国家的成熟经验可以借鉴。自 1923 年 TAC 制度首次被实施，距今已有 94 年的历史，有些国家以 MSY 为标准，有些以 MEY 为标准确定年度 TAC。在 TAC 的分配上，采用 FFOC、IQ、ITQ、CQ 方式的国家均有，中国可以通过对比这些国家不同制度的实施效果，并结合中国海洋渔业资源现状和管理现状，选择最适合中国国情的 TAC 和配额方式。

五、我国捕捞限额制度实施建议——对《渔业法》22 条之完善建议

我国的 TAC 制度规定在《渔业法》第 22 条，分解该条文内容如下：由国务院渔业行政主管部门（农业部）负责渔业资源调查评估工作；由农业部根据最大资源增长量确定我国管辖海域内 TAC 后报国务院批准；海洋渔业 TAC 确定后由农业部逐级分解下达。在实施过程中，与我国海洋捕捞许可证制度相结合，在对许可证的审核颁发中实现对 TAC 的控制。但是对于如何分配 TAC，则没有更具体的规定，因此，建立渔获配额制度是完善我国捕捞限额制度的可行办法。

本文基于前述对我国渔业管理制度存在问题与原因的分析，为我国捕捞限额制度在具体实施中提出以下三点建议。

（一）建立近海、远洋渔业管理统一机制

建立我国近海与远洋渔业渔获量和上岸量统一的数据库。在对我国海洋渔业资源整体评估的基础上，根据我国在其他国家专属经济区和 RFMOs 中获得的渔获配额状况确定我国近海鱼种的 TAC，实现远洋渔业开发利用与近海渔业资源养护和恢复有机结合。

（二）完善我国渔业数据收集和监测体系

在渔获数据收集制度建设方面，首先将 VMS 系统和渔捞日志制度推广到所有商业性捕捞主体。并利用不断进步的摄影摄像技术，在船上的特定位置装置摄像头，记录渔获物和大致渔获量，并监督捕鱼工具和方式是否合法。

建立渔获物在限定港口卸载和渔获物上报、统计监督制度。[1] 对于大中型渔船及所有渔获物收购船，一律只能在选取的指定港口上岸，并在渔获物上岸前如实向港口报告详细的渔获物信息，在这些港口建立渔获物信息统计网络系统，将信息实时传送给渔业管理部门，渔业管理部门可以通过在港口检查的方式核实渔获物信息。

建立交易商报告制度，交易商向政府报告采购时间、鱼种、供货方、采购量。通过与渔捞日志记载内容相互印证实现对渔捞日志进行监督。

（三）引入社区配额制度，保护我国沿海渔民利益

在 TAC 的分配中，引入社区配额制度，保护我国沿海渔民利益。根据新西兰、韩国、美国、加拿大等国家的 TAC 实践，我们发现 IQ 和 ITQ 制度都是管理商业性捕捞较为合适的方法，根据国家渔业规模大小有不同的选择，但他们都在留出一部分配额，分配给较为贫穷的捕鱼部落。

在我国东南部沿海区域也存在多个具有悠久捕鱼历史的渔村，他们经过代代传承，已经逐渐形成相对固定的捕鱼模式，他们的捕捞规模较小，无法

---

〔1〕　陈园园、唐议：《关于改善我国海洋渔业统计制度的建议》，载《海洋渔业》2012 年第 4 期。

参与对捕捞配额的市场化竞争。因此可以参考美国阿拉斯加州、加拿大和新西兰的实践，为这部分特定渔民社区预留一定鱼类的配额，无偿分配给他们，再依靠社区既有的管理模式对配额进行社区内协调，在节省管理成本的同时也更有利于维护这些传统渔民的利益。

六、结语

可持续发展作为一项国际法基本原则，在海洋渔业资源方面体现为可持续利用。TAC 制度是《海洋法公约》确立的渔业可持续利用重要手段之一，被各国和渔业组织广泛应用。

本文通过对 TAC 制度建立过程、TAC 配额方式的介绍，结合相关国家具体实践，与我国近海和远洋捕捞存在的问题，分析得出完善捕捞限额制度对于促进我国海洋渔业可持续利用是有必要且切实可行的，并为如何利用捕捞限额制度解决前述问题提出建议。

我国是传统捕鱼大国，近海捕捞业和远洋捕捞业都十分发达，但是面临诸多挑战。在近海捕捞方面，我国是地理不利国，拥有广阔的陆地和庞大的人口，周边海域狭长且封闭，海上邻国众多，根据《海洋法公约》设立专属经济区制度以后与周边国家渔业纠纷增多，通过建立双边渔业协定解决纠纷。在远洋捕捞方面，由于《海洋法公约》对传统公海捕鱼权的限制，我国只能通过加入相关渔业公约才能参与对该区域海洋渔业的开发利用。相应的制度基础是建立平等对话与合作的基础，在捕捞限额制度被广泛建立的现状下，我国需要尽快完善捕捞限额制度，完善渔获数据收集和监测体系，以科学准确的数据为基础、以"最高可持续产量"为标准确定年度总可捕量。并采取个体配额与社区配额相结合的渔业配额制度完善我国的渔业产出控制制度，更好地参与海洋渔业资源可持续利用的国际实践。

我国垄断协议案件中市场力量分析的实证研究

◎李宇凡　2013 级法学卓越实验班

摘　要： 垄断协议是市场竞争中最常见、最复杂、对竞争危害最大的限制竞争形式，而市场力量在垄断协议的研究和实践中逐渐发挥着越来越重要的作用。但因为相关法律制度的缺位，使得在实践中缺乏对市场力量在垄断协议下明确统一的认识，以至于在垄断协议案件中对市场力量的界定及其与垄断协议的关系等方面产生了许多问题。本文将在阐述垄断协议及市场力量的概念、构成等问题的基础上，对目前已公布的案例进行实证研究，来分析垄断协议中市场力量问题的现实困境，并最终为我国垄断协议案件中市场力量制度的完善提供一些可行性建议。

关键词： 垄断协议　市场力量　排除限制竞争　实证研究

引　言

随着我国市场经济的不断发展，反垄断法日益深入人心，垄断协议在反垄断法体系中的地位愈加突出，垄断协议案件也逐渐呈现出更加多样化、复杂化、专业化的特点，市场力量在垄断协议案件中也逐渐发挥着越来越重要的作用。但现如今我国相关法律法规并没有对垄断协议中的市场力量进行明确规定，并且实践中司法和执法机关对垄断协议中的市场力量问题的认识存在诸多不一致的情形，相关法律文书也体现出过于简略、逻辑不清晰等特点。在这种情况下，不同机关或同一机关内部对同一类案件的认识极易出现矛盾，不利于我国垄断协议案件司法和执法的协调推进，不利于市场经济的平稳有序发展。因此，如何理解垄断协议及其市场力量的基本内涵，以及在对现有垄断协议案件进行实证研究的基础上考察市场力量的认定问题具有十分重要的意义。

因此，在本文中，首先，笔者对垄断协议的概念、构成要件以及市场力量的基本内涵及其在垄断协议中的相关问题进行探讨。其次，笔者将采用实证分析法对法院、国家工商行政管理总局（以下简称"工商行政总局"）、国家发展和改革委员会（以下简称"国家发展改革委"）关于垄断协议案件做出的法律文书进行分析，梳理实践中有关机关对垄断协议中市场力量问题的态度，并对其中存在的问题进行评析。最后，笔者将在实证分析的基础上，对我国垄断协议中市场力量判定问题提出一些可行性的建议，以期能对我国垄断协议案件中市场力量的深入研究提供一些思路。

一、我国垄断协议及其市场力量的基本内涵

（一）垄断协议概述

禁止垄断协议是反垄断法的重点内容，是世界各国反垄断法的三大支柱内容之一。垄断协议是实现市场垄断最直接、最主要的一种方式，对市场秩序的破坏最为明显。近年来，随着反垄断法的实施，垄断协议案件也在不断增多，但相关法律规定并不明确，实践中对垄断协议的认定还存在许多问题。

1. 垄断协议的概念

垄断协议在不同的国家和地区有不同的称谓。美国《谢尔曼法》将其称为"联合""共谋"，欧盟将其称为"限制竞争协议"，德国的《反对限制竞争法》将其称为"卡特尔"，日本《禁止私人垄断及确保公平交易法》将其称为"不正当交易限制"，我国台湾地区将其称为"联合行为"。我国于2007年8月30日公布的《中华人民共和国反垄断法》（以下简称《反垄断法》）第13条第2款对垄断协议的概念作出明确的界定："本法所称垄断协议，是指排除、限制竞争的协议、决定或者其他协同行为。"不过，虽然《反垄断法》规定了垄断协议的概念，但其并没有对垄断协议的构成要件、如何认定排除和限制竞争等问题进行具体的规定。由于法律规定并不明确，在对垄断协议的理解上理论界和实务界都出现了一定的分歧，实践中也存在不同机关认定不一致的情形。

2. 垄断协议的构成要件

《反垄断法》在第 13 条第 2 款规定了垄断协议的概念，但仅列举了"协议""决议""协同行为"三种表现形式，并未明确规定垄断协议的构成要件。这使得实践中对如何认定垄断协议的自由裁量空间很大，给反垄断执法和司法实践带来很大争议，同时，这也影响了经营者对其行为的预期，影响其市场活动的有序开展，给国民经济的发展和市场秩序的稳定带来很大的不确定性。

关于垄断协议的构成要件，大部分学者对主体要件和行为要件基本无异议，而对于效果要件则有不同的看法。比如，国务院法制办公室在对《反垄断法》的解读中从垄断协议的特征方面论述垄断协议，认为垄断协议要具有排除、限制竞争的效果。[1] 刘继峰教授是从垄断协议特征的角度进行界定，而他认为垄断协议的特征之一为行为的目的和结果是限制竞争。[2] 与此类似，尚明老师则认为第三个要件为后果要件，强调排除限制了相关市场内的竞争，他强调这种限制可能体现在内容上，也可能体现在目的或后果上。[3] 王玉辉教授也将效果要件作为垄断协议四个构成要件之一，她认为，效果要件指在相关市场内限制市场竞争。这里一方面是相关市场的认定，另一方面是对市场竞争的限制。在对市场竞争的限制是何种程度才被认定为垄断协议方面，理论和实践中主要存在限制竞争说和实质性限制竞争说两种观点。[4] 即以是否达到对竞争产生实质性限制才构成垄断协议为区分关键。[5]

---

〔1〕 曹康泰：《中华人民共和国反垄断法解读——理念、制度、机制、措施》，中国法制出版社 2007 年版，第 50 页。

〔2〕 刘继峰：《反垄断法》，中国政法大学出版社 2012 年版，第 133 页。

〔3〕 尚明主编：《反垄断法理论与中外案例评析》，北京大学出版社 2008 年版，第 51 页。

〔4〕 王玉辉：《垄断协议规制制度》，法律出版社 2010 年版，第 59 页。

〔5〕 在理论和实践中，有人认为存在第四个要件，即公共利益要件。该要件强调垄断协议要最终损害公共利益。关于公共利益的界定，有竞争秩序说和国民经济全体利益说。但在实务中，将公共利益作为垄断协议的构成要件来认定垄断协议似乎并不容易。江苏省南通市人民法院的周舜隆在评价"苏州巨星轻质建材有限公司与南通飞轮轻质建材有限公司垄断协议纠纷上诉案"中认为："严格来说，限制竞争行为要达到违法的程度，必须要在相关市场上达到排除限制竞争的程度，并损害或最终损害消费者利益。但是判断一个经营行为是否具备垄断行为的要件比较容易，要准确认定一个垄断行为是否达成了排除限制竞争的程度并最终损害消费者利益，并不是一件轻而易举的事情。"另一方面，在实务中，可以利用《反垄断法》第 15 条豁免制度对利益进行衡量，在符合垄断协议的构成要件后，如果积极效果大于消极效果，则垄断协议排除适用《反垄断法》。

实践中，由于《反垄断法》对垄断协议概念、构成要件等的规定并不明确，司法机关和行政机关对垄断协议认定的分析似乎并没有一个统一的标准，同一类案件中司法机关之间、行政机关之间、司法机关与行政机关之间对垄断协议的认定存在诸多不一致的情况，垄断协议的构成要件是什么？市场力量是否是构成垄断协议的构成要件？关于垄断协议的认定标准尚需进一步观察。

（二）垄断协议中市场力量的概述

1. 市场力量的基本内涵

市场力量（market power）又称为"独占力量"（monopoly power），是指企业或者企业集团将价格提高或者维持到竞争水平以上的能力。[1] 在 Du Pont（玻璃纸，cellophane）案中，美国最高法院将市场力量定义为"控制价格或排除竞争的能力"（a power of controlling prices or unreasonably restricting competition）。[2] 但有学者认为，这一定义并不精确，也不完整。市场力量本身并不是排除性的行为：实际上，运用市场力量，即采用超竞争的价格来销售产品，一般会吸引新的卖方进入这一市场。同样，也不能说市场力量是"控制价格"的力量。任何企业只要提高其产品的价格，其销售额就会开始流失。[3] 只要企业在市场上存在竞争者，市场力量只不过是一个程度的问题，因为企业在确定其产品的价格时不能完全漠视其竞争者。[4] 而对于许多反托拉斯违法行为而言，要证明行为成立，原告须证明被告有一定的市场力量。[5] 可见，仅存在市场力量不一定排除限制竞争，要判断垄断协议的违法性，如何确定市场力量的程度十分关键。

《反垄断法》中并没有专门的市场力量的界定，在《反垄断法》第二章

---

〔1〕 孔祥俊：《反垄断法原理》，中国法制出版社 2001 年版，第 521 页。

〔2〕 United States v. E. I. du Pont de Nemours & Co. 351 U. S. 377, 391-92, 76 S. Ct. 994, 1005 (1956).

〔3〕 ［美］赫伯特·霍温坎普：《联邦反托拉斯政策——竞争法律及其实践》（第 3 版），许光耀、江山、王晨译，法律出版社 2009 年版，第 83 页。

〔4〕 孔祥俊：《反垄断法原理》，中国法制出版社 2001 年版，第 521 页。

〔5〕 ［美］赫伯特·霍温坎普：《联邦反托拉斯政策——竞争法律及其实践》（第 3 版），许光耀、江山、王晨译，法律出版社 2009 年版，第 83 页。

垄断协议中并没有市场力量的相关内容。但在第三章滥用市场支配地位中，对经营者具有市场支配地位进行了规定，而市场力量与市场支配地位存在某种联系。《反垄断法》第 17 条第 2 款中的市场支配地位，是指经营者在相关市场内具有能够控制商品价格、数量或者其他交易条件，或者能够阻碍、影响其他经营者进入相关市场能力的市场地位。在美国，"垄断力量"即法律意义上的"市场支配地位"，是指企业或企业群体将价格提高到或者维持在竞争水平以上的那种相当程度的市场力量。[1] 刘继峰教授认为，市场支配地位来源于市场力量。他认为，市场力量是经营者实施高于竞争价格（边际成本）而仍不丧失客户的能力，是垄断组织或组织成员制定垄断价格的基本经济条件。而一个企业如果有能力独立地进行经济决策，即决策时不必考虑竞争者、买方或供货方的情况，它就是一个处于市场支配地位的企业。[2] 可见，市场力量与市场支配地位存在关联，市场支配地位来源于市场力量，但对于如何判断市场力量，我国法律没有明文规定，《反垄断法》仅仅对市场支配地位的认定进行了规定，包括认定和推定两种。但在学术研究和实践中，在法律对于市场力量的规定不甚明确的情况下，我们可以参考《反垄断法》中对市场支配地位的认定要素来对垄断协议下市场力量的认定进行分析。实践中，我国司法与行政机关对"市场力量"的认定，也大多能看到对市场支配地位认定的影子。

2. 垄断协议中市场力量的概述

从法律规定的角度来看，对于滥用市场支配地位，《反垄断法》明确规定了其判断因素，而对于垄断协议，《反垄断法》仅规定垄断协议是指排除、限制竞争的协议、决定或者其他协同行为，并没有对如何认定进行规定，没有提到对垄断协议下相关市场以及市场力量的认定。

（1）相关市场。相关市场是垄断协议下认定参与者市场力量的关键要素，相关市场界定准确，才能进而判断相关市场下参与者的市场力量大小，才能对相关市场竞争是否充分、是否存在排除限制竞争效果进行衡量，继而判断

---

〔1〕 孙晋：《反垄断法——制度与原理》，武汉大学出版社 2010 年版，第 85 页。

〔2〕 刘继峰：《反垄断法》，中国政法大学出版社 2012 年版，第 194 页。

是否构成垄断。有学者认为，界定相关市场与认定市场力量或者支配地位具有不可分性，如澳大利亚 Queensland Wire Industries Pty Ltd. v. Broken Hill Pty Co. Ltd. 案中，在认定相关市场时，必须记住其目的是发现被告市场力量的程度。界定市场以及评估该市场上的市场力量的程度是同一程序的组成部分，只是为了分析简单化的原因而将两者分开。[1]

《反垄断法》第 12 条第 2 款对相关市场进行了规定，[2] 其中主要涉及相关产品市场和相关地域市场来对相关市场进行界定，除此之外，在《关于相关市场界定的指南》中，国务院反垄断委员会还对相关时间市场等作为界定相关市场的因素进行了补充，在某些案件中，时间性是相关市场界定中不容忽视的因素。而法律在垄断协议的规定中，并没有专门涉及垄断协议下相关市场的内容。

（2）市场力量在垄断协议中的地位。虽然我国并没有对市场力量进行界定的相关法律法规，但实务中很多垄断协议案件中都涉及市场主体的市场力量。在理论研究中，对垄断协议下市场力量的研究并不多，但通过对现有理论与实践中观点的分析可以看出，市场力量在认定垄断协议中的地位愈加凸显。

在垄断协议中，当其参与者具有一定的市场力量时，其行为被判违法的可能性将增加。正如美国学者吉尔霍恩认为，如果经营者不具有影响市场的力量，他们固定价格的协议就不大可能产生很大的市场破坏性，也就不大可能被诉违法。[3] 有学者认为，市场力量是垄断协议认定中效果要件的重要考量因素之一。金福海教授在分析横向垄断协议的构成要件中认为，从其客观方面中的后果要件来看，横向垄断协议的订立或实施对相关市场的竞争机制产生显著、不合理的影响。只有对市场竞争产生严重后果的横向垄断协议才予以禁止。界定对市场竞争影响的大小目前无统一标准，实践中一般会考虑

---

〔1〕 孔祥俊：《反垄断法原理》，中国法制出版社 2001 年版，第 527 页。

〔2〕《反垄断法》第 12 条第 2 款：本法所称相关市场，是指经营者在一定时期内就特定商品或者服务进行竞争的商品范围和地域范围。

〔3〕 王玉辉：《垄断协议规制制度》，法律出版社 2010 年版，第 169 页。

经营者在相关市场的地位及相关市场的状况。[1] 所以，市场力量在认定垄断协议的违法性、在界定对市场竞争的影响时，都发挥着巨大作用，可以借鉴市场支配地位的认定，来指引垄断协议下市场力量的研究。

在实践中，法院和行政机关在垄断协议案件中对市场力量的分析差异较大，从现有公布的案例看来，对垄断协议案件中是否需要分析市场力量、市场力量在垄断协议认定中扮演什么样的角色，以及如何对市场力量进行分析等方面有很多不一致的地方。

二、我国垄断协议案件中市场力量的实证研究

随着市场经济的不断发展，我国垄断纠纷案件不断增多，特别是近几年来，实践中垄断协议类案件的数量不断增多，案情愈加复杂，在理论研究方面，关于垄断协议的研究也愈加深入、多维，开始关注与实务的结合。不过，虽然现有的研究开始越来越多地呈现与实务相结合的趋势，但是有关垄断协议案件的实证研究尤其是垄断协议下市场力量的实证研究非常少。鉴于近年来我国市场经济不断发展，垄断协议纠纷不断增多，故十分有必要对现阶段的垄断协议案件尤其是垄断协议案件中的市场力量问题进行实证分析，梳理并评析实务中垄断协议案件中市场力量的相关问题，为市场主体和专家学者提供进一步研究的参考。

（一）垄断协议案件实证研究概况

自《反垄断法》实施以来，根据已公布的案件显示，截止到 2017 年 3 月 25 日，我国法院作出的垄断协议纠纷的判决或裁定共 19 个。[2] 工商行政总局作出垄断协议纠纷案件的决定共 133 个，国家发展改革委作出垄断协议纠纷案件的决定共 49 个。[3] 考虑到同一案件中有关机关可能会针对多个主体作出多个判决、裁定或决定，为了便于研究，笔者将同一起案件中对不同当

---

〔1〕 金福海：《反垄断法疑难问题研究》，知识产权出版社 2010 版，第 70 页。

〔2〕 其中不包括与垄断协议相关的合同纠纷和刑事纠纷等案件；其中有判决 9 个，裁定 10 个，裁定中有 2 个申请再审裁定、5 个管辖权异议裁定、3 个撤回起诉裁定。

〔3〕 根据中国裁判文书网（http：//wenshu.court.gov.cn/）、中华人民共和国国家工商行政管理总局官网（http：//www.saic.gov.cn/）、中华人民共和国国家发展和改革委员会官网（http：//www.ndrc.gov.cn）公布的判决书、裁定书和决定书统计。网站访问最后日期：2017 年 2 月 15 日。

事人作出的可以合并分析的判决、裁定或决定各统一统计为一起案件进行统计分析（法院总共公布 15 起、工商行政总局总共公布 24 起、国家发展改革委总共公布 6 起垄断协议案件），以减小某些案件中因行政处罚主体过多对案件结果的分析造成的偏差。

笔者以已公布的垄断协议案件为基础，根据不同标准进行统计分析。在主体方面，分法院、工商行政总局、国家发展改革委三个主体进行研究；在垄断协议类型方面，分横向垄断协议和纵向垄断协议案件进行研究，其中根据其内容又进一步细分（详见表 1）。据已公布的垄断协议案件统计，法院总共公布 15 起垄断协议案件，有判决 8 例，裁定 7 例。其中法院一共作出 9 份对垄断协议进行实体分析的判决或裁定，有判决 8 例，裁定 1 例，包括横向垄断协议案件 4 例、纵向垄断协议案件 5 例。在横向垄断协议案件中，涉及限制数量和分割市场的案件各 2 例、涉及固定或变更商品价格和联合抵制交易的案件各 2 例；纵向垄断协议一共 5 例，其中，涉及固定转售价格的案件有 2 例，限定转售价格的案件有 3 例，且共有 3 例都是 2016 年的垄断协议案件，值得关注。

对于工商行政总局公布的垄断协议案件处罚决定书，全部的 24 例垄断协议案件均是横向垄断协议案件，其中尤以分割销售市场或者原材料采购市场类案件数量最多，为 21 起，而其他类型的垄断协议案件很少。

对于国家发展改革委公布的垄断协议案件处罚决定，一共有 6 起，其中有 5 起是横向垄断协议，且这 5 起都涉及固定或变更商品价格的内容，这或许与处罚机关国家发展改革委的职能有关。

表 1　我国不同类型垄断协议案件的数量统计

（单位：件）

主体类型	合计	横向	纵向	固定价格	限制数量	分割市场	联合抵制交易	固定转售价格	限定转售价格
法院	9	4	5	1	2	2	1	2	3

续表

主体类型	合计	横向	纵向	固定价格	限制数量	分割市场	联合抵制交易	固定转售价格	限定转售价格
工商行政总局	24	24	0	2	4	21	1	–	–
国家发展改革委	6	5	1	5	0	2	1	1	1
总计	39	33	6	8	6	25	3	3	4

（二）垄断协议案件中市场力量的相关问题

笔者将以现有已公布的案例为基础，对垄断协议下市场力量涉及的相关问题分不同的指标进行分析，并利用实证分析法、对比法、归纳法等方法对相关问题进行梳理和评析。

1. 垄断协议的认定是否以排除限制竞争为标准

《反垄断法》第 13 条第 2 款规定了垄断协议的概念，对于"排除、限制竞争"是否为垄断协议的构成要件法律没有明文规定，但立法机构对此持肯定态度，认为"经营者之间的协议、决议、或者其他协同行为，是否构成反垄断法所禁止的垄断协议，应当以该协议是否排除、限制竞争为标准"[1]。大多数学者也赞同此观点，但是在实践中不同垄断协议案件对该问题的处理有所不同。

在法院作出的 9 例进行了实体分析的判决和裁定中都涉及排除限制竞争的问题，有 6 例案件对该问题进行了分析；在工商行政总局公布的 24 例处罚决定书中，有 14 例案件涉及排除限制竞争问题，并进行了一定分析，有 8 例案件仅仅提到了"排除限制竞争"几个字，并没有分析论证，另外有 2 例案件根本没有提及排除限制竞争；在国家发展改革委公布的 6 例案件的处罚决定书中，有 4 例案件分析了排除限制竞争，有 2 例案件仅仅提到了"排除限制竞争"而并没有分析论证，另外，没有案件未提到排除限制竞争问题（详见表 2）。

---

[1] 全国人大常委会法制工作委员会经济法室：《中华人民共和国反垄断法：条文说明、立法理由及相关规定》，北京大学出版社 2007 年版，第 68 页。

表2　我国不同类型垄断协议案件中排除限制竞争的分析状况

（单位：件）

主体分析状况	分析排除限制竞争	简单涉及排除限制竞争	没有分析排除限制竞争	总计
法院	6	3	0	9
工商行政总局	14	8	2	24
国家发展改革委	4	2	0	6
总计	24	13	2	39

从不同主体的角度分析，法院和行政机关对垄断协议案件的认定是否以排除限制竞争为标准存在诸多分歧。首先，法院的判决和裁定中都涉及排除限制竞争问题，且有6例案件进行了较为细致的分析（其中2个横向垄断协议案件，4个纵向垄断协议案件）。例如2016年引起热议的"东莞横沥国昌电器商店案"，[1] 法院认为，该相关市场竞争充分，格力空调在该市场未占据绝对优势份额，更不足以形成市场支配地位，限价协议不会排除限制品牌间和品牌内除价格以外的竞争，所以不构成垄断协议。可以看到，法院将排除限制竞争效果作为认定垄断协议的要件，且是从当事人在相关市场中是否占支配地位的角度来认定排除限制竞争效果。其次，与之相对的是反垄断执法机关对于垄断协议认定是否以排除限制竞争为标准并不明确，有约三分之一的案件仅仅提到了"排除限制竞争"，对排除限制竞争在垄断协议认定中的分析与推理逻辑存在过于简略与逻辑混乱等问题。例如在"重庆巫溪县东翰采石场案"[2] 中，重庆市工商行政管理局在分析完存在达成垄断协议行为后直接认为其排除限制了竞争、损害了相关交易对象和其他竞争者的利益，破坏了市场秩序，从而认定构成了垄断协议，但是如何构成了排除限制竞争却不得而知。有很多案件对垄断协议认定中的排除限制竞争问题一笔带过，并没有深入分析排除限制竞争与构成垄断协议的内在逻辑，这更像是行政机关

---

〔1〕　广州知识产权法院（2015）粤知法商民初字第33号民事判决书。
〔2〕　四川省工商局渝工商经处字［2014］5号行政处罚决定书。

套用的一个认定垄断协议的模板。而国家发展改革委的处罚决定中对排除限制竞争的态度更是值得玩味，在没有对排除限制竞争进行分析的两例案件中（"别嘌醇案"[1] 和"滚装货物海运案"[2]），都是以先认定行为违反《反垄断法》的相关规定，之后认定行为排除限制了竞争，损害了消费者利益，其认定逻辑与一般案件正好相反。法律分析的缺失和逻辑的混乱导致行政机关对于垄断协议认定和排除限制竞争关系的态度自相矛盾。

由此可见，实践中对垄断协议的认定是否以排除限制竞争为标准，法院和行政机关的观点不大一致。法院基本认为排除限制竞争是认定垄断协议的构成要件，而国家行政工商总局和国家发展改革委对此问题的观点反映在决定书中并不统一，并且其机关内部对该问题的看法反映在不同案件中亦不一致，不仅体现在有无排除限制竞争因素上，也体现在对于排除限制竞争因素的论证程度和分析逻辑上。

2. 市场力量是否是认定垄断协议的考量因素

在认定滥用市场支配地位当中，具有市场支配地位是认定相关主体滥用市场支配地位的前提；而对于垄断协议，我国法律并未规定何种市场力量能够导致排除、限制竞争的后果，但是根据垄断协议的概念及分析可知，构成垄断协议，需要以排除限制竞争为条件，但往往要达到排除限制竞争的情形，需要相对人达到一定的市场力量。

在我国的这 39 件案例中，有 20 件垄断协议案件的法律文书中涉及市场力量问题，其中，对垄断协议的认定中明确对市场力量进行分析的案件只有法院作出的 3 件，而没有专门对市场力量进行分析、但在垄断协议的认定或者案情介绍中体现了市场力量相关内容的案件共有 20 件，超过总案件数的一半；而法律文书中没有涉及市场力量相关论述案件的一共有 16 件（详见表3）。由此数据可见，在垄断协议案件中明确对市场力量单独进行分析的数量约占 8%，且都为法院作出的纵向垄断协议案件，而其他案件并没有对市场力量进行明确的分析论证。下面笔者将根据不同垄断协议案件中对市场力量分

---

[1] 国家发展改革委［2016］年 4 号行政处罚决定书。

[2] 国家发展改革委［2015］2 号至［2015］8 号行政处罚决定书；国家发展改革委［2015］1号免于行政处罚决定书。

析的不同程度，来分析实践中市场力量在垄断协议认定中的地位。

表3　我国垄断协议案件中对市场力量的分析情况

（单位：件）

主体	明确分析市场力量的案件数	简单涉及市场力量的案件数	没有涉及市场力量的案件数	总计
法院	3	2	4	9
工商行政总局	0	14	10	24
国家发展改革委	0	4	2	6
总计	3	20	16	39

（1）明确将市场力量作为认定垄断协议考量因素的案件。明确将市场力量作为认定垄断协议考量因素的是法院作出的三个纵向垄断协议案件，分别为2016年作出的两个案件——"东莞横沥国昌电器商店案"〔1〕 和 "上海日进电气公司案"〔2〕，以及知名的 "北京锐邦涌和诉强生（中国）案"〔3〕，这三个案件同时也是法院作出的仅三个纵向垄断协议下的限制转售价格案件。通过对这三个典型案例的分析，可以看出有关机关对市场力量在垄断协议案件认定中的态度。

第一，在 "东莞横沥国昌电器商店案" 中，法院认为，要认定反垄断法意义上的垄断协议，不应仅实施了相关行为，还应该产生排除限制竞争的效果，根据生活常识，该市场竞争充分，格力空调未占据绝对优势份额，更不足以形成市场支配地位，即使限定了最低转售价格，消费者完全可替代选择其他品牌，所以协议不出于排除限制竞争目的，没有产生排除限制竞争效果。其次，在品牌内消费者也有选择的空间。可以看出，法院认为垄断协议的认定不仅需要实施相关行为，还要具有排除限制竞争效果，而对于如何判断具

---

〔1〕　广州知识产权法院（2015）粤知法商民初字第33号民事判决书。
〔2〕　上海市第一中级人民法院（2014）沪一中民五（知）初字第120号民事判决书。
〔3〕　上海市高级人民法院（2012）沪高民三（知）终字第63号民事判决书。

有排除限制竞争效果，法院认为从市场竞争状况、被告市场份额大小，进而是否足以形成市场支配地位来判断。第二，在"上海日进电气公司案"中，法院认为纵向经济结构中平行成员之间达成协议，限制的是品牌内竞争，其对市场竞争的影响与纵向协议同理，均与相关市场的竞争状况、参与者的市场力量等因素密切相关，并不一定排除、限制竞争。由此可见，法院认为，经济结构中平行成员之间的协议或者纵向协议下，相关市场的竞争状况、参与者的市场力量等因素是认定排除限制竞争的重要因素。第三，"北京锐邦涌和诉强生（中国）案"是国内首例纵向垄断协议纠纷案。在该案中，上海高院认为，限制最低转售价格协议必须具有排除、限制竞争效果才能被认定为垄断协议，在分析效果前要先明确限制最低转售价格行为的经济分析方法，法院认为，相关市场竞争是否充分、被告市场地位是否强大、被告实施限制最低转售价格的动机及其效果是最重要的考量因素，而在分析被告市场地位是否强大方面，法院认为，很强的市场力量是认定限价行为有排除限制效果的前提和基础，企业的市场地位集中表现为企业的定价能力。具体地，法院从相关市场市场份额、定价能力与市场地位对应关系、是否具有很强的品牌影响力、对经销商的绝对控制力等方面对很强的市场力量进行了详细的分析。

综合以上三个典型限制转售价格案例，可以看出法院认为在限制转售价格协议中：第一，排除、限制竞争效果是认定限制转售价格纵向垄断协议案件的构成要件；第二，相关市场竞争状况、市场力量是认定排除、限制竞争效果的重要因素；第三，市场力量在不同案件中可能体现为市场份额、市场支配地位、企业定价能力、品牌影响力、对交易相对人的控制力等因素，不同案件中体现市场力量的因素不同。

（2）简单涉及市场力量的案件。如表2所示，在一些垄断协议案件中，相关机关虽然没有在垄断协议认定中明确对市场力量进行单独分析，但在法律文书中依然简单涉及对市场力量的描述，这类案件占案件总数的1/2。这一部分案件的存在可能因为有关机关对于市场力量在垄断协议中的地位认识不足，没有明确分析或者认为没有必要明确分析，也有可能是因为进行法律论证的疏漏、错误，但是不能否认其客观性。由于市场力量在该类案例中并没有单独明确的分析，那么在研究时可以以排除、限制竞争作为分析垄断协议认定的桥梁，通过对不同案件中市场力量与排除、限制竞争的关系，排除、限制竞争在垄断协议中的地位，来探究市场力量在垄断协议中所扮演的角色。

经统计，简单涉及市场力量且对排除、限制竞争有分析的案件一共有 12 例（其中，纵向垄断协议案件 1 例，横向垄断协议案件 11 例）；涉及市场力量但对排除、限制竞争只有简单提及而没有分析的案件一共有 6 例；根本没有提及排除、限制竞争的一共有 2 例。

下面笔者将对简单涉及市场力量且对排除、限制竞争有分析的案件进行讨论，来研究排除、限制竞争与市场力量的关系。经统计，对市场力量在排除、限制竞争中的地位有所体现的案件一共有 9 例，其中，通过市场力量分析排除、限制竞争效果的案例共有 7 例，通过市场力量来分析排除、限制行为的案例共有 2 例；而在文书中虽然有排除、限制竞争问题与市场力量的分析，但在分析中无法体现出市场力量与排除、限制竞争关系的案件有 3 例。[1]

在通过市场力量分析排除、限制竞争效果的案例中，有纵向垄断协议案件 1 例，其他 6 例都为横向垄断协议，且都涉及分割市场。第一，在"美敦力公司纵向垄断协议案"[2] 中，国家发展改革委对限价协议的认定从品牌内、品牌间的竞争以及消费者利益的角度分析了对排除、限制竞争的效果，其中，在对"限制了行业品牌间的竞争"中提到，相关市场品牌间竞争并不充分，经综合分析当事人涉案产品市场份额、当事人财力和技术条件等因素，当事人在相关医疗器械领域处于行业领先地位。可见，国家发展改革委在该限制转售价格案中，是通过相关市场竞争状况、市场份额、当事人财力和技术条件等来判断当事人处于一种行业领先的市场地位，从而衡量是否限制了行业品牌间的竞争，具有排除限制竞争的效果。不过对于市场份额、当事人财力技术条件等因素如何认定与分析，国家发展改革委并没有给予解释。第

---

[1] 这类案件要么是市场力量在案情介绍中有所体现，而在垄断协议认定方面十分简单，没有进行相关分析，无法看出市场力量与排除限制竞争的关系，比如"湖南保险行业协会案"；要么是虽然体现了排除限制竞争对垄断协议的认定的作用，但对市场力量与排除限制竞争分析的逻辑关系不清晰，比如"顺达公交公司案"。

[2] 国家发展改革委［2016］8 号行政处罚决定书。

二，除了"美敦力公司纵向垄断协议案"外，其他6例横向垄断协议案件中对市场力量中哪个因素在排除限制竞争效果中有体现则不太明确，笔者是通过法律文书语句的描述可以看出是关于市场力量进行判断的，在这类案件中，有关机关在形式上似乎并没有将"市场力量"作为判断排除限制竞争效果的因素明示出来，但通过分析法律文书的论证逻辑，可以看出具有排除限制竞争效果结论的得出是建立在市场力量之上的。例如"河南省安阳市旧机动车经营者案"[1] 中，河南省工商局在对垄断协议认定时的效果要件进行的分析中，对如何使二手车交易相对人只能被动无选择地交易、损害了竞争秩序等进行了细致分析，认为当事人控制了整个二手车市场的交易以及按照自己制定的价格标准进行收费，不执行主管机关的收费标准，二手交易相对人无自由选择权。

在该案中，河南省工商局是从当事人对交易相对人的控制力、定价能力角度进行分析的。因此，在以上涉及市场力量且对排除限制效果进行分析的案例中，可以看出：第一，相关机关对于市场力量的分析存在不足，一方面，没有较为明确的单独分析，另一方面，对于如何认定具有市场力量的具体标准还比较模糊，其中在7个案件中只有纵向垄断协议一案提及了相关标准，其他横向垄断协议案件中衡量标准并未明确，只能从案例中的语句文义中分析出来，这种不确定性对垄断协议的认定造成了困难。第二，通过对这两种类型案例的分析也可以看出，一方面，有关机关将市场力量作为认定是否具有排除限制竞争效果的因素，进而判断是否构成垄断协议，另一方面，对市场力量可以从相关市场竞争状况、市场地位、企业财力和技术条件、定价能力、对交易相对人的控制力、品牌影响力等方面来衡量。

在通过市场力量分析排除、限制竞争行为的案例中，共有2例都是横向垄断协议案。其中一例没有对排除、限制竞争效果进行讨论，而另一例中有排除、限制竞争效果的分析，但是市场力量的分析并没有在分析排除、限制竞争效果方面出现。第一个案件为"云南省西双版纳旅游协会案"[2]，该案

---

[1] 河南省工商局豫工商处字［2012］第001号行政处罚决定书。
[2] 云南省工商局竞争处字［2013］第01号至［2013］第02号行政处罚决定书。

的类型为横向垄断协议中分割市场和固定或变更商品价格协议。一方面，该案中对垄断协议的认定是通过分析其排除、限制竞争的行为来确定的，其中并没有分析排除限制竞争效果，可见云南省工商局是以"限制竞争"标准对该横向垄断协议进行的分析；另一方面，从市场力量在认定该案垄断协议中的作用来看，云南省工商局通过对相关市场情况、当事人市场地位、定价能力等方面认定当事人组织签订的协议具有强烈的反竞争性质，实施了具有排除、限制内容的垄断协议行为。通过该案可以看出，对于某些严重反竞争性质的横向垄断协议，不用分析排除、限制竞争效果，直接认定实施了具有排除、限制竞争内容的垄断协议即可，而市场力量是这类案件中认定行为具有反竞争性质的重要因素，虽然行政机关在分析时并没有明确市场力量对于认定行为反竞争性质的地位和作用，但是通过处罚决定书的逻辑可以看出。第二个案件为国家发展改革委作出的"常州四药制药有限公司案"[1]，该案的类型为横向垄断协议中的联合抵制交易和固定或变更商品价格协议。与"云南省西双版纳旅游协会案"不同，该案对于垄断协议的认定不仅涉及对协议的达成、实施的分析，同时涉及垄断协议排除、限制竞争效果的分析，而市场力量的分析并没有出现在排除、限制竞争效果的分析中，而是在对实施垄断协议行为中"相关市场是典型的寡头市场"的分析中，体现为"相关市场长期以来只有 3 个经营者，其他经营者较难进入"等。但纵观整个决定书，虽然在体系上市场力量出现在实施垄断协议行为项下，但其中对相关市场竞争状况的分析是"本案的关键"，是分析整个案件的关键和前提。虽然该案决定书对于垄断协议的认定分为达成协议、实施协议、协议效果三个角度，但是其内部的逻辑思路不甚清晰。从中可以看出，第一，国家发展改革委在认定该案垄断协议时对市场力量的地位和作用的理解不明确；第二，在横向垄断协议纠纷中，是否判断排除、限制竞争效果没有绝对性，在某些严重反竞争性质的协议中不需要判断，这时市场力量对排除、限制竞争的影响不体现在排除限制竞争的效果分析上，也可能体现在对排除、限制竞争行为的认定上，而在某些横向垄断协议案件中依然需要通过市场力量来判断排除限制竞争效

---

[1] 国家发展改革委［2016］8 号行政处罚决定书。

果；第三，在此类案件中，虽然市场力量在认定垄断协议中的地位在法律文书中不甚明确，但通过对法律文书内容的逻辑分析，可以分析出市场力量为垄断协议的认定提供了基础。

（3）没有涉及市场力量的案件。经统计，法律文书中没有涉及市场力量的案件一共有 16 例，其中，法院作出的共 4 例，工商行政总局公布的有 10 例，国家发展改革委公布的有 2 例（详见表 3）。经过分析，这些案件可以分为两种情况：一是本身不需要分析市场力量的案件；二是应该分析而没有分析市场力量的案件。

对于第一种情况本身不需要分析市场力量的案件，共有 4 例，分为两类。第一类是由于案件不涉及排除限制、竞争的问题，没有市场力量的相关分析，其中，一个是"杨某某诉中国移动公司案"[1]，涉及的是对《反垄断法》中协同行为的认定，由于取证不足，法院无法认定行为与限制竞争之间存在关系；另一个是"田某某诉北京家乐福案"[2]，该案关注的是垄断协议中主体的确定和协议内容的问题，未涉及排除、限制竞争以及市场力量的相关分析。在第二类不涉及市场力量的分析的案件中，法院强调的是行为本身具有排除、限制竞争效果。比如在"苏州巨星与南通飞轮横向垄断协议案"[3]中，法院对当事人固定价格、分割市场、串通投标的行为一一进行了分析，认为协议本身就排除、限制竞争，是严重的排除、限制竞争行为，可以看出法院对于本身排除、限制竞争的协议认为不需要进行市场力量的分析，只需要认定存在排除、限制竞争性质的行为即可。

第二种情况为对市场力量分析的欠缺，总共有 12 例，其中都是横向垄断协议案件。包括两类，一类是在分析垄断协议行为后直接得出排除、限制竞争效果的，直接跳过了市场力量的相关分析，比如"江苏省连云港市建筑材料和建筑机械行业协会案"[4]，就在分析了行为之后直接得出客观上限制了竞争，越过了对市场力量的分析，对于当事人具有多大的市场力量，如何排

---

［1］ 上海知识产权法院（2015）沪知民初字第 508 号民事判决书。
［2］ 北京市高级人民法院（2016）京民终 214 号民事判决书。
［3］ 江苏省南通市人民法院（2010）通中商终字第 0003 号民事判决书。
［4］ 江苏省工商局苏工商案字［2010］第 00037 号至［2010］第 00042 号行政处罚决定书。

除、限制了竞争不得而知；另一类是对于可能体现市场力量的相关问题没有分析或者分析不详尽，导致客观上不能被认定为市场力量。比如在"永州奥杜混凝土有限公司案"[1]"湖南省郴州市保险行业协会案"[2]中，行政机关在论述垄断协议行为时都涉及结成"利益同盟"或者"利益联盟"，接着得出排除、限制了竞争，但仔细推敲一下就能发现，是否结成"利益同盟"就能认定达到了排除、限制竞争的效果？结成利益同盟是否足以能认定为强大的市场力量？这些行政机关都没有进行说明。不但如此，12个决定书中，有9个案例中都提到了多个主体达成或者实施垄断协议行为，其中最多有52家，最少有7家，其中还有的案件涉及的主体是行业协会，但仅仅有主体数量的多寡或者"协会""同盟"的论述是否能够足以认定市场力量，值得商榷。市场力量的衡量并不是一个数字或者一个组织形式就可以认定的，需要考虑相关市场的竞争状况、市场份额、对相对人的控制能力、定价能力、品牌影响力等因素。

由以上分析可以看出，第一，在某些垄断协议案件中，尤其是横向垄断协议案件，如果存在严重的排除、限制竞争行为，根据具体案情，法院可不分析市场力量即可认为具有排除、限制竞争性质，直接认定构成垄断协议。第二，一些行政机关在对垄断协议认定中一方面直接略过市场力量的认定，没有分析为何排除、限制竞争，另一方面则是在一些案件中，对于市场力量的体现太过简单随意，不足以认为排除、限制竞争、认定垄断协议，从而使得论证过程和结论很难有说服力。

3. 何种程度的市场力量能够导致排除限制竞争

由上文的分析可知，在分析了排除、限制竞争的垄断协议案件中，有的案件明确分析了市场力量，有的案件仅仅简单地涉及市场力量，还有的案件根本没有提及市场力量问题。其中，一些案件由于不能充分体现市场力量导致实际上不足以认定排除、限制竞争，进而构成垄断协议，那什么程度的市场力量才能够被认定为可以导致排除、限制竞争？

---

[1] 湖南省工商局湘工商竞处字［2015］1号至［2015］7号行政处罚决定书。

[2] 湖南省工商局湘工商竞处字［2012］3号行政处罚决定书。

经上文的分析可以得知，在所有作为研究对象的案件中，明确对市场力量进行界定的有 4 例案件，且都为纵向垄断协议案件，有 3 例为法院作出的明确对市场力量进行分析的案件，有 1 例为国家发展改革委作出的纵向垄断协议案件。

首先，在"东莞横沥国昌电器商店案"中，广州知识产权法院从该相关市场竞争充分，格力空调在该市场未占据绝对优势份额，更不足以形成市场支配地位的角度来判断其没有排除、限制竞争目的和效果。可见，法院是以是否具有市场支配地位来认定排除、限制竞争的，而相关市场竞争状况、产品是否占有绝对优势的市场份额，是衡量市场支配地位的因素。其次，在"上海日进电气公司案"中，上海市第一中级人民法院认为，只有在相关市场竞争不充分、存在一定市场力量的情形下，品牌内限制竞争协议的影响力才可能外溢到品牌间，构成垄断，是否排除、限制竞争，与相关市场的竞争状况、参与者的市场力量等因素密切相关。可见，法院认为要构成排除、限制竞争，需要相关市场竞争不充分，且存在一定市场力量。再次，在"北京锐邦涌和诉强生（中国）案"中，上海高院却认为，很强的市场力量是认定限制价格行为有排除、限制竞争效果的前提和基础，并且认为很强的市场力量集中表现为企业的定价能力，具体包括相关市场的市场份额、定价能力与市场地位相对应、很强的品牌影响力、对经销商的绝对控制力量。可以看出，法院认为要达到排除、限制竞争效果，需要具有很强的市场力量，而不是"上海日进电气公司案"中法院认定的"一定的市场力量"，而且，法院对何为"很强"结合此案进行了分解，分为了四点，十分恰当地衡量了市场力量的程度。最后，在"美敦力公司纵向垄断协议案"中，国家发展改革委通过分析当事人在医疗器械领域处于行业领先位置来判断行为具有限制行业品牌间竞争的效果，具体何为"行业领先位置"，国家发展改革委则从相关市场竞争不充分、产品市场份额、当事人财力和技术条件等因素来判断，但并没有进行详细的分析。

综合以上分析可以得出下列结论：首先，四个纵向垄断协议案件中对于市场力量的程度都进行了描述与分析，包括"市场支配地位""一定的市场力量""很强的市场力量""行业领先位置"；其次，对于市场力量的程度，大多通过一些因素进行界定，包括相关市场的竞争状况、市场份额是否占据绝对优势、品牌影响力是否很强、对经销商是否有绝对控制力量、当事人财力和技术条件大小等因素。可以看出，大多数对于导致排除限制竞争的市场力量都是"很强的"市场力量，例如在相关市场上具有支配地位、绝对优势的市场份额、处于行业领先地位等。

同时，在以上案例在认定何种程度的市场力量能导致排除、限制竞争时也存在一些问题。首先，以上对于市场力量和排除、限制竞争都有明确界定或分析的案例只有四个纵向垄断协议案件，那么横向垄断协议案件下是否需要达到以上程度的市场力量才能够导致排除、限制竞争则不得而知。当然，对于横向垄断协议案件，只有在法律文书中对市场力量简单提及的，其中有的横向垄断协议案例是行为本身具有排除、限制竞争性质不需要对市场力量进行分析的。其次，关于市场力量程度的认定标准，在以上四个案件中也不统一。一方面，是对于市场力量大小直观的不同，比如"上海日进电气公司案"与"北京锐邦涌和诉强生（中国）案"对市场力量的程度要求不一致，前者认为具有"一定的市场力量"，而后者认为具有"很强的市场力量"。另一方面，是对市场力量结合具体案情后衡量标准的不统一。"市场支配地位""市场力量""行业领先"，这些是否体现了同一市场力量的程度，如何来具体衡量这种市场力量的大小，从这些案例中来看，都很难有一个确切的标准。

三、我国垄断协议中市场力量判定存在的问题和建议

（一）实证研究发现的问题

在实证研究中，通过对不同主体作出的垄断协议案件，以及不同类型的垄断协议案件的分类研究，笔者发现了一些问题，并在此基础上对市场力量，排除、限制竞争与垄断协议之间的关系进行探讨。

首先，司法机关与行政机关及其内部之间对市场力量认识存在分歧。第一，对于垄断协议下的排除限制竞争问题，法院的判决和裁定中基本都对排除、限制竞争进行了分析，而行政机关对于垄断协议案件中排除、限制竞争的分析程度却参差不齐，一方面，许多案件没有对如何体现排除、限制竞争进行具体分析，只是简单地提到了排除、限制竞争，另一方面，对排除、限制竞争与垄断协议之间的认定逻辑存在问题，对垄断协议的认定是在分析了

排除、限制竞争之后得出的结论，还是在先认定构成《反垄断法》规定的垄断协议，才导致排除、限制竞争。第二，对于市场力量的认定，在"东莞横沥国昌电器商店案""北京锐邦涌和诉强生（中国）案"等案件中，法院对市场力量的界定、市场力量的地位进行了分析，进而得出是否构成垄断协议，而在行政机关作出的很多案件中，一方面，对市场力量本身没有进行界定或者其界定不足以使人合理地认为是市场力量，另一方面，对市场力量与排除、限制竞争，垄断协议的关系分析不足或者论证逻辑存在问题。可以看出，司法机关和行政机关对垄断协议案件中市场力量的态度尚没有一个明确统一的标准。

其次，横向垄断协议与纵向垄断协议在垄断协议下市场力量的分析存在不同。一方面，在明确对市场力量进行界定的垄断协议案件有四个，都为纵向垄断协议案件，其中明确分析了市场力量的有法院作出的三个案件，还有一个没有具体分析但是对市场力量进行界定的一个案件由国家发展改革委作出。但是，没有横向垄断协议对市场力量进行了单独明确的分析，最多在案件中简要涉及了与市场力量相关的内容，而且在这些案件中对界定市场力量的标准很难体现，只能从案例中的语句分析解释，具有极大的不确定性和模糊性。另一方面，在没有进行市场力量分析的案件中，存在横向垄断协议案件是由于行为本身即可认定为垄断协议而不需要进行排除、限制竞争效果的分析，使得案件中也没有市场力量的相关叙述。

1. 排除、限制竞争是否是认定垄断协议的重要因素

从理论研究的角度来看，《反垄断法》对垄断协议的概念以"排除、限制竞争"为要件，且现如今大多数学者也赞同此观点，无论是从垄断协议的构成要件、特点等方面，都涉及排除、限制竞争。

从实证分析的数据来看，在研究的 39 例案例中，有 24 个垄断协议案件明确分析了排除、限制竞争，13 个案件简单涉及排除、限制竞争问题，只有2 个案件没有涉及排除、限制竞争问题，约占总体的 5%（详见表 3）；从实证研究的内容上看，在对排除、限制竞争进行分析的垄断协议案件中，大多数案件正是需要对排除、限制竞争进行认定才可以得出构成垄断协议，排除、限制竞争已经在实然上成为认定垄断协议的重要因素。

因此，从立法、理论研究和实践中来看，笔者认为排除、限制竞争是认定垄断协议的重要因素。

2. 排除、限制竞争是否应当明确分析市场力量

在法院审理的明确分析市场力量的纵向垄断协议案件中，都对市场力量与排除、限制竞争的关系进行了明确，认为排除、限制竞争效果是认定垄断协议的关键，而市场力量是认定排除、限制竞争的基础；在仅仅简单涉及市场力量分析的案件中，也可以从行文中看出有关机关对市场力量与排除、限制竞争关系的态度。首先，在需要分析排除、限制竞争效果的 7 例案件中（1个纵向垄断协议案件，6 个横向垄断协议案件），直接认为市场力量是认定排除、限制竞争的重要因素。其次，在不需要分析排除、限制竞争效果、只需要认定行为的两个垄断协议案件中，市场力量又很可能是衡量行为反竞争性质的因素，而不体现在排除、限制竞争效果中。最后，在行为本身即具有严重排除、限制竞争性质时，则不需要分析市场力量及排除、限制竞争效果，只需要认定该行为存在即可。

笔者认为，除了行为本身即具有排除、限制竞争性质以至于可以直接认定构成垄断协议外，其他案件中应当对市场力量进行明确的分析。

3. 何种程度的市场力量能够导致排除、限制竞争

经过上文的实证分析，笔者认为，具有很强的市场力量可以导致排除、限制竞争。至于何谓"很强"，目前看来，在没有成文法规定的情况下，笔者认为应该根据具体的案情来判断，可能包括具有市场支配地位、优势的市场份额、企业的财力和技术条件强大、企业的定价能力强、对交易相对人有绝对的控制力量，等等。

由于实践中仅有四个纵向垄断协议案件明确分析了市场力量可以进行研究，且四个案件全部为纵向垄断协议案件，则使得横向垄断协议是否适用，以及工商行政总局等机关对市场力量程度的态度是否一致存在疑问，该问题还有待进一步研究。

（二）对完善垄断协议下市场力量判定的建议

1. 借鉴国外经验

由实证分析可以看出，我国垄断协议案件中已经涉及了对于严重限制竞

争的垄断协议不用分析协议产生的排除、限制竞争效果即可认定构成垄断协议的情况。对于该类案件，我国可以借鉴美国对本身违法原则（illegal per se rule）和合理原则（rule of reason）的规定。

美国《谢尔曼法》第1条规定禁止所有的垄断协议，但美国在长期的司法实践中由法院创造并逐渐发展起来了本身违法原则和合理原则，成为认定垄断协议的重要规则，被越来越多的国家和地区借鉴。本身违法原则适用于某些严重危害市场竞争的垄断协议案件，此时不考虑协议是否实施以及实施的效果如何，只要协议存在，就可以适用本身违法原则认定该协议违法。因为大多数情况下这些垄断协议的反竞争性十分明显，对国民经济和市场秩序起到巨大的破坏作用，所以根本不用具体分析其对市场竞争的影响。本身违法原则的适用可以大大节约司法和执法的成本，提高效率，同时也提高了当事人的可预见性以及法律适用的稳定性。例如"苏州巨星与南通飞轮横向垄断协议案"即是因该协议本身具有严重的排除限制竞争性质而直接认为构成垄断协议，法院无需再考虑对相关市场的界定以及相关市场的竞争状况等方面进行经济分析。而合理原则是通过对影响竞争的各种因素进行分析评价来判断某个具体的垄断协议是否违反《反垄断法》。它弥补了本身违法原则全盘否定的缺陷，具有灵活性，但同时成本高，可能导致司法和行政机关滥用自由裁量权。

本身违法原则和合理原则对我国具有很重要的借鉴意义，我国虽然没有将这两个原则在立法中予以体现，但是在一些案例中可以窥见两个原则的影子。本身违法原则和合理原则的适用，对于节约我国的司法资源、维护市场经济的自由公平效率十分重要。

为此，由于我国是成文法国家，我国可以在立法中对本身违法原则和合理原则进行适当的规定。尤其是本身违法原则，对于非判例法国家的我国，由于法律传统以及法官及执法人员素质有待进一步提高，我国更应当对市场主体的经营活动给予较为明确的指引，可以对属于核心卡特尔的垄断协议进行明确界定，以减少在司法和执法中对垄断协议的认定出现的分歧，进而减少当前垄断协议案件下对市场力量分析的模糊与混乱，维护市场竞争机制，保障经济平稳、协调、可持续发展。

2. 完善垄断协议相关法律法规

首先，作为成文法国家，我国当前存在的对垄断协议案件中市场力量问题的认识混乱，归根结底是因为相关法律的缺位所致。当前《反垄断法》不仅对于垄断协议概念的规定存在疏漏，对于排除、限制竞争的认定以及市场力量在垄断协议下的法律地位同样没有一个明确的界定，这就导致了实践中不同机关对不同垄断协议案件以及同一机关在同类垄断协议案件中对市场力量的认识与处理的不一致。其次，随着反垄断法实施的力度加大，立法规范的抽象性与模糊性导致的执法标准不统一、处罚结果不一的或部分违法行为因可操作性难而无法追究等问题渐渐暴露出来，因此，对于规则泛化的程序制度和部分实体制度均需在《反垄断法》配套立法中予以明确和细化。[1] 纵观《反垄断法》的配套细则，对于市场力量的内容也处于真空状态，导致实践中存在了各种各样的执行结果，这对《反垄断法》的权威造成极大影响。

为此我国要逐步完善垄断协议相关法律法规，要立足于我国的国情，结合我国司法、执法体系的具体情况，并合理地借鉴外国的经验，对垄断协议的概念、构成、市场力量在垄断协议认定中的地位等方面进行立法尝试，可以在《反垄断法》中进行专门规定，或者持续推进配套立法工作，出台配套的细则对市场力量进行专门的界定，以完善实践中出现的缺漏、冲突问题的反垄断法律制度，减少司法、执法过程中法律适用以及法律解释的随意性。

3. 加强司法机关与行政机关专业队伍建设

由实证分析可以看出，司法机关和行政机关在垄断协议的认定，排除、限制竞争与市场力量的有无以及证明程度等方面都存在着不同程度的差异，一方面是由于相关法律法规对该问题的规定不清晰不明确，导致在适用时可能产生对法律的理解不统一，另一方面则是由于相关机关人员的专业性有待提高，随着我国市场经济的发展，反垄断法的实施不断深入，垄断协议案件也越来越多、越来越复杂，但与此同时，我国司法、行政人员的数量、质量并没有与之相适应。

---

〔1〕 孙晋：《中国竞争法与竞争政策发展研究报告（1980—2015）》，法律出版社2016年版，第295页。

在实证研究中可以清晰地看出,司法机关和行政机关对待垄断协议下排除、限制竞争以及市场力量在垄断协议下的地位的分析程度不同,很大一部分分析十分概括甚至没有分析,对市场力量和排除、限制竞争的重要性意识不强,或者分析的逻辑混乱,很难通过实例明确分析出有关机关对市场力量的态度。不但如此,司法机关与行政机关之间,以及其本身对于不同案件的认定亦存在很多不一致,这不仅不利于法律适用的稳定性,减小相对人对行为后果的可预期性,而且司法、行政机关人员的自由裁量权过大,容易引发较为严重的后果。所以,面对当下《反垄断法》对于市场力量在垄断协议中的规定过于抽象化的情况,十分需要有关机关加强自身建设,提高专业化水平,对相关案件要进行合理充足的分析论证才可以得出结论,才能逐渐减少司法、执法中的缺漏与矛盾之处。

结 语

综上,随着垄断协议案件的不断增多,垄断协议案件中市场力量问题的地位也愈加凸显,它对于垄断协议的认定和排除、限制竞争的认定等方面发挥着重要作用。虽然我国目前关于垄断协议下市场力量的法律法规不尽完善,相关案例的法律文书也体现出较多问题,但笔者相信,通过对垄断协议下市场力量基本内涵研究的不断深入,对立法和实践中问题的不断探索,我国垄断协议案件中市场力量的问题会得到越来越清晰的解答,我国反垄断法领域和市场经济会得到更好的发展。

试论收容教养视野下的工读学校改革

◎梁　田　2013 级法学卓越实验班

摘　要：中国的工读学校作为对有严重不良行为[1]或轻微犯罪行为的未成年人进行矫正、教育的场所，在六十多年的发展历程中为预防青少年犯罪做出了突出的贡献。然而，在我国正在探索建立罪错未成年人分级处遇和保护处分制度的当下，在收容教养对象执行场所严重缺乏的当下，工读学校却因立法缺陷、程序混杂、资金短缺、招生困难、配套设施不完善、内部管理僵化等困境难以发挥有效作用。我国应该采取一系列措施，如完善相关立法、保证工读学校的运行成本、建立工读入学评估机制、双重保证工读决定的强制性和被决定工读未成年人的申辩权、完善相关配套设施、加强内部管理等，以推动收容教养制度和工读教育的长远、健康发展，促进中国罪错未成年人矫正、教养体系的建立健全。

关键词：工读学校　收容教养　罪错未成年人

引　言

从改革开放到 21 世纪初，我国未成年人犯罪呈持续增长的态势，在犯罪的手段、性质上更是出现了令人担忧且日益严峻的团伙化、暴力化、低龄化

---

〔1〕　本文所称"严重不良行为"，是指《中华人民共和国预防未成年人犯罪法》第 38 条所列的严重危害社会，尚不够刑事处罚的违法行为。

的趋势和特征。[1] 自 2008 年以来，虽然未成年人犯罪的性质未变，但是经人民法院判决生效的未成年人犯罪人数开始逐年下降，从 2008 年的 322 006 人次降至 2013 年的 265 439 人次。[2] 这既是我国在社会治安综合治理中预防未成年人犯罪工作的积极成果，也是我国贯彻宽严相济的刑事政策的体现。[3] 2007 年至 2011 年，全国检察机关不批准逮捕的未成年犯罪嫌疑人数达 626 747 人，不起诉的达 17 866 人。[4] 如何挽救、矫正这部分青少年为我国罪错未成年人教育矫治制度提出了挑战。为了强化我国未成年人宽严相济的刑事政策的常态化、制度化，对于有违法和轻微犯罪行为的未成年人，有条件的地区可以试行行政处罚和轻罪消灭制度。[5] 这一措施虽然客观上能够减少经人民法院判决生效的未成年人犯罪的人数，但是也对各地行政处罚能力和轻罪消灭后挽救、矫正未成年人的能力——即收容教养能力提出了更高的要求。

虽然近年来经法院生效判决的青少年犯罪人数有所下降，但是绝对数仍然不小，未成年人违法犯罪的情况仍被广泛关注。一方面，互联网自媒体的发展使各类未成年人违法犯罪案件的发生和处理迅速且广泛地受到社会各界的关注和质疑；另一方面，2017 年公安部发布的《中华人民共和国治安管理处罚法（修订公开征求意见稿）》中拟将行政拘留的执行年龄从 16 周岁降至 14 周岁，虽然这一修改意见暂不触及我国的刑事责任年龄制度，但也是立法者在回应社会对低龄未成年人违法犯罪行为得不到有效矫治这一问题的广泛关注。

在此情形下，2018 年最高人民检察院发布《2018—2022 年检察改革工作规划》，提出将深化涉罪未成年人的教育感化挽救工作，探索建立罪错未成年

---

〔1〕 鞠青：《中国城市社区预防未成年人犯罪工作模式研究报告》，法律出版社 2005 年版，第 1 页。

〔2〕 最高人民法院官方网站司法统计数据。

〔3〕 栗志杰：《中国收容教养制度研究》，法律出版社 2016 年版，第 4 页。

〔4〕 陈菲：《我国有独立未成年人刑事检察工作机构 298 个》，载新华网：http：//news. xinhuanet. com/legal/2012-05/c_112022186. htm？anchor=1.

〔5〕 参见中央综治委预防青少年违法犯罪工作领导小组等六部门联合出台的《关于进一步建立和完善办理未成年人刑事案件配套工作体系的若干意见》，2010 年 8 月。

人临界预防、家庭教育、分级处遇和保护处分制度。[1] 在这些一经提出即引起学界广泛关注的制度机制中，收容教养和工读教育作为对罪错未成年人保护处分中较为重要的两种措施，面临着未成年人刑罚承担制度和罪错未成年人教育矫治效果之间严重脱节的困境，在运行中效果堪忧，改革势在必行。

一、收容教养视野下的工读学校概述

（一）工读学校的历史沿革和相关立法

工读学校的改革之所以能在收容教养的视野下进行探讨，是因为两者作为对罪错未成年人的保护处分措施，都带有或多或少的拘禁性色彩，在防治青少年犯罪与再犯罪的实际操作中也有着千丝万缕的联系。工读教育和普通的学识教育或职业教育有所区别，无论是从其历史沿革还是相关立法的角度进行剖析，工读学校从成立伊始就承担着其他类别学校所不具有的任务，与收容教养存在内在契合性，这为两种制度的接轨奠定了基础。

1. 工读学校的历史沿革

（1）工读学校的产生背景。工读学校最初的起源是苏联著名教育家马卡连柯筹建的主要收容二战产生的孤儿的"高尔基工学团"，"工读"即是借鉴了"工学团"。[2] 中国第一所工读学校是北京温泉工读学校（现为北京海淀工读学校）。中华人民共和国成立后，政府对青少年违法犯罪情况充分重视。1954 年，北京市青少年犯罪案件占全部刑事案件的 18%，达到 1949 年后最高比例。当时的公安部部长罗瑞卿、北京市市长彭真、北京市公安局局长冯基平通过对北京市青少年违法犯罪现象和少管所矫正违法犯罪青少年状况的研究，认为对于那些犯罪较轻、年龄偏小的青少年，进入少管所进行惩罚与矫正不利于其健康成长与预防其再犯罪，所以应该选择更好的解决方法。最终北京市政府会议决定，开办一所对有违法和轻微犯罪行为的青少年进行矫正与教育的特殊学校，既避免这部分青少年进入少管所后难以真正矫正偏差行为、有交叉感染风险等弊端，又通过封闭式管理让这部分学生劳动与学习，

---

〔1〕《〈2018—2022 年检察改革工作规划〉全文》，载正义网：http://news.jcrb.com/jszx/201902/t20190212_1960232.html.

〔2〕赵延龄编著：《工读教育十年》，北京师范大学出版社 1987 年版，第 16 页。

使他们不再犯错误，在此情况下北京市温泉工读学校于 1955 年正式开办。随后上海、重庆、辽宁等地区陆续开办了工读学校，这些工读学校对于打击少年违法犯罪、及时教育挽救有偏差行为的未成年人、防止未成年人再犯罪发挥了极大的积极作用。

（2）工读学校的功能演进。在工读学校的创办时期，各地的工读学校的职能经历了从短暂的"惩罚教育"向正面教育、说服教育转变的过程。这段时期工读学校的主要矫正手段是劳动，教育重点是促进学生养成良好的生活与劳动习惯、改掉好逸恶劳等恶习、学会一技之长、培养集体主义精神和艰苦奋斗精神。工读教育在矫正学生的偏差行为、预防犯罪、向社会输送有用的人等方面做出了突出的贡献。然而后来由于历史原因，工读学校停办，无法发挥其预防未成年人违法犯罪的职能。

"文革"结束后，青少年违法犯罪率上升，工读学校复办，其综合治理青少年犯罪的地位和作用在实践中得到了充分的肯定。这一时期为了解决毕业生的就业与升学问题，工读学校充分重视教育职能，一方面发展职业教育，教会学生谋生的技能，另一方面进行教育改革、提高教育质量、提高学生的文化知识水平。

改革开放后，社会的转型促进了工读学校的改革与发展。工读学校通过接受预备生对有偏差行为的未成年人进行早期干预，在预防青少年犯罪方面发挥了更大的作用。此外，工读学校通过招收"托管生"、挂普通学校牌子、在原校保留学生学籍等方法淡化工读教育的痕迹，减轻工读学生的思想负担和心理包袱。在教育方面，《中华人民共和国义务教育法》（以下简称《义务教育法》）将工读学校确定为"承担实施义务教育任务的学校"，这使工读学校的办学必须依法走改革之路，即工读学校必须提高其履行教育职能的能力。

随着科学技术的发展和教育理念的更新，工读学校在新时期有了新的发展。很多工读学校通过建立心理教育、法制教育、品德教育等基地与中心，在现代教育理念的指导下用多元手段实现了对学生的矫正与教育。

自第一所工读学校建立运行至今的六十多个春秋，工读学校从偏重矫正职能到兼顾矫正职能与教育职能，矫正职能从单一依靠劳动手段到当今综合运用心理矫正、德育矫正等多元化手段，教育职能上逐渐重视对文化知识、职业技能的教育，通过与时俱进地转变职能，工读学校为预防青少年违法犯罪筑起了一道坚固的围墙。

2. 工读学校的政策与立法

（1）工读学校的政策演进。自开始创办至因历史原因被迫停办，工读学校尚处于摸索阶段，以边探索边运行的方式建校 220 余所，相关政策较少，比较突出的是对毕业生的毕业安置权，其对于巩固工读学校的矫正与教育成果发挥了重要作用。

在工读学校的复办时期，国务院颁发了《国务院批转教育部、公安部、共青团中央关于办好工读学校的试行方案的通知》，对工读学校的管理与运营程序进行了细致的规定，在政策的鼓励下复办、新建工读学校 102 所。但这个时期工读学校毕业生丧志了毕业安置权，且因文化素质较低在升学竞争中处于劣势，为了巩固工读学校的教育、矫正成果，政策支持工读学校"一校两牌"办职业教育、促进工读学校进行教学改革。

在改革开放后的社会转型期，政策着力淡化工读教育痕迹的改革，确定了工读学校的性质，并成立了全国工读教育研究会开展工读教育的经验总结与科学研究工作。

在与时俱进办好工读教育的时期，地方政府对工读学校的投入有所增加，一些地区出台了有关工读学校的政策法规，然而工读学校难以得到倾斜式的政策支持，国家也没有出台适用全国的相关政策。另外根据《中华人民共和国预防未成年人犯罪法》（以下简称《预防未成年人犯罪法》）的规定，工读学校的"强制送入"政策转变为"自愿"政策，一定程度上导致了工读学校的招生困难，生源不足导致很多学校关、停、并、转，至 2009 年全国工读学校只剩 72 所。但是近年来因为一些青少年犯罪案件工读学校重新得到了关注，政府更加重视工读学校对预防、矫正青少年犯罪的作用，在没有工读学校的省份和地区推动工读学校的建立，2014 年全国工读学校增加到 79 所，2015 年增加到 86 所，2017 年增长至 93 所。[1]

---

〔1〕 中华人民共和国国家统计局 National Date，载国家数据网：http://data.stats.gov.cn/。

（2）工读学校的相关立法。在中央立法层面，现行的法律法规中没有工读学校的专门立法，仅在《防未成年人犯罪法》以及《中华人民共和国未成年人保护法》（以下简称《未成年人保护法》）中对工读学校的适用与运行进行了简单规定，出于淡化工读痕迹的考虑，《未成年人保护法》在 2006 年的修改中将"工读学校"的名称改为了"专门学校"。另外，《义务教育法》将工读学校纳入了义务教育体系。工读学校的招生、教学与学生管理等具体程序主要依据的是 1983 年发布的《关于办好工读学校的几点意见》。

在地方立法中，我国关于工读教育的第一部地方行政法规是上海市教委与上海市公安局联合发布的《上海市工读教育暂行规程》，目前还有北京市、天津市、四川省、贵州省、湖南省和新疆维吾尔自治区对工读学校的各项工作专门发布了地方规范性文件。我国仅有少数省份没有工读学校，然而开办有工读学校的大部分省份没有颁布与工读学校相关的地方性法规或者政府规章。在以上七个省市对工读学校颁布的地方规范性文件中，也不完全是关于工读学校的管理与运营的规定，还包括工读学校管理委员会的组建、教师岗位培训工作等若干规定。

（二）工读学校与收容教养的关系梳理

1. 工读学校的性质与作用

通过上述对工读教育历史沿革和相关政策、立法的梳理，可以总结出工读学校作为隶属于普通教育系统中义务教育的一种特殊形式，是对有轻微犯罪行为、违法行为的未成年人进行矫治和教育的半工半读学校，兼具教育培养和矫正挽救职能。

未成年人特殊的身体、心理特征决定了对未成年人违法犯罪行为的惩罚应该更加宽容，尽量避免成人化，因此我国《未成年人保护法》确立了对未成年人的非监禁化原则。工读学校的运行贯彻了这一原则，没有将未成年人与正常社会完全隔离，而是通过营造良好的师生氛围和学习环境、与其他机构衔接、接受社会帮扶等途径促进未成年人进行正常的社会化，让他们形成健康的人格、养成良好的行为习惯，在接受充分的知识与思想教育中成长。同时，有偏差行为的未成年人大部分是受到了社会上不良行为的恶性感染源的影响，工读学校通过封闭式的管理，切断他们与外界不良社会行为的联系，并且以比普通学校更专业的心理矫治和偏差行为矫治使未成年人改变自己。各地工读学校在开办的这几十年来，通过对有偏差行为的未成年人进行教育、矫正和挽救，提前干预、处置未成年人偏差行为、最大限度消除各种诱发未成年人犯罪的因素，在预防有轻微犯罪行为的未成年人再犯罪和预防有违法行为的未成年人犯罪方面取得了显著的成效。

2. 收容教养制度概述

收容教养是我国对特定未成年人的矫正制度，旨在对有犯罪行为的未成年人进行教育、感化与矫正。虽然收容教养在实施过程中有行政处罚的影子，但是在性质上却带有域外保安处分制度的色彩，具有社会防卫和权利救济的双重特点，目前被学界认为是一种对罪错未成年人的保护处分措施。根据《中华人民共和国刑法》第 17 条，对于实施了犯罪客观方面的具体行为但是因不满 16 周岁不予刑事处罚的，责令他的家长或者监护人加以管教，必要的时候，依法进行专门矫治教育。这里的不满 16 周岁的未成年人，包括已满 14 周岁犯罪应承担刑事责任但不予刑事处罚的未成年人和未满 14 周岁犯罪不负刑事责任的未成年人。当前我国收容教养的法律依据主要包括《中华人民共和国刑法》第 17 条的原则性规定和 1982 年《关于少年犯管教所收押、收容范围的通知》中对于收容教养的决定主体、审批程序、关押场所等粗糙的程序性规定。

在实际运行中，我国收容教养制度目前主要存在以下问题阻碍其职能发挥。

首先是收容教养的法律依据不足。根据我国立法法规定，限制和剥夺公民人身自由的强制措施和处罚必须由法律进行规定，但是我国在刑法中只对收容教养进行了原则性规定，而具体的规范却由行政规章进行越位规范。另外法律就适用收容教养的启动标准及程序规定几乎处于空白状态，我国刑法只规定"有必要的时候，依法进行专门矫治教育"，对于"必要"的具体标准缺乏规定，公安机关的自由裁量权过大，难以完全实现预防和减少犯罪的目的。

其次是执行场所变动随意。收容教养在实践中的主要执行场所经过了少年犯管教所—劳动教养所—少年犯管教所或工读学校的变动，缺乏法律规定执行场所。目前我国收容教养的主要场所是少年犯管教所和工读学校。在少年犯管教所中，被收容教养的青少年与少年犯一起关押和矫治。但是无论在贯彻落实《中华人民共和国监狱法》方面，还是从保护未成年人身心健康成长的方面，将少年犯管教所作为收容教养的主要场所都极不合适。即使少管所将两类青少年分别编队管理，还是无法完全切断未教人员和少年犯在同一场所里的联系，年龄较小、可塑性强的未教人员在和少年犯的相处中很容易受到感染，非但不悔改，还会学到新的犯罪手段，这将造成收容教养的异化，偏离其教育保护未成年人的制度设计初衷。

最后是教养方式不当。根据规定，教养场所应该聘请教师、保证课时，实现对收容教养的青少年的教育。[1] 但是在少管所中对于青少年基本还是以矫正、挽救为主，难以贯彻"以教育为主，习艺性劳动为辅"的原则，更难以具备实行全日学习的条件，多年以来，在少年犯管教所中，对收容教养的青少年的管理和教育基本上采取与少年犯相同的模式，没有形成一套针对收容教养的青少年的特点而独属于他们的收容教养方式，这对他们的教育、改造效果造成了极大的不良影响。

目前社会对于收容教养改革的呼声越来越大，建立明确的立法架构、细化合理的制度安排、制定规范的运行程序的改革大方向已成为共识，而在制度安排中教养执行场所和教养方式又是重中之重，只有在合适的教养执行场所对青少年进行收容教养，法制预期的教养方式才有用武之地，收容教养教育、感化、矫正的初衷才能真正实现。

3. 收容教养与工读学校的关系

目前我国收容教养制度和工读学校的关系比较混杂，尚待厘清。

在法律规定层面，收容教养和工读学校的适用对象不同，两者没有关系。我国刑法只对收容教养进行了原则性的规定，没有提及工读学校。在《预防未成年人犯罪法》中，收容教养和工读学校是分开表述的。政府依法收容教养的对象是因不满 16 周岁不予刑事处罚、其家长或其他监护人无力管教的未成年人，这些未成年人不予刑事处罚的原因是未达到刑事责任年龄，但是他

---

〔1〕 参见《少年教养工作管理办法（试行）》。

们实施了犯罪行为。而工读学校的招生对象是有严重不良行为的人，这些行为是尚不够刑事处罚的违法行为。此外，《关于办好工读学校的几点意见》中规定工读学校的招生是不够少年收容教养或刑事处罚条件的中学生，明确地将收容教养与工读教育区分开来。吊诡之处在于《预防未成年人犯罪法》规定执行机关在收容教养期间应当保证未成年人的受教育权，保证其接受文化知识、职业技术教育或者保证其继续接受义务教育，但收容教育的执行机关本就规定不明，比较明确的少年教管所偏重矫正职能，难以真正履行教育职能。真正兼具矫正和教育职能的执行场所就是工读学校，因此将工读学校列为收容教养的执行机关较为合适，但又与我国现行的法律规定相悖。

在学术理论层面，当前学界普遍认同收容教养和工读学校都同属于我国罪错未成年人教养体系，都在推进少年司法改革中发挥作用。而有的学者将工读学校列为监禁矫正模式、社会矫正模式以外其他辅助性的矫正模式的一种，有的学者将工读学校列为社区矫正模式的一种实现形式。不足之处在于对收容教养和工读学校之间的关系缺乏深入的研究。

在司法实践中，因为少教所、少管所数量不足、职能缺失，很多地方政府将工读学校默认为收容教养场所。如 2015 年湖南省 3 名未成年人杀师案和 2018 年湖南省 12 岁少年弑母案中的行为人，都被送入工读学校（也称"专门学校"）。各地工读学校的招生来源中有很多应被政府收容教养的未成年人，事实上多地政府把将未成年人送入工读学校视为完成了收容教养。[1] 这种实践与法律规定之间的矛盾与脱轨是现在亟需解决的。

在学界罪错未成年人拘禁性保护处分宜单一化的呼声下，在收容教养场所混乱和匮乏的现实中，笔者认为应当将工读学校作为收容教养的执行场所，一是基于工读学校的性质、职能与收容教养的目的相契合，二是为避免收容教养对象在少管所等场所接受矫治可能会遭受的污名化。然而，这两种制度的接轨需要法律规定和执行现实双重突破。一方面，收容教养和工读教育的接轨不但需要立法上肯定性的回应，也需要对目前两种制度的法律规定过于原则化、决定主体模糊、程序保障不完善等缺陷进行立法弥补，更需要与

---

〔1〕 赵文：《工读学校招生难问题透析》，载《山东省青年管理干部学院学报》2004 年第 6 期。

现行未成年人刑罚体系相衔接，实现收容教养视野下工读教育改革的有法可依。另一方面，工读学校作为收容教养的执行场所并不意味着收容教养有犯罪行为的未成年人是其唯一功能，其功能还包括对有轻微犯罪行为、违法行为甚至不良行为的未成年人的教育和矫治。如何在解决工读学校招生困难、资金短缺、配套设施不完善等发展困境的过程中兼顾其对各种类型未成年人教育、矫治，避免内部感染和工读教育的污名化，对工读学校和收容教养的接轨有着重要的现实意义。总而言之，应该抓住当前探索建立罪错未成年人分级处遇和保护处分制度的机遇，以收容教养制度的改革促进工读学校的变革，甚至更进一步，以工读学校的变革倒逼收容教养制度的改革，以期实现两种制度的接轨与进步。

二、收容教养视野下工读学校目前的困境

追本溯源，收容教养和工读教育都是我国为预防未成年人犯罪、矫正未成年人罪错行为实施的未成年人行为矫正制度，这几十年来在预防、打击犯罪、维护社会秩序方面发挥了巨大的作用。然而，随着社会的发展和矫正未成年人罪错行为新需要的出现，两者的发展都遇到了瓶颈，其存在乃至运行的全过程中都有很多问题亟需解决。在当下工读学校的发展中，有一些困境阻碍了其与收容教养制度的相互接轨、共同进步，甚至成为阻碍我国罪错未成年人矫正教育制度建立、完善的绊脚石。不过工读学校面临的诸多既非主要、又与收容教养制度无关的困境如课程设置问题、师资配置问题则不在本文的探讨范围内。

（一）收容教养视野下工读学校的立法缺陷

1. 缺少专门法律法规

在中央层面，我国目前没有关于工读学校的专门立法。与之相关的两部法律，即《预防未成年人犯罪法》《未成年人保护法》中有关工读学校的条款更偏向原则性规定，不具有可操作性，也甚少被司法机关引用。现行的工读学校的主要依据——《关于办好工读学校的几点意见》（以下简称《意见》）是于1983年发布的，至今已有三十余年，这期间无论是工读学校本身还是我国法制建设都发生了很大的变化，《意见》已经相当滞后，难以指导工读学校走出当下的困境。而在地方，很多地方政府没有针对工读学校的专门法规甚至是相关法规。法律法规滞后、没有相关法律法规对工读教育制度作出具有操作性的规定等问题很大程度上导致了当下工读学校的困境。

但这不仅是工读教育面临的问题，收容教养制度也同样面临着无专门立法、仅有的相关立法重原则轻操作、重实体轻程序等问题。在这两方的困境下，处理我国未成年人的犯罪和违法行为有成人化倾向，难以对未成年人进行有效的司法保护。

2. 现行相关法律法规内容缺失与矛盾

我国现行关于工读学校的法律法规过于原则，对很多具体的程序性问题没有规定，或者规定有冲突。如《意见》中规定工读学校的入学要经当地教育局和公安局共同审批，《预防未成年人犯罪法》也规定工读学校学生入学要经父母、监护人或原学校提出申请，经教育行政部门批准。首先，这两条入学的程序性规定无法全部涵盖所有依法应入工读学校就读的学生。有部分违法犯罪的学生是没有家长、没有上学的在社会流浪的青少年，虽然从法律层面讲这部分青少年应该有监护人或者必须完成义务教育，但实践中确实存在这种"没人管"的青少年，他们由于生活所迫违法犯罪的可能性较高，是更加应该进入工读学校进行教育、矫正的群体，但是却因为没有家长、监护人和原学校，不符合上述两条规定的入学程序，难以进入工读学校。其次，具有法律效力的这两条规定本身也有矛盾，《意见》中工读学校的入学不需要经过家长的同意，是由官方——当地教育局和公安局共同审批的，具有强制性，公安部门要积极帮助学校使学生入学。但是《预防未成年人犯罪法》中工读学校的学生入学要经过家长或监护人的同意，且没有公安机关的参与，具有自愿性质。从法律效力上来说，《意见》中的相关规定已经违反了上位法，应该是无效的。[1] 而在实践中，进入工读学校学习的学生有一部分政府收容教养的学生，是由公安机关审批决定的，具有强制性，反而和《意见》中的入学程序较为相似。这种法与法之间的矛盾、法律与实践中的矛盾需要在立法中进行梳理消除。

现行立法对于工读学校的相关内容缺失不一而足。对于工读学校的入学

---

〔1〕 鞠青主编：《中国工读教育研究报告》，中国人民公安大学出版社 2007 年版，第 32 页。

年龄，《预防未成年人犯罪法》没有规定，《意见》将其规定为 12 周岁至 17 周岁，但是目前随着青少年犯罪的低龄化趋势，也存在 12 周岁以下有违法和轻微犯罪行为、家长无法或无力管教的少年，不符合进入工读学校的标准，难以接受工读学校的教育与矫正。此外，我国目前立法对于工读学校的办学体制也没有规定，导致工读学校的隶属关系处于混乱状态，如现在一般工读学校的上级主管部门是当地教育局，但同时又存在其他上级部门如当地政法委、司法局，诸多上级部门的权限划分不明，难以对工读学校实现统一管理。除了以上的缺失和矛盾之处，现阶段我国各地有关工读学校的地方性规定也是各自为政，难以协调。

（二）收容教养视野下工读学校的实践难题

1. 工读学校决定主体和程序的问题

工读学校作为矫正和教育有偏差行为的青少年的场所具有一定的封闭性，尤其是在对有犯罪行为的未成年人执行收容教养时带有相当的人身拘禁性，因此为实现工读教育资源的合理分配和对罪错未成年人人身自由的充分保护，工读学校的入学决定主体与程序应当具有完全的合法性和正当性，这是目前工读学校的实际运行所不具备的。

20 世纪 90 年代以前，根据《意见》与其他政策，工读学校的入学由教育主管部门和公安机关强制性决定执行，决定的程序没有具体规定，缺少对学生偏差行为的严重性的评估，没有关于矫正时间与结束矫正的审查机制，教育部门与公安机关的自由裁量权过大，家长及其他监护人无权参与，不利于被决定入学学生申辩权的实现。

随着我国的法制建设和民众法律意识的增强，公安机关强行将有严重不良行为的未成年人送入工读学校的合法性受到了质疑。根据我国立法法规定，剥夺或限制公民人身自由的强制措施和处罚只能由法律才能加以规定。但是涉及工读学生强制入学的是具有准行政法规性质的《意见》，不具有全国人大及其常务委员会通过的"法律"的性质，所以其中规定的符合工读条件的未成年人强制入学程序因为与上位法的冲突而归于无效。而具有法律性质、能够规定剥夺或限制公民人身自由的强制措施或处罚的《未成年人保护法》《预防未成年人犯罪法》都没有设定工读学生的强制入学程序，反而规定工读学校的入学需要有学生的家长或其他监护人、教育部门的同意。在这种情况下，如果继续实行工读学生强制入学，就丧失了其合法性根基，与现代法治社会的精神相违背。于是现在工读学校的学生入学改为要求"三自愿"原则——原学校自愿、学生家长自愿和本人自愿，但是这种入学要求导致很多有偏差行为的未成年人因为家长或本人不同意而无法进入工读学校接受矫正与教育，导致这种教育资源无法分配在应该接受的学生身上，预防青少年犯罪的功能大打折扣。如北京"蓝极速"网吧案件中，在事发之前 3 名中学生已经有了很多严重不良行为，工读学校多次找到家长建议入学被拒，这 3 人不但行为得不到矫正，还继续在网吧等场所厮混，最后几人纵火，造成了 25 人死亡、多人重伤的惨剧。[1]

而在实践中很多地方政府将工读学校作为收容教养的场所，这部分生源入学的审批权和执行权分别由公安机关和司法行政机关行使，又和 20 世纪 90 年代之前的具有严重不良行为的学生被强制入学具有一定的相似性，和当下立法中特别是《预防未成年人犯罪法》中规定的工读学校的入学条件相矛盾，不符合"三自愿"原则。

综上，在当下工读学校的入学决定主体方面，具有严重不良行为的未成年人的入学决定主体主要是原学校和家长，具有犯罪行为被收容教养的未成年人的入学决定主体主要是公安机关；在入学程序方面，具有严重不良行为的未成年人的入学更体现自愿性，强制力不足，具有犯罪行为被收容教养的未成年人的入学更具有强制性，学生的申辩权得不到保证。工读学校的入学决定主体和程序各自的矛盾和混乱，需要加以解决和厘清。

2. 工读学校资金短缺

工读教育的功能和办学目的决定了其较之普通学校需要更多的资源。为了学生毕业后能够正常升学、就业，工读学校需要和普通学校相当的教育资源；另外，工读学校的矫治功能使其需要更多的师资力量，尤其是收容教养的有犯罪行为的未成年人的心理和行为较其他工读学生有着更大的偏差，需要投入更多的普法、心理干预和德育资源。而资金短缺是收容教养视野下制

---

〔1〕　鞠青：《中国工读教育研究报告》，中国人民公安大学出版社 2007 年版，第 68 页。

约工读学校发展的一大难题。

根据《意见》规定，开办工读学校的经费应该由省、自治区、直辖市人民政府统筹安排予以保证，政府对于工读教育的重视程度对办学成效有很大的影响，在现实中很多工读学校都面临经费不足的问题。一方面，工读学校因为其教育对象和办学要求的特殊性，在学生管理、教育设施等方面的运营成本要高于普通学校，再加上工读学校是小班教学，要对学生进行精细化管理，对师资的数量和质量都有较高的要求，而且工读教育除了要完成义务教育要求的课程安排外，还要额外安排心理矫正、法制教育、品德教育等矫正青少年偏差行为的项目。以上种种都表明工读学校想要收到良好的办学成效，就必须有足够的资金投入。另一方面，政府部门对工读学校投入都会考虑其办学成本和效益问题，很多地区由于财政状况和对工读教育的重视不足等原因，难以实现对工读学校的资金保障，甚至要求工读学校"自筹"资金，导致大多数工读学校在办学规模、办学水平、师资力量等方面有困难。

缺乏资金勉强维持运行的工读学校难以真正发挥作用，难以矫正、挽救、教育在工读学校收容教养的具有罪错行为的未成年人，更难以实现收容教养的目的。

3. 工读学校招生困难

生源问题是很多工读学校关、停、并、转的主要原因。工读学校作为肩负矫正与教育偏差行为青少年任务的学校，生源变少并不是因为有违法和轻微犯罪行为的青少年数量变少了，而是其他因素导致的。首先，由于目前工读学校的入学遵循"三自愿"原则，缺乏强制性，而很多家长对于孩子进入工读学校后会不会被感染坏习惯、从工读学校出来后会不会被打上坏孩子的烙印等有所担忧，所以即使自己的家庭教育无法矫正孩子的偏差行为，也抗拒将孩子送入工读学校。其次，在工读学校就读的费用也是很多符合条件的青少年无法入学的原因。我国目前对工读学生的相应生活费用没有财政支持，只能由家长承担。再加上工读学校不是普通的寄宿学校，开设的课程种类、所用器具花费也比较多。而有违法和轻微犯罪行为的青少年往往来自问题家庭，收入较低，无力承担孩子入学后所需的费用，导致这些青少年无法进入工读学校接受矫正与教育。最后，还有一部分工读学校生源不足也有排斥外来儿童的原因。因为现在各地的工读学校的经费是由本省、自治区、直辖市政府自行筹措，外来儿童进入本地的工读学校会占用当地的教育资源。当工读学校因为招生难题关、停、并、转后，当地缺失了收容教养的一个场所，有可能将收容教养的未成年人送入未成年犯管教所，继而产生收容教养的未成年人和未成年犯交叉感染等后续问题。

4. 工读学校配套措施不完善

首先，我国目前对于工读教育的舆论宣传不足，教育、公安、司法等工读学校的主管部门对工读学校的宣传力度过弱。社会上对于工读学校的认识普遍存在误区，不但对工读学校的矫正功能没有正确的认识，而且还将工读学校视为坏孩子的集中营，工读学校的这种污名化使其在招生、毕业生就业或升学过程中困境重重。其次，在工读学校的矫正与教育过程中缺乏社会干预机制。青少年有偏差行为必定与成长环境和家庭教育有关系，青少年的心理也会有一定的不正常现象，如果没有专业的社会调查员对他们的家庭环境、生活状态和人身危险性进行了解，没有专业的心理医生对他们的心理健康程度进行诊断，单靠工读学校统一的矫正与教育难以对这些青少年"对症下药"，也难以进行有针对性的行为矫正。最后，接受了工读教育的学生在离开工读学校后没有一定的系统对他们进行跟踪检测，难以巩固工读教育矫正与教育的成果。

但配套设施不完善不是工读教育作为未成年人的一种矫正制度面临的唯一问题，还有工读教育和收容教养以及社区矫正等制度之间缺少转处制度等问题，这些问题归根结底是在于我国尚未建立完整的少年司法制度和罪错未成年人矫正制度。

（三）工读学校内部管理不利于实现办学目的

当下工读学校在预防学生内部感染方面存在不足。一个相对封闭的环境中，有偏差行为的青少年们聚集在一起，很有可能会相互感染，在这里学会本来不会的违法、犯罪方法，这是很多家长对于工读学校的担忧，也是必须要承认的工读学校的弊端。在"感染论"的影响下，有人质疑工读学校存在的合理性，没有看到多数学生是受到良好的矫正与教育的。在这种情况下，工读学校应该正视这个问题，采取措施减少学生内部感染的可能性，降低被感染学生的比例。

虽然相比于未成年犯管教所，工读学校作为收容教养的场所在预防内部感染方面有显著的优势，但是还有很大的进步空间。近年来确实有一批理念先进、师资优秀的工读学校做到了仔细管理，老师和同学们同吃同住、监督同学们的一言一行，有效地避免了交叉感染。然而对于很大部分的工读学校而言，由于经费紧张、师资不足、观念老旧等原因，难以做到如此的精细化管理，在防止学生内部感染方面能力不足。

三、收容教养制度改革下完善我国工读学校的若干构想

在罪错未成年人矫正教养方面，世界广泛适用保安处分，兼顾对未成年人和对社会防卫的双重保护。基于儿童利益最大化原则，日本、德国、美国等国家建立了独立、完整的少年司法体系。虽然我国目前尚未建立保安处分制度，也未建立完整的少年司法体系，但是这两者的建立都一直在学界的讨论和推动中。而收容教养制度和工读教育制度的性质都有鲜明的保安处分色彩，二者的完善都对我国少年司法的改革有极大的推动作用。

这两种制度的改革不是孤立的。在收容教养的改革中，教养执行场所的改革与确定一直在学者的探讨中。目前我国以少年犯管教所为主要的收容教养场所，工读学校为辅助场所。前文已经探讨过无论是从人员构成还是管教方法上少年犯管教所都不宜作为收容教养的主要场所。与少管所相比，工读学校以其专业的教育职能、较为精细的管理模式、矫正与教育并重的办学理念等特点更能达到收容教养教育、感化、矫正的目的，在工读学校完成收容教养的青少年也更能与社会衔接，继续自己的社会生活。所以笔者认为应该将工读学校列为收容教养的主要场所。因此，如何将收容教养的强制性与因严重不良行为进入工读学校的自愿性有机结合于工读教育之中、如何使工读学校更好地发挥教育矫正职能以更好地适应收容教养的需要，这都是工读学校在改革过程中需要注意的。

总之，在我国未成年人矫正体系尚未完全建立的今天，工读学校的改革不能完全独立地进行，要与收容教养制度的改革相配合，共同为我国少年司法制度的改革构筑基石。

（一）完善我国相关立法

我国工读学校陷入当下窘境很大程度上是缺乏更高层级、操作程序更明确的相关法律文件导致的，制定更高层级、更细致的立法有利于促进工读学校的改革与进步。如日本在少年法中对少年院进行了明确具体的规定，把少年院纳入了少年司法的体制内。

在立法形式上，依据我国的工读学校实践经验和少年司法处理经验，我国可以制定一部专门规定工读学校的中央法律法规；也可以回应当下少年司法体制和收容教养制度改革的呼声，制定一部统一的少年法，在其中对工读学校用专章进行规定。

在立法层级上，可以采用渐进式立法，先制定部门规章对我国当下工读教育中亟需解决的问题做统一规定，目前我国工读学校的实践经验和少年司法的处理经验已经为工读学校立法改革奠定了坚实的基础。然后在部门规章不断完善的基础上制定行政法规，最后等理论成熟、实践经验丰富的时候，再进行法律层面的立法。

在立法内容上，应该补足当下立法中的缺失。首先，厘清工读学校的性质与地位，笔者认为应该在这一部分立法中将工读学校列为收容教养的执行机构，明确被收容教养的未成年人在哪些情况下可以进入工读学校接受矫正与教育，化解目前法律和实践中的矛盾。其次，应该将工读学校与其学生的权利、义务以法律法规形式确定下来。再次，有必要将工读学校的办学体制理顺，建立工读学校的统一办学系统，明确工读学校的主管部门的职权划分，由教育部门主管、公安司法部门辅助，或者由教育部门、公安司法部门相互配合、职权互补、共同主管。最后，在立法中要将工读学校运行的各种程序以可操作性强的条文进行具体规定，如工读学校的入学程序、转出程序、评估机制、日常管理、财政保障等，保证日后工读学校的运转程序有法可依，让全国的工读学校在正式、统一的轨道上运行、发展。除了对工读教育自身的规定外，立法中还可以将工读学校与救助社会流浪儿童联系起来，让符合入学条件的流浪儿童也可以进入工读学校，实现对我国青少年的全面覆盖，通过程序上的设计弥补干预上的漏洞。

（二）多方力量参与解决工读学校的实践问题

1. 保证工读学校的运行成本

一方面，应当保证工读学校的财政投入。政府应该充分认识到工读学校的重要性，有人说，多建一座工读学校，等于少建一座少年监狱，虽然这句话有一定的片面性，但也说明了工读教育在预防青少年犯罪、维护社会治安方面的价值。政府应当制定适合工读学校发展的特殊倾斜政策，加大资金投入力度，资金投入可以由工读教育系统参与统一调配，以促进资金投入在工读学校发展中的有效配置。另外，为了保证投入，相关法律法规中应明确规定工读学校财政投入的政策和经费统筹的安排，如根据需要适当增加财政拨款、实施专款专用制度等。

另一方面，可以引入社会力量，减少运行成本压力。即使有立法对工读学校给予财政倾斜，工读学校需要的运营成本之巨大可能单纯依靠财政投入也无法保障。我国可以学习域外的经验，引进社会力量来减小运行成本的财政压力。如德国类似工读学校的促进学校就在争取社会赞助，甚至很多促进学校为此成立了专门的机构。[1] 除了德国之外日本等国家的少年矫正中也都有社会力量的参与。比如可以放开青少年保护 NGO 参与工读学校中青少年的行为矫正工作，放开心理治疗的民间组织参与青少年的心理矫正工作，在此基础上降低工读学校的师资成本。

只有工读学校的运行成本得到保证，才能有合适的设施、师资配备，才能真正发挥矫正、教育有偏差行为的未成年人的作用，才能使其成为最契合收容教养目的的场所。

2. 建立工读入学评估机制

工读学校作为一种有限、有效的教育、矫正资源，一定要实现合理配置。在入学方面，目前我国实践中是否因被收容教养而送入工读学校是由公安机关审批决定的，对于"有必要"并没有统一、明确的标准；而是否因严重不良行为进入工读学校是由原学校或家长决定的，原学校或家长很可能因对孩子的危险情况认识不足而使青少年错失了入学矫正的最佳时期。基于以上原

---

[1] 史景轩、张青主编：《外国矫正制度》，北京法律出版社 2012 年版，第 92 页。

因，对工读学校的入学应当建立专业的评估机制，无论是有严重不良行为，还是有公安机关的收容教养决定，对于每一位未成年人来说，专业的评估都应该是要进入工读学校的一道必经程序。

对于因为具有严重不良行为而可能要接受工读教育的未成年人，评估的对象不仅包括青少年的偏差行为，还应当包括他们的心理状态、人身危险性、对普通学校的适应状态等，因为他们的行为只是他们心理状态和人身危险性的反映。对于可能要进行收容教养的青少年，除了评估青少年个体之外，还应该对其家庭情况或成长环境进行评估，判断其家长或其他监护人是否具有管教的能力，评估是否有收容教养的必要。通过全面的评估指标体系科学评估，分析青少年有无工读教育需要。如果他有工读教育的需要，还应进一步评估他作为一个个体的具体教育需要，然后分析是否可以通过工读学校以外的其他替代性教育措施进行教育。如果不可以，就要作出入学的决定。整个评估过程中评估人员的专业性是非常重要的，在这方面我们可以学习德国的做法。德国采用的是多次评估制度，先由特殊学校的教师来进行评估，如果家长对评估结果存在异议，可以由教育行政部门另行组成专家小组再次进行评估。笔者认为工读学校作为工读资源的聚集地，教师应该具有较高的评估能力和评估经验。但是除了教师之外，还应有具有心理学、犯罪学等专业知识的人代表不同的学科进行评估，尽量做到评估的严谨性与全面性。

工读学校生源的挖掘，即入学评估机制的启动，应该采用多元化模式。对于因为实施了犯罪行为有可能被收容教养的未成年人，公安机关或司法行政机关可以启动工读教育的评估机制；对于在校有严重不良行为的未成年人，教育主管部门、原学校、学生家长或者工读学校认为有必要对该学生进行工读教育时，可以启动评估机制；对于未在学校读书的有严重不良行为的未成年人，派出所、社区管理委员会、家长或者工读学校认为该未成年人有必要接受工读教育时，可以启动入学评估机制。

对入学评估的结果，各方都应予以充分尊重。评估后应该进入工读学校的学生，尽量使他们接受工读学校的教育与矫正。对于评估后人身危险性不足以进入工读学校的未成年人，行为不构成严重不良行为和犯罪行为，只是普通不良行为的未成年人，家庭情况和成长环境不需要将其送入工读学校的未成年人，和比对后更适合在普通学校接受教育的未成年人，应该将其排除在工读学校的招生之外，由其家长或监护人严加管教，在原学校继续接受教育，有需要的情况下可以接受社区矫正。

3. 工读决定强制性与被决定工读未成年人申辩权双重保证

对于工读学校的招生，既不能实行简单的强制政策，也不能完全由家长自行决定，无论是对因为公安机关的收容教养决定而进入工读学校的未成年人，还是对有严重不良行为而进入工读学校的未成年人，都应该是强制性与自愿性有机结合。

对于有严重不良行为的青少年，应该更偏重监护人和青少年的自愿性，监护人同意其入学是原则，但不能完全脱离强制性。经过专业化的评估证明青少年应该入学的，要努力争取获得监护人的同意和配合。如果监护人有异议的，可以通过行政部门另行组成专家评估小组通过反复的专业化评估，说服监护人接受孩子存在问题的现实，通过工读学校的优质师资和良好声誉鼓励监护人作出同意特殊教育的决定。如果在这种情况下监护人还是不同意让孩子进入工读学校，只有通过司法程序解决。在我国少年司法制度改革之前，为避免进入司法程序给青少年留下标签，应该对监护人提起有关监护责任不当履行的民事诉讼，通过司法程序实现对这部分青少年实施工读教育的目的。

对于有犯罪行为应被政府收容教养而进入工读学校的未成年人，应该更偏重收容教养决定的强制性，但不能完全脱离监护人和青少年的自愿性。这种自愿性体现在对被决定工读未成年人的申辩权的保障上。经过专业的评估，由公安机关作出的入学决定具有一定的强制性，青少年的监护人应该履行。但是如果监护人对入学决定有异议，应该保证被决定工读未成年人的申辩权，其监护人可以向上级公安机关提起复议，或者向人民法院对公安机关作出决定的具体行政行为提起诉讼。

4. 完善工读学校配套措施

工读学校处于一个错综复杂的社会系统中，如果脱离了其他配套措施，单独考虑工读教育的发展与运行，很难真正发挥或者巩固工读学校矫正、教育的作用。从构建完备的预防青少年犯罪的系统出发，在完善工读学校自身的同时，必须要在家庭、社区、社会环境等方面跟进配套设施以不断克服工读学校自身的局限性，发挥其真正的价值。

首先，在家庭方面，工读学校在矫正和教育的过程中需要家庭的配合与支持。在学生入校前，家长应积极与工读学校进行沟通，或者工读学校派出调查员进行调查，学校能够针对青少年的家庭环境、成长过程对其进行有针对性的教育。在学生入学期间，学校的教育需要家长积极配合，在矫正或者教育期间产生任何问题需要对学生了解最多的家长参与解决。在学生离开工读学校后，也需要家长的关注才能巩固工读的教育成果。然而，很多有偏差行为的青少年来自问题家庭，他们或是不懂如何教育或者根本对孩子的成长不关心，在这种情况下仅靠工读学校阶段性的教育是难以真正对青少年产生根本性的改变的。因此还应建立问题家庭的介入和监督制度，国家和社会作为外界力量对家庭给予支持、救助、指导和监督，维护家庭功能的实现，给青少年一个健康的成长环境。比如公安机关决定对未成年人收容教养的"有必要"的情况，在很多时候都是由于问题家庭不懂教育，如果及时对问题家庭进行介入与监督，就有极大可能预防青少年的偏差行为。

其次，工读教育应该与青少年的社区矫正相互配合，共同发挥作用。目前我国社区矫正制度正在积极摸索的阶段，对于青少年的行为矫正也发挥了一定的作用。笔者认为，工读教育和社区矫正应该发挥互补的作用。对于社区无力矫正必须送入工读学校的青少年，工读学校需要到社区矫正机构做具体了解，以便进行连续性的矫正。对于结束工读教育的青少年，也需要社区矫正机构持续关注，巩固工读教育的成果。社区矫正需要具有专业素质和能力的工作人员，也需要一定的物质基础。工读学校的教育经验可以为社区矫正的工作人员借鉴，而已经建成心理健康中心、法制中心、德育中心的工读学校也可以成为社区矫正的基地，实现资源共享。工读学校、社区矫正、收容教养的互相配合才是我国罪错未成年人矫正制度的未来所在。

最后，工读学校应该和家庭、社区矫正机构、普通高校等密切配合，建立工读教育回访制度。有偏差行为的青少年经过矫正离开工读学校后，工读学校需要继续对他们的行为和思想道德状况进行跟踪，了解他们的学习生活现状，并及时对他们进行跟进服务，确定他们真正认识并且改进自身错误。一般学生离开工读学校即就回归社区、进入普通中学学习，为此工读学校要建立与家庭、社会矫正机构、普通高校的交流机制，及时解决青少年的问题，为青少年学生创造一个稳定的发展环境。回访制度可以长期巩固矫正成果，也是收容教养需要建立的配套制度。

（三）完善工读学校内部管理

目前我国工读学校大多采用半军事化的管理模式，即将半军事化管理和普通中学的教学模式结合起来，以期用严格的纪律来矫正学生行为，强迫学生改正错误。但是这种教学模式导致工读学校在和少年犯管教所的比较中难以发挥自己独特的优势：一是难以真正达到矫正效果，学生离开工读环境后极易回到矫正前的状态；二是容易发生学生间的交叉感染，尤其是如果将工读学校作为收容教养的主要场所，就更要防止有罪错行为的青少年对有严重不良行为的青少年产生感染。为了防止出现这种情况，必须对工读学校的管理模式进行改革。

首先，对学生们应该实行小班教学，精细化管理，保证每一个学生都能得到足够的注意和关心，用爱心和耐心去教育学生，关注学生之间的交往情况和学生的身心发展，从细节处促进学生的行为矫正。为此，可以实行教职工与学生同吃同住同管理的制度，注意对学生们的生活指导，让学生无论是在学习中还是在生活中都能感受到老师的关怀爱护，受到老师的感化而不是其他青少年偏差行为的感染。

其次，课程的设置要体现出差异性。对于收容教养的青少年，在矫正课程上的设置力度应该大于因严重不良行为进入工读学校的学生，在保证文化课教育的同时，更应注重对其开展法制教育、品德教育、生命教育。

最后，对学生们可以进行分类管理。在招收学生的时候注意把关，不能因为生源不足或者需要经费等原因就招收本应就读于普通学校的学生。对于因收容教养等原因进入学校的学生和因不良行为进入学校的学生在管理中要注意区分，对于有犯罪行为和较大人身危险性的青少年要予以更多的关注和更大的矫正力度，防止他们感染其他的青少年。但是，一定要掌握好分类管理的尺度，可以对被特殊关注的青少年进行暗中观察与矫正，不能让他们被歧视。

结　语

自 1955 年中国第一所工读学校北京市温泉工读学校建立至今六十多年，

中国工读学校有过黄金发展时期，也有过停办的阶段，但是总体来说工读学校为我国罪错未成年人的矫正与教育做出了突出的贡献，为我国预防青少年犯罪筑起了一道坚固的围墙。关于工读学校的定位，其与收容教养制度的关系，在法律规定、学界探讨、实践现实三个层面能够得出不同的结论。对于工读学校的发展与建设，我国司法行政系统与教育系统一直在摸索中前进。然而在需要工读教育发挥更大作用的今天，工读学校制度却陷入了诸多困境，这些困境不仅阻碍了工读教育职能的发挥，而且阻碍了收容教养制度的改革。本文即是对收容教养制度下工读学校遇到的诸多困境及其改革的方向进行了探讨。

面对工读学校的诸多立法缺陷，我国应该从立法层级、立法形式、立法内容三方面完善相关的法律法规。面对工读学校在实践中遇到问题，我国可以将域外经验与我国工读教育特点相结合，做到加大财政投入和引进社会力量双管齐下，保证其运营成本；建立工读入学的专业评估机制，双重保证工读决定强制性与被决定工读未成年人申辩权，与家庭、社区、普通高校相配合完善配套设施。面对工读学校的内部管理问题，工读学校可以采用精细化管理、分类管理，加强对学生的生活指导，防止学生内部感染，采用多元化手段对学生进行矫正与教育。

虽然工读学校现在面临着重重阻碍，但是其在预防未成年人犯罪方面的价值已经越来越被重视，其改革及其与收容教养制度改革之间的关系也开始被探讨，相信工读教育一定可以跨越重重阻碍，在收容教养改革潮流的推动下发挥其真正的价值，并且起到倒逼收容教养制度改革、倒逼中国罪错未成年人矫正体系完善的巨大作用。

中国留学生境外暴力犯罪被害现象及被害预防研究

◎赵　洋　2014 级法学卓越实验班

摘　要： 本研究的目的是从犯罪被害人学的视角分析中国留学生的人身安全问题，从而探讨保障留学安全的策略。本文的意义在于揭示中国留学生的被害性，并据此提出了中国留学生境外暴力犯罪被害预防的思路。本文首先简要总结犯罪被害及被害预防的理论，然后介绍近年来中国留学生暴力犯罪被害现象，再分析中国留学生的被害性，最后从社会、群体、个人三个层面详细探讨中国留学生境外暴力犯罪被害预防对策。

关键词： 被害性　被害预防　留学安全

前　言

近年来，我国出现了前所未有的留学热潮，仅 2016 年就有超过 54 万人出国留学。[1] 随着留学生规模逐渐扩大，留学生在境外的人身安全问题也开始引起人们的关注。通过分析近年来陆续发生的李洋洁案、江歌案、章莹颖案可以发现，留学生在境外的安全现状不容乐观。

与国内学生相比，国家、社会可对留学生采取的安全保护手段较为有限。留学生身在国外，国家、社会无法通过改变境外的制度、政策、治安环境实

---

[1]　参见《中国留学发展报告（2017）》，载全球化智库：http://www.ccg.org.cn/Research/view.aspx？Id=8120，最后访问日期：2018 年 3 月 14 日。

现犯罪的有效预防，从而保护留学生的安全。因此，可以考虑利用犯罪学的新型交叉学科——犯罪被害人学的理论和方法，从被害人的角度出发，研究目前留学生暴力犯罪被害现象和留学生群体的被害性，探索留学生犯罪被害预防对策，从而有效降低留学生被害风险，让留学生在境外安全地学习生活。

一、犯罪被害及被害预防概述

犯罪被害人学（Victimology）属于犯罪学的分支，主要研究内容包括被害人、被害性、被害现象、被害预防、被害援助以及司法制度中的被害人等。[1] 被害人学的相关内容对于研究留学生被害及其预防问题有帮助，在进一步探讨留学生被害问题之前应当了解这些内容。

（一）被害人

被害人有广义被害人、中义被害人和狭义被害人之分。广义的被害人指因刑事犯罪、战争、自然灾害、意外事故、疾病等各种外因遭受侵害的被害人。创造被害人学这一专业词汇的本杰明·门德尔松（Benjamin Mendelsohn，1900—1998）即采用此定义，他将被害人定义为"遭受各种不同类型损害的有关社会的各类被害人"。中义的被害人指犯罪被害人，这里的"犯罪"采用犯罪学中的界定，而非刑法学中的界定。[2] 在判断一行为是否属于犯罪时，犯罪学只考虑客观层面上该行为是否具有社会危害性，而不考虑主观层面上该行为的主体是否具有犯罪故意或过失，也不考虑这一行为是否被刑法明确禁止。[3] 狭义的被害人仅指刑事被害人，即刑事法律中的被害人，也即合法权益受到刑事法律规定的"犯罪"所侵害的人。[4] 这种界定有其历史原因，因为我国最初对被害人的研究是以刑法和刑事诉讼法为基础。[5]

笔者采用中义被害人这一概念，一方面是顺应当前犯罪被害人学研究的主流趋势，另一方面也可规避因国内外刑事法律内容差异导致的研究障碍。

---

[1] 李伟主编：《犯罪被害人学教程》，北京大学出版社2014年版，第3页。

[2] 康树华、张小虎主编：《犯罪学》，北京大学出版社2004年版，第159页。

[3] 张远煌：《论犯罪学犯罪概念与刑法犯罪概念的区别》，载《河南公安高等专科学校学报》2008年第6期。

[4] 赵可、周纪兰、董新臣：《一个被轻视的社会群体——犯罪被害人》，群众出版社2002年版，第3页。

[5] 汤啸天等编著：《犯罪被害人学》，甘肃人民出版社1998年版，第5页。

（二）被害性

学界对被害性的概念有不同主张。本杰明·门德尔松主张，被害性是由于某些社会因素而产生的各种损害中被害人的共同特征。奥地利学者琼·格雷文（Jean Graven，1899—1987）主张，被害性是由内外两方面因素所决定的、让人容易成为被害人的一种特征。[1] 日本学者宫泽浩一（Koichi Miyazawa，1930—2010）主张，被害性是指与犯罪发生有关的各种条件中属于被害人条件的总括。[2] 我国学者主张，被害性是指在特定的自然、历史和社会条件下，由被害人的生理因素和心理因素，如性格、气质、能力、人格倾向等诸主观条件所构成的，恰恰足以使其被害的总体内在倾向性。白建军认为，被害性是来自被害人的有利于犯罪的各种因素。[3] 张建荣认为，被害性是指犯罪被害人自身存在的某些有意或无意的易遭被害的主客观因素从而导致被害发生的特性。[4] 而李伟认为，被害性是诱发或强化犯罪行为发生的被害人的自身因素和外部因素的总称。[5]

有学者曾对上述不同的概念界定进行了总结与辨析。赵国玲对我国学者的主张进行了总结：首先，我国学者对被害性的界定基本都能紧密围绕着被害人，体现此概念与被害人自身密切相关；其次，对被害性的认识从仅包含主观因素的"一元论"逐渐发展为主观因素与客观因素并存的"二元论"，目前学界主要倾向于后一种观点——被害性既包含心理特征等主观因素，也包含社会地位等客观因素。[6] 另外，赵可曾对"被害性"与"被害原因"的概念进行了辨析：被害性是作为犯罪的有利条件而存在的，只是"诱发"了犯罪，并不是"导致"了犯罪和被害的产生。[7] 笔者认同这两位学者的见解。

---

〔1〕 赵可、周纪兰、董新臣：《一个被轻视的社会群体——犯罪被害人》，群众出版社2002年版，第31页。

〔2〕 张智辉、徐名娟编译：《犯罪被害者学》，群众出版社1989年版，第38页。

〔3〕 白建军：《犯罪学原理》，现代出版社1992年版，第225页。

〔4〕 张建荣：《论犯罪被害人的本质特征》，载《中央政法管理干部学院学报》1997年第1期。

〔5〕 李伟主编：《犯罪被害人学教程》，北京大学出版社2014年版，第97页。

〔6〕 赵国玲主编：《中国犯罪被害人研究综述》，中国检察出版社2009年版，第69页。

〔7〕 赵可、周纪兰、董新臣：《一个被轻视的社会群体——犯罪被害人》，群众出版社2002年版，第96页。

据此，本文将被害性界定为被害人自身具有的某些可能诱发犯罪人对其实施犯罪的主观和客观特征。

关于被害性具体包含的内容，国内外学界也是众说纷纭，此处仅总结其中几种代表性观点。第一种观点主张，被害性包含诱发性和易感性。这种观点由日本学者宫泽浩一提出。诱发性指的是被害人的特征或行为中可能具有某些引诱犯罪人对其实施犯罪的因素；易感性指的是被害人在无意识中可能具有对被害的顺应倾向，容易接受犯罪人的诱导从而成为被害人。[1] 第二种观点主张，被害性包括倾向性、受容性和敏感性。其中，倾向性指的是被害人在主观层面和客观层面存在的容易遭受犯罪侵害的某些倾向；受容性指的是被害人在气质和心理等主观层面存在的使自己接受这种被害角色的特性；敏感性指的是被害人对自己被害的潜在可能或者已经发生在自己身上的被害事实存在某种自觉。第三种观点主张，被害性包括自身因素和外部因素。这种观点由我国学者李伟提出。具体而言，自身因素可能包含被害人的人口统计学特征、生活方式特征、心理特征等，外部因素可能包含不良的家庭、社区环境，司法保护和社会救助机制缺失等。[2]

笔者部分接受第三种观点。此观点一方面将被害性理论、生活方式暴露理论以及日常活动理论等著名理论融入被害性内容的阐述中，对现有的研究成果进行了整合；[3] 另一方面，不同于以往学者倾向于对被害性内容做抽象的理论划分，此观点将这一问题落实到较为具体的方面，便于进行区分和研究。不过，笔者也坚持认为被害性这一概念应紧密围绕被害人自身，而不应该牵涉到社区环境、司法保护等外部因素。所以笔者不采纳李伟将外部因素纳入被害性内容的观点。

（三）被害预防

在深入讨论中国留学生境外被害预防问题之前，首先应了解被害预防的基本内容。

---

〔1〕 张智辉、徐名娟编译：《犯罪被害者学》，群众出版社 1989 年版，第 38 页。

〔2〕 李伟主编：《犯罪被害人学教程》，北京大学出版社 2014 年版，第 97 页。

〔3〕 参见赵国玲主编：《中国犯罪被害人研究综述》，中国检察出版社 2009 年版，第 77 页。

1. 被害预防的概念和特征

对于被害预防的概念，学界有不同观点。持"自我防范说"的学者主张，被害预防是针对潜在被害人易被害条件所采取的，用于预防被害的一系列自我防范措施。[1] 持"个性说"的学者主张，被害预防是根据潜在被害人具有的某些易招致被害的个性采取的一些针对性措施，从而防止他们真正成为被害人。[2] 持"被害人角度说"的学者主张，被害预防是根据现有被害教训，总结防止被害的有效手段。[3] 持"总和说"的学者主张，被害预防是社会、群体和个人为防止被害而实施的所有能够降低被害几率的对策总称。

笔者认为，被害预防是指社会、群体和个人从被害人角度出发，根据其被害性和被害教训，为预防被害而采取的各种防范措施。理解被害预防的概念，最重要的在于把握三个核心特征：第一，被害预防以被害人为视角，这是其与犯罪预防的根本差异；第二，被害预防的目的在于防范被害，其中包括初次被害和再次被害；第三，被害预防的主体具有多元性，方法具有综合性，即被害预防可能是国家、社会、个体多方面采取的综合对策体系，而不只限于"自我防范"。

2. 被害预防的层次和阶段

按照层次和阶段，可以将犯罪被害预防划分为若干类型。

一方面，按层次划分为社会被害预防、群体被害预防和个体被害预防。社会被害预防指的是国家或地区有关部门根据一定时间、空间下被害现象的总体特征，或者根据一类被害人的共同特征，所制定和实施的被害预防对策。群体被害预防指的是社区、学校、单位等组织开展的避免自身或组织成员被害的各种活动。[4] 个人被害预防指的是个人根据自身知识、经验和外部宣传、教育所采取的避免犯罪侵害的活动，这主要是从微观角度进行的被害预防，[5] 它的核心在于自我防范。

---

[1] 汤啸天等编著：《犯罪被害人学》，甘肃人民出版社 1998 年版，第 205 页。

[2] 郭建安主编：《犯罪被害人学》，北京大学出版社 1997 年版，第 205 页。

[3] 史焕章、武汉主编：《犯罪学概论》，中国政法大学出版社 1993 年版，第 182 页。

[4] 李伟主编：《犯罪被害人学教程》，北京大学出版社 2014 年版，第 104 页。

[5] 任克勤：《被害人学新论》，广东人民出版社 2012 年版，第 263 页。

另一方面，按阶段划分为被害前预防、被害中预防、被害后预防。被害前预防指的是在犯罪发生之前采取的防止遭受犯罪侵害的活动。被害中预防是指在犯罪行为进行时，采取有效措施（例如躲避、防御、抗争等）防止被害结果进一步加重的活动。被害后预防指的是在遭受犯罪侵害之后，为了避免再次受到侵害而采取的各类活动。

3. 被害预防的价值和局限

被害预防具有独特的价值。首先，被害预防能调动民众积极性。被害预防通过消解潜在被害人的某些特性降低其被害可能，使他们不再消极被动地等待侵害，而是出于维护自身人身和财产安全的强烈愿望，自觉主动地采取措施预防被害。其次，被害预防比犯罪预防更容易。犯罪预防需要改善犯罪人的社会环境，及早干预潜在犯罪人，增加犯罪成本。但是，被害预防只需要通过对被害性的认识与干预降低被害的可能。[1] 最后，被害预防比犯罪预防更经济。被害预防所耗费的资源更少，能够以最低的成本获得最高的收益。[2]

然而，被害预防的价值不应被过分夸大。首先，有学者认为被害预防事实上只是使犯罪活动发生了转移，而不是真正减少了犯罪数量。换言之，一些人采用的被害预防策略事实上会使另一些警惕性略低或无力反抗的人遭到犯罪侵害，犯罪只是在时间、空间上进行了重新分配。[3] 其次，有学者提出被害预防的实施难度并不低，因为人的意识和实际行动是两个层面上的事情。例如，人们都知道脾气暴躁的人容易受到伤害，但在生活中真正克服自己的脾气并不容易。[4] 最后，被害预防的适用情境有限。有时候，尽管被害人已经尽最大努力落实了被害预防措施，但一旦突然遭遇暴力犯罪，仍然很难避免被害结果的发生。例如，如果一名女留学生的男朋友来到她的住处，突然与她发生激烈争执并杀害了她，该女留学生的无辜室友很可能因为"灭口"

〔1〕 郭建安主编：《犯罪被害人学》，北京大学出版社 1997 年版，第 318~320 页。

〔2〕 任克勤：《被害人学新论》，广东人民出版社 2012 年版，第 250 页。

〔3〕 ［美］安德鲁·卡曼：《犯罪被害人学导论》（第 6 版），李伟等译，北京大学出版社 2010 年版，第 109 页。

〔4〕 赵国玲：《被害预防之我见》，载《中央政法管理干部学院学报》2000 年第 3 期。

或其他原因被杀害。目前已有多名女留学生因为类似原因被害。[1]

尽管学界对于犯罪被害预防的价值评价不一，但是被害预防绝不是无足轻重的，它在一定程度上确实能够保护一些被害人免受侵害。另外，对于某些群体，例如本文所研究的留学生群体，国家、社会无法像对国内学生一样，通过全方位的犯罪预防使其避免被害。在此条件下，被害预防的功能就得到凸显。

二、中国留学生暴力犯罪被害现象研究

为了准确地了解中国留学生暴力犯罪被害现象，笔者通过一定方式对这种现象进行了多方面研究。

（一）研究方法

由于笔者现阶段的调查能力有限，无法直接对广大留学生群体进行系统的被害调查，所以主要采用的研究方法是文献研究（document study）、案例研究（case study）和调查研究（survey research）。

文献研究法指的是通过研究现有文献材料来探讨和分析各类社会现象的研究方法。其中，内容分析法（content analysis）主要用于对各种大众传媒信息进行的分析，它是一种对传媒所显示出来的内容进行客观、系统、定量描述的研究技术。[2] 在被害人学研究方面，运用内容分析法也可以获取一些非常有价值的信息。[3] 本文中，笔者运用内容分析法，借助人民网等权威网站，广泛地搜集了从 1991 年到 2017 年来中国留学生在境外遭受暴力犯罪致死的案例，得到了 55 个可用案例（涉及被害致死中国留学生 61 名）。然后在此基础上进行了定量分析，研究中国留学生在境外遭遇暴力犯罪致死案例的总体特征分布。

另外，案例研究法是指以个人、家庭、团体、机构和社区等为研究对象，

---

〔1〕 朱峰：《留学生情杀案震惊日本 日媒：应学会妥善处理情感》，载中国新闻网：http：//www.chinanews.com/lxsh/2012/02-22/3688421.shtml，最后访问日期：2018 年 4 月 9 日；许文金、张丽娅：《日警方再次逮捕涉嫌杀害中国姐妹案凶手 嫌疑人一直保持缄默》，载人民网，http：//japan.people.com.cn/n1/2017/0811/c35421-29465787.html，最后访问日期：2018 年 4 月 9 日。

〔2〕 风笑天：《社会研究方法》（第 4 版），中国人民大学出版社 2013 年版，第 207 页。

〔3〕 张鸿巍：《刑事被害人保护的理念、议题与趋势——以广西为实证分析》，武汉大学出版社2007 年版，第 128 页。

深入案例中，广泛收集资料，了解被害和被害人问题的社会调查方法。[1] 其中具体方法有典型案例分析法和案件归类分析法。[2] 本文中，笔者先根据被害原因对案件分类，然后挑选出每类案件中具有代表性的典型案例，再结合这些典型案例分析每一类案件的特征。

最后，调查研究是利用自填式问卷或结构式访谈直接从人群样本中获取资料并对其进行统计、分析来探究社会现象的研究方法。[3] 本文中，笔者采用网上发放问卷的方法，在 2018 年 3 月针对将于该年夏季出国留学的准留学生群体进行了被害预防意识调查，回收问卷 87 份。笔者根据问卷结果分析了目前准留学生的安全防范意识。

（二）总体分布

经过统计上述案例，笔者得到结果如下。

从性别上来看，在 61 个被害留学生中，男性有 26 名，占样本总数的 43%；女性有 35 名，占样本总数的 57%（参见图 1）。在不同案件类型中，男性与女性的比例有一定差别。例如，在因感情纠纷被杀害的 12 名留学生中，

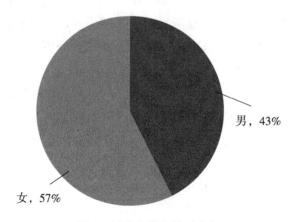

男，43%

女，57%

图 1　被害留学生性别分布

---

〔1〕 张鸿巍：《刑事被害人保护的理念、议题与趋势——以广西为实证分析》，武汉大学出版社 2007 年版，第 128 页。

〔2〕 任克勤：《被害人学新论》，广东人民出版社 2012 年版，第 15 页。

〔3〕 风笑天：《社会研究方法》（第 4 版），中国人民大学出版社 2013 年版，第 143 页。

女性占了 10 名，占绝大多数；而因发生抢劫最终导致死亡的 15 名留学生中，女性却只占 6 名，比例较低。

从案件发生国家来看，在 55 个案件中，在美国发生的案件比例高达 43%，几乎占了半数；其次是澳大利亚、日本、加拿大等热门留学国家；在其他国家中，中国留学生被害案例较少（参见图 2）。

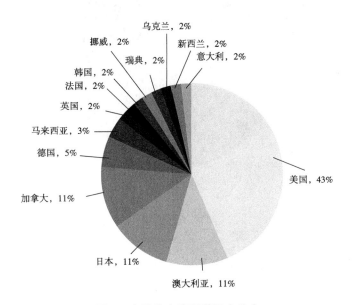

图 2　案件发生的留学国家分布

从被害原因来看，在 61 个被害留学生中，因抢劫和感情纠纷被害的比例最高，分别占 24% 和 18%；其次是强奸和琐事争执，分别占 13% 和 10%；另外值得注意的是，其中有 5% 的留学生本来不是犯罪人的目标，他们只是犯罪发生时恰巧在场，因为灭口等原因被连累杀害（参见图 3）。

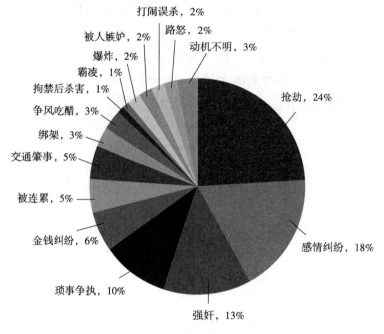

图 3 被害原因

从被害地点来看，在 55 个案件中，36%的案件发生在街道，36%发生在住宅（其中 16%发生在被害人住处，13%发生在犯罪人住处，7%发生在两者同居地），5%发生在学校，4%发生在酒吧、俱乐部等娱乐场所（及其门口），4%在旅馆（参见图 4）。

王志强等人在 2005 年针对暴力犯罪的研究表明，就被害地点而言，在街巷中发生的案件比例最高，占 32.92%；居于第二位的是在住宅内发生的案件，占 14.14%；随后是在酒店、餐厅或旅馆中发生的案件，占 6.88%。[1]

---

〔1〕 王志强：《暴力犯罪被害人问题的实证研究》，载《中国人民公安大学学报（社会科学版）》2007 年第 4 期。

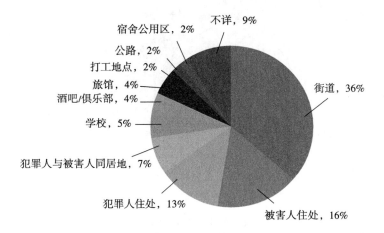

图 4　被害地点

从被害时间上来看，虽然不是每个案件都可获知被害的具体时间，但对于有时间记录的案件而言，一般发生在夜晚或凌晨。

王志强等人的研究表明，就被害时间而言，在 19 点至 24 点发生的案件比例最高，占 47.61%；然后是在下午发生的案件，占 23.06%。[1]

由此可见，在时空特征上，笔者统计得到的留学生暴力犯罪被害分布与一般暴力犯罪的被害分布是接近的。

从犯罪人与被害人的关系来看，在 61 个被害留学生中，半数以上（57%）是被熟人杀害，43%是被陌生人杀害；具体而言，被情侣、前情侣或（前）夫、妻杀害各 18%，16%被同学杀害，3%被亲戚杀害，2%被同事杀害，另有 18%被其他熟人杀害（参见图 5）。

---

〔1〕　王志强：《暴力犯罪被害人问题的实证研究》，载《中国人民公安大学学报（社会科学版）》2007 年第 4 期。

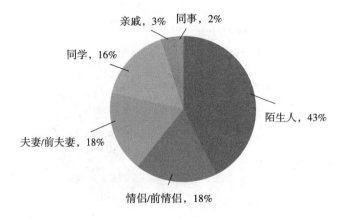

图 5　犯罪人与被害人关系

（三）分类分析

通过分析以上数据，笔者发现留学生因抢劫、感情纠纷、强奸和琐事争执被杀害的频率最高，笔者分别分析这几种类型的案件，并给出每一类中具有代表性的典型案例，从而试图总结这几种案件的共性。

1. 因抢劫而被害

在留学生因遭遇抢劫而被杀害的案件中，最常见的情形是被害人在夜间独自出行时，突然遭遇陌生犯罪人抢劫而被害。纪欣然被五劫匪殴打致死案是这种类型的典型案例。2014 年 7 月 24 日深夜，美国留学生纪欣然与同学结束讨论后，在校园附近被五名青少年殴打抢劫。两名女劫匪走向纪欣然问他有什么财物，但他"好像在说中文"，劫匪没听懂就朝他脸上揍去。纪欣然被围攻后曾挣脱，但又被追上，头部被棒球棒击中，挣扎回到公寓后伤重而亡。犯罪人 Guerrero 被捕后表示选中纪欣然打劫，因为"他是中国人，中国人肯定有钱"。[1]

---

〔1〕 鲍文玉：《留美学生遭劫后身亡 嫌犯：他是中国人，肯定有钱》，载中国新闻网：http：//www. chinanews. com/gj/2016/10-09/8024926. shtml，最后访问日期：2018 年 3 月 24 日；左盛丹：《中国留学生纪欣然在美遇害案女凶终定罪》，载中国新闻网：http：//www. chinanews. com/sh/2016/10-14/8032222. shtml，最后访问日期：2018 年 3 月 24 日；郭炘蕲：《中国留学生纪欣然遇害案主犯被判终身监禁》，载中国新闻网：http：//www. chinanews. com/gj/2017/08-17/8307374. shtml，最后访问日期：2018 年 3 月 24 日。

"纪欣然被五劫匪殴打致死案"反映出此类案件的一些共性，值得研究思考。

首先，一些被害人容易成为犯罪人的目标，是由于犯罪人认为侵害他们可获得更高预期利益。在一些案件中，被害人自身存在疏忽，使他人发现自己身上带有大量财物，从而成为犯罪被害对象。例如，留学生孙坤曾因为不慎让同学知道了自己二手车交易的时间地点，导致在交易完成后被潜伏在附近的犯罪人劫杀[1]。在另一些案件中，被害人尽管本身没有明显的露富行为，却因为某些特征被误认为富有。例如，本案中纪欣然仅仅是因为"他是中国人，中国人肯定有钱"吸引了犯罪人的注意，又如，留学生瞿铭、吴颖曾驾驶价格较低的二手宝马外出，却因车子没来得及挂牌被犯罪人误认为新宝马，从而遭遇抢劫和杀害。[2]

其次，一些抢劫犯罪被害人本不至于被杀害，却因为被害时、被害后不当的应对措施，使被害结果进一步加重。本案中，被害人在夜深人静的僻静街道被拥有武器、驾驶汽车的数名犯罪人围攻，此时无论是反击、逃跑还是求助都很难成功，更合理的措施是直接交出财物以脱身。而本案中纪欣然却留恋财物，最后被穷追不舍、殴打致死。另一起抢劫案中，女留学生张瑶遭到三名难民抢劫，财物被抢走而自身安然无恙，但张瑶却试图追赶劫匪，途中跨越了铁道隔离带，结果被高速驶过的列车撞击致死。[3] 这都表明被害人在被害时所采取的应对措施对被害结果具有重要影响。

2. 因感情纠纷而被害

在因感情纠纷而被杀害的中国留学生中，主要可以分为两大类别：一类是因为拒绝求爱被杀，另一类是因为移情别恋被杀。

---

〔1〕 苏祥新：《中国留学生在马来西亚遭劫杀恶性案件已告侦破》，载中国网：http://www.china.com.cn/chinese/kuaixun/1042786.htm，最后访问日期：2018 年 3 月 24 日。

〔2〕 孔庆玲：《中国两留学生在美遭枪杀 被误贴"富二代"标签》，载中国新闻网：http://www.chinanews.com/gj/2012/04-13/3817756_2.shtml，最后访问日期：2018 年 3 月 24 日；李欢：《留学生情侣洛杉矶遭枪杀 嫌凶判终身监禁家属不服》，载中国新闻网：http://www.chinanews.com/edu/2014/11-25/6811578.shtml，最后访问日期：2018 年 3 月 24 日。

〔3〕 李锋等：《海外留学如何开启"安全模式"》，载人民网：http://xjr.people.cn/n1/2018/0206/c416168-29809036.html，最后访问日期：2018 年 4 月 5 日。

"杨欣被追求者斩首案"是第一种类别的典型案例。此案中，朱海洋在大学餐厅里持刀攻击同学杨欣，并在后者死亡后割下其头颅。之前朱海洋对杨欣展开追求，但是杨欣已有男友并计划结婚，所以拒绝了他，朱海洋因此动了杀机。[1] 在留学生因拒绝求爱被杀的案件中，犯罪的发生往往具有突发性和不可预测性，常常是犯罪人突然持凶器出现在被害人面前进行攻击。分析此类案件可以发现，不少犯罪人是因为掌握了被害人的行踪从而在公共场所找到被害人。事实上，被害人本可以对自己的行踪保密，或请求身边好友不要泄露自己的行踪，但却因为缺乏防范意识导致最终被犯罪人杀害。

"邵童被'周末男友'扼杀案"是第二种类别的典型案例。当时邵童爱上另一个男生，并提出周一到周五陪该男生，周末再陪男友李向南，遭到了后者的拒绝，随后两人发生争执，争执中李向南掐了邵童的脖子，导致她窒息死亡。[2] 在留学生因移情别恋被杀的案件中，被害人往往具有不同程度的过错，犯罪人因为被害人移情别恋或者怀疑被害人移情别恋而产生了犯罪动机。如果被害人能够妥善处理人际关系，则本可以避免被害结果的发生。

3. 因强奸而被害

在留学生因遭遇强奸被杀害的案件中，最常见的情形是被害人在夜晚独自出行时遭遇陌生犯罪人，被后者殴打并强奸。"焦丹深夜打工回家被奸杀案"是这种类型的典型案例。焦丹在深夜打工结束后，乘火车返回所住地区，并由车站步行回家。在离合租的房屋仅数米距离之处，焦丹被犯罪人韦特殴

---

〔1〕 张冬冬：《弗州理工一名中国留学生涉嫌刺死女性朋友被捕》，载中国新闻网：http://www.chinanews.com/hr/lxs/news/2009/01-22/1539231.shtml，最后访问日期：2018年3月24日；李洋：《美国弗吉尼亚理工大学发生中国学生凶杀案》，载中国新闻网：http://www.chinanews.com/gj/bm/news/2009/01-23/1540190.shtml，最后访问日期：2018年3月24日；朱峰：《求爱不成将女友斩首中国博士生被判终身监禁》，载中国新闻网：http://www.chinanews.com/lxsh/news/2010/04-21/2238469.shtml，最后访问日期：2018年3月24日。

〔2〕 吴合琴：《中国女留学生邵童在美被害案：嫌犯李向南受审》，载中国新闻网：http://www.chinanews.com/hr/2016/03-23/7807925.shtml，最后访问日期：2018年3月24日；吴合琴：《中国留美学生掐杀女友案宣判 嫌犯一审被判无期》，载中国新闻网：http://www.chinanews.com/hr/2016/06-22/7913635.shtml，最后访问日期：2018年3月24日。

打并强奸，然后再遭扼死，被弃尸于一所房屋前的草坪。[1]

在这类案件中，一旦犯罪发生，被害人由于体力的劣势很难反抗成功，难以避免被害结果的发生，因此更需要在被害前采取预防措施，例如尽量避免在夜深人静时独自外出。在本案中，焦丹选择了夜晚在距离住处较远的地方打工，这本身具有较大的风险。但即使这样，焦丹在回到住处时，也本可以请求合租室友在附近接应一段，从而防止危险发生。

在因遭遇强奸被杀害的留学生中，大多数像焦丹一样，是遭遇犯罪人的暴力殴打后被强奸。但仍有少数案件，被害人是因为对陌生人盲目信任，接受了犯罪人诱骗后步入其圈套，然后被强奸并杀害，例如"李洋洁夜跑遇害案"。李洋洁在夜晚出门锻炼身体时遇到德国女子辛雅，后者以需要帮忙搬箱子为理由将她诱骗至自己住处。结果李洋洁遭到辛雅及其男友塞巴斯蒂安的殴打，塞巴斯蒂安还多次强奸李洋洁。这对情侣将重伤的李洋洁抛弃到一处灌木丛中。最终李洋洁因伤势过重身亡。[2]

4. 因琐事争执而被害

不少留学生因为琐事与他人发生争执，双方互不相让，使得口角升级为暴力冲突，最终导致极为严重的被害结果。"刘泰郎和田林海在酒吧与人冲突被杀案"是这种类型的典型案例。在加拿大留学的两名中国学生在考试结束后，与另三位同学来到一处酒吧唱歌。凌晨，这两名中国学生因争夺洗手间与几名越南裔客人发生口角，并在洗手间门口与他们发生肢体冲突。刘、田被同学拉住后回到自己包厢。然而之后一名越南裔男子突然冲入包厢向他们射击，两人先后死亡。[3]

---

〔1〕 王海波：《澳洲中国女留学生焦丹遇害案：凶手被判终生监禁》，载中国新闻网：http://www.chinanews.com/hr/hr-lxs/news/2009/07-02/1758235.shtml，最后访问日期：2018年4月5日。

〔2〕 王忠会：《留德女生遇害案女嫌犯认罪：帮男嫌犯杀人抛尸》，载中国新闻网：http://www.chinanews.com/hr/2017/01-17/8126485.shtml，最后访问日期：2018年3月24日；何路曼：《李洋洁在德遇害始末 曾被凶手女友问"是否有性病"》，载中国新闻网：http://www.chinanews.com/gj/2017/08-08/8298250.shtml，最后访问日期：2018年3月24日。

〔3〕 余瑞冬：《驻加使馆证实两名中国留学生在渥太华遭枪击身亡》，载中国新闻网：http://www.chinanews.com/news/2005/2005-12-07/8/661767.shtml，最后访问日期：2018年3月24日；肖烁：《被枪杀中国留学生身份已确认 凶手疑为越南人》，载中国网：http://www.china.com.cn/chinese/kuaixun/1055366.htm，最后访问日期：2018年3月15日。

笔者研究发现，该类案件超过半数发生在酒吧、俱乐部等娱乐场所及其门口。部分留学生喜欢深夜在此类娱乐场所玩乐，而此时此地可能聚集着各种不良人员，增大了他们遇到潜在犯罪人的可能性；另外，在此地人们常常无法避免饮酒，使他们因琐事发生冲突后容易采取激进的方式处理，这又进一步增大了被害的可能性。

三、中国留学生被害性分析

中国留学生的被害性主要可以从年龄特征、生活方式、心理特征和安全意识四个方面分析。

（一）年龄特征

留学生群体在年龄上较为集中，主要是青年、青少年。启德教育[1]的数据显示，2012—2016 年，意向出国读本科、高中及以下学历的中国学生比例增加了 13%，增至 36%；而攻读硕士、博士的留学生比例则增速放缓。[2] 由此可见，随着留学生低龄化趋势的发展，留学生将更多地集中在本科及以下阶段，即 22 岁以下的青年、青少年。

青年、青少年是最容易遭受犯罪侵害的人群之一。首先，根据被害恐惧和被害避让的观点，该年龄段属于人的体力最为旺盛的时期，这在一定程度上降低了他们对外界危险的认识。[3] 其次，该年龄段的人群身心发育还不够成熟，可能存在敏感、好强、易产生情绪波动、行事方式简单而感性的特征。[4] 最后，该年龄段的人群一般缺乏社会经验，不易认识到社会的阴暗面，容易对他人盲目信任，从而成为犯罪的侵害对象。上文中"李洋洁夜跑遇害案"就是典型的例子。

（二）生活方式

留学生的生活方式与国内学生相比存在一些差异，这使其暴露在不同的

---

〔1〕 参见启德留学教育：http://www.eic.org.cn/eic/about，最后访问日期：2018 年 4 月 11 日。

〔2〕 周璇：《美媒：中国赴美低龄留学生增多 名校申请开始变难》，载人民网：http://world.people.com.cn/n1/2016/1221/c1002-28966840.html，最后访问日期：2018 年 4 月 8 日。

〔3〕 王志强：《暴力犯罪被害人问题的实证研究》，载《中国人民公安大学学报（社会科学版）》2007 年第 4 期。

〔4〕 李莉莎：《大学生的犯罪被害性与被害预防对策研究》，载《西南民族大学学报（人文社会科学版）》2006 年第 10 期。

危险情境中。这种观点的理论依据来自美国犯罪学家迈克尔·詹姆斯·欣德兰（Michael James Hindelang，1945—1982）提出的"生活方式暴露理论"。该理论认为，一个人之所以容易成为被害人是因为他具有某种特定的生活方式，这种生活方式使其暴露在某种易被害的情景中，或使其经常遇到潜在犯罪人。[1]

首先，不同于国内大多数大学生住在校园宿舍里，很多留学生选择在校外租房住宿；另外，由于国外的生活成本显著较高，很多留学生选择在校外打工减轻自己的经济负担。如此一来，这些学生经常需要在晚上结束学习或打工后独自回到住处。前文已提及，有很多留学生是因为深夜结束学习或打工后在街道上被害。

其次，在欧美大学中派对文化盛行，社交生活非常丰富。不少留学生到了国外后出于追求新鲜刺激或者排遣寂寞的心理，喜欢参加各种聚会，出入酒吧、歌厅等娱乐场所。而对这些娱乐场所可能潜藏的风险，目前留学生尚缺乏足够认知。笔者通过问卷调查发现，对于聚会时离过手的饮料，17.24%的准留学生表示会"不介意，拿起来继续喝"，而并未意识到有人暗中添加迷幻物质或毒品的可能性。另外，此类娱乐场所人员混杂，且饮酒后情绪易冲动，如果稍有摩擦则可能升级为暴力事件。上文中"刘泰郎和田林海在酒吧与人冲突被杀案"就是此类案件的典型代表，其他类似的还有 2008 年的闫明案[2]和石小宁案[3]。经常出入此类场所的留学生事实上将自己暴露在了易被害的情境中，提升了被害的风险。

留学生群体的生活方式具有较高风险，他们因此更可能被害。

---

[1] 李伟主编：《犯罪被害人学教程》，北京大学出版社 2014 年版，第 123~124 页。

[2] 许玉燕：《在法国遇害天津籍留学生闫明骨灰 5 月 4 日正式安葬》，载中国网：http：//www.china.com.cn/overseas/txt/2008-05/05/content_15064762.htm，最后访问日期：2018 年 3 月 21 日。

[3] 王海波：《日本大阪警方逮捕杀害中国留学生石小宁的嫌疑人》，载中国新闻网：http：//www.chinanews.com/hr/lxs/news/2008/05-19/1254467.shtml，最后访问日期：2018 年 3 月 24 日；李红伟：《杀害中国留学生石小宁的日本凶嫌落网 疑有他因》，载中国新闻网：http：//www.chinanews.com/hr/lxs/news/2008/05-20/1255636.shtml，最后访问日期：2018 年 3 月 24 日；张庆华：《殴打中国留学生石小宁致死的日本人被告认罪》，载中国新闻网：http：//www.chinanews.com/gj/yt/news/2008/09-16/1383646.shtml，最后访问日期：2018 年 3 月 24 日。

（三）心理特征

对比国内学生，留学生孤身来到陌生的国家学习生活，更容易产生各类心理问题。国内外学者的研究均证实了这一观点。我国有学者发现，在留学生中常容易出现孤独封闭、急躁易怒、焦虑抑郁等心理问题；[1] 根据症状自评量表（SCL-090）的测评结果，留学生的恐怖、偏执、强迫、精神病性因子分明显高于中国青年常模。[2] 这主要由以下几方面的因素导致：与多元文化人群交往、经济压力、因语言障碍引起的学习困难、孤独和精神生活匮乏。[3] 美国也曾有研究表明，44%的留学生不能很好地管理自己的情绪和压力。[4] 留学生的心理问题一方面提升了他们犯罪的可能性，因为遭受上述压力的留学生容易在丧失理智的情况下做出杀害同学的行为；一方面也提升了他们被害的可能性，因为他们在遭受此类压力的情况下也更容易与人产生挑衅、争吵或肢体冲突，而冲突一旦升级则容易导致暴力犯罪。

（四）安全意识

笔者通过问卷调查发现，目前留学生缺乏必要的安全防范意识。以居住安全意识为例，笔者的问卷调查结果如下：59.7%的人没有回家开门前环顾四周以防犯罪人尾随的习惯，22.99%的人表示如果只是因散步、倒垃圾而暂时离开就不会锁门，3.45%的人表示只有离开超过一天才会锁门，4.6%的人则直接表示离开时不会锁门。如果回到住处并发现门窗有异样，27.59%的人选择独自进屋查看，55.17%的人选择叫来友邻一起进入，仅有10.34%的人选择立即通知警方并在安全地点等候——事实上，前两种选择都有可能遭遇入室窃贼或劫匪，如果犯罪人携带凶器则极有可能产生生命危险。

由此可见，目前留学生自身的安全防范意识较弱，因此有必要对他们进行适当的安全培训与教育。

---

〔1〕 李萍：《留学生跨文化适应中的心理障碍与社会行为问题研究》，载《浙江万里学院学报》2009年第6期。

〔2〕 胡芳等：《在华留学生心理健康状况调查》，载《临床心身疾病杂志》2007年第1期。

〔3〕 孙颖等：《跨文化适应和生活事件超载的博弈分析》，载《天津大学学报（社会科学版）》2006年第2期。

〔4〕 雷五明：《国内外关于留学生心理健康教育研究述评》，载《教育与职业》2013年第11期。

四、中国留学生境外暴力犯罪被害预防对策

中国留学生境外暴力犯罪被害预防对策主要可以从社会被害预防、群体被害预防和个体被害预防三个层次讨论。

（一）社会层面的对策

在社会层面，一方面要督促各驻外领馆强化安全预警机制，让留学生在被害前尽可能了解留学国家、城市的治安情况，从而采取相应的被害预防措施；另一方面要建设被害援助制度，让留学生在被害后能够得到各方面的帮助与支持，从而预防被害结果加重和再次被害。

1. 强化领事安全预警

为了完善留学生境外犯罪被害预防体系，我国各驻外领馆应强化安全预警机制。笔者访问了我国驻美国、澳大利亚、日本等国各国各地若干不同总领事馆的官方网站，发现其中均有专栏提供安全预警信息，但信息质量参差不齐。其中驻美国纽约总领事馆和驻澳大利亚墨尔本总领事馆等发布了专门针对留学生的安全预警指南，但也有部分领馆，例如驻日本大阪总领事馆等，并未发布任何针对留学生的安全预警，仅有一些针对极端天气或电信、金融诈骗的预警。各驻外领馆可以通过下列途径加强安全预警：在方式上，通过网络、电话、手册、电视、广播、公众活动等多渠道提供安全预警信息；在内容上，将留学生犯罪被害的典型案例进行整理，按照类型汇编成册，采用图文并茂的形式向留学生介绍这些案例，然后针对不同的案件类型给出权威专家的安全建议。[1] 这样可以切实提升留学生的安全意识。

2. 建设被害援助制度

被害援助是指国家有关部门、社区、社会组织或个人给予被害人的，诉讼救济之外的法律、经济、医疗、心理和其他方面的支持与帮助。[2] 对于因境外暴力犯罪被害的中国留学生，可以提供以下援助：第一，向受害的留学生及其亲属提供法律援助。可以设立专门面向中国留学生的法律援助机构，鼓励国外的华人律师加入，为在境外遭遇暴力犯罪的中国留学生提供法律服

〔1〕 夏丽萍：《美英领事保护预警机制的特点及对我国的启示》，载《外交评论（外交学院学报）》2006 年第 1 期。

〔2〕 李伟主编：《犯罪被害人学教程》，北京大学出版社 2014 年版，第 256 页。

务。在必要时减免法律服务费用，相应的费用可以由国家补贴。第二，向受害的留学生及其亲属提供经济援助。对于前往国外处理留学生被害案件的亲属，可以为他们提供食宿、交通上的经济帮助。可以联合各公益组织设立专门的基金，为此项经济援助提供资金来源。第三，向被害留学生及其亲属提供心理援助。如果留学生遭受暴力犯罪，留学生自身及其亲属很可能会因此产生一系列的心理问题，如形成创伤后的应激障碍。对此，可以设立相应的公益组织，让专业人员为留学生及其亲属提供心理咨询或心理治疗。

（二）群体层面的对策

在群体层面，一方面要督促国内教育机构开展对留学生出行前的安全知识培训；另一方面要建立群体互助机制，鼓励同城、同校的留学生互相帮助，提升群体凝聚力，从而预防被害。

1. 强化安全知识培训

留学机构、国内学校应强化对留学生的安全知识培训，从而使其掌握必要的自我防范措施。首先，留学机构应当为学生提供安全培训。留学机构应当增设留学安全培训课程，设定安全培训最低课时数量，并做好安全风险评估，[1] 从而落实留学生犯罪被害预防工作。其次，国内学校也应当完善安全教育制度。不仅要关注自然灾害应对、意外事故处理等问题，而且要关注犯罪被害预防这一问题；不仅要关注校园内部的安全管理问题，而且要关注学生走出校门甚至国门后的安全防范意识问题。

2. 建立群体互助机制

同城、同校的留学生自发建立互助群体，也是实现群体犯罪被害预防的有效策略。调查发现，抢劫是导致留学生在境外被害的首要原因，而很多留学生之所以容易遭到抢劫，是因为他们需要在夜间独自出行。笔者认为，通过让留学生建立互助群组，可以帮助留学生们在国外找到更安全的居住社区，也可以帮助留学生结识同胞甚至同乡，从而在日常生活中互相帮扶照应。例如，他们在结束学习后可以结伴回到住处，以防在途中因为落单而成为犯罪

---

〔1〕 宋可：《中国海外留学生安全保护问题研究》，载《齐齐哈尔大学学报（哲学社会科学版）》2017 年第 3 期。

人的目标。另外,如前所述,留学生在出国后容易因学业、经济、人际交往等压力而产生各类心理问题。留学生互助群体可以通过共享学习、勤工助学信息,帮助留学生克服学习生活中的种种困难,从而预防各类心理问题的出现,进而预防犯罪被害。

(三) 个人层面的对策

在个人层面,留学生应当在被害前增强防范意识,在被害中机智应对犯罪,并且在被害后及时寻求救济,从而实现犯罪被害预防。

1. 增强防范意识

留学生本人应当在日常生活中增强防范意识,规避被害风险,防止被害发生。首先,留学生应当规避易被害时空。根据回避策略(avoidance strategies)和风险管理策略(risk-management tactics)学说,若要避免成为犯罪被害人,核心方法之一是避免某种高风险的生活方式,从而避开犯罪高发的时空,并避免与犯罪人接触。[1] 按照此类理论,对于留学生群体而言,他们应当通过下列方式规避易被害时空:一是尽量避免深夜在外逗留,即使不得不在深夜行动,也应当尽量结伴而行,并避开僻静或混乱的地区;二是尽量避免进入人员混杂的娱乐场所,并在朋友聚会时注意饮酒适度。其次,留学生应当注意自我言行和人际交往。留学生应当在日常生活中保持低调作风,切勿露富,避免吸引犯罪人的注意。对于陌生人,应当保持必要警惕,谨慎对待其请求。应谨慎交友,避免将自己置于不良群体中,并且注意远离违法犯罪活动。在人际交往时如果遇到冲突,应采用理智平和的方式解决,从而保持和谐、健康的人际关系。

2. 机智应对犯罪

被害人面对犯罪时应当冷静面对、随机应变,从而防止被害结果进一步加重。首先,被害人必须努力调控自己的心态和情绪。人在遭遇侵害时,往往会进入"应激"状态,出现思维混乱、行为不准确、理智感降低的现象。[2] 人们其实能够控制应激反应,这主要通过提高心理素质来实现,[3]

---

〔1〕 李伟主编:《犯罪被害人学教程》,北京大学出版社 2014 年版,第 141 页。

〔2〕 任克勤主编:《被害人心理学》,警官教育出版社 1997 年版,第 38 页。

〔3〕 季颖、郭瞻宇:《心理应激的控制与应对能力》,载《中国临床康复》2005 年第 16 期。

即通过科学的训练进行力量控制和释放的培养。[1] 其次，被害人必须认真观察所处环境，努力找到自救的途径，并在有条件的情况下积极向他人求助，将自己从危险情境中解脱出来。在研究留学生被害案例时，笔者也发现其中成功逃脱的情形：次永飞强行闯入前女友黄梦尘公寓并将她与她室友分开囚禁，该室友就趁次永飞与黄梦尘在同一房间时，利用卫生间窗户成功逃脱并获救。[2] 最后，有学者指出，被害人最好采取"双向口头自卫"的策略，一边口头呼救，一边试图和罪犯讲道理，请求或威胁对方，从而避免被害。[3]

3. 及时寻求救济

留学生应当在被害后及时寻求救济，从而预防被害结果加剧和重复被害。被害人一旦遭受犯罪侵害，应当及时寻求法律帮助，积极配合调查和追诉。这在熟人犯罪的情况下尤其关键。很多时候被害人因为与犯罪人之间存在亲密关系而不愿意去公安机关报案，结果导致了重复被害和被害结果加剧的现象。2017年，中国留学生毕习习因为被英国男友马修斯怀疑移情别恋，连续数月受到后者的虐待，然而她始终消极忍耐，最终在一次殴打中伤重身亡。[4] 除了及时报警外，被害人应当寻求亲友和专业人士的帮助，及时进行心理重建，恢复对自我和环境的控制，[5] 防止重复被害。

结　语

笔者通过研究近年来中国留学生境外暴力犯罪被害的案例，总结了中国留学生在境外遭遇暴力犯罪被害的规律。研究发现：从原因来看，因抢劫、感情纠纷、强奸和琐事争执发生暴力犯罪的比例最高；从地点来看，发生在街道、被害人住处和学校的比例最高；从犯罪人与被害人关系来看，熟人犯

---

〔1〕 李伟主编：《犯罪被害人学教程》，北京大学出版社2014年版，第79页。

〔2〕 段红彪：《留美博士生涉杀人案细节：禁锢前女友室友后行凶》，载中国新闻网：http://www.chinanews.com/hr/2013/09-29/5333966.shtml，最后访问日期：2018年3月24日；南若然：《中国留美博士谋杀前女友被判46年 案情全曝光》，载中国新闻网：http://www.chinanews.com/lxsh/2014/06-19/6300121.shtml，最后访问日期：2018年3月24日。

〔3〕 ［美］安德鲁·卡曼：《犯罪被害人学导论》（第6版），李伟等译，北京大学出版社2010年版，第110页。

〔4〕 覃博雅、常红：《英国男友打死中国女留学生 被判终生监禁》，载人民网：http://world.people.com.cn/n1/2017/0222/c1002-29098750.html，最后访问日期：2018年3月24日。

〔5〕 贾琼：《犯罪被害预防研究》，山东大学2009年硕士学位论文，第19页。

罪的比例较高。此外，笔者通过对各类暴力犯罪典型案例的研究，分析了留学生群体在年龄、生活方式、心理适应、安全意识各方面的特征，探讨了其被害性问题，进而以此为基础，从社会、群体和个人的角度提出了留学生暴力犯罪被害预防的对策。笔者希望此研究能够帮助解决留学生人身安全保障问题。

本研究在实证研究方法上仍存在一些不足之处，主要体现在文献来源依赖媒体报道、统计方法技巧尚待提高等，从而导致获取的数据准确性有限。还有一些问题，比如被害预防的理论基础等，笔者未进行研究和论述，有待后续完善。

中国出口管制法的域外效力

◎岳汇川　2014 级法学卓越实验班

摘　要： 出口管制法的域外效力指一国的出口管制法能够调整本国域外的人、物及行为。按照域外管辖"法无禁止即可为"的基本原则，如果没有禁止性的国际规则，国家有权自主地赋予其出口管制法域外效力。我国商务部于 2017 年 6 月发布的《出口管制法（草案征求意见稿)》在域外改变用途或向第三方转让、视同出口、管制物项及特定外国产品的再出口三个方面具有域外效力。依据保护性管辖原则可能对特定物项实现域外管辖；而对满足"控制标准"的域外子公司则可以通过"间接域外管辖"实现对其域外行为的管制。

关键词： 域外效力　出口管制　国际公法

引　言

在 2016 年美国制裁中兴事件中，美国政府认为中国中兴公司将一批美国科技公司的软硬件产品出售给伊朗公司的行为违反美国对伊朗施加的出口禁令（Iranian Transactions and Sanctions Regulations)，[1] 并因此根据《1979 年

---

〔1〕　See Bureau of Industry and Security of U. S. Department of Commerce, "ZTE Final Proposed Charging Letter" (07 Mar. 2017), available at https：//bis. doc. gov/index. php/forms-documents/about-bis/newsroom/1658-zte-final-pcl, 2018-3-3.

出口管理法》(the Export Administration Act of 1979)〔1〕以及《出口管理条例》(the Export Administration Regulations) 的规定直接对中兴公司作出缴纳罚金等制裁决定。〔2〕时隔一年，经中国商务部牵头协商，该案最终以中兴公司向美国政府缴纳近 9 亿美元的罚款告一段落。

按照国际法学界的通行观点，一国的管辖权分为立法管辖权、司法管辖权和执行管辖权三个层次。〔3〕一般而言，一国立法机关针对发生在外国的事情制定法律，是该国主权的体现，并不违反国际法。〔4〕但是司法管辖权和执行管辖权涉及立法的具体实施，一旦这种实施超越了国家领土边界，则会构成对他国主权的干涉。〔5〕因此一个非常直观的问题是，在中兴事件中，美国对中国公司在美国域外的行为进行管辖，是否具有合理的管辖权依据？中国外交部即表态坚决反对美国利用其国内法制裁中国企业。〔6〕这也引起笔者进一步的质疑，一国出口管制法的域外效力是否具有正当性？

反观我国的立法实践，现行出口管制法虽然存在涉及域外因素的条款，但是尚无外国主体直接承担国内法法律责任的规定。值得关注的是，商务部于 2017 年 6 月公示了《出口管制法（草案征求意见稿）》[以下简称《出口管制法（草案）》]，草案文本改变了现行出口管制法的既有模式，规定了"域外出口""再出口"等新的域外管制方式。该草案一出，即在国际上引发了热烈讨论。例如日本安全保障贸易情报中心（Center for Information on Security Trade Control）提交给中国商务部的《关于中华人民共和国出口管制法

---

〔1〕 1979 年颁布的《出口管理法》其实早已因过期而失效，但是其关于军民"两用"产品和技术出口管制的规定却因《国际突发事件经济权力法》（IEEPA）对于美国总统的特别授权而延续下来。See 50 U. S. C § 1702 (b) (2016).

〔2〕 Ibid.

〔3〕 [英] 伊恩·布朗利：《国际公法原理》，曾令良、余敏友等译，法律出版社 2003 年版，第 330 页。

〔4〕 但是在某些特定情况下，国家的立法行为本身也可能违反国际义务。例如在 WTO 体系下，成员可以对其他成员的域内法规定本身（as such）提出挑战。See WTO US—1916 Act (28 August 2000) WT/DS136/AB/R, para 60.

〔5〕 Dodge, "Extraterritoriality and Conflict-of-Laws Theory: An Argument for Judicial Unilaterlism", Harvard International Law Journal 39, 1998, p.141.

〔6〕 参见《2016 年 3 月 7 日外交部发言人洪磊主持例行记者会》，载中国外交部官网：http://www.fmprc.gov.cn/web/fyrbt_673021/jzhsl_673025/t1345683.shtml，最后访问时间：2018 年 3 月 10 日。

（草案征求意见稿）的补充意见书》中即提出，草案的再出口管制和视同出口管制等内容在很大程度上有可能阻碍中国对外贸易和投资环境；[1] 著名的美国律所贝克·麦肯思（Baker & McKenzie LLP）也认为草案的再出口管制和视同出口管制规则潜在的域外效力对于中国如何实现执法工作具有挑战性。[2] 这也引起了笔者的进一步思考：新的出口管制法可能产生何种域外效力？这些域外效力条款的执行是否符合国际法规则？中国能否像美国一样在执法层面实现域外效力？

为了能够顺利剖析上述问题，本文将主要围绕我国的立法实践进行讨论，具体安排如下：先梳理总结我国出口管制法涉及域外效力的立法实践，而后结合美国等国的实践分析评价我国立法的域外效力逻辑，最终，本文将探讨中国能够在执法层面实现何种方式、何种程度的域外效力。

一、国内法的域外效力概论

（一）国内法域外效力的含义

法律效力是指"内含于法律规范中的对法律调整对象产生作用的能力"，[3] 因此从语义上讲，法律的域外效力应当指一国的法律不仅适用于本国域内的主体，并且能够调整本国域外的人、物及行为的能力。例如姚壮、任继圣就将域外效力描述为"一国的法律不仅适用于本国境内的本国人，而且也适用于在本国境外的本国人和在本国境内发生的、然后转移到本国境外的法律关系"。[4] 学者罗昌发在阐述竞争法的域外效力时也是如此界定域外效力的，他认为，"国际贸易行为均涉及外国之行为人或在外国之行为，将一国国内之竞争法适用于涉及外国之行为人或在外国之行为，属于竞争法之域外效力问题。"[5] 瑞士学者苏珊·埃梅尼格也作了类似的定义："（国内法）的域

---

〔1〕 See Center for Information on Security Trade Control, "Additional Opinion Brief on China's Draft Export Control Act" (01 Dec. 2017), available at http：//www. cistec. or. jp/english/export/china_law. html, 2018-3-23.

〔2〕 See Baker & McKenzie LLP, "What to Watch: Draft Export Control Law of China" (16 Jan. 2018), available at https：//www. bakermckenzie. com/en/insight/publications/2018/01/what-to-watch/, 2018-3-25.

〔3〕 谢晖：《论法律效力》，载《江苏社会科学》2003年第5期。

〔4〕 姚壮、任继圣：《国际私法基础》，中国社会科学出版社1981年版，第22页。

〔5〕 罗昌发：《贸易与竞争之法律互动》，中国政法大学出版社2003年版，第67页。

外效力指一国对于与另一国领土存在联系的情势主张管辖"。[1]

但是不少国际私法学者更倾向于将"域外效力"进行"国际私法化"的解读，认为域外效力实质上应当指一国法律"被外法域的司法机构适用于有关的法律关系"[2]。笔者认为此种解释显然限缩了"域外效力"一词的原本语义。"域外效力"原意为在一国法域以外产生作用，并未限定执行或适用法律的主体。但是上述解释人为添加了"外法域的司法机构"这一主体条件，无疑排除了立法国本国适用具有域外效力的国内法的情形。而这种情形本来由于调整对象在域外而当然地具有域外效力。诚然，公认的习惯国际法禁止一国在他国领域之内行使管辖权，[3]但当一国国内立法载明调整域外的人、物或行为时，该国在执法时仍然可能根据属地管辖在域内对先前在域外的人、物或行为适用本国国内法。因此，笔者认为应当对"国内法域外效力"作遵循原本语义的理解。

（二）域外效力的相关概念辨析

与"法律的域外效力"极易混同的一个概念是"法律的域外适用"。因为后者的表述本身就包含两种可能的理解：其一，强调一国法律所调整对象是域外的，即"一国的法律适用于域外的人、物或行为"；其二，突出适用一国法律的主体，即"一国的法律在域外被适用"。谈及前者，适用法律的主体仍然可能为立法国本国，只是法律调整的对象在该国的领土范围之外；而谈及后者，我们往往进入国际私法的语境中。因为国际私法的主要目的就是解决"在涉外民事法律关系中适用何国法律的问题"。[4]尤其对于国内公法能否被外国执法机关或司法机关适用的争论，更是属于国际私法上突破"公法禁忌"原则的问题。但是这些均与本文意图探讨的内容没有多少关联。因此，虽然"法律的域外适用"能够包含"法律的域外效力"的语义，但是由于前

---

〔1〕 Emmenegger Susan, "Extraterritorial Economic Sanctions and Their Foundation in International Law", 33 (3) *Ariz J. Int'l & Comp L.*, 2016, pp. 631, 636.

〔2〕 吕岩峰：《刑法的域外效力辨析——来自国际私法学的观照》，载《法制与社会发展》1998年第4期，第49页。

〔3〕 Dodge, "Extraterritoriality and Conflict-of-Laws Theory: An Argument for Judicial Unilaterlism", *Harvard International Law Journal* 39, 1998, p. 141.

〔4〕 韩德培主编：《国际私法》，武汉大学出版社1983年版，第6页。

者词义的丰富性，笔者不建议将二者等同混用。

另一个与域外效力紧密相关的概念是域外管辖。管辖权是一国根据国家主权管理特定的人、物及行为的权力，[1] 因此域外管辖显然指一国基于其主权对域外的人、物或行为进行管辖，这本身就体现了域外效力。只是"域外效力"的表述本身未限定执行或适用法律的主体，而"域外管辖"由于背后国家主权的法理基础，主体自然为立法国本国。这亦是本文事实上所关注的方面。管辖权可以概括地理解为两个层次——立法层次和执行层次，先有立法层面的管辖权，后有管辖权的确立和实际行使。[2] 域外管辖以及其所体现的域外效力均同时存在于这两个层次之中。

（三）国内法域外效力的国际法限制

上文提到，一国国内法之域外效力同时存在于立法管辖以及执行管辖两个层次中。而正是由于立法与司法的不同性质，国际法对国家行使具有域外效力的立法管辖权与司法管辖权也有不同的制度内容和限制条件。这种区别集中反映在国际常设法院 1927 年"荷花号案件"的判决中。法院梳理了国际法和国家管辖权的关系，首先肯定，管辖权"不能由一国在其域外行使，除非依据国际习惯或公约的允许性规则"，[3] 这事实上即是国际法对于司法管辖权的明确限制。但是法院随后指出，"国际法并不禁止一国在其域内行使域外管辖权"，[4] 甚至"远没有确定一项禁止国家将其立法及司法管辖权扩张适用于在其域外的人、财产和行为的普遍原则。国际法允许国家在这方面具有广泛的自主判断的权利，仅仅在某些情况下（这种权利）才受到禁止性规则的限制；对于其他情况，每个国家仍然可以自主地采用其认为最好、最合适的原则"。[5]

---

〔1〕 ［英］詹宁斯著、瓦茨修订：《奥本海国际法》（第 1 卷第 1 分册），王铁崖等译，中国大百科全书出版社 1995 年版，第 328 页。

〔2〕 宋杰：《我国刑事管辖权规定的反思与重构——从国际关系中管辖权的功能出发》，载《法商研究》2015 年第 4 期，第 151 页。

〔3〕 See the Case of the S. S. "Lotus" (France v. Turkey) (Judgment) PCIJ Rep Series A No. 10, p. 18.

〔4〕 Ibid. , p. 19.

〔5〕 Ibid.

概括而言，立法管辖具有兼容性的特点，即一国有权在本国法律体系内确立某些域外管辖权而无需征得他国同意；[1] 执行管辖权则具有排他性的特点，在没有获得另一国同意前，一国不能在他国领土上行使执行管辖权，否则将对他国领土构成侵犯。[2] 两者的差异在后续的国际实践中得到了进一步体现。例如在国际刑事犯罪领域，"国际公约对国家行使立法管辖权一般规定是'扩充性'条款，即只是规定缔约国在哪些情况下可以或应当行使立法管辖权。但为防止各国之间执行管辖权时的相互冲突，国际公约对缔约国行使执法管辖权却规定了'限制性'条款。"[3]

但是需要注意的是，国际法一直处于动态发展中。事实上，国际常设法院之后的国际法院对于援引"荷花号案件"确立的立法管辖"法无禁止即可为"原则一直秉持着极为谨慎的态度。尽管国际法学者与国际诉讼争端的当事方仍然常常援引该原则，但是法院自身却很少直接援引该原则进行论证。[4] 从《哈佛刑事管辖公约研究草案》[5] 开始，国际社会便逐渐倾向于对立法管辖层面的域外效力给予更多限制，即要求一国的国内立法不能违背国际法的一般管辖权规则，[6] 即属地管辖原则、属人管辖原则、保护管辖原则、普遍管辖原则等。[7] 例如，在国际法院 1970 年的"巴塞罗那电车案"中，杰赛普法官就在其独立意见中援引了纽约律师协会国际法委员会的结论：

---

〔1〕 宋杰：《我国刑事管辖权规定的反思与重构——从国际关系中管辖权的功能出发》，载《法商研究》2015 年第 4 期，第 151 页。

〔2〕 See Dodge, "Extraterritoriality and Conflict-of-Laws Theory: An Argument for Judicial Unilaterlism", *Harvard International Law Journal* 39, 1998, p. 141.

〔3〕 包勇恩：《论国际法中立法管辖与司法管辖——以管辖权依据多元化为视角》，载《中南财经政法大学研究生学报》2010 年第 5 期，第 42 页。

〔4〕 Ibid. , p. 93.

〔5〕 See Harvard Research on International Law, "Draft Convention on Jurisdiction with Respect to Crime", *American Journal of International Law* 29, 1935, p. 439.

〔6〕 See Cedric Ryngaert, "The Concept of Jurisdiction in International Law", in Alexander Orakhelashvili ed. , *Research Handbook on Jurisdiction and Immunities in International Law*, Cheltenham: Edward Elgar Publishing, 2015, pp. 53 – 54; Bradley, "Universal Jurisdiction and U. S. Law", *U. Chi Legal F.* 2001, 2000, p. 323; Randall, "Universal Jurisdiction under International Law", *Tex L. Rev.* 66, 1987, p. 786.

〔7〕 Alex Mills, "Rethinking Jurisdiction in International Law", *British Ybk Intl L* 84, 2014, p. 196; Bradley, "Universal Jurisdiction and U. S. Law", *U. Chi Legal F.* 2001, 2000, p. 580.

"（美国）《1934 年证券交易法》将管理条款与处罚条款扩张适用于既未在美国上市也未在美国公开发行股票的外国公司是违反国际法的"。[1] 显然，杰赛普法官认为，《1934 年证券交易法》本身在立法管辖权上就不符合国际法的一般管辖权规则。随后在 2002 年的"刚果诉比利时逮捕令案"中，首席法官纪尧姆在其独立意见中也指出，一国对于发生于域外的两个外国人之间的犯罪没有管辖权。结合其独立意见的上下文来看，这里的"管辖权"既包括立法管辖权也包含司法管辖权。[2]在出口管制领域亦有实例。在 1982 年"西伯利亚石油和天然气管道事件"中，面对美国里根总统于 1982 年 6 月 22 日签署颁布的具有域外效力的行政法案，[3] 欧洲经济共同体指责道："很显然美国 1982 年 6 月 22 日的措施无法在国际公认的——甚至更具有争议的——国际法上的立法管辖规则找到有效的依据。事实上，上述具有域外效力的措施同时违反了属地管辖原则与属人管辖原则，因此违反了国际法"。[4]

产生这种转变的一个重要原因是，实践中"一国一旦制定了自己的法律，该国司法机关就可以依本国立法去实施，而不会首先去考虑有关外国"，[5]但是"各国若完全依据本国立法中的管辖权原则行使司法管辖权，则司法实践中的相互冲突的可能过于频繁与复杂"。[6]另外，国内立法者在立法过程中，亦可能考虑到国际法对于执法管辖域外效力的限制而对立法作出调整和限制。例如，一国可能在立法中缺少对于缺席审判的规定。而这正是因为在缺乏执法管辖可能性的情况下，立法者认为在立法中予以规定并无必要。[7]

---

〔1〕 Barcelona Traction, Light and Power Company, Limited (Belgium v. Spain) (Separate Opinion of Judge Jessup) [1970] ICJ Rep 161, 167.

〔2〕 Arrest Warrant of 11 April 2000 (Democratic Republic of the Congo v. Belgium) (Separate Opinion of President Guillaume) [2002] ICJ Rep 35, 37.

〔3〕 See 15 C. F. R. § § 376, 379, 385, 399 (1982).

〔4〕 See Editor, "Comments on the U. S. Regulations Concerning Trade with the USSR", *International Legal Materials* 21, 1982, p. 897.

〔5〕 江国青：《国际法中的立法管辖权与司法管辖权》，载《比较法研究》1989 年第 1 期，第 34~35 页。

〔6〕 包勇恩：《论国际法中立法管辖与司法管辖——以管辖权依据多元化为视角》，载《中南财经政法大学研究生学报》2010 年第 5 期，第 42 页。

〔7〕 Alex Mills, "Rethinking Jurisdiction in International Law", *British Ybk Intl L.* 84, 2014, pp. 195-196.

　　下文笔者在探讨出口管制法的域外效力时，将首先分析特定域外效力是否违背当前的国际法管辖权规则，同时探讨特定立法行为对于执行管辖的影响，从而考虑《出口管制法（草案）》是否应当作出适当调整。

　　二、中国出口管制法域外效力的规定及解读

　　（一）对中国出口管制法现行规定的解读

　　我国目前的出口管制法律并非法典式的统一立法例，而是由《中华人民共和国对外贸易法》（以下简称《对外贸易法》）等法律及专项行政法规、部门规章等构成的相互联系的多层次法律体系。

　　第一层次立法以《对外贸易法》为核心。该法第 16 条及第 17 条总括性地规定了我国进行出口管制的原因、范围及措施，第 18 条则明确了相关行政管理部门的职责权限。在管制措施上，除了第 16 条相对明确地表述为"限制或者禁止有关货物、技术的进口或者出口"，对于裂变、聚变物质、军用物资等则开放性地规定为"可以采取任何必要的措施"。因此，第一层次立法为具体设计域外效力条款提供了框架性基础。

　　第二层次立法以行政法规为主，内容涵盖以核、生物、化学、导弹、军品、两用品等为管制对象的"管制办法"及"管制清单"。其中涉及域外效力的条款梳理如下：

表1   中国出口管制行政法规具有域外效力的条款

领域	行政法规	涉及域外效力的条款
核	《中华人民共和国核出口管制条例》	**第5条** 核出口审查、许可，应当遵循下列准则： (1) 接受方政府保证不将中国供应的核材料、核设备或者反应堆用非核材料以及通过其使用而生产的特种可裂变材料用于任何核爆炸目的。 (2) 接受方政府保证对中国供应的核材料以及通过其使用而生产的特种可裂变材料采取适当的实物保护措施。 (3) 接受方政府同国际原子能机构订有有效的全面保障协定，本项规定不适用于同国际原子能机构订有自愿保障协定的国家。 (4) 接受方保证，未经中国国家原子能机构事先书面同意，不向第三方再转让中国所供应的核材料、核设备或者反应堆用非核材料及其相关技术；经事先同意进行再转让的，接受再转让的第三方应当承担相当于由中国直接供应所承担的义务。 (5) 接受方政府保证，未经中国政府同意，不得利用中国提供的铀浓缩设施、技术或者以此技术为基础的任何设施生产富集度高于20%的浓缩铀。 **第17条** 接受方或其政府违反其依照本条例第5条规定作出的保证，或者出现核扩散、核恐怖主义危险时，国防科学技术工业委员会、商务部会同外交等有关部门，有权作出中止出口有关物项或者相关技术的决定，并书面通知海关执行。
	《中华人民共和国核两用品及相关技术出口管制条例》	**第6条** 核两用品及相关技术出口的许可，应当基于接受方的如下保证： (1) 接受方保证，不将中国供应的核两用品及相关技术或者其任何复制品用于核爆炸目的以及申明的最终用途以外的其他用途。 (2) 接受方保证，不将中国供应的核两用品及相关技术或者其任何复制品用于未接受国际原子能机构保障监督的核燃料循环活动。本项规定不适用于同国际原子能机构订有自愿保障协定的国家。 (3) 接受方保证，未经中国政府允许，不将中国供应的核两用品及相关技术或者其任何复制品向申明的最终用户以外的第三方转让。 **第17条** 接受方违反其依照本条例第6条规定作出的保证，或者出现核扩散、核恐怖主义行为危险时，商务部应当对已经颁发的出口许可证件予以中止或者撤销，并书面通知有关部门。

续表

领域	行政法规	涉及域外效力的条款
生物化学	《中华人民共和国生物两用品及相关设备和技术出口管制条例》	**第 7 条** 生物两用品及相关设备和技术出口的接受方应当保证： （1）所进口的生物两用品及相关设备和技术不用于生物武器目的。 （2）未经中国政府允许，不将中国供应的生物两用品及相关设备和技术用于申明的最终用途以外的其他用途。 （3）未经中国政府允许，不将中国供应的生物两用品及相关设备和技术向申明的最终用户以外的第三方转让。 **第 15 条** 接受方违反其依照本条例第 7 条规定作出的保证，或者出现《管制清单》所列的可用于生物武器目的的生物两用品及相关设备和技术扩散的危险时，国务院外经贸主管部门应当对已经颁发的出口许可证件予以中止或者撤销，并书面通知海关。
导弹	《中华人民共和国导弹及相关物项和技术出口管制条例》	**第 6 条** 导弹相关物项和技术出口的接受方应当保证，未经中国政府允许，不将中国供应的导弹相关物项和技术用于申明的最终用途以外的其他用途，不将中国供应的导弹相关物项和技术向申明的最终用户以外的第三方转让。 **第 15 条** 接受方违反其依照本条例第 6 条规定作出的保证，或者出现《管制清单》所列的可被用于运载大规模杀伤性武器的导弹及其他运载系统扩散的危险时，国务院外经贸主管部门应当对已经颁发的出口许可证件予以中止或者撤销，并书面通知海关。

上述"管制办法"体现域外效力的条文逻辑可以概括如下：出口物品或技术的接受方应当保证，未经中国同意，不向第三方再转让中国所供应的物品或技术，如果接受方违反此项规定，中国政府有权中止或撤销出口有关物项或者相关技术。在核出口方面，此种"接受方保证义务"还扩张适用于接受再转让的第三方。[1]从法律效力范围来看，"管制办法"的适用主体为域外

---

[1] 参见《中华人民共和国核出口管制条例》第 5 条第 4 款：经事先同意进行再转让的，接受再转让的第三方应当承担相当于由中国直接供应所承担的义务。

的"接受方"及"接受再转让的第三方"，调整行为为前述主体在域外的再转让行为，因此具有域外效力。但从责任后果来看，上述主体无需承担中国国内法规定的法律责任，而仅由中国政府对境内出口经营者作出中止或撤销出口许可证的行政处罚决定。

我国目前出口管制法律的第三层次立法以部门规章为主，由商务部、海关总署、科学技术部等部门在其权限范围内制定并发布。其中涉及域外效力条款的逻辑与第二层次立法相同，主要体现在《有关化学品及相关设备和技术出口管制办法》。该办法第6条规定，有关化学品及相关设备和技术出口的接受方应当作出关于使用途径正当以及拒绝转让的保证；第15条则规定，接受方违反保证或出现《管制清单》所规定的可被用于化学武器目的的有关化学品及相关设备和技术扩散危险时，中国政府部门有权对已经颁发给出口经营者的出口许可证予以中止或撤销。

（二）对《出口管制法（草案）》相关规定的解读

根据商务部的说明，制定《出口管制法》的重要意义在于形成一部出口管制领域的基础法律，统领现有行政法规和规章。[1] 从《出口管制法（草案）》来看管制物项范围包括四类，分别是：①两用物项（既有民事用途、又有军事用途的物项）；②军品；③核；④与国家安全相关的货物、技术、服务等物项。[2] 通过第四类兜底性的规定，草案将涉及前三类物项在内的货物、技术、服务均纳入管制范围，进一步扩大了现有法律的管制范围。同时值得关注的是，《出口管制法（草案）》定义的管制物项并未作"中国原产"的限定性描述，因此存在一种可能，即他国进口到中国的管制物项再从中国出口时仍由《出口管制法（草案）》调整。综上可见，草案的域外管制范围将远超现行法律。

草案关于域外效力的规定主要体现在：①域外改变用途或向第三方转让；②域外视同出口；③管制物项及特定外国产品的再出口。考虑到本次立法借

---

〔1〕 参见《商务部关于就出口管制法（草案征求意见稿）公开征求意见的通知》，载中华人民共和国商务部官网：http://tfs.mofcom.gov.cn/article/as/201706/20170602594467.shtml，最后访问时间：2018年3月24日。

〔2〕 参见商务部《出口管制法（草案征求意见稿）》（2017年6月16日公布）第2条。

鉴了国际通行做法,[1] 因此,笔者在阐释具体条款的域外效力时,亦会参考美国等国的类似规定以期更准确地进行解读。

1. 域外改变用途或向第三方转让

《出口管制法(草案)》第 25 条规定,中国出口管制主管部门有权根据"管制物项及最终用户的敏感程度"要求外国进口商或进口国(地区)政府出具最终用户及最终用途证明。该条规定本身即是为第 26 条的具体管理规定服务。根据草案第 26 条的规定,外国进口商需要承诺"不得擅自改变产品的最终用途或向最终用户以外的第三方转让"。显然草案意图约束的是外国进口商在中国域外改变产品用途或向第三方转让的行为,因此具有域外效力。

针对上述情形,草案设计了黑名单管控制度,即对违反最终用户和最终用途承诺、可能危害国家安全和发展利益、被用于恐怖主义目的的国外进口商和最终用户,建立管控名单,并可对国内出口商与其相关的交易采取禁止、取消出口许可便利等必要的管控措施。[2]黑名单管控制度与现行"管制办法"接受方保证义务的适用逻辑相同:作出承诺的主体为域外的外国主体,但是外国主体并不直接承担违反中国出口管制法的法律责任。这种管控行为并未将中国国内法直接适用于外国主体,而是通过规制境内出口经营者达到出口管制的目的。因此无论在立法管辖还是执行管辖层面上,都有充分的属地管辖依据。

除黑名单管控制度以外,《出口管制法(草案)》还首次设计了禁运制度。草案第 15 条规定:国家出口管制主管部门会同有关部门,经国务院或中央军委批准后,可以禁止相关管制物项的出口,或禁止其向特定目的地,向特定自然人、法人或其他组织出口。与黑名单管控制度不同,该条并未规定国外进口商及最终用户违反最终用户或最终用途承诺的前置性条件,而是赋

---

〔1〕 参见《商务部关于就出口管制法(草案征求意见稿)公开征求意见的通知》,载中华人民共和国商务部官网:http://tfs.mofcom.gov.cn/article/as/201706/20170602594467.shtml,最后访问时间:2018 年 3 月 24 日。

〔2〕 商务部《出口管制法(草案征求意见稿)》(2017 年 6 月 16 日公布)第 29 条。虽然《出口管制法(草案征求意见稿)》第 26 条仅要求"外国进口商"作出承诺,但是黑名单管控制度却载明同时适用于违反最终用户和最终用途承诺的"国外进口商"及"最终用户"。考虑到草案仍在修订之中,对于草案上下文一致性的问题我们暂且不表。

予行政机关充分的自由裁量权，授权其在具体个案中决定向特定对象实施禁运。因此，从执法层面而言，如果国外进口商或最终用户在中国域外违反承诺改变产品用途或向第三方转让，中国将可能依据草案对国外进口商、最终用户乃至接受转让的第三方采取禁运措施。

2. 域外视同出口行为

中国现行出口管制法所规制的"出口"行为均为物理上的跨境行为，[1]而《出口管制法（草案）》则专门将所管制的"出口"行为划分为两类：①从中国境内向境外转移管制物项；②中国公民、法人及其他组织向外国公民、法人及其他组织提供管制物项。[2] 第一类延续了出口行为的传统定义，以"跨境"的空间变动作为发生出口行为的标准。但是从上下文解释的角度来看，第二类"出口"行为必然超越了"跨境"的传统含义。因为草案第64条已经规定："管制物项或含有中华人民共和国管制物项价值达到一定比例的外国产品，从境外出口到其他国家（地区）的，适用本法"。如果第2条所谓的第二类"出口"行为仍然指代传统出口行为，那么将与第64条产生明显的语义重复。

从比较法的角度，我们可以发现草案的此项规定类似美国的《出口管理条例》（Export Administration Regulations）及《国际武器贸易条例》（International Traffic In Arms Regulations）所定义的"视同出口"（deemed export）行为。《出口管理条例》主要管制军民两用品出口，《国际武器贸易条例》则主要管制用于军事或防务目的的产品和技术。二者将视同出口行为界定为：在美国境内向外国人"泄露"（release）或通过其他途径转移受管制物项的行为。[3] 对于"泄露"的内涵，《出口管理条例》与《国际武器贸易条例》所

---

〔1〕 例如国务院《核出口管制条例》（2006年11月9日实施）第2条规定：本条例所称核出口，是指《核出口管制清单》所列的核材料、核设备和反应堆用非核材料等物项及其相关技术的贸易性出口及对外赠送、展览、科技合作和援助等方式进行的转移。

〔2〕 参见商务部《出口管制法（草案征求意见稿）》（2017年6月16日公布）第3条。

〔3〕 See 15 C. F. R § 734. 13（a）（2）（2016）& 22 C. F. R § 120. 17（a）（2）（2016）. 由于二者管制对象的差别，对于"受管制物项"的描述略有差别，前者定义为"技术"（technology）及"软件源代码"（source code），后者则概括为"信息技术"（technical data）。

作表述几乎一致：[1]①允许外国公民查看会泄露美国管制技术的物项；②口头或书面地交换美国的管制技术。[2] 可见，美国对视同出口行为进行管制的主要目的是避免美国的敏感信息落入"不合适"的对象手中，[3] 以确保美国高科技产业的安全和军事技术的领先优势。由于《出口管制法（草案）》载明的管制物项包括非实物的技术、服务，因此草案第 3 条所规定的"提供管制物项"应当被理解为特定技术、服务的泄露。照此理解，亦可消解对草案进行上下文解释时出现的不和谐状况。

美国的《出口管理条例》与《国际武器贸易条例》在界定"视同出口"时均增设了"在美国境内"的前提条件；但是，两者在定义"再出口"时，又同时纳入了"视同再出口"的概念。《出口管理条例》规定，视同再出口指向第三国（"泄露""技术"的发生地国以外的国家）国民"泄露"或通过其他途径转移技术；[4]《国际武器贸易条例》规定，视同再出口指向第三国（"泄露""信息技术"的发生地国以外的国家）永久居民泄露或通过其他途径转移"信息技术"。[5] 因此，即使泄露行为发生在美国域外，仍然在美国国内法的调整范围之内。

而我国《出口管制法（草案）》第 3 条在界定第二类"出口"行为时，本身就没有"在本国境内"的限定。因此当中国居民在中国域外向外国居民提供管制物项时，仍将属于草案第 3 条规定的出口管制情形。又由于草案第 2 条明确规定对管制物项的出口管制"适用本法"，因此草案当然适用于中国居民的域外视同出口行为。

---

〔1〕 在 2016 年修订以前，《国际武器贸易条例》对于"泄露"的定义与《出口管理条例》的定义范围并不一致。后来为了使得《国际武器贸易条例》的规定与《出口管理条例》相统一，因此专门对《国际武器贸易条例》关于"泄露"的定义作出调整。See State Department of the U. S.，"International Traffic in Arms：Revisions to Definition of Export and Related Definitions"，available at https：//www. federalregister. gov/documents/2016/06/03/2016 - 12732/international - traffic - in - arms - revisions - to - definition-of-export-and-related-definitions，2018 - 3 - 25.

〔2〕 See 15 C. F. R § 734. 15（2016）& 22 C. F. R. § 120. 50（2016）.

〔3〕 Schulz，"This Document May Be Controlled：Rethinking Deemed Exports in an Unprecedented Period of Export Reform"，*Int'l Trade L. J.* 21，2012，p. 16.

〔4〕 See 15 C. F. R § 734. 14（a）（2）（2016）.

〔5〕 See 22 C. F. R. § 120. 19（a）（2）（2016）.

具体而言，基于草案第 15 条的规定，在草案颁布施行后可能相应产生被禁运的目的地、自然人、法人或其他组织；同时由于草案第 29 条的规定，亦可能产生被黑名单管控的国外进口商和最终用户。所以如果中国居民在域外将特定技术、服务泄露给上述被禁运对象或黑名单管控对象，将因违反草案的管控规定而受到相应的行政处罚。

此外，类似上文对于草案第 26 条的分析，由于禁运规定赋予行政机关的自由裁量权，出现被管制技术、服务泄露的情况时，中国事实上也可能同时对视同出口的被"提供"技术、服务的一方采取禁运措施。

3. 管制物项及特定外国产品的再出口

《出口管制法（草案）》第 64 条规定，管制物项或含有中国管制物项且其价值达到一定比例的外国产品，从境外出口到其他国家（地区）的，适用本法。这意味着上述物项从中国出口后在中国域外再次出口时，仍然受到《出口管制法（草案）》的调整，这当然具有域外效力。虽然草案目前仅规定该情形"适用本法"而未说明具体的适用规则，但是本条规定事实上具有至关重要的作用。

前文提及，立法管辖具有兼容性而执行管辖权具有排他性，因此，通过立法确立的管辖范围并不必然能在执行管辖层面得到真正实现。但是从立法管辖权条款的实际功能来看，"立法性管辖权的功能在于确立国家主权的权威和适用边界，体现的是一国的原则性立场，故相关措辞应具有确定性，否则就意味着国家主权权威的减损和让渡"。[1] 草案使用确定性的"适用本法"的措辞，其重大意义在于确立了我国对于再出口行为进行管辖的国内法依据。

从草案文本来看，第 64 条并未对再出口行为主体的国籍进行限制，似乎只要被再次出口的物项属于第 2 条定义的"管制物项"或者含有某种"管制物项"且其价值达到一定比例，都在草案的域外管辖范围之内。换言之，这种域外管辖仅仅要求与中国有物的关联因素。而对于"再次出口"行为，草案目前的描述为"从境外出口到其他国家（地区）"，从文义上看仅限于传统

---

〔1〕 宋杰：《我国刑事管辖权规定的反思与重构——从国际关系中管辖权的功能出发》，载《法商研究》2015 年第 4 期，第 154 页。

出口，而不包括视同出口。这也能从《出口管制法（草案）》第3条对视同出口行为的定义得到佐证。因为第3条规定的视同出口本身仅限于"中国公民、法人及其他组织"的提供行为。

再出口行为可能违法的情形也与前文提到的黑名单制度以及禁运制度密切相关。任何人如果将"管制物项"或者含有某种"管制物项"且其价值达到一定比例的物项"再出口"给被禁运对象或黑名单管控对象，将违反草案的管控规定。只是目前草案尚未对行为人为外国主体时的责任进行规定，因此我们也暂时无法对具体的责任承担形式进行分析。

三、《出口管制法（草案）》域外效力的潜在问题

（一）执法管辖存在国际法合规风险

《出口管制法（草案）》的上述三种域外管辖模式都与"禁运"的规定紧密相关。对被禁运对象而言，禁运本身就是一种经济制裁措施，因为禁运限制或剥夺了其进口中国特定物项的贸易机会。但是国际习惯法并没有强制一国必须与特定对象开展贸易；[1] 相反，一国有权基于其国家主权自主决定其贸易对象。[2] 因此一国对特定对象实施禁运不违反国际习惯法。但这并不意味着禁运措施完全不受国际规则约束。《出口管制法（草案）》规定的禁运本身是通过限制本国域外的出口行为达到禁运目的，因此在立法管辖上仍然符合属地管辖原则。但是在执法管辖层面上，由于国际法管辖权规则的限制，即"在没有获得另一国同意前，一国不能在该另一国领土上行使任何执行管辖权，否则即构成对该另一国领土主权的侵犯"，因此直接的禁运管辖在国际法上存在着合规风险。

至于草案关于再出口的规定，由于对行为主体并无国籍限制，因此管辖范围也包括非中国主体再出口的情形。虽然从立法管辖来讲，草案并未载明本法的责任条款适用于非中国主体，因此并不会直接违反国际法对于一国立法管辖的限制（例如当外国主体违反再出口规定时，中国如果只是对该主体

---

〔1〕 Chamberlain, "Embargo as a Sanction of International Law", *Proceedings of the American Society of International Law at Its Annual Meeting* 27, 1933, p. 68.

〔2〕 Henderson, "Legality of Economic Sanctions under International Law: The Case of Nicaragua", *Wash & Lee L. Rev.* 43 (1), 1986, p. 179.

实施禁运，那么问题将回到关于具体禁运措施的国际法合规性的讨论上）。但是在执行阶段同样存在合规风险，即立法者必须具体考虑到，针对特定国籍对象的管制措施，是否可能受到国际法管辖规则的限制或禁止。

（二）执行禁运存在 WTO 的合规风险

在《出口管制法（草案）》颁布之前，中国亦有针对特定国家实施禁运的实践，主要表现为执行联合国安理会相关制裁决议的集体经济制裁，相应的国内法依据为《对外贸易法》第 16 条和第 18 条。[1] 但是缺乏单边禁运的实践。《出口管制法（草案）》的禁运规定则可能成为实现出口域外管制的法律依据，在执行禁运措施时亦存在 WTO 合规性的问题。

根据中国加入 WTO 时作出的《中国入世承诺》，中国承诺"将取消现存对出口产品实行的非自动许可限制。在加入之日后，只有在根据 GATT 1994 规定证明为合理的情况下，才实行出口限制和许可程序。"[2] 而所谓"根据 GATT 1994 规定证明为合理的情况"，《中国入世承诺》中载明：出口禁止、限制和非自动许可程序只能为了防止或减轻食品或其他必需品的严重短缺而临时实施，或者为了国际收支保障目的、保护幼稚工业目的、保护国内健康及安全措施等条件下实施。[3]

由于《出口管制法（草案）》的"管制物项"为两用物项、军品、核以及其他与国家安全相关的货物、技术、服务等物项，[4] 因此中国可能援引的例外表现为"保护国内安全"，亦即 GATT 1994 第 21 条（c）款的规定：任何缔约方为保护国家基本安全利益对有关下列事项采取其认为必需采取的任何行动：①裂变材料或提炼裂变材料的原料；②武器、弹药和军火的贸易或直接和间接供军事机构用的其他物品或原料的贸易；③战时或国际关系中的其

---

〔1〕 参见《增列禁止向朝鲜出口的两用物项和技术清单》，载中华人民共和国商务部官网：http：//www. mofcom. gov. cn/article/b/e/201802/20180202708722. shtml，最后访问时间：2018 年 5 月 27 日。

〔2〕 参见《中国入世承诺》，载中华人民共和国商务部官网：http：//www. mofcom. gov. cn/aarticle/Nocategory/200612/20061204000376. html，最后访问时间：2018 年 5 月 27 日。

〔3〕 参见《中国入世承诺》，载中华人民共和国商务部官网：http：//www. mofcom. gov. cn/aarticle/Nocategory/200612/20061204000376. html，最后访问时间：2018 年 5 月 27 日。

〔4〕 参见商务部《出口管制法（草案征求意见稿）》（2017 年 6 月 16 日公布）第 2 条。

他紧急情况。[1]

《出口管制法（草案）》将"两用物项"与"军品""核"并列，意味着草案管制的"军品"应当指直接"用于军事目的的装备、专用生产设备及其他物资、技术和有关服务";[2] "核"亦不再包括核两用出口，而专指"核材料、核设备和反应堆用非核材料等物项及其相关技术"。[3] 因此，如果根据草案对特定 WTO 成员方或成员方之自然人或组织就军品、核等采取禁运措施，基本符合 GATT 1994 第 21 条（c）款第 1、2 项的条件。但是在具体实施禁运中中国仍然需要证明该禁运措施符合为"保护国家基本安全利益"（essential security interests）而"必需采取"（necessary）的行为的条件。而对于两用物项[4]以及其他货物、技术、服务而言，如果不能达到第 21 条（c）款第 2 项的证明条件，则只能试图证明符合第 21 条（c）款第 3 项"国际关系中的其他紧急情况"（other emergency in international relations）的条件。对于 GATT 1994 第 21 条的理解与适用在实践中充满争议，本文暂不展开讨论。但可以预见的是，中国在对其他 WTO 成员方或成员方之自然人或组织采取禁运措施时，如果不能证明符合 GATT 1994 的"安全例外"，那么很有可能违反《中国入世承诺》。

另外，这种针对特定对象的禁运可能同时违反 GATT 第 11 条及第 13 条关于出口数量限制的规定。[5] GATT 第 11 条规定，一般情况下任何缔约方不得设立或维持配额、进出口许可证或其他措施以限制或禁止向其他缔约方领土输出或销售出口产品；GATT 第 13 条则规定，除非对相同产品向所有第三国的输出同样予以禁止或限制以外，任何缔约方不得限制或禁止产品向另一缔

---

〔1〕 General Agreement on Tariffs and Trade 1994（15 April 1994）LT/UR/A-1A/1/GATT/ art 21 （b），http：//docsonline. wto. org.

〔2〕 参见商务部《出口管制法（草案征求意见稿）》（2017 年 6 月 16 日公布）第 3 条。

〔3〕 参见商务部《出口管制法（草案征求意见稿）》（2017 年 6 月 16 日公布）第 2 条。

〔4〕 参见商务部《出口管制法（草案征求意见稿）》（2017 年 6 月 16 日公布）第 3 条：本法所称两用物项，是指既有民事用途，又有军事用途或有助于提升军事潜力，特别是可用于设计、开发、生产或使用大规模杀伤性武器的货物、技术和服务等物项。

〔5〕 See General Agreement on Tariffs and Trade 1994（15 April 1994）LT/UR/A-1A/1/GATT/ art 11&13，http：//docsonline. wto. org.

约方领土输出。在无法有效援引 GATT 例外条款的情况下，只针对特定 WTO 成员方或成员方之自然人或组织的禁运显然符合 GATT 第 11 条即第 13 条禁止的歧视性出口禁止行为。

虽然 WTO 协定并未直接对"次级管制"问题进行专门规定，但是这并不意味着 WTO 规则对此不能适用。WTO 的管辖范围本身就相当广泛。"特定争端只要与 WTO 适用协议相关，且导致成员方在协定项下直接或间接获得的利益正在丧失或减损，或协定任何目标的实现正在受到阻碍，成员方即可向 WTO 寻求救济。"[1] 并且有学者指出，GATT 第 35 条"在特定的缔约方之间不适用本协定"的例外条款专门针对初级管制进行例外规定而没有对次级管制规定有例外情形的事实本身就表明次级管制不被 WTO 规则所允许。[2] 从实践的角度来看，1996 年欧盟针对美国颁布的《赫尔姆斯−伯顿法》和《达马托法》（D'Amato Act）向 WTO 提起争端解决请求的事实正是佐证次级管制存在 WTO 合规性风险的有力证明。

四、对中国实现出口管制法域外效力的政策建议

（一）依据保护性管辖原则对特定物项域外管辖

视同出口规则与再出口规则都有对外国主体的域外行为进行管理的政策需求。就视同出口规则而言，其重要意义在于保护一国重要的军事、科技信息不被泄露。但是存在这样一种可能的情形：外国主体依照合法流程在域外获取了受中国管制的技术，然后向第三方"提供"了此项技术。虽然"擅自改变产品的最终用途"以及"向最终用户以外的第三方转让"的行为在《出口管制法（草案）》"最终用户及最终用途承诺"的调整范围内，但是技术的"提供"可能并不存在实物的转让，因此只可能通过视同出口规制管理。就再出口规则而言，管制外国主体在我国域外再出口行为本身就是执行再出口管制的理想情形之一，因为该制度本身就是围绕管制物项产生的，否则也不会产生专门的"属物管辖"理论。因此如果完全无法实现对外国主体域外再出

---

〔1〕 谭观福：《论经济制裁在 WTO 中的可诉性——"美国有关克里米亚危机银行制裁措施"WTO 争端解决预分析》，载《国际贸易法论丛》2015 年第 00 期。

〔2〕 E. Kontorovich, "The Arab League Boycott and WTO Accession: Can Foreign Policy Excuse Discriminatory Sanctions", *Chi J. Int'l L.* 4, 2003, p. 294.

口行为的管辖，必然折损新增该制度的政策意义。

前文在分析管制外国主体再出口行为的管辖权基础时，提及了援引保护性管辖原则的难点是论证域外管辖事项对于一国的国家安全有直接可见的重大影响。但是值得关注的是，美国在《赫尔姆斯-伯顿法》的执行不了了之以后，又针对伊朗颁布了《伊朗核不扩散法案》（the Iran Non-Proliferation Act）以实施制裁。不同于《赫尔姆斯-伯顿法》，该法案将管制物项限缩为"大规模杀伤性武器"，同时仍然沿用域外管辖的套路，规制"源自美国或通过美国人进行的再出口行为"。[1] 但是，不同于《赫尔姆斯-伯顿法》所遭受的广泛抵制，由于国际社会对于"大规模杀伤性武器"的危险性存在广泛共识，因此在联合国缺乏有效管制措施的情况下，绝大多数国家选择容忍美国的域外管辖行为。[2]

这至少提醒我们，我们需要对不同的管制物项分别进行法律研究，尤其关注国际社会对于不同物项与国家安全之间联系的认可程度。目前的《出口管制法（草案）》文本只是对所有管制物项作了总括性的规定，很难与国家安全产生直接、紧密的联系。但是如果在设计域外管制条款时根据管制物项与国家安全的紧密联系程度，针对部分物项在立法上赋予对外国主体域外行为的管辖权，则可能在一定程度上实现域外管辖。同时，这种精细化的立法也使得我们在面对潜在的 WTO 争端时，成功援引 GATT 第 21 条或 GATT 第 14 条的安全例外条款作为抗辩的可能性增大。但是这种方式的另一个局限在于，基于对国家主权的尊重，保护性管辖权亦不能在他国域内行使。因此可能的执法行为也只能在行为人进入我国域内时才可以进行。

（二）利用母子公司关系实现"间接域外管辖"

间接域外管辖的模式并非源自出口管制领域，但是正如美国学者所指出的一样，这种模式本身就值得贸易管制法借鉴。[3] 以美国 1977 年制定的

---

〔1〕　See 31 C. F. R § 560. 204.

〔2〕　C. Ryngaert, "Extraterritorial Export Controls（Secondary Boycotts）", *Chi J. Int'l L.* 7, 2008, p. 651.

〔3〕　See J. Weida, "Reaching Multinational Corporations: A New Model for Drafting Effective Economic Sanctions", *Vt L. Rev.* 30, 2006, p. 340.

《外国腐败行为法案》（Foreign Corrupt Practices Act）为例，该法案意图通过要求公司提供详细的财务报表以阻止公司在美国域外的腐败行为。[1] 法案的第 102 章要求《1934 年证券交易法》（the Securities Exchange Act of 1934）定义下的发行公司进行会计汇报。从第 102 章的文本来看，不受《1934 年证券交易法》调整的域外子公司似乎并不需要遵守《外国腐败行为法案》关于会计报告的规定。但是，美国证监会的会计规则要求合并母公司的财务报表与其持有多数股权的子公司的财务报表。[2] 因此子公司在财务报表中披露的交易信息随后将通过母公司进行会计报告。此时如果子公司在美国域外存在腐败行为，那么进行会计报告的母公司将违反《外国腐败行为法案》的第 102 章的规定。而又由于《1934 年证券交易法》第 20 章第（a）条规定了母公司的连带责任，[3] 因此在这种情况下，母公司将按照美国国内法的规定受到处罚。可见，《外国腐败行为法案》是将美国公司的域外子公司的责任转嫁到母公司上，从而间接要求域外子公司也必须遵守《外国腐败行为法案》，以达到规制子公司域外行为的效果。美国学者便如此评价《外国腐败行为法案》："国会精巧的立法使得美国能够隐秘地利用该法案对反贿赂目标进行执法，而不至于引起他国对于美国域外执法的严厉指控。"[4]

照此思路，我国在制定《出口管制法》时一种可能的路径是：禁止中国的母公司向特定目的地、特定自然人、法人或其他组织提供管制物质，但不直接禁止中国公司控制的域外子公司的视同出口行为或再出口行为，而是规定由中国母公司承担其控制的域外子公司违反中国《出口管制法》的责任。这样我们至少能够对于存在"控制关系"的域外子公司进行事实上的域外管辖，满足视同出口规则与再出口规则对外国主体的域外行为进行管理的政策需求。

---

〔1〕 Phillip I. Blumberg & Kurt A. Strasser, *The Law of Corporate Groups: Statutory Law-Specific*, New York: Aspen Publishers, 2002, § 23.04.01.

〔2〕 See 17 C. F. R. § § 210.3-02, 210.3-09.3A-02（b）to（d）（2005）.

〔3〕 See Securities Exchange Act of 1934 § 20（a）, 15 U.S.C. § 78t（a）（2000）.

〔4〕 J. Weida, "Reaching Multinational Corporations: A New Model for Drafting Effective Economic Sanctions", *Vt L. Rev.* 30, 2006, p. 342.

这种路径的难点在于母、子公司具有独立的法人人格，因此在"域外主体违反《出口管制法》"与"中国母公司承担责任"之间需要建立合理的因果关系以在一定程度上"刺破公司面纱"，达到认定母子公司之间存在"控制关系"的基准。美国学者为此提出了两种标准：一为"客观认识"的标准，即如果母公司知晓或应当知晓子公司违反出口管制的规定，母公司应当承担相应的责任。二为"实际获利"的标准，即如果母公司因子公司违反出口管制规定而实际获利，母公司应当承担相应的责任。两种标准在一定程度上已经体现在美国国内的其他公法部门中。[1]

笔者认为，上述标准对我国实现视同出口管制的域外执法管辖极具借鉴意义。两种标准的背后其实充分利用了母、子公司内在商业博弈关系。我们要考虑两种极端的情况：如果域内母公司事实上对于域外子公司具有极高的控制力，那么其在考虑中国《出口管制法》的合规性时，必然倾向增强对于境外子公司的控制以避免因子公司的不合规行为导致自身承担违反中国《出口管制法》的法律责任。相反，如果域内母公司事实上对于域外子公司的控制程度极低，那么出于同样的法律风险考虑，其必然倾向进一步减弱对于子公司的控制以避免因为子公司的违规承担责任。而处于两种极端情况之间的集团公司则会根据自身的商业考量，作出两者之一的选择。无论如何，这都将使得母、子公司的实际控制关系变得更加清晰，使得利用上述标准判断控制关系成为可能，从而进一步使得实现这种间接域外管辖路径成为可能。

结 语

综上，虽然国际上关于出口管制法域外效力的合法性讨论争议不断，但是中国绝对不应消极而武断地放弃赋予出口管制法域外效力。毕竟长期存在的国家实践已经在一定程度上反映了域外效力规则的现实价值。中国应当关注的是，如何在符合国际规则的前提下实现域外管辖的政策目的。

不可否认，一国出口管制法域外适用的背后有强权政治的治理需求，但是将产生域外效力的原因主要、甚至完全归于强制性的政治力量并不能对我

---

〔1〕 J. Weida, "Reaching Multinational Corporations: A New Model for Drafting Effective Economic Sanctions", *Vt L. Rev.* 30, 2006, p. 343.

国的贸易治理带来任何的积极作用。对于出口管制法域外效力的研究，仍然需要回归到法律逻辑的分析上。在充分考虑合法性的基础上构建域外效力条款，才能使《出口管制法》适应我国在新时代的出口管理需求。

国际法院判例中的争端界定

◎张　淼　2014级法学瀚德实验班

摘　要："马绍尔群岛案"中，国际法院历史上第一次因相关方提交申请书时争端不存在而拒绝对整个案件行使管辖权。在该案中，法院严格要求争端必须在提交申请书时存在，并且要求当事国必须"明知或应知"其观点或立场为另一国积极反对。"马绍尔群岛案"中争端界定的标准引发法官和学者们的激烈讨论。本文主要探讨国际法院在长期的实践中发展出的一套界定国际争端的标准，包括界定国际争端的意义与路径、时间标准以及内容标准。另外，本文对"马绍尔群岛案"中法院确立的标准作出评价。

关键词：国际争端　国际法院　马绍尔群岛案

引　言

2014年4月24日，曾在二战后被当作核试验场、饱受核辐射之苦的马绍尔群岛共和国向国际法院提交申请书，指控九个拥有核武器的国家未履行停止核军备竞赛和实行核裁军的协商义务，违反了1968年《核不扩散条约》第6条和相应的习惯国际法规则。这九个国家分别是美国、英国、法国、俄罗斯、中国、印度、巴基斯坦、朝鲜和以色列。其中英国、巴基斯坦和印度三国曾依据《国际法院规约》第36条第2款作出接受法院强制管辖权的单方声明。在马绍尔群岛向国际法院提起诉讼后，法院将马绍尔群岛起诉这三国的三个案件列入国际法院的案件总表，统一称为"停止核军备竞赛和实行核裁军的协商义务案"[1]（以下简称"马绍尔群岛案"）。在针对其他六国的申请书中，马绍尔群岛请求这六国按照《国际法院规则》第 38 条第 5 款接受国际法院的管辖权，然而上述六国并未作出任何回应。因此，国际法院无法对马绍尔群岛针对该六国的诉讼行使管辖权。2016 年 10 月 5 日，国际法院就管辖权问题作出"马绍尔群岛案"的判决，拒绝对该案行使管辖权，认为其无权审理该案的实体问题。核心原因是：在马绍尔群岛将申请书提交至法院时，马绍尔群岛与这三个国家间不存在"争端"。

在国际法院的历史中曾有多个案件涉及"争端"的界定问题，但该问题从未被系统阐释。"马绍尔群岛案"中，国际法院历史上第一次以争端不存在为由而拒绝对整个案件行使管辖权。该案正为学者们提供了一个系统讨论国际争端相关问题的契机。

本文将以对国际法院判例中界定争端方法的探讨为核心。研究国际法院的判例具有重要意义：首先，国际法院是界定争端的主体，有权对争端进行界定。根据"管辖权的管辖权"（Kompetenz-kompetenz）原则，在没有任何相反协议的情况下，国际法院有权决定自身的管辖权，并为此解释涉及管辖权的文书。这项原则也由《国际法院规约》第 36 条第 6 款明文规定，"关于法院有无管辖权之争端由法院裁决之。"[2] 国际法院在 1953 年"列支敦士登诉危地马拉诺特鲍姆案"中首次明确这一原则，[3] 并在后续判例中反复确认。其次，判例是国际法的重要发展形式。虽然在后案的处理中，国际法院

---

〔1〕 "Obligations concerning Negotiations relating to Cessation of the Nuclear Arms Race and to Nuclear Disarmament (Marshall Islands v. United Kingdom) (Marshall Islands Case) (Preliminary Objections)", availabe at http：//www. icj-cij. org/files/case-related/160/160-20161005-JUD-01-00-EN. pdf; "Obligations concerning Negotiations relating to Cessation of the Nuclear Arms Race and to Nuclear Disarmament (Marshall Islands v. India) (Jurisdiction and Admissibility)", availabe at http：//www. icj-cij. org/files/case-related/158/158-20161005-JUD-01-00-EN. pdf; "Obligations concerning Negotiations relating to Cessation of the Nuclear Arms Race and to Nuclear Disarmament (Marshall Islands v. Pakistan) (Jurisdiction and Admissibility)", availabe at http：//www. icj-cij. org/files/case-related/159/159-20161005-JUD-01-00-EN. pdf, 2018-4-14.

〔2〕 Statute of the International Court of Justice (adopted 26 June 1945, entered into force 24 October 1945) 59 STAT 1055 (ICJ Statute) art 36 (6).

〔3〕 "Nottebohm case (Liechtenstein v. Guatemala) (Preliminary Objection)", availabe at http：//www. icj-cij. org/files/case-related/18/018-19531118-JUD-01-00-EN. pdf, pp. 111, 119, 2018-4-14.

并不受其先案判决的约束，但在"克罗地亚诉塞尔维亚《防止及惩治灭绝种族罪公约》的适用案"（以下简称"克罗地亚诉塞尔维亚案"）中，法院指出，"除非法院认为存在非常特别的原因，法院一般不会偏离其既往判例。"[1] 尤其是在目前还没有任何国际文件对争端的界定标准作出规定的情况下，对国际法院判例中界定争端的方法的总结就更加重要。

一、界定国际争端的意义与路径

（一）界定争端的意义

国际争端的存在是任何国际法庭或国际仲裁机构行使管辖权的基本前提，这是一个在理论中和实践中都已达成的共识，国际法院亦是如此。[2]《联合国宪章》第 36 条第 3 款规定："凡具有法律性质之争端，在原则上，理应由当事国依国际法院规约之规定提交国际法院。"[3]《国际法院规约》第 38 条第 1 款规定："法院对于陈诉各项争端，应依国际法裁判之。"[4] 由此可知，国际法院裁判的客体是"争端"。进一步推断，若无可以裁判的客体，国际法院自然无法行使管辖权。

另外，国际法院也曾在许多判例中确认这一点。例如，在"埃塞俄比亚和利比里亚诉南非西南非洲案"（以下简称"西南非洲案"）初步反对意见的判决中，国际法院指出，"如果没有争端，法院就应判定没有管辖权或应当不予受理。"[5] 在"澳大利亚和新西兰诉法国核试验案"（以下简称"核试验案"）判决中，国际法院认为其职责是就国家间"争端"作出裁判。因

---

〔1〕 "Application of the Convention on the Prevention and Punishment of the Crime of Genocide（Croatia v. Serbia）（Croatia v. Serbia）（Preliminary Objections）", availabe at http：//www. icj–cij. org/files/case–related/118/118–20081118–JUD–01–00–EN. pdf, p. 53, 2018–4–14.

〔2〕 朱利江：《国际法院判例中的争端之界定——从"马绍尔群岛案"谈起》，载《法商研究》2017 年第 5 期，第 151~160 页。

〔3〕 Charter of the United Nations（adopted 26 June 1945, entered into force 24 October 1945）1 UNTS XVI（UN Charter）art 36（3）.

〔4〕 ICJ Statute art 38（1）.

〔5〕 "South West Africa Cases（Ethiopia v. South Africa；Liberia v. South Africa）（South West Africa Cases）（Preliminary Objections）", availabe at http：//www. icj – cij. org/files/case – related/47/047 – 19621221–JUD–01–00–EN. pdf, pp. 319, 328, 2018–4–14.

此，"法院行使司法职能的首要先决条件即存在争端。"[1] 这在"马绍尔群岛案"的判决中被再次确认。[2]

亚伯拉罕院长认为，当事国间存在争端不仅是法院行使管辖权的条件，也是管辖权存在的条件。[3] 但通卡法官和塞布廷德法官持有不同的意见。他们认为，尽管法院曾在很多场合表示争端的存在是管辖权的基础，但更准确地说，其应该是法院行使管辖权的基础。[4] 如果当事国依据《国际法院规约》第36条第2款发表声明，从该声明交存联合国秘书长时起，法院即建立了对于声明国的管辖权；并且只要声明国不撤回，或是声明指定期限已过，法院的管辖权就保持有效。法院在"葡萄牙诉印度领土通行权案"中也如此解释："（根据《国际法院规约》第36条第2款发表的接受法院管辖权）的声明交存秘书长后，接受国相对于其他声明国即成为任择条款缔约国，享有第36条规定的所有权利，负担第36条规定的所有义务。缔约方之间的合同关系以及由此产生的法院的强制管辖权即建立。"法院进一步解释，当第二个声明国交存声明当日起，"才产生了一致同意的关系，这是任择条款的基础"。[5]

因此，争端的出现并非建立或完善了管辖权。当接受法院管辖的争端一方对另一个依《国际法院规约》第36条作出有效声明的国家提诉时，争端的存在是法院行使管辖权的必要前提。若当事方和解或其他干涉情况导致争端在诉讼中消失，这并不会剥夺法院的管辖权。但在这种情况下，法院不会再

---

〔1〕 "Nuclear Tests（Australia v. France）（Australia v. France）（Judgment）", availabe at http：// www. icj-cij. org/files/case-related/58/058-19741220-JUD-01-00-EN. pdf，p. 55; "Nuclear Tests（New Zealand v. France）（New Zealand v. France）（Judgment）", availabe at http：//www. icj-cij. org/files/case-related/59/059-19741220-JUD-01-00-EN. pdf，p. 58，2018-4-14.

〔2〕 Marshall Islands Case（Preliminary Objections）.

〔3〕 "Marshall Islands Case（Declaration of President Abraham）", availabe at http：//www. icj-cij. org/files/case-related/160/160-20161005-JUD-01-01-EN. pdf，2018-4-14.

〔4〕 "Marshall Islands Case（Separate opinion of Judge Tomka）", availabe at http：//www. icj-cij. org/files/case-related/160/160-20161005-JUD-01-04-EN. pdf，p. 14; "Marshall Islands Case（Separate opinion of Judge Sebutinde）", accessed April 14，2018. http：//www. icj-cij. org/files/case-related/160/160-20161005-JUD-01-10-EN. pdf，p. 16，2018-4-14.

〔5〕 "Right of Passage over Indian Territory（Portugal v. India）（Preliminary Objections）", availabe at http：//www. icj-cij. org/files/case-related/32/032-19571126-JUD-01-00-EN. pdf，pp. 125，146，2018-4-14.

就实体问题作出判决，因为已经没有待判决的事项了。

（二）界定争端的路径：灵活的务实主义

国际法院作为联合国的主要司法机关，其职责是解决各国之间的争端。自其成立以来，国际法院一直在努力促进各国的和平与和谐。国际法院的先例清晰地表明，法院始终认为形式主义不能妨碍其作出公正和理性的决定。在界定争端和确定管辖权的问题上，国际法院在诸多先例中表现出了一定的灵活性。[1]

在"希腊诉英国马夫罗马蒂斯巴勒斯坦特许权案"（以下简称"马夫罗马蒂斯巴勒斯坦特许权案"）中，国际法院认为，"法院的管辖权是国际的，并不一定要像国内法一样对形式的事项给予同等重视。因此，即使《洛桑条约》尚未被批准，提起诉讼还为时过早，这个条件也由于随后交存的批准书已经被满足了。"[2] 因为该案标志着这一灵活性和务实性路径的开端，所以克劳福德法官称此务实主义原则为"马夫罗马蒂斯原则"（mavrommatis principle）。

在"德国诉波兰波属上西里西亚地区中某些德国利益案"（以下简称"上西里西亚案"）中，在考虑关于《日内瓦公约》（德国和波兰之间关于上西里西亚的 1922 年公约）第 23 条是否存在"意见分歧"（difference of opinion）时，常设国际法院认为，"即使根据（协定条款），有必要存在明确的争端，这个条件也可以在任何时候通过原告方的单方行为得以实现。既然当事方自身完全能够消除形式上的瑕疵，法院不能仅仅因为这种瑕疵而阻碍自己（行使管辖权）。"[3]

---

〔1〕 Robert Kolb, *The International Court of Justice*, 1st ed., Hart Publishing, 2013, p. 315; Shabtai Rosenne, *The Law and Practice of the International Court*, 1920-2005, The Court and the United Nations, 4th ed., Martinus Nijhoff Publishers, 2006, pp. 510-511.

〔2〕 Mavrommatis Palestine Concessions (Greece v. Britain) (Mavrommatis Palestine Concessions) (Objection to the Jurisdiction of the Court) PCIJ Rep Series A No. 2, p. 34.

〔3〕 Certain German Interests in Polish Upper Silesia (Germany v. Poland) (Preliminary Objections) PCIJ Rep Series A No. 6, p. 34.

在"尼加拉瓜诉美国在尼加拉瓜境内针对该国的军事与准军事行动案"中，国际法院拒绝驳回尼加拉瓜的诉求，因为尼加拉瓜可以单方面通过在谈判中明确援引条约而补救瑕疵并重新提出诉求。法院指出，"现在要求尼加拉瓜根据该条约提起新的诉讼是没有意义的，而尼加拉瓜完全有权这样做。"随后法院援引了"上西里西亚案"。[1]

这种务实主义路径在"克罗地亚诉塞尔维亚案"中得到最佳体现："若诉讼开始时，管辖权的条件尚未得到充分满足，但在法院对管辖权作出裁定前，该条件已经满足，在这种情况下国际法院和常设国际法院都表现出了务实性和灵活性。"[2]

若法院坚持要求提诉方弥补提诉中的瑕疵，而这会导致诉讼的循环时，法院可以忽略其中的瑕疵。正如法院在"克罗地亚诉塞尔维亚案"中所指出的，"重要的是，最迟在法院裁定其管辖权之日起，若原告国愿意，有权提起新的诉讼，以满足最初未满足的条件。在这种情况下，强制原告国重新提诉不利于健全的司法管理。除特殊情况外，最好认为条件已经满足。"[3]

在该案中，法院也解释了这个原则背后的法理。"这是对司法经济的关注，一个健全的司法管理的要素，这证明了'马夫罗马蒂斯巴勒斯坦特许权案'判决在恰当案件中的适用是合理的。"法院反对采取导致所谓的"不必要的诉讼扩散"（needless proliferation of proceedings）[4] 或克劳福德法官在其"马绍尔群岛案"的反对意见中称为"程序循环"（circularity of procedure）[5] 的路径。

---

〔1〕 "Military and Paramilitary Activities in and against Nicaragua (Nicaragua v. United States of America) (Jurisdiction and Admissibility)", availabe at http: //www. icj–cij. org/files/case–related/70/070–19841126–JUD–01–00–EN. pdf, p. 83, 2018–4–14.

〔2〕 "Application of the Convention on the Prevention and Punishment of the Crime of Genocide (Croatia v. Serbia) (Croatia v. Serbia) (Preliminary Objections)", availabe at http: //www. icj–cij. org/files/case–related/118/118–20081118–JUD–01–00–EN. pdf, p. 81, 2018–4–14.

〔3〕 Ibid. , p. 85.

〔4〕 Ibid. , p. 89.

〔5〕 "Marshall Islands Case (Dissenting opinion of Judge Crawford)", availabe at http: //www. icj–cij. org/files/case–related/160/160–20161005–JUD–01–13–EN. pdf, p. 8, 2018–4–14.

在"格鲁吉亚诉俄罗斯《消除一切形式种族歧视公约》适用案"（以下简称"《消除一切形式种族歧视公约》适用案"）中，法院强调："法院对争端存在的判断是一个实质事项，而非形式或程序事项。"[1] 这与法院的灵活的务实主义路径相一致。该案遵循法院的判例，摒弃了形式主义路径，不要求任何法律手续作为争端存在的前提条件，例如正式的外交抗议、协商（除非在声明中特别要求）或将提诉的意图通知被告方。这些条件都非必需。[2]

然而，在"马绍尔群岛案"中，法院似乎放弃了这种灵活的传统。在持反对意见的法官和众多学者看来，该案是对传统判例的偏离，法院将会为其采取的形式主义路径付出沉重代价。法院从两方面背弃了"马夫罗马蒂斯原则"：其一，其史无前例地增加了"明知或应知"这一要件；其二，在判断争端界定的时间标准上，其过度严苛地要求争端必须在向国际法院提交申请书的日期之前存在，而忽略了法院一贯使用的"原则上"的措辞。理论上，马绍尔群岛随时可以再次提起诉讼，因为上述两个"未满足的条件"都可以被补救。多数判决所采取的形式化的路径与此前的判例不一致，并且会打击司法经济和健全的司法管理。

二、国际争端界定中的时间标准

（一）原则上为提交申请书日期

法院曾多次指出，原则上，判断是否存在争端的时间应以向国际法院提

---

〔1〕 "Application of the International Convention on the Elimination of All Forms of Racial Discrimination (Georgia v. Russian Federation)（Application of the CERD Convention）（Preliminary Objections）", availabe at http：//www. icj-cij. org/files/case-related/140/140-20110401-JUD-01-00-EN. pdf，p. 30，2018-4-14.

〔2〕 "Land and Maritime Boundary between Cameroon and Nigeria（Cameroon v. Nigeria）（Land and Maritime Boundary）（Preliminary Objections）", availabe at http：//www. icj-cij. org/files/case-related/94/094-19980611-JUD-01-00-EN. pdf，p. 39，2018-4-14.

交申请书的日期为准。[1] 但对于此原则的适用的严格程度，以及"原则上"的理解是什么，法院的先前判例并未给出明确的答案。

在"马绍尔群岛案"中，法院再次重申这一原则，并援引了"尼加拉瓜哥伦比亚关于加勒比海主权权利和海域案"（以下简称"加勒比海主权权利和海域案"）与"《消除一切形式种族歧视公约》适用案"。[2] 争端原则上应在提交申请书日期之前存在，因为依照《国际法院规约》第 38 条第 1 款的规定，国际法院应予裁判的争端应当是"提交的各项争端"。这意味着，当原告国将申请书提交至国际法院时，争端必须已经存在。在提交申请书之后，当事国的行为仍然可能会对争端产生影响。具体而言，有些行为能够确认争端的持续存在，[3] 有些行为能够明确争端的主题事项，[4] 另外有些行为可能

---

〔1〕 "Questions relating to the Obligation to Prosecute or Extradite（Belgium v. Senegal）（Obligation to Prosecute or Extradite）（Judgment）", availabe at http：//www. icj‐cij. org/files/case‐related/144/144‐20120720‐JUD‐01‐00‐EN. pdf，p. 46；"Application of the CERD Convention〔30〕; Alleged Violations of Sovereign Rights and Maritime Spaces in the Caribbean Sea（Nicaragua v. Colombia）（Preliminary Objections）", availabe at http：//www. icj‐cij. org/files/case‐related/155/155‐20160317‐JUD‐01‐00‐EN. pdf，p. 52；"Application of the Convention on the Prevention and Punishment of the Crime of Genocide（Croatia v. Serbia）（Preliminary Objections）", availabe at http：//www. icj‐cij. org/files/case‐related/118/118‐20081118‐JUD‐01‐00‐EN. pdf，pp. 79‐80；"Application of the Convention on the Prevention and Punishment of the Crime of Genocide（Bosnia and Herzegovina v. Yugoslavia）（Preliminary Objections）", availabe at http：//www. icj‐cij. org/files/case‐related/91/091‐19960711‐JUD‐01‐00‐EN. pdf，p. 26；"Questions of Interpretation and Application of the 1971 Montreal Convention arising from the Aerial Incident at Lockerbie（Libyan Arab Jamahiriya v. United Kingdom）（Preliminary Objections）", availabe at http：//www. icj‐cij. org/files/case‐related/88/088‐19980227‐JUD‐01‐00‐EN. pdf，pp. 43‐45；"Questions of Interpretation and Application of the 1971 Montreal Convention arising from the Aerial Incident at Lockerbie（Libyan Arab Jamahiriya v. United States of America）（Preliminary Objections）", availabe at http：//www. icj‐cij. org/files/case‐related/89/089‐19980227‐JUD‐01‐00‐EN. pdf，pp. 42‐44，2018‐4‐14.

〔2〕 Alleged Violations of Sovereign Rights and Maritime Spaces in the Caribbean Sea（Nicaragua v. Colombia）（Preliminary Objections）", availabe at http：//www. icj‐cij. org/files/case‐related/155/155‐20160317‐JUD‐01‐00‐EN. pdf，p. 52；"Alleged Violations of Sovereign Rights and Maritime Spaces in the Caribbean Sea（Nicaragua v. Colombia）（Preliminary Objections）", availabe at http：//www. icj‐cij. org/files/case‐related/155/155‐20160317‐JUD‐01‐00‐EN. pdf，p. 30，2018‐4‐14.

〔3〕 "East Timor（Portugal v. Australia）（Judgment）", availabe at http：//www. icj‐cij. org/files/case‐related/84/084‐19950630‐JUD‐01‐00‐EN. pdf，pp. 22，32，2018‐4‐14.

〔4〕 "Obligation to Negotiate Access to the Pacific Ocean（Bolivia v Chile）（Preliminary Objection）", availabe at http：//www. icj‐cij. org/files/case‐related/153/153‐20150924‐JUD‐01‐00‐EN. pdf，p. 26，2018‐4‐14.

导致本已经存在的争端在判决时消失。[1] 但是，无论是提交申请书的这一行为或是当事方后续在诉讼中的行为和声明都不能使法院在同一诉讼中认定争端存在。[2] 如果在提交申请书后产生了新争端，而法院对新争端具有管辖权，这将会导致被告国进行答辩的机会被剥夺，并且将颠覆争端必须在提交申请书时已经存在这项原则。[3] 薛捍勤法官在其声明中补充了法院的解释。如果法院依据诉讼中双方的立场证明一方的诉求被另一方积极反对的话，"争端存在"这个条件也就失去了所有意义和价值。更根本的是，这将打击各国接受法院强制管辖权的信心。[4]

法院在"克罗地亚诉塞尔维亚案"中也曾详细阐释该原则背后的法理：如果在提起诉讼之时，法院具有管辖权所需的所有条件都得到满足，那么若后来发生的事件导致管辖权不再存在，这将不可接受。首先，这将会使管辖权的判断受法院裁判案件的速度的影响，进一步导致法院对待不同的原告方或甚至是同一原告方时出现不合理差异。此外，被告方可能会故意在提诉后通过某些行为使得法院的管辖权条件不再满足——例如通过退出含有协定条款的条约。因此，提交申请书之后法院管辖权的要件的缺失不会产生并且不能产生追溯效力的原因。这事关法律的确定性、对平等原则的尊重和一个已采取一切必要的预防措施以及提交起诉程序的国家的权利。[5]

在以下三个法院判例中，考虑到个案的具体情况，法院严格以提交申请书的时间为准判断争端的存在。

1. "《消除一切形式种族歧视公约》适用案"

法院在该案中审查的是《消除一切形式种族歧视国际公约》所载的具体协定条款："关于本公约的解释或适用的争端，当争端不能通过谈判或本公约

〔1〕 Australia v. France，p. 55；New Zealand v. France，p. 58.

〔2〕 Obligation to Prosecute or Extradite（Judgment），pp. 53–55.

〔3〕 Marshall Islands Case（Preliminary Objections），p. 43.

〔4〕 "Marshall Islands Case（Declaration of Judge Xue）"，availabe at http：//www. icj-cij. org/files/case-related/160/160-20161005-JUD-01-07-EN. pdf，p. 5，2018-4-14.

〔5〕 "Application of the Convention on the Prevention and Punishment of the Crime of Genocide（Croatia v. Serbia）（Preliminary Objections）"，availabe at http：//www. icj - cij. org/files/case - related/118/118 - 20081118-JUD-01-00-EN. pdf，p. 80，2018-4-14.

明确规定的程序解决时，可提交国际法院。"[1] 因此，必须存在一个"未能通过谈判解决"的争端，这是法院受理该案的一个"先决条件"。[2] 此种情况下，逻辑上讲，争端应当在向法院提起诉讼之前存在。此外，谈判和提诉的争端都应关于包含协定条款的该公约的主题事项——在"《消除一切形式种族歧视公约》适用案"中即种族歧视。因此，该案并非法院判例对争端的存在的形式化判断的开端，[3] 而仅仅是因为在该案中，"谈判"是向国际法院提起诉讼的一个特别的先决条件。

2. "比利时诉塞内加尔或引渡或起诉案"

在"比利时诉塞内加尔或引渡或起诉案"（以下简称"或引渡或起诉案"）中法院延续并强化了这种严格限制时间的趋势。在该案判决中，法院认为，提起诉讼的行为或当事方在诉讼中的后续行为和声明均不能使法院认为在本诉讼中争端已经存在。[4]

在该案中，比利时要求法院声明塞内加尔违反了国际习惯法，未以危害人类罪名对哈布雷提起刑事诉讼。塞内加尔认为双方之间不存在争端。在基于该诉求审查双方之间是否存在争端时，法院只考虑了双方在提诉之前的外交换文和照会（Note Verbale），并得出结论：在法院判断管辖权时，应当在提起诉讼当日审查双方之间是否存在争端。在该案中，法院认为，在基于习惯法的诉求上，双方间并不存在争端。亚伯拉罕法官在该案的单独意见中批评了法院在界定争端时采用的形式主义路径，"法院未能做到与先前判例保持立场的一致性。"[5] 专案法官贝加韦评价该案为"法院采用灵活路径的致命一击"。[6]

而通卡法官认为法院一向避免过分形式主义，"或引渡或起诉案"并不是

---

[1] Application of the CERD Convention, p. 20.

[2] Ibid., p. 141.

[3] Marshall Islands Case (Separate opinion of Judge Tomka), p. 19.

[4] Obligation to Prosecute or Extradite (Judgment), pp. 53-55.

[5] "Obligation to Prosecute or Extradite (Separate opinion of Judge Abraham)", availabe at http://www.icj-cij.org/files/case-related/144/144-20120720-JUD-01-02-EN.pdf, p. 18, 2018-4-14.

[6] "Marshall Islands Case (Dissenting opinion of Judge ad hoc Bedjaoui)", availabe at http://www.icj-cij.org/files/case-related/160/160-20161005-JUD-01-14-EN.pdf, p. 44, 2018-4-14.

对法院判例的偏离。在该案中，塞内加尔未能将哈布雷作为乍得总统统治期间所犯下的罪行绳之以法。在将此事提交法院审理之前的外交换文中，比利时一直指控的是《禁止酷刑公约》规定的义务，只是在提交诉讼的申请中提到了习惯国际法下的危害人类罪。法院认为，存在一个关于该公约第 6 条第 2 款和第 7 条第 1 款的解释和适用的争端，[1] 但它"不涉及违反国际习惯法下的义务"。[2] 法院明知，根据《禁止酷刑公约》第 30 条第 1 款所载的协定条款，法院具有管辖权，能够处理该争端。显然，比利时不会考虑重新向法院提交有关习惯国际法义务的争端。实际上，比利时也赞同该判决，并且与非洲联盟和欧洲联盟共同协助遵守判决，塞内加尔也履行其义务，指控了哈布雷。哈布雷于 2016 年 5 月 30 日被判决有罪，并被判处无期徒刑。25 年后，受害者终于看到了正义。鉴于这些事实，法院在"或引渡或起诉案"中的判决应当被视作是明智的而非过分形式主义的。法院谨慎地没有排除未来在国际习惯法下发展出的起诉危害人类罪的义务的可能性。

3. "加勒比海主权权利和海域案"

在提交申请后，哥伦比亚退出《波哥大公约》并几乎立即生效。[3] 随着哥伦比亚的退出，其也将不再接受该公约下国际法院的管辖权，之后尼加拉瓜不可能再次提出申请，因此法院要考虑提交申请时争端是否存在。[4]

（二）例外情况

在"马绍尔群岛案"中，优素福副主席、[5] 鲁滨逊法官、[6] 和专案法官贝加韦的反对意见[7]均强调了"原则上，界定争端的时间应以向国际法院提交申请书的日期为准"中的"原则上"（in principle）或"作为一个基本原则"（as a general principle）。法院使用此种措辞，暗示着一个成熟的（full-

---

〔1〕 Obligation to Prosecute or Extradite（Judgment），p. 52.

〔2〕 Ibid.，p. 55.

〔3〕 Alleged Violations of Sovereign Rights and Maritime Spaces in the Caribbean Sea, pp. 17, 24, 34, 48.

〔4〕 Marshall Islands Case（Separate opinion of Judge Tomka），p. 19.

〔5〕 "Marshall Islands Case（Dissenting opinion of Vice - President Yusuf）"，availabe at http：// www. icj - cij. org/files/case-related/160/160-20161005-JUD-01-02-EN. pdf，p. 34，2018-4-14.

〔6〕 "Marshall Islands Case（Dissenting opinion of Judge Robinson）"，availabe at http：//www. icj - cij. org/files/case-related/160/160-20161005-JUD-01-12-EN. pdf，p. 41，2018-4-14.

〔7〕 Marshall Islands Case（Dissenting opinion of Judge ad hoc Bedjaoui），p. 34.

fledged）争端的存在并不是法院管辖权的一个绝对的前提。提交申请时，争端可能正在形成或处于初期阶段，但在法院进行的诉讼过程中可能会明显表现出来。法院坚持使用"原则上"一词，表明它希望在界定争端时避免过度的形式主义，正如上文所述，这是一个实质事项，而非形式事项。因此有必要检验"提交申请书"这个重要时间点之前和之后的行为，以更准确地为情势定性。在"尼加拉瓜诉洪都拉斯的边界和跨越边界武装行动案"中，法院指出："确定可受理性的重要日期是提交申请书时，然而，为了准确确定提诉当时的情势，也十分有必要检验提诉之前和之后一段时间内的事件，特别是双方的叙述。"[1]

"马绍尔群岛案"多数判决认为："如果在提交申请书后产生了新争端，而法院对新争端具有管辖权，这将会剥夺被告国的答辩机会，并且这将颠覆争端必须在提交申请书时已经存在这项原则。"[2] 在鲁滨逊法官看来，"被告方应当拥有答辩的机会"，这更适合作为程序正当性问题而不是争端标准的一个要素。如果一方因为通过法庭诉讼才初次听闻针对自己的诉求而尴尬，法院完全可以通过程序规则来解决这个问题。[3]

事实上，当没有任何特殊情况要求争端须在特定日期前存在时，法院在判例中往往采取更加灵活的路径界定争端。法院时而基于当事方在书面诉状和口头辩护中的相反立场证明存在争端。为了司法经济和健全的司法管理，法院拒绝诉诸过度的形式主义。

---

〔1〕 "Border and Transborder Armed Actions（Nicaragua v. Honduras）（Jurisdiction and Admissibility）"，availabe at http：//www. icj - cij. org/files/case - related/74/074 - 19881220 - JUD - 01 - 00 - EN. pdf，p. 66，2018-4-14.

〔2〕 Marshall Islands Case（Preliminary Objections），p. 43.

〔3〕 Marshall Islands Case（Dissenting opinion of Judge Robinson），p. 51.

1. "波斯尼亚和黑塞哥维那诉南斯拉夫《防止及惩治灭绝种族罪公约》的适用案"

在"波斯尼亚和黑塞哥维那诉南斯拉夫《防止及惩治灭绝种族罪公约》的适用案"中（以下简称"波黑塞黑诉南斯拉夫案"），法院认为，"尽管南斯拉夫没有就案情提出反诉，并提出了初步反对意见，但它完全否认波斯尼亚和黑塞哥维那的所有指控，无论是在请求发布临时措施的诉讼阶段，或者在本次诉讼涉及初步反对意见的阶段。"[1] 法院其实认可了诉讼中的行为和声明可以证明当事方持有相反的立场。换句话说，想要使某个问题成为一项法律争端，被告国只要在法院否认原告国的声称就足够了，即使是在法院的管辖权受到质疑的情形下也是如此。[2]

"马绍尔群岛案"的判决与小和田恒法官的单独意见强调，"波黑塞黑诉南斯拉夫案"存在一些特别情况。在"马绍尔群岛案"的判决中，法院承认，在"波黑塞黑诉南斯拉夫案"判决中确实没有明确提到任何提交申请之前的证据以确认争端的存在，但应当考虑到该案的特定情况，即涉及持续的武装冲突。在这种情况下，当事方的事先行为足以构成争端存在的依据。并且，法院关注的不是争端出现的日期，而是恰当的争端主题事项，即是否属于协定条款的范围，以及在法院作出决定当日该争端是否"存续"。如上所述，尽管在提交申请书时甚至提交申请书后，当事方作出的陈述或主张能够发挥各种各样的作用，特别是在澄清所提交争端的范围时，但这些行为不能重新创设一个之前未存在的争端。[3]

在小和田恒法官的单独意见中，强调了该案件的两个具有高度相关性的独特要素：

第一，在该案中，波斯尼亚和黑塞哥维那援引《防止及惩治灭绝种族罪公约》作为法院管辖权的基础。作为被告的南斯拉夫认为，不存在该公约协定条款（即第9条）所规定的"关于解释、适用或履行本公约的争端"。换而

[1] Bosnia and Herzegovina v. Yugoslavia, pp. 28-29.
[2] ［英］马尔科姆·N. 肖：《国际法》（第6版·下册），白桂梅等译，北京大学出版社2011年版，第845页。
[3] Bosnia and Herzegovina v. Yugoslavia, pp. 27-29.

言之，在该案中，南斯拉夫并未出于法院管辖权的目的对"争端的存在"提出质疑，而是出于公约的协定条款的目的质疑争端的存在，因为其认为这不是该公约下的国际争端。这显然有助于将该案件与其他案件区分开来，其他案件的争议点纯粹在于"法律争端的存在"。

第二，在衡量当事人在诉讼过程中所作的声明时，法院"注意到持续存在"（noted that there persists）相反立场的情况。[1] 这种措辞的使用可以表明，该判决认为，提交申请时争端已经存在。援引提交申请之后所作的声明，只是为了确认争端的持续存在。

因此，该判决中之所以提及提交申请书后当事方发表的声明，只是由于该案件的特殊情况。该案不应被理解为法院偏离一贯判例的信号。[2]

然而，通卡法官认为，[3] 在 1993 年 3 月 20 日提交申请书前，波斯尼亚和黑塞哥维那境内发生的非常严重的军事冲突已持续一年。在波斯尼亚和黑塞哥维那 1992 年 3 月 6 日宣布独立后，不久在其领土上即爆发了战争。然而，法院并没有调查在案件提交法院之前原告方是否曾对违反《防止及惩治灭绝种族罪公约》规定的义务提出指控或主张。其仅仅指出："波斯尼亚和黑塞哥维那提出的主要请求是法院判定并宣告南斯拉夫在若干方面违反了《防止及惩治灭绝种族罪公约》。"[4] 并且被告在法院诉讼过程中否认了这些指控。法院并未提及被告方在原告方起诉前否认此类指控。法院还援引了"马夫罗马蒂斯原则"，认为其享有管辖权，因为波斯尼亚和黑塞哥维那可以在任何时候提出一个与本申请完全相同的申请，这是毋庸置疑的。而国际法院，正如其前身常设国际法院一样，一直诉诸此原则：不应惩罚原告方可轻易补救的程序行为瑕疵。[5]

2. "列支敦士登诉德国某些财产案"

在该案中，法院为了界定争端的存在检验了各方在诉讼过程中的立场，

---

〔1〕 Bosnia and Herzegovina v. Yugoslavia, p. 29.

〔2〕 "Marshall Islands Case（Separate opinion of Judge Owada）", availabe at http：//www. icj - cij. org/files/case-related/160/160-20161005-JUD-01-03-EN. pdf, pp. 16-18, 2018-4-14.

〔3〕 Marshall Islands Case（Separate opinion of Judge Tomka）, p. 21.

〔4〕 Bosnia and Herzegovina v. Yugoslavia, p. 28.

〔5〕 Ibid. , p. 26.

发现："在本案的诉讼中，列支敦士登对德国提出的事实和法律控诉被后者否定了"，认为："根据一贯的判例，在列支敦士登和德国之间存在法律争端"，法院还援引了"波黑塞黑诉南斯拉夫案"。在这一界定争端存在的段落中，法院只提到了当事各方在书状中的立场，而未提及双方在提交申请前的观点。[1]

虽然，在"马绍尔群岛案"的判决中，法院指出，在"列支敦士登诉德国某些财产案"中，在提交申请书日期之前，双方的换文中已经明确证明了争端存在。但事实上，法院完全基于"诉讼中"的双方声明得出了争端存在的结论，诉讼前的双方立场只是进一步证实了争端。在确定争端存在后，为了完整起见，"法院进一步指出，德国在双边磋商过程中和2000年1月20日（提交申请书之前）的信函中所采取的立场具有证据价值，能够证明列支敦士登的主张被德国坚决反对。"[2]

3. 喀麦隆诉尼日利亚陆地和海洋边界争端案"

依照克劳福德法官和鲁滨逊法官的理解，该案判决基于当事方在诉讼过程中的行为判断争端的存在。法院认为，双方之间存在较广泛的争端，因为尼日利亚对喀麦隆诉求的回应十分模糊（申请前和申请后），特别是其对法官在口头审理中提出的问题的答复。[3] 法院指出，尼日利亚并未表明是否同意喀麦隆在边界问题上的立场或其法律基础。而法院主要依口头庭辩中尼日利亚对法官提出的问题的答复得出了这一结论。法院判定，其"不能以两国之间不存在争端为由拒绝审查喀麦隆提交的文件"。[4]

"马绍尔群岛案"的判决认为在"喀麦隆诉尼日利亚陆地和海洋边界争端案"（以下简称"陆地和海洋边界争端案"）中法院之所以提及后期的证据是为了确定争端的范围，而非争端的存在。[5] 确实，法院考虑的是争端的范

〔1〕 "Certain Property（Liechtenstein v. Germany）（Judgment）", availabe at http：//www. icj-cij. org/files/case-related/123/123-20050210-JUD-01-00-EN. pdf，p. 25，2018-4-14.

〔2〕 "Certain Property（Liechtenstein v. Germany）（Judgment）", availabe at http：//www. icj-cij. org/files/case-related/123/123-20050210-JUD-01-00-EN. pdf，p. 25，2018-4-14.

〔3〕 Land and Maritime Boundary, pp. 91，93.

〔4〕 Ibid. ，p. 85.

〔5〕 Marshall Islands Case（Preliminary Objections）, p. 54.

围（即双方边界争端的程度），但正如鲁滨逊法官指出的，法院确实审查了各方的庭前立场及提交的文件，以判定尼日利亚并未表明同意的立场，因此不能支持尼日利亚的反对意见。[1]

4. "克罗地亚诉塞尔维亚案"

如上文所述，在该案中，法院首先解释了原则上判断管辖权应当以提交申请书的日期为准的原因。法院在下文中紧接着表明了对"马夫罗马蒂斯原则"的支持。"若诉讼开始时，管辖权的条件尚未得到充分满足，但在法院对管辖权作出裁定前，该条件已经满足，在这种情况下国际法院和常设国际法院都表现出了务实性和灵活性。"[2]

三、国际争端界定中的内容标准

（一）当事国之间的观点或立场的明显对立

当事国之间必须有对立的立场和声明。常设国际法院在"马夫罗马蒂斯巴勒斯坦特许权案"的判决中首次说明"争端"的定义：一项争端可以被视为"对某点法律或事实认识的不同，两方之间法律观点的冲突或利益的冲突"。[3] 在"保加利亚、匈牙利和罗马尼亚和平条约解释案"（以下简称"和平条约解释案"）中，国际法院注意到，在该案中"双方对履行或未履行某些条约义务存在明显的观点对立"，因此"就产生了国际争端"。仅仅声称是不够的，必须证明一方的主张是另一方所积极反对的。[4] 在"西南非洲案"中，国际法院再次指出，"仅仅是一方声称与另一方存在争端不足以证明争端的存在，就如同仅仅否认争端的存在也并不能证明争端不存在。表明双方具有利益冲突也不足够。必须表明，一方的主张遭到了另一方的积极反对。"[5] 在"加勒比海主权权利和海域案"中，国际法院援引"和平条约解

---

〔1〕 Marshall Islands Case（Dissenting opinion of Judge Robinson），p. 48.

〔2〕 "Application of the Convention on the Prevention and Punishment of the Crime of Genocide（Croatia v. Serbia）（Preliminary Objections）"，availabe at http：//www. icj－cij. org/files/case－related/118/118－20081118－JUD－01－00－EN. pdf，p. 81，2018－4－14.

〔3〕 Mavrommatis Palestine Concessions，p. 11.

〔4〕 "Interpretation of Peace Treaties with Bulgaria, Hungary and Romania（Interpretation of Peace Treaties）（Advisory Opinion）"，availabe at http：//www. icj-cij. org/files/case-related/8/008-19500330-ADV-01-00-EN. pdf，pp. 65，74，2018-4-14.

〔5〕 South West Africa Cases，p. 328.

释案"，强调双方须持有明显对立的立场。[1]

（二）观点或立场必须足够具体

敌对或不友好的态度本身并不能够证明存在争端，当事方必须持有具体的观点或主张。[2] 在"《消除一切形式种族歧视国际公约》适用案"中，国际法院认为，当事国的声明必须指明诉求的主题事项，其必须"足够清晰，能够使该主张所针对的国家能够明辨存在或者可能存在关于该主题事项的争端"。[3] 只有在此种情况下，才能够认定争端存在。

在"马绍尔群岛案"中，国际法院指出，马绍尔群岛 2013 年 9 月 26 日在联合国大会核裁军高级别会议上发表的声明不够清晰。其措辞为："敦促所有核武器国家进一步努力承担推动有效和安全的裁军的责任"。但是，这一声明是以劝告的方式作出的，不能理解为对核武器国家的违反任何法律义务的指控。其既没有提及协商义务，也没有指出核武器国家未履行在这方面的义务。由于该声明的模糊性，其并不能证明争端的存在。

（三）法院获知当事国立场或观点的途径

法院可以通过当事国发表的文件或声明[4]或在多边场合当事国的意见交换[5]获知其观点或立场。当考虑多边场合的意见交换时，法院应当特别注意声明或文件的作出国、预期或真实的接收国，以及声明或文件的内容。[6]

然而，正式的外交抗议或通知并非必要。法院在"加勒比海主权权利和海域案"中指出，"虽然正式的外交抗议可能是引起对方重视关注的重要步骤，但不是必须的。"[7] 类似的，在"陆地和海洋边界争端案"中，法院说明，事先将提诉的意图通知被告方也不是一个法院管辖权的前提条件。[8]

---

[1] Alleged Violations of Sovereign Rights and Maritime Spaces in the Caribbean Sea, p. 50.

[2] Richard B. Bilder, "An Overview of International Dispute Settlement", *Emory Journal of International Dispute* 1, 1986, p. 4; 曲波:《岛屿争端的判定》，载《社会科学辑刊》2015 年第 5 期，第 75~80 页。

[3] Application of the CERD Convention, p. 30.

[4] Obligation to Prosecute or Extradite (Judgment), pp. 50-55.

[5] Application of the CERD Convention, p. 53.

[6] Ibid., p. 63.

[7] Alleged Violations of Sovereign Rights and Maritime Spaces in the Caribbean Sea, p. 72.

[8] Land and Maritime Boundary, p. 39.

另外，法院也可以通过当事方的行为来推断其立场，尤其是当双方没有外交换文时。[1] 在"陆地和海洋边界争端案"中，国际法院指出，"对法律或事实的分歧、法律观点或利益的冲突、一方对另一方的观点的积极反对并非一定明确陈述（expressis verbis）。在界定争端的问题上，与其他问题相同，无论一方所宣称的观点如何，其立场或态度可以通过推断而确立。"[2] 法院在"《消除一切形式种族歧视公约》适用案"引用"加勒比海主权权利和海域案"，指出："一方在要求回应的时候没有回应，也可以推定为存在争端。"[3]

法院在"马绍尔群岛案"中认可了，争端可以通过国家在诸如联合国大会等政治机构中对决议的表决推断出来，但是在作出这样的推断时需要非常谨慎。在界定争端时，决议的措辞以及对决议的表决或表决模式可能构成相关证据，尤其是在当事国对表决行为发表解释性声明时。但是，有些决议包含很多不同的主张，一国对这些决议的表决行为本身不能被视作该国对决议中每一项主张的立场，更不能被视作是该国与他国就这些主张之一存在法律争端。[4]

（四）当事国明知或应知其立场被另一方反对

在"马绍尔群岛案"中，法院总结出了这样一个"明知或应知"的争端存在的要件——当有证据表明被告国"知道、或不可能不知道"其观点被原告国的积极反对时，就可以认定存在争端。[5]

薛捍勤法官在其声明中解释了"明知或应知"要件背后的法理。尽管事先通知和外交换文并不是争端存在的要件，但仍应避免"意外"诉讼（surprise litigation）。任何和平的争端解决方式，包括诉诸司法，其目标都是解决争端。只要情况允许，就应当向被告国明确提出法律诉求，这将有助于谈判与和解。[6]

---

〔1〕 Alleged Violations of Sovereign Rights and Maritime Spaces in the Caribbean Sea, pp. 71, 73.

〔2〕 Land and Maritime Boundary, p. 89.

〔3〕 Application of the CERD Convention, p. 30.

〔4〕 Marshall Islands Case (Preliminary Objections), p. 56.

〔5〕 Marshall Islands Case (Preliminary Objections).

〔6〕 Marshall Islands Case (Declaration of Judge Xue), p. 6.

四、对国际争端界定标准的评论

（一）应根据个案具体情况灵活确定争端存在的时间标准

原则上，法院界定争端应当以提交申请书日期为准。此原则在适用上存在一定的灵活性。

在某些情况下要求较为严格。例如，在"《消除一切形式种族歧视公约》适用案"中，争端必须先经由谈判，才可提交至国际法院；在"或引渡或起诉案"中，原告国可以通过其他的法律依据满足其诉求而不会选择二次提诉；在"加勒比海主权权利和海域案"中当事方在提交申请书后很快退出了赋予法院管辖权的公约。

而在更多的情况下要求比较宽松。法院在确定争端时，考虑了当事方在诉讼中所采取的立场。如果没有以这种方式进行，法院可能会将时间点停留在提交申请书之日，从而得出一个荒谬的结论；根据在诉讼中当事方的立场，争议的主题可能已经改变甚至消失。对于提诉之前争端已现端倪但在诉讼中清晰化的情况，法院怎么能够基于形式而不是实质或内容而宣布其缺乏管辖权？这会面临着提诉方在法庭宣告缺乏管辖权后立即提出新的申请的风险，不利于健全的司法管理。本着实用主义的原则，法院以务实的方式运作，以务实的态度行事，因为法院的职能是解决争端，而非面临着双方争端恶化的风险躲在某种形式主义之后。[1]

虽然争端可以通过各方在诉讼中采取的立场来证明，但这并不能推翻法院在以前的案件中采取的基本立场，即争端不能完全由在法庭前提起诉讼产生。在提交申请之前，至少应该存在最低程度的开端，在诉讼过程中，争端的延续或固化可能会变得更加明显。法庭立案本身不能引发当事方之间的争端。[2]

最后，在法院的判例中，确定争端存在的时间标准时而严格时而灵活，法院并未充分说明其选择严格或灵活的原因。这导致的法律不确定性给读者造成了一定程度的混乱。我们不再知道明天法院是否会采用比今天更严格或

---

〔1〕 "Marshall Islands Case（Dissenting opinion of Judge Bennouna）"，availabe at http：//www.icj-cij.org/files/case-related/160/160-20161005-JUD-01-05-EN.pdf，pp. 900，904，2018-4-14.

〔2〕 Marshall Islands Case（Dissenting opinion of Vice-President Yusuf），p. 39.

更宽松的标准以确定争端的存在。这不仅是不够清晰，更是增加了任意裁判的风险。一方面，法院应当保证判例的一致性；另一方面，法院还必须防止僵化，紧跟全球变化与时俱进。法院应当知道何时以及如何限制或放宽界定争端的标准，以及，最重要的是，当在个案中支持灵活性或形式主义时，法院应将其选择的原因作出说明，这样法院的判例才能够便于理解，兼具法律确定性和灵活性。

（二）"明知或应知"标准的适用具有灵活性

众多法官和国际法学者在"明知或应知"这一标准上对"马绍尔群岛案"的多数判决表示质疑。

1. "明知或应知"与客观判断争端存在的原则相违背

在"和平条约解释案"中法院注意到"是否存在一项国际争端是一个可以客观判断的问题"。[1] 而"明知或应知"要件使我们相当不必要地陷入了一个模糊的法律世界，我们需要探求国家的心态。通过引入"明知或应知"的证明作为新的法律要件，多数判决所做的是提高了证明标准，即从现在开始，不仅要求原告国，而且要求法院自身，要深入研究被告国的"意识"，以了解其知情状况。在"马绍尔群岛案"中，法院指出，判断争端存在要求被告国"知道、或不可能不知道"其观点被原告国的积极反对。这是对法院在其先前的判例法中提出的方法的曲解。为了确定当事国是否持有明确相反的立场，只需要通过审查庭前证据所客观展示的双方立场即可，不需要考虑他们对另一方的立场的认识。虽然完全有可能对主观要件进行客观审查，然而，目前的问题是该主观因素是否具有任何法律依据。[2]

2. "明知或应知"是形式主义路径的体现

如上文所指出的，法院在判断争端是否存在的问题上一直采用灵活的务实主义路径，避免形式主义的判断。如果要求"明知或应知"作为争端存在的要件，当法院拒绝行使管辖权后，原告国可以随时提起关于同一项争端的全新的诉讼。而被告国在新的诉讼中必然已经"明知或应知"了争端的存在。

---

〔1〕 Interpretation of Peace Treaties, p. 74.

〔2〕 Marshall Islands Case (Dissenting opinion of Judge Robinson), pp. 24-25.

这会引发同一项争端的二次提诉，从而破坏司法经济和健全的司法管理。

3. "明知或应知"与法院先例不符

首先，"明知或应知"要件似乎间接地引入了法官先前否认的要件，即原告国有义务将其诉求"通知"另一国。如上文所述，法院曾指出，通知或外交抗议并不是必须的。然而，"明知或应知"要件要求的甚至远超过"通知"：原告国必须提出其法律诉求，特别针对预期被告国，并且清晰地对其危害行为作出谴责。确保明知的最可靠方法即原告国进行某种形式的正式通知或外交抗议。

法院所强调的是被告国的"明知或应知"，而并未试图解释其应如何或从什么来源获得其信息。法院在判决中很小心地避免提到原告国必须"告知"（inform）被告国，因为这相当于重新引入"通知"（notification）作为争端存在的先决条件。但法院也并未排除原告国通过"通知"提供这种信息可能性。专案法官贝加韦更是明确地指出，这两件事情——"无需（原告国的）事先通知，但要求（被告国的）事先知道"——相互矛盾。

其次，这一要件在法院的判例中并无依据。该案判决认为有两个先例反映"明知或应知"要件："加勒比海主权权利和海域案"[1] 和 "《消除一切形式种族歧视国际公约》适用案"[2]。但事实上，法院在先前判例中从未将"明知或应知"作为一个判断争端存在的条件。

（1）"加勒比海主权权利和海域案"。该案并未对法院在界定争端标准中的"明知或应知"主观要件提供支持。

第一，该案中提及"明知或应知"只是事实评估而非法律检验。在该案中，法院审查了当事各方提出并强调的证据，包括声明和行为，得出双方存在积极冲突的结论。法院认为争端存在是两国高级领导人的共识。不能将"明知或应知"视作争端的一个标准。法院之所以提及知道和理解是在本案特定情况下作出的支持法院结论的事实陈述，没有任何线索证明其为法律检验。虽然"明知或应知"的要素可能会强化积极的冲突，但并不能将其表示为冲

---

〔1〕 Alleged Violations of Sovereign Rights and Maritime Spaces in the Caribbean Sea, p. 73.

〔2〕 Application of the CERD Convention, pp. 61, 87, 104.

突的先决条件。[1] 另外，法院指出，判断争端存在与否是实质问题而非形式问题。[2] 很明显，该案中的法院并不准备将具体的事实发现变成事先通知的形式主义法律要求。

第二，马绍尔群岛和被告国并不知道该判决，因为它是在 2016 年 3 月 17 日作出的。

第三，在该案中，哥伦比亚在所有证据面前仍然主张不知道尼加拉瓜关于执行和遵守法院判决的立场。哥伦比亚是该案前序案件的当事方，其不可能不知道其参加的案件判决适用所造成的问题。[3]

（2）"《消除一切形式种族歧视国际公约》适用案"。在"马绍尔群岛案"的判决中法院援引了该案的三个段落：第 61 段、第 87 段和第 104 段。同样，该案并未对法院在界定争端时的"明知或应知"主观要件提供支持。

法院审查原告国提交的文件和换文作为争端的证据的主要目的是确定，针对具体的反对意见，俄罗斯是否是文件的预期接收方。如果是，则要确定文件是否与《消除一切形式种族歧视国际公约》的适用或解释有关。在许多情况下，法院认为，文件的接收方并非俄罗斯，并且无论如何，这些文件都未表现出《消除一切形式种族歧视国际公约》第 22 条（赋予法院管辖权的协定条款）规定的"关于本公约适用和解释的争端"。

首先，该案存在解释和适用《消除一切形式种族歧视国际公约》的特定情况。该条约第 22 条明确规定，在向法院提交案件之前，争议各方必须首先尝试通过谈判或公约规定的其他程序解决争端。法院认定格鲁吉亚在根据该条提交争端之前尚未满足规定的谈判和程序。在这种情况下，原告国必须证明在诉诸法院之前，其不仅向被告国通知其诉求，而且他们还试图通过谈判达成和解。因此，要求被告国在进行谈判之前"明知或应知"原告国的主张是合乎逻辑的。该案与"马绍尔群岛案"形成鲜明对比，在后者中，不存在

---

[1] Marshall Islands Case (Dissenting opinion of Vice-President Yusuf), p. 21; Marshall Islands Case (Dissenting opinion of Judge Robinson), p. 27.

[2] Alleged Violations of Sovereign Rights and Maritime Spaces in the Caribbean Sea, p. 72.

[3] Marshall Islands Case (Dissenting opinion of Judge Bennouna), pp. 900, 905.

需要事先谈判或正式通知或"明知或应知"的此类协定条款。[1]

其次，无论如何，多数判决所依据的段落都不支持其结论：法院在该案中援引"明知或应知"作为争端存在的一项要求。法院在"马绍尔群岛案"中所援引的该案判决的第 II（4）部分专门讨论消除种族歧视委员会于 1999年 7 月 2 日生效之前的文件和声明。法院详细解释称，其只是审查该时间段内的文件和声明，因为格鲁吉亚称其与俄罗斯的争端是"长期的、合理的，而非最近才出现的"。继而，法院表明，这些早期文件"可能有助于提供在《消除一切形式种族歧视国际公约》生效之后印发或作出的文件或声明的背景"。[2] 难以理解为何有人会依据该部分判决解释争端存在的问题，因为就该案而言，双方之间可能不存在任何《消除一切形式种族歧视国际公约》下的争端，法院解释了它审查该时期文件和声明的非常特定的背景。

第 61 段的内容如下：没有证据表明，（格鲁吉亚议会 1998 年 5 月 27 日发表的）针对"分离主义者"与对俄罗斯违反有关双边和多边条约的谴责为俄罗斯当局所知。法院面临的问题之一是俄罗斯认为它不是与格鲁吉亚争端的一方；其只不过是一个协调人，而真正的争端方是阿布哈兹和南奥塞梯。[3] 因此，应该认为俄罗斯对争端不知情，因为格鲁吉亚指出的与争端存在问题有关的大部分证据实际上都是针对其他国家的。提及俄罗斯不知情是一个事实陈述，强调俄罗斯不是议会声明的接收方。第 61 段没有任何明示或暗示的语言表明，法院将"明知或应知"确立为一个争端界定的标准。

在第 87 段中，法院指出，俄罗斯知道有关俄罗斯维和行动的格鲁吉亚议会动议。然而，法院作出这一陈述时并未意图将其发展为界定争端的一个重要因素。同样的，法院的分析是关于争端适格当事方的分歧；更具体的，是关于格鲁吉亚的诉求是否是针对俄罗斯。在该案中，法院并未明确说明"明知或应知"是争端存在的一个要件，也没有任何文本支持读者作出如此推断。事实上，法院只是围绕着有关文件的特定情况进行事实陈述。此外，"马绍尔

---

[1] Marshall Islands Case (Dissenting opinion of Judge Robinson), p. 29; Marshall Islands Case (Dissenting opinion of Judge Bennouna), pp. 900, 905.

[2] Application of the CERD Convention, p. 50.

[3] Ibid., p. 38.

群岛案"判决本身也并未解释第 87 段 "明知或应知" 如何是争端存在要件的法律依据。

第 104 段讨论了新闻报道是否引起了俄罗斯注意。其表达方式表明，这只不过是一个简单的事实陈述，其并未明示或暗示地设定争端的检验标准。再次强调，法院的陈述必须结合案件的特定事实来看待：俄罗斯是否真的是争端的一方，还是格鲁吉亚的谴责是针对他方的，以及争端是否涉及《消除一切形式种族歧视国际公约》的解释和适用。

再次，如果法院有意将 "明知或应知" 作为确定是否存在争端的标准，那么它必然会花费更多的时间审查和解释其方法的依据和法理，包括回顾其判例。法院不需要以这种间接和不透明的方式引入额外的检验。

法院在 "马绍尔群岛案" 中所援引的 "《消除一切形式种族歧视公约》适用案" 的相关段落应与法院在其他判决中建立 "明知或应知" 标准及其在设置此种性质的标准时所耗费的笔墨相对照。例如，在 "波黑塞黑诉南斯拉夫案" 中，法院指出："无论对这个问题的答复是什么，毫无疑问，向种族灭绝罪犯提供援助的个人或单位的行为不能视为种族灭绝的共谋，除非至少该个人或单位行事的时候是明知的，即具体而言，意识到主犯的特定意图（dolus specialis）。"[1] 尽管 "明知或应知" 必然是种族灭绝共谋的一个要素，但值得注意的是，法院仍然如何详尽地构建 "明知或应知" 的检验标准。

此外，如果 "《消除一切形式种族歧视公约》适用案" 中的三个段落旨在为争端的存在设立一个额外的检验标准，那么奇怪的是，这个检验标准并未被 "加勒比海主权权利和海域案" 的第 73 段所引用。更奇怪的是，"《消除一切形式种族歧视公约》适用案" 判决的相关段落曾五次被 "加勒比海主权权利和海域案" 判决中的第二个初步反对意见部分援引，作为确定争端的法律依据，而 "明知或应知" 要件却从未被提及。

最后，在 "《消除一切形式种族歧视公约》适用案" 判决第 II（6）部分中，当法院寻找证据确定俄罗斯与格鲁吉亚之间的争端存在时，法院未曾提及俄罗斯 "明知或应知" 格鲁吉亚的相反立场。当法院多次认为某些文件和

---

〔1〕 Bosnia and Herzegovina v. Yugoslavia.

换文无任何法律价值时，其并未依据俄罗斯不"明知或应知"。这表明，提及"明知或应知"只不过是偶然的情况，与"加勒比海主权权利和海域案"第73段提及"知道或理解"类似，并非将"明知或应知"作为争端存在的条件，也没有将其纳入法院的推理之中。

结　论

国际争端的界定具有重大意义，因为国际争端的存在是国际法院行使管辖权的先决条件。国际法院表明，法院对争端存在的判断是一个实质事项，而非形式或程序事项。因此，在判断争端时，法院通常采用灵活且务实的方法。若法院因为某些形式上的瑕疵拒绝行使管辖权后，原告国随时有权重新提起诉讼，那么法院起初就不应当拒绝行使管辖权，因为原告国可能提起的二次诉讼不利于司法经济和健全的司法管理。

原则上，判断界定争端应当以向国际法院提交申请书的日期为准。但有时法院也可以通过诉讼中当事方的行为和立场判断争端的存在。提交申请时，争端可能正在形成或处于初期阶段，但在法院进行的诉讼过程中可能会明显表现出来。

国际争端需要当事国之间的观点或立场必须明显对立并且足够清晰。当事国的立场或观点可以通过其发表的文件、声明、在多边场合当事国的意见交换，甚至是当事国的行为获知。但外交抗议或通知并不是争端存在的必要条件。

"马绍尔群岛案"在争端界定的标准上与法院的先例存在较大差异。首先，该案对国际争端界定的时间标准过于僵化与严格。其次，该案判决引入了一个全新的要件，即当被告国"明知或应知"其观点被原告国的积极反对时，才可以认定争端存在。但笔者认为这并不应该成为争端存在的一个要件。因为该要件与客观判断争端存在的原则相违背，体现了过度的形式主义，并且与法院的先例不符。

最后，"马绍尔群岛案"对法院一贯先例的背离似乎能够体现出国际法院意图避免核武器相关案件的政治敏感问题。法院在 1974 年"核试验案"、1996 年"威胁使用或使用核武器的合法性咨询意见案"（以下简称"1996 年咨询意见"）以及本案当中均以各种借口回避对案件的实体内容进行审理。

在"核试验案"中法院认为在判决时不再存在争端，在"1996 年咨询意见"中法院宣布没有任何国际法授权或禁止使用核武器，在"马绍尔群岛案"中法院又创造出"明知或应知"等要件，提高争端的界定标准。随着"马绍尔群岛案"判决的作出，法官和学者们纷纷质疑政治强权对国际法院的影响。[1] 有学者称，支持该案多数判决的法官大多来自有核国家，作出如此的判决能够保护他们的利益。很难让人相信这只是一个巧合。[2]

"马绍尔群岛案"向我们揭示了争端界定标准的复杂性和不确定性。复杂性体现在，界定争端是一个十分精细的任务，需要根据个案的具体情况调整所采用的标准和方法；不确定性体现在，国际法院对争端界定的标准时而宽松时而严格，也并未说明其选择宽松或严格标准的原因。从"马绍尔群岛案"的众多法官意见和声明中，我们可以看出其中自由派和保守派法官之间的博弈。在争端界定的问题上，不同的法官组成完全可能带来迥异的判决结果。

---

〔1〕 Edoardo Stoppioni, "The ICJ Decisions in the Marshall Islands Cases or the Unintended Consequences of 'Awareness'", availabe at http：//www. sidiblog. org/2016/11/24/the-icj-decisions-in-the-marshall-islands-cases-or-the-unintended-consequences-of-awareness/, 2018-4-14.

〔2〕 Amy Angilley, "Nuclear Appeasement at the International Court of Justice", availabe at http：//nationalinterest. org/feature/nuclear-appeasement-the-international-court-justice-18436, 2018-4-14.

CISG 公约第 79 条的适用问题

——以近年来国际商事仲裁实践为研究对象

◎赵　艺　2013 级法学瀚德实验班

摘　要：《联合国国际货物销售合同公约》有着广泛影响力，作为不同法系相互妥协和融合的产物，该《公约》有着独特的法律术语和解释体系。自起草以来，该《公约》第 79 条引起了众多的讨论和争议。CISG 咨询委员会、贸易法委员会秘书处以及学界都对该《公约》第 79 条做过大量的分析和评论，但是仍然未能完全解决争议问题。本文将结合实际案例分析仲裁案件中该《公约》第 79 条的适用问题。

关键词：《联合国国际货物销售合同公约》第 79 条　艰难情形　合同目的落空　瑕疵履行　第三人

引　言

《联合国国际货物销售合同公约》（以下简称《公约》）是由联合国贸易法委员会主持起草的，在当今国际贸易中起到广泛影响的一部实体法。《公约》已于 1988 年 1 月 1 日起对我国生效。

截至 2015 年 12 月 29 日，《公约》已有 84 个缔约方。作为一部在世界范围内广泛适用的法律，《公约》是不同法系、不同国家和地区之间妥协的产物。为了避免过于倾向于某一法系，《公约》中的部分术语完全不同于各国

（地区）域内法现有术语——其中第 79 条[1]便是之一，这就给《公约》的解释和适用带来了很大挑战。

在买卖合同免责条款这一问题上，英国、美国、法国和德国等国家和地区的规定不尽相同甚至可以说是差异颇大。法国的免责条款只承认导致履行不能的不可抗力（force majeure）；英国同时承认了客观履行不能（objective impossibility）和合同目的落空（frustration of purpose）导致的免责；而德国的免责条款在前述基础上进一步承认了艰难情形（hardship）和事实上、经济上的履行不能（physical and economic impossibility），并且形成了履行不能与艰难情形二分的立法体系；美国发展出了包含了艰难情形的履行不实际（impracticability），从而形成了客观履行不能、合同目的落空和履行不实际的免责三分法。[2]（见表 1[3]）

表 1　法国、英国、美国和德国关于买卖合同免责条款的规定

国家	不能			艰难情形
法国	客观不能 （即不可抗力）			

[1]《公约》第 79 条规定：①当事人对不履行义务，不负责任，如果他能证明此种不履行义务，是由于某种非他所能控制的障碍，而且对于这种障碍，没有理由预期他在订立合同时能考虑到或能避免或克服它或它的后果。②如果当事人不履行义务是由于他所雇用履行合同的全部或一部分规定的第三方不履行义务所致，该当事人只有在以下情况下才能免除责任：a）他按照上一款的规定应免除责任；和 b）假如该款的规定也适用于他所雇用的人，这个人也同样会免除责任。③本条所规定的免责对障碍存在的期间有效。④不履行义务的一方必须将障碍及其对他履行义务能力的影响通知另一方。如果该项通知在不履行义务的一方已知道或理应知道此一障碍后一段合理时间内仍未为另一方收到，则他对由于另一方未收到通知而造成的损害应负赔偿责任。⑤本条规定不妨碍任一方行使本公约规定的要求损害赔偿以外的任何权利。

[2] Larry A. DiMatteo, "Contractual Excuse Under the CISG: Impediment, Hardship, and the Excuse Doctrines", *Pace International Law Review* 27, 2015, pp. 260-262. 值得注意的是，法国在于 2016 年 2 月 10 日颁布的第 2016-131 号法令《关于合同法及其整体制度和义务证据的改革法令》中首次规定了艰难情形条款（《法国民法典》第 1195 条）。该法令自 2016 年 10 月 1 日起生效。

[3] PICC（Principles of International Commercial Contracts）即《国际商事合同通则》，PECL（Principles of European Contract Law）即《欧洲合同法通则》，CESL（Common European Sales Law）即《欧洲统一买卖法》。

国家	不能			艰难情形
英国	客观不能	目的落空		
美国	客观不能	目的落空		履行不实际 （涵盖了艰难情形）
德国（PICC、 PECL、CESL 同）	客观不能	目的落空	经济上的履行不能 （即主观不能）	艰难情形

注：据拉里·A. 迪马特奥博士 2015 年论文整理。

《公约》第 79 条在现有的买卖合同免责条款外选择采用了"障碍"（impediment）一词，该不确定的法律术语本身给《公约》的适用带来了极大的挑战。有学者试图通过对国内法进行分析从而解决《公约》第 79 条的适用问题，然而这种不恰当的解释途径以及每个国家不尽相同的规定使得这种解释方法并没有为仲裁庭或者法院所广泛接受。关于该条款的解释，尤其是"障碍"是否涵盖了瑕疵履行（defective goods）、艰难情形下的违约等情形，学界尚未有统一意见，而本文将试图通过分析已有的判决和仲裁结果来探讨《公约》第 79 条的实际应用。

一、《公约》第 79 条第 1 款中"障碍"的范围问题

（一）自然灾害或是政府行为是否构成履行"障碍"

1. 自然灾害

在受到自然灾害影响的案件中，当事人总是以不可抗力（force majeure）作为免责的理由。虽然不可抗力作为免责事由是被《公约》第 79 条承认的，但是并非所有的自然灾害，即使是严重的，都可以被认定为不可抗力。

在著名的 Tomato concentrate 案[1]中，卖方以番茄遭到暴雨毁坏价格暴涨，而拒绝以合同原价向买方发货。法院认为："所有的证据似乎表明，由于

---

〔1〕 See Tomato concentrate case, 1 U 143/95 and 410 O 21/95 (4 July 1997).

市场短缺，卖方只想从番茄浓缩物价格上涨中获利。即使卖方提出番茄的收成只是受到了一定程度的减损并非收成全无，但其也并未以原价格向买方提供一定比例的收成。毫无疑问，卖方所应交付的那种货物在市场上并没有穷尽。卖方甚至没有表明，假若在想交货的情况下，他也无法交货。"

在 Used railroad rails 案[1]中，美国的买方和德国的卖方签订了铁路轨道买卖合同，买方因卖方未能按照合同约定交货而提起诉讼。卖方认为其未能发货是因为圣彼得港在临近 2002 年 12 月 1 日的时候意外冻结了并且进一步证明了此次冰冻的严重程度。虽然买方认为港口在 12 月中旬前都没有冻结，但是双方都认可：通常情况下圣彼得堡港口在一月底前都不会冻结并且即使冻结了也不会影响船只出入。法院援引了 Louis Dreyfus Corp. v. Continental Grain Co. 案的判决，并认为"港口过早的冻结是否是可预见的以及是否阻碍了卖方履行合同"这样的事实问题的存在使得卖方不可抗力的抗辩是可行的。

在其他因受到自然灾害影响而援引不可抗力作为免责理由的案件中，法院或仲裁庭并没有直接说明该自然灾害是否构成了《公约》第 79 条所说的"障碍"，而是以事件在合同订立前就应当被预见[2]或是履约仍然可行等理由否认了免责情形的存在。

2. 政府行为

同自然灾害一样，政府行为也总是作为免责理由被违约方援引，但与前者不同的是，这些案件中有很多被法院认为满足了《公约》第 79 条的要求。

在 Butter 案[3]中，买方将收到的货物交由圣彼得堡的测试和认证中心进行检测，经检验货物的铅盐含量超标而不能获得本国政府对该项货物的进口许可，买方因而拒绝接受货物。法院经分析后认为买方这一行为并没有违反合同："进口国法律规定，当黄油和人造黄油进口到本国时必须确认其用于消费的安全性。但是检验机构经检验认为该批人造黄油的铅盐含量超标而拒绝向买方出具合格证明书。虽然合同中没有规定获取合格证明书这一程序，但是买方国家现行程序允许向圣彼得堡的测试和认证中心申请检测，卖方质疑

---

〔1〕 See Raw Materials Inc. v. Manfred Forberich GmbH & Co. , KG case, 03 C 1154 (6 July 2004).

〔2〕 See Canned oranges case, CISG/1997/33 (30 November 1997).

〔3〕 See Russia Arbitration proceeding 155/1996 (22 January 1997).

检测结果但却没有按照规定提出异议。法院据此认为这种情况已经超出了买方的控制，其拒绝收货的行为并没有违约。"

另外一起 Powdered milk 案[1]，卖方因交运的牛奶没有达到进口国标准而无法获得进口国的许可而后试图通过不可抗力寻求免责，但是法院驳回了卖方的请求："进口国对牛奶的标准在合同订立前就早已存在，而且买方也曾提醒过卖方该规定的存在，所以法院认为不能获得许可这件事情对于卖方而言是可以预见的，而且也在其控制范围内。"

在一起买方未能开具信用证的案件[2]中，保加利亚买方认为本国政府"暂停支付外债"的命令可以使自己免责，但是法院驳回了买方的请求："法院认为买方没有证明其未能开具信用证是政府该项命令导致的，此外，该项命令在合同订立之前就已经存在了，因此买方理应当预见未来（履行合同时）开具信用证所会遇到的困难。"

在 Coal 案[3]中，卖方未能履行合同义务并以政府对煤的出口禁运令为由寻求免责，法院驳回了这一主张："卖方依据的政府的煤出口禁令和乌克兰政府关于煤炭出口限制的法令既不符合《公约》对不可抗力的要求也不符合合同条款，（因为）这些禁令在合同签订之前就已经存在。债务人不能仅仅根据 1993 年 7 月 15 日的乌克兰旷工罢工通知书就要求根据不可抗力免责，因为在那个时期他已经难以履行合同了。"

在 Caviar 案[4]中，合同约定买方在卖方营业地取货并运送至本国（选用 FOB 价格）。买方于 1992 年 5 月 28 日取货，同年 5 月 30 日针对卖方国家的联合国制裁令在买方国家生效，买方因此无法完成付款。仲裁庭认定该项国际制裁令构成了不可抗力，但是买方并不能因此而免于付款的责任，因为在联合国的制裁令生效之前，货物的风险就已经转移给了买方即买方需要承担不可抗力造成的损失。

---

〔1〕 See Malaysia Dairy Industries v. Dairex Holland case, 9981/HAZA 95-2299 (2 October 1998).

〔2〕 See Failure to open letter of credit and penalty clause case, ICC Arbitration Case No. 7197 (1992).

〔3〕 See Coal case, Bulgaria Arbitration Case 56/1995 (24 April 1996).

〔4〕 See Caviar case, VB 96074 (10 December 1996).

在 Rimpi Ltd. v. Moscow Northern Customs Department 案[1]中，莫斯科北部海关署认为卖方 Rimpi 有限责任公司未及时将出口获得的硬通货收入（根据 2000 年 4 月 14 日的合同）存入经授权的银行账户从而违反了《俄罗斯联邦海关法典》第 273 条并对其处以了罚款，后者针对这一项罚款决议提起了诉讼。仲裁庭认为："根据卢甘斯克工商会在 2000 年 4 月 12 日出具的证明（证明买方乌克兰公司收到货物后未能及时支付货款是因为遇到了超出该公司控制的、在合同订立后出现的障碍——乌克兰政府的招标拍卖严重推迟），卖方在本案中并没有过错，因此其未能及时将硬通货收入存入授权账户并不能成为（海关）施加处罚的理由。"本案的特殊之处在于当事方并非买卖合同双方，而且诉讼是针对一项罚款决议提出而并非针对货物销售合同义务。虽然争议本身并不涉及货物销售合同，但是仲裁庭在分析相关事件时，即买方未及时付款，仍援引了《公约》第 79 条并认定乌克兰政府推迟招标构成了不可抗力。此外，前述案例中因不满足"无法预见"而未被认定为不可抗事件的均为法律、政令，而本案中被认定为不可抗事件的是一项具体行政行为（抑或是民事行为）。

同上述案例一样，在其他涉及政府行为的案件中，法院也主要从可预见性[2]、可控制性以及风险分配的角度出发来判断当事人能否援引《公约》第79 条而得到免责。

（二）艰难情形能否通过《公约》第 79 条得到免责

1.《公约》第 79 条是否适用于艰难情形的学理分析

艰难情形是指于合同订立之后发生的、从根本上改变了合同平衡的事件（并且合同的履行并未因此而变得不可能），例如某种原材料的价格突然大幅上涨。[3] 国际统一私法协会制定的《国际商事合同通则（2010）》中详细规定了包括在订立合同时不能合理预见、不能为当事人所控制、风险不由受到不利影响的当事人承担等在内的适用条件。

---

[1] See Rimpi Ltd. v. Moscow Northern Customs Department, KG-A40/308-02 (4 February 2002).

[2] See Coal case, Bulgaria Arbitration Case 56/1995 (24 April 1996).

[3] See Rolf Kofod, "Hardship in International Sales CISG and the UNIDROIT Principles, Thesis", *University of Copenhagen-Faculty of Law*, December 2011.

  CISG 咨询委员会第 7 条意见[1]认为《公约》第 79 条的用语没有明确地将"障碍"等同于导致绝对履行不能的事件，因此处于艰难情形的一方或许可以根据《公约》第 79 条援引艰难情形作为免责理由。在遇到符合《公约》第 79 条的艰难情形时，法院或仲裁庭可以根据《公约》和其所依据的一般原则提供进一步的救济。缔约背景不能充分地证明《公约》第 79 条不能在使履行变得极其困难的完全不可预测的障碍出现时全部或者部分免除一方的义务。孤立地讨论被驳回的提案可能导致这样的结论：工作组成员在反对"艰难情形"这一问题上达成了某种共识。事实上，准备工作的一些文件似乎表明，选择"障碍"一词是为了撇开各国内法现存的说法、纳入一个统一的豁免概念。从最终变为《公约》第 79 条的那份草稿来看，贸易法委员会工作组经过考虑后驳回了"准许一方在遭受了不可预期的过度损失（excessive damages）时请求解除或更改合同"的提案。但是仔细看这个过程就会发现，在简明列出了支持该提案的陈述后，工作组报告只是简单地说该提案没有被采纳，但是其并没有出现在随后的讨论中。

  虽然很多学者认为挪威代表的建议[2]被否决显示了《公约》排斥"艰难情形"的态度，但是 CISG 咨询委员会第 7 条意见认为：对挪威的提案的否决并没有解决"艰难情形"的问题，因为实际上讨论并没有涉及这一问题。如果认为《公约》的起草经过能够发挥一定的控制作用，但这样的起草历史表明当时对这个问题的讨论并不是决定性的。

  如前所述，《公约》各成员方对待"艰难情形"的不同态度是《公约》第 79 条选择"障碍"这一模糊用语的主要原因。但各方法律都会随时代而变化，例如长久以来坚守"合同至上"原则的法国，也在于 2016 年 10 月 1 日生效的新法中纳入了"艰难情形"的相关规定[3]（作为合同调整条款）。因

---

  [1] Alejandro M. Garro：“CISG-AC Opinion No. 7, Exemption of Liability for Damages under Article 79 of the CISG”, *Internationales Handelsrecht* 8, 2008.

  [2] See A/Conf. 97/C. 1/SR. 27 at 10. The Norwegian proposal lead to the deletion of the word " only" in Article 79 (3), so that even if the initial and temporary impediment vanishes, the resulting change of circumstances, which may well be of an economic nature, may turn into another impediment leading to that party's exemption from liability.

  [3] New article 1195 of the French Civil code.

此在对《公约》条款进行解释时应当将成员方同经济社会发展需要相符的法律制度变化纳入考量。

意大利蒙扎法院认为："艰难情形"的众多变化使得其可能出现在《公约》中，因为《公约》第 4 条[1]没有明确排除"艰难情形"，从而使其成为一个《公约》没有解决的问题。

在应用中，艰难情形总是在市场价格或是货币汇率发生大幅变化的时候被当事人作为免责理由而援引，但在适用《公约》的案件中，无论是卖方以此作为未发货的理由[2]抑或是买方以此作为拒绝收货和付款的理由[3]，都从未被法院或仲裁庭接受过。

2.《公约》第 79 条对"不可预见性"的要求的相关案例

在 Société Romay AG v. SARL Behr France 案[4]中，法院很好地解释了为什么《公约》第 79 条不包括"艰难情形"。法国汽车工业空调制造商（被告）于 1991 年 4 月 26 日与他的瑞士供应商（原告）缔结了"合作协议"。根据被告客户的需要，原告承诺在 8 年内交付至少 20 000 辆曲轴箱，双方在合同中写明了整个交易期间的价格计算方法。随后汽车市场突然崩溃，被告客户仅同意以原合同价格的 50% 收购曲轴箱。被告在 1993 年 12 月 6 日的信件中告知原告其终止合同的要求，原告于 1996 年 6 月提起诉讼。法院认为被告不能通过援引《公约》第 79 条而免责："价格的显著下降不一定是不可逾越的或是不能合理预期的，买方未能证明终止合同关系的必要性。即使卖方的供应，在买方客户的降价要求下，不再能适应买方公司健全运营的需要，也不能就此认为销售情况的改变是不可预见的。此外，根据买方客户的传真来看，其降价决定是在行业危机前业已做出，这就证明了市场的突然崩溃并非

---

〔1〕 公约第 4 条规定：本公约只适用于销售合同的订立和卖方和买方因此种合同而产生的权利和义务。特别是，本公约除非另有明文规定，与以下事项无关：①合同的效力，或其任何条款的效力，或任何惯例的效力；②合同对所售货物所有权可能产生的影响。

〔2〕 See 1 U 143/95 and 410 O 21/95 (4 July 1997)；CLOUT case No. 102；CLOUT case No. 277；See also CLOUT case No. 54.

〔3〕 See A. R. 1849/94, 4205/94 (2 May 1995)；BULGARIA Arbitration Award case No. 11/1996 (12 February 1998).

〔4〕 See Société Romay AG v. SARL Behr France case, 1 A 199800359 (12 June 2001).

是其做出该决定的全部原因。无论如何，经验表明，在 8 年的时间段内，价格波动，即便是突然的和明显的，都不是例外的更不是不可预见的。此外，当涉及订立长期且具有限制性的协议时，买方作为国际市场上有经验的专业人士，应该将履行合同义务的保障或是这些修改义务的手段纳入协议。否则，他就应该承担不履行的风险。"

在其他援引《公约》第 79 条作为艰难情形的免责理由的案件中[1]，法院也都给出了同类的理由：国际市场中的价格变化是可预见的，并且它们产生的损失是"商业活动的正常风险"的一部分；价格变化导致的结果本该是可以克服的，并且这种变化发生的可能性在订立合同时就该被预见到；更有法院直接认为艰难情形不可被纳入《公约》第 79 条所述的免责情形[2]。可见，在适用《公约》第 79 条的案例中，从事国际贸易的商人大多数被认为是或者被期待是有着丰富的贸易经验、掌握了充分的市场信息并且能够预见未来影响市场变化的因素的纯粹理性人。这种假设或是期待虽然可以促进国际贸易，但实际上国际货物贸易商远远达不到纯粹理性人的标准，从这一角度而言《公约》第 79 条的基础假设未免有些要求过高而使其作用受到限制。

3. CISG 判例分析——"常规利润"（customary margin）

值得一提的是，在 Steel bars 案[3]中，双方在合同中约定了买方有在合同规定的数量之外额外购买同种货物的权利，但是卖方以该货物的市场价格上涨约 13.16% 为由拒绝了买方根据该项权利提出的要求。法院在分析中认为："国际市场中的价格上涨在常规的利润之内（is well within the customary margin），并且这种变化是可预见的。"上述关于价格变化幅度的分析为之后以艰难情形为由申请免责的案件留下了被准许的可能性，但是到目前为止还没有认为市场变化已经超出了常规利润的案例。

尽管法庭、仲裁庭或者学界对在艰难情形案件中援引《公约》第 79 条并

---

〔1〕 See BULGARIA Arbitration Award case No. 11/1996（12 February 1998）; CLOUT case No. 102; CLOUT case No. 277; CLOUT case No. 166; A. R. 1849/94, 4205/94（2 May 1995）; CLOUT case No. 277; CLOUT case No. 54.

〔2〕 See Nuova Fucinati v. Fondmetall International case, R. G. 4267/88（14 January 1993）.

〔3〕 See Steel bars case, ICC Arbitration Case No. 6281（26 August 1989）.

未完全持否定意见，但是从《公约》第 79 条的适用后果和"艰难情形"的处理方式之间的区别来看——前者仅免除损害赔偿责任但不妨碍其他主张，后者则要求经当事方协商或经法院判决重新调整合同权利义务——《公约》第 79 条并不能在"艰难情形"的案件中给出令人满意的解决方案，即假设允许在艰难情形的案件中援引《公约》第 79 条，该做法更大的意义在于表明《公约》对"艰难情形"的态度，然而还需要寻找其他途径，例如《公约》第 7 条，来更公平合理地解决问题。

（三）《公约》第 79 条是否适用于合同目的落空的情形

1. "合同目的落空"理论简介及典型案例

合同目的落空，并不是指任何一方的履行变得不可能或者明显比预期困难，而是指寻求免责的一方仍然有能力（尤其是经济能力）履行合同，只是当初促使其缔结合同的动机不再存在。因此，合同目的落空并不包括这种情况：当事人以价格变化使其不再有利可图为由，要求修改或者解除合同义务。[1]

合同目的落空源自英国法律，其中最有代表性的案件是 Paul Krell v. Henry 案[2]：1902 年英王爱德华八世继承了维多利亚女王的王位，英国人都在期待时隔 60 多年的加冕典礼。被告看到原告公寓的窗户上有一则出租房屋以供欣赏加冕游行典礼的广告，便与原告订立了租赁合同。被告预先支付了 25 英镑的费用，但是下议院在典礼前发出通知，国王要进行阑尾炎手术，因此典礼被无限期推延。通知发出后被告拒绝支付剩余的 50 英镑，并因此被原告起诉。法院认为：虽然从字面上看来合同的履行还是可能的，但是由于加冕典礼的日期推延进而被取消，使得整个合同目的落空。

2. 《公约》第 79 条是否适用于合同目的落空情形的学理分析

《公约》起草者之一的约翰·霍诺德（John O. Honnold）教授认为《公约》第 79 条包含了一个因果关系——"障碍"必须能够在实际上阻碍履行。因此，该条并未涵盖仅仅致使合同一方不愿履行而非无法履行的情况。与此

---

〔1〕 See Nicholas R. Weiskopf, "Frustration of Contractual Purpose – Doctrine or Myth?", *St. John's Law Review*, Vol. 70, No. 2, 1996, p. 240.

〔2〕 See Paul Krell v. Henry case, ［1903］2 KB 740.

相反，也有一些学者认为该条款也适用于合同目的落空的情况。[1] 此外，根据《公约》起草的过程以及 CISG 咨询委员会意见，《公约》第 79 条采用的"障碍"一词与"合同目的落空"等概念无关。《公约》的起草工作组不赞成轻易地免除不履行合同带来的责任，但并没有详细阐明《公约》第 79 条是否排除了合同目的落空等情形。[2]

3. 试图在《公约》第 79 条下援引"合同目的落空"的案件

在适用《公约》的案件中，"FeMo" alloy 案[3] 提出了《公约》第 79 条是否包含合同目的落空免责这一问题。但是由于卖方提出的理由是市场价格飙升，仲裁庭认为没有支持卖方的法律依据，也没有进一步分析《公约》第 79 条是否包含了合同目的落空的问题。在 Electronic hearing aid case 案中，[4] 法院认为国内法是否接受合同目的落空这一规定是无关的，因为《公约》填补了这些领域。截至目前，所有已经公布的适用《公约》的案件中，还没有能被归入准确意义上的"合同目的落空"情况。

匮乏的案例资源无法表明法庭或者仲裁庭对待合同目的落空这一问题的态度，但是实践中至少没有明确否决《公约》第 79 条在合同目的落空的情形中的适用。本文认为将合同目的落空纳入《公约》第 79 条所述的"障碍"范围内是符合国际贸易和合同法理论的发展趋势的。

（四）瑕疵履行构成《公约》第 79 条免责规定的争议

1.《公约》第 79 条是否适用于瑕疵履行情形的学理分析

假如卖方既没有不交货也没有延迟交货，但是其所交付的货物有缺陷，那么当事人是否可以通过《公约》第 79 条寻求免责？这个争议与大陆法系和英美法系对交付同合同相符货物的行为的界定有关。大陆法系的学者倾向于

---

[1] Henry D. Gabriel, "A Primer on the United Nations Convention on the International Sale of Goods: From the Perspective of the Uniform Commercial Code", *Indiana International & Comparative Law Review* 7, 1996, pp. 279-280.

[2] 参见前引 Alejandro M. Garro 报告，第 28 段。

[3] See "FeMo" alloy case, CISG/1996/21 (2 May 1996).

[4] See Electronic hearing aid case, 43 O 136/92 (14 May 1993).

将其视为一种合同责任（contractual obligation），故而认为根据《公约》第35条[1]保证货物的相符性是卖方的责任。因此交付相符的货物也落在《公约》第79条的范围内；但是英美法系的学者倾向于将交付与合同相符的货物视为一种保证（term of warranty or guarantee），认为在没有明示或者暗示的保证的情况下，卖方不应被视为应当绝对地、无条件地保证其货物不存在瑕疵。[2]

此外，霍诺德教授认为，[3]《公约》第79条不适用于瑕疵履行的情况，因为判定瑕疵的结果是否是源于过错（fault）可能需要调查卖方或者其供应者的制造过程，那么这个问题的最终的解决将是昂贵并且具有不确定性的。

还有学者认为，[4] 对"障碍"一词的选择意在指明一个外在于卖方及其货物的事件，排除了交付了瑕疵货物的卖方通过《公约》第79条得到免责的可能性。

2. 《公约》第79条"超出控制范围"的相关案例

在 Vine wax 案中，买方因收到的货物质量不合格而对卖方提起损害赔偿，卖方辩称货物的缺陷是由其供货商造成的从而寻求免责。一审法院指出[5]："（卖方的供应商）交付有缺陷的货物可能构成《公约》第79条规定的'障碍'。但是在本案中，货物的缺陷并非在卖方的控制之外，即使卖方只是作为（交易的）中间人，他仍然应该对不合格的货物承担责任。"上诉法院在没有

---

　　〔1〕　公约第35条规定：①卖方交付的货物必须与合同所规定的数量、质量和规格相符，并须按照合同所规定的方式装箱或包装。②除双方当事人业已另有协议外，货物除非符合以下规定，否则即为与合同不符：a）货物适用于同一规格货物通常使用的目的；b）货物适用于订立合同时曾明示或默示地通知卖方的任何特定目的，除非情况表明买方并不依赖卖方的技能和判断力，或者这种依赖对他是不合理的；c）货物的质量与卖方向买方提供的货物样品或样式相同；d）货物按照同类货物通用的方式装箱或包装，如果没有此种通用方式，则按照足以保全和保护货物的方式装箱或包装。③如果买方在订立合同时知道或者不可能不知道货物不符合同，卖方就无需按上一款 a 项至 d 项负有此种不符合同的责任。

　　〔2〕　Ibid.

　　〔3〕　J. Honnold, *Uniform Law for International Sales under the 1980 United Nations Convention*, The Netherlands：Wolters Kluwer Law & Business, 2009.

　　〔4〕　Barry Nicholas, *Impracticability and Impossibility in the U. N. Convention on Contracts for the International Sale of Goods*, published in Galston & Smit ed., International Sales：The United Nations Convention on Contracts for the International Sale of Goods, Matthew Bender, 1984, Ch. 5, pp. 1–24.

　　〔5〕　See Vine wax case, 8 U 46/97 (31 March 1998).

决定《公约》第 79 条是否适用的情况下认为卖方应当承担责任，并且指出：[1] "假如《公约》第 79 条适用于本案，卖方也不能免责——因为导致货物不合格的事件没有超出卖方控制范围。"法院没有处理交货不符能否通过《公约》第 79 条寻求免责的问题。法院还指出《公约》第 79 条提供的豁免不会改变风险的分配，卖方的责任来源于其没能交付符合合同约定的货物，无论（货物的）缺陷是卖方抑或是其供应商的过错都没有区别。

然而，并不是所有交付了有缺陷货物的卖家都未能成功援引《公约》第 79 条。Flippe Christian v. Douet Sport Collections 案中，[2] 买方将卖方 Douet Sport 交付的衣物转销给自己柔道俱乐部的会员，随后买方收到了众多关于衣物缩水的投诉，买方因此起诉卖方要求赔偿损失。法院认为："一方面买方没有证明全部的货物都有问题，并且他也从已交付的货物中获取了利益；另一方面，卖方处于货物销售者的位置，而货物的制造特别是织物的加工超出了他自己的控制，在没有证据显示卖方是出于恶意的情况下，允许卖方受益于《公约》第 79 条是适当的。"很明显，该案件的判决分析与其他同类案件出入较大——绝大多数法院都不认为卖方供应商或者制造商的错误是超出卖方的控制的。

在 2002 年 Powdered milk 案中，[3] 一家德国公司向荷兰的一家企业出售奶粉，后者将产品出口给阿尔及利亚和阿鲁巴（安的列斯）的客户。客户声称部分奶粉有缺陷，于是买方起诉卖方要求赔偿。最高法院认为："如果在新的一轮审理之后，还出现了下述情况：无法排除（脂肪酶）微生物在转移交易风险的时候侵染奶粉的可能性，那么案件的结果就取决于《公约》第 79 条能否使（德国）卖方免责。本法院认为《公约》第 79 条同样适用于交付的不符合合同要求的货物，卖方没有履行合同义务是基于《公约》第 79 条的免责理由，因为从证据来看，奶粉是根据目前的科学和技术知识生产的，任何存在于奶粉中的脂肪酶只能是根据标准程序从未被排除的脂肪酶。在这个背景

---

[1] See Vine wax case, VIII ZR 121/98 (24 March 1999).

[2] See Flippe Christian v. Douet Sport Collections case, 97 009265 (19 January 1998).

[3] See Powdered milk case, VIII ZR 304/00 (9 January 2002).

下我们注意到，作为一种预防措施，卖方只能在下述情况下才能被免除未履行合同的赔偿责任：如果它可以证明即使在任何进一步加工之前都仔细使用必要的分析方法，交付的奶粉中的任何脂肪酶侵染都是不可检测到的，并且生产过程中的可能的侵染是基于卖方控制范围之外的。只要无法确定转移风险前的脂肪酶侵染原因，卖方的证词就缺乏必要的免责证据。"

3. 买方通过《公约》第 79 条得到免责的案例

在 Shoes 案中，卖方因买方延迟付款而起诉索要利息，买方辩称卖方交付的货物是不合格产品不能用于销售故而未按时付款。初审法院认为买方不因其延迟付款而承担责任，因为不能合理地期待买方在卖方不愿收回货物的情况下为有缺陷的商品付款。而且买方也向卖方说明了延迟付款的原因。[1] 上诉法院支持了初审法院的分析。

从前述 2002 年 Powdered milk 案中可见在实践中瑕疵履行并没有被排除在《公约》第 79 条之外，并且 Shoes 案表明存在买方成功援引交货不符作为免责的理由的案件，但是对于买卖双方而言，能否免责仍然需要考量事件的可预见性、可控制性等因素，并且交货不符往往和另外一个问题同时出现——第三人责任。

二、《公约》第 79 条第 2 款中的 "第三人" 的范围问题

同《国际商事合同通则》《欧洲合同法原则》和《欧洲统一买卖法》相比，《公约》第 79 条规定的严格性还体现在涉及第三人的情况。在有第三人的案件中，不仅合同当事方需要满足《公约》第 79 条的要求，相应的第三人也必须满足同样的免责要求。但是从已公布的案例和学者的著述来看，《公约》第 79 条 "第三人" 的概念本身还不甚清晰。

（一）"第三人" 范围的争议

Denis Tallon 教授认为[2]：《公约》第 79 条第 2 款是对日益增多的分包合同的回应。在最初的草稿中使用的词语 "分包合同" 最终因为一些法系中并没有这个用语而其他法系中该用语又有特殊的含义而被删除。《公约》第 79

---

[1] See Shoes case, 7b C 34/94 (4 May 1994).

[2] See Denis Tallon, *In Bianca-Bonell Commentary on the International Sales Law*, Giuffrè：Milan, 1987, pp. 572-595.

条第 2 款的适用首先要求分包合同必须真正的存在，例如和主合同之间有着有机联系。违约方必须要求第三方履行了与主合同有关的义务，并且后者应该知道他的行为是履行主合同的一种方式。分包商必须依法独立于主合同的一方。第三方所履行的义务必须仅涉及特定的合同的履行。货物或者原材料的一般供应商不构成《公约》第 79 条第 2 款所规定的第三方，因为他的任务是为广泛的客户提供用于诸多目的的产品。这些通常意义上构成了可替代物的材料的损毁并不会导致障碍的发生。为了特殊目的而转让前述货物不适用《公约》第 79 条第 2 款。此外，合同缔约方通常需要证明他选择了一个有能力（履约）的分包商，否则障碍就不会被认为是不可预见的或是超出其控制范围的。分包商的破产很少会引起豁免，因为破产通常不被认为是一种障碍。

CISG 咨询委员会第 7 号意见给出了相近的分析：至少存在两种"第三人"。第一种"第三人"是：未被委托履行需要与买方直接交涉的义务，而是协助卖方、为卖方创造前提条件或是使得卖方能够交付与合同相符的货物。这些"第三人"可能是区别于并独立于卖方的，如原材料的供应商、半成品分包商和其他的"配套"或"辅助"的（为卖方履约创造前提条件的）代理商。上述第三方供应商或是分包商并不构成《公约》第 79 条第 2 款所规定的第三人。咨询委员会认为上述"第三方"处于卖方的风险范围内。有一系列的案例表明卖方通常需要承担第三方供应商或是分包商违约造成的风险，至少在原则上，卖方在不能履行合同时不会因为其供应商的错误而得到豁免。但是，在非常特殊的案件中——卖方对供应商的选择或是对其行为无法控制（或是由于第三人在提供货物或服务方面享有垄断地位，或是其他卖方可以证明确实超出其控制范围的第三人的过错）——供应商的过错可能被定为超出卖方控制的障碍。[1]

第二种（即符合《公约》规定的）"第三人"是：由卖方独立聘用的、直接向买方履行全部或一部分合同义务的第三人。这些第三人，不同于由卖方负责行为后果的第三方供应商或是分包商，不仅仅是独立的人或者法律实

---

[1] See Hans Stoll, Georg Gruber, *Commentary on the UN Convention on the International Sale of Goods (CISG) Article* 79, Oxford University Press, 2nd ed., 2005, pp. 819-822.

体，也是经济上和功能上都独立于卖方，在卖方的组织结构、控制范围和责任范围之外。仅有当此类第三人和卖方都遇到了不可预见、不可避免的"障碍"且无法克服"障碍"或其后果时，（涉及该第三人的行为）卖方才可以免责，同时该第三人也可以寻求免责。

（二）涉及"第三人"案件的分析

1. 涉及制造商的案件

还是在 Flippe Christian v. Douet Sport Collections 案中，[1] 法院认为本案中货物的制造特别是织物的加工超出了卖方的控制，在没有证据显示卖方是出于恶意的情况下，允许卖方受益于《公约》第 79 条是适当的。该分析不仅将制造商纳入了《公约》第 79 条第 2 款的"第三人"的范围，还认为制造商供应有缺陷的货物超出了卖方的控制范围，这一分析同主流学术观点和其他案例差异颇大。

在 Chinese goods 案中，[2] 卖方是中国香港的一家公司，买方是德国的一家公司，双方为独家配送和分销中国商品而签署了一份框架协议。在该框架协议下，卖方负责与中国制造商联系而买方负责商品在欧洲的分销。在此基础上，双方定期单独订立货物销售合同。一位中国制造商，由于经济困难（financial difficulties），无法将订购的商品提供给卖方，后者因此无法履行其对买方的合同义务。卖方请求支付已交付货物的货款，买方以"要求赔偿因终结合同而造成的利润损失"进行抗辩并且拒绝交付货款。法院认为："卖方制造商的经济困难落在卖方的责任范围内而且也不是'不能控制的障碍'。卖方根据《公约》第 79 条对制造商（manufacture）、子供应商（sub-supplier）所承担的责任和对他的分包商（sub-contractor）、员工（staff）所应承担的责任是不同的。制造商的经济困难并不是一个不能控制的风险，也不是像不可抗力（force majeure）、经济上的履行不能（economic impossibility）或者过度繁重的义务（excessive onerousness）一样的，完全异常的情况。更确切地讲，和供应相关的风险应该由卖方承担，当情况变得更加复杂时也是如此。更进

---

[1] 参见前引 Flippe Christian v. Douet Sport Collection 案。
[2] See Chinese goods case, Partial award of 21 March 1996 (21 March 1996).

一步而言，他必须保证他的财务能力以便履行合同，这是属于典型的债务人范围内的责任。卖方不能免于承担与他的经济（履行）能力有关的责任，即使他由于后来的、不可预见的事件而丧失了必要的（履行）方法。这同样适用于在他和子供应商的关系中出现的资金困难（由于子供应商的国家信贷被撤销而出现）。"

2. 涉及承运人的案件

在 Art books 案[1]中，买方因未能支付货款而被卖方起诉，前者以卖方多次未能及时提供货物为由要求卖方降低价格并获得损害赔偿。法院驳回了买方的起诉："卖方必须将货物交给第一承运人以传送给买方。卖方将货物交给第一承运人就履行了他的义务。因此，承运人的错误不在卖方的责任范围内。如上所述，货物的具体运输不属于卖方的合同义务，因此根据《公约》第 31 条,[2] 卖方对承运人的错误不负责，卖方通过将货物交付给第一承运人履行交货义务。合同缔约方对第三人的行为负责的前提是该第三人有履行合同的行为，例如履行《公约》第 31 条所规定的责任之一。卖方雇佣承运人并不是为了履行他的交货义务，在这个背景下承运人不是《公约》第 79 条第 2 款意义上的第三人，因此卖方对承运人的错误概不负责。"

3.《公约》第 79 条对"超出控制范围"的要求

还是在 Vine wax 案[3]中，法院即使没有认定《公约》第 79 条是否适用于本案，也仍然指出假若《公约》第 79 条适用于本案，也不能免除卖方的责任，因为蜡的缺陷并不构成超出卖方控制的障碍。法院还指出："当货物的缺陷是卖方的供应商造成的，只有当未履行合同是源于超出卖方和他所有的供应商的控制范围的障碍，卖方才能在《公约》第 79 条下免责。"

---

[1] See Art books case, HG 970238. 1 (10 February 1999).

[2] 公约第 31 条规定：如果卖方没有义务要在任何其他特定地点交付货物，他的交货义务如下：①如果销售合同涉及货物的运输，卖方应把货物移交给第一承运人，以运交给买方；②在不属于上一款规定的情况下，如果合同指的是特定货物或从特定存货中提取的或尚待制造或生产的未经特定化的货物，而双方当事人在订立合同时已知道这些货物是在某一特定地点，或将在某一特定地点制造或生产，卖方应在该地点把货物交给买方处置；③在其他情况下，卖方应在他于订立合同时的营业地把货物交给买方处置。

[3] 参见前引 Vine wax 案。

分析上述案例可以看出，在涉及第三人的案例中，一方面，不同法院在《公约》第 79 条第 2 款所规定的第三人是否包括供应商这一问题上意见不一，另一方面，各法院同时认为供应商的错误应当落在卖方的责任范围内并且其对卖方而言是可控制的、应当预见的。此外，法院会根据货物风险是否转移以及合同的相应约定来判断承运人的错误是否落在卖方的责任范围内，从而进一步判断卖方是否可以根据《公约》第 79 条获得免责或者是否可以根据风险转移规则而无需承担相应责任。

三、对我国《合同法》完善的启示

《中华人民共和国民法总则》和《中华人民共和国合同法》（以下简称《合同法》）都对"不可抗力"作出了相关规定，[1] 二者均将其定义为"不能预见、不能避免并不能克服的客观情况"。虽然基于对法官审理水平、自由裁量权和社会经济发展水平等因素的考量，情势变更原则未能被纳入《合同法》终稿，但是该原则最终也出现在了最高法院于 2009 年发布的司法解释中。[2] 承认了情势变更原则在实际审判中的应用，这无疑是《最高人民法院关于适用〈中华人民共和国合同法〉若干问题的解释（二）》[以下简称《合同法司法解释（二）》] 的一大亮点，但是该司法解释也引发了新的问题。

（一）"不可抗力"规则及其适用有待细化

我国司法实践中存在适用情势变更原则解决不可抗力导致合同无法履行的案例：在"鹏伟公司诉永修县政府、永修县采砂办采矿权"案[3]中，2006

---

[1] 《中华人民共和国民法总则》第 180 条：因不可抗力不能履行民事义务的，不承担民事责任。法律另有规定的，依照其规定。不可抗力是指不能预见、不能避免且不能克服的客观情况。《中华人民共和国合同法》第 94 条：有下列情形之一的，当事人可以解除合同：①因不可抗力致使不能实现合同目的……第 117 条：因不可抗力不能履行合同的，根据不可抗力的影响，部分或者全部免除责任，但法律另有规定的除外。当事人迟延履行后发生不可抗力的，不能免除责任。本法所称不可抗力，是指不能预见、不能避免并不能克服的客观情况。第 118 条：当事人一方因不可抗力不能履行合同的，应当及时通知对方，以减轻可能给对方造成的损失，并应当在合理期限内提供证明。

[2] 《最高人民法院关于适用〈中华人民共和国合同法〉若干问题的解释（二）》第 26 条：合同成立以后客观情况发生了当事人在订立合同时无法预见的、非不可抗力造成的不属于商业风险的重大变化，继续履行合同对于一方当事人明显不公平或者不能实现合同目的，当事人请求人民法院变更或者解除合同的，人民法院应当根据公平原则，并结合案件的实际情况确定是否变更或者解除。

[3] 最高人民法院（2011）民再字第 2 号。

年鄱阳湖出现了 30 多年来罕见的低水位，鹏伟公司的采砂活动不得不因此而终止。不可预见、不可避免也不可克服的自然灾害符合《合同法》中不可抗力的构成要件，但是最高院在判决中援引了《合同法司法解释（二）》第 26 条并对部分合同条款进行了变更。适用情势变更原则解决不可抗力导致违约的情况一方面是因为《合同法》第 94 条适用的结果是解除合同，第 171 条适用的结果是免除部分或者全部责任，但是在一些由不可抗力事件导致违约的案件中，解除合同并非解决纠纷的最佳方法；另一方面是因为适用不可抗力的案件要求合同已经无法履行，而适用情势变更的案件仅要求继续履行会导致明显不公。针对这些问题，《公约》第 79 条的规定有一定的参考价值：《公约》第 79 条第 3 款规定该条所规定的免责对障碍存在的期间有效，此外从该条第 5 款可以得知《公约》第 79 条仅免除损害赔偿责任而不影响其他救济。这两款规定的存在使得《公约》第 79 条的适用更加灵活。虽然我国法律对"不可抗力"的规定较为原则化，但并不妨碍司法实践中对其进行更加细化的探究，从而改善或解决"不可抗力"和"情势变更"适用不甚清晰的状况。

（二）适用"情势变更"原则案件的审理程序有待完善

《合同法司法解释（二）》颁布 3 天后最高人民法院发出了一份通知，该通知对适用情势变更原则的案件的审判程序作出具体的规定。[1] 这种特殊的审核制度不但与我国的审级制度相悖而且也不利于争议的有效解决并且有浪费司法资源之嫌。在实际应用中，[2] 基层法院为了避免上报案件，往往在本该应用《合同法司法解释（二）》第 26 条的案件中应用了《合同法》第 94 条第 5 款，[3] 但是前者是对请求权的规定，后者却是对形成权的规定。这种实际应用中的乱象在一定程度上说明了这种特殊的审核制度会阻碍情势变更原则的适用。虽然该审核制度的出发点并非全无道理，但是所采用的解决方

---

〔1〕《最高人民法院关于正确适用〈中华人民共和国合同法〉若干问题的解释（二）服务党和国家的工作大局的通知》第 2 条规定，对于《合同法司法解释（二）》第 26 条，各级人民法院务必正确理解、慎重适用。如果根据案件的特殊情况，确需在个案中适用的，应当由高级人民法院审核。必要时应提请最高人民法院审核。

〔2〕（2011）松民三（民）初字第 1526 号；（2011）深中法民五终字第 781 号。

〔3〕《合同法》第 94 条：有下列情形之一的，当事人可以解除合同：……⑤法律规定的其他情形。

式确实有待改进，譬如可以提高一审案件的审级。〔1〕

综上，虽然我国立法层面承认了情势变更原则，但是对适用情势变更原则的案件的审核的特殊规定限制了该原则的适用。CISG 咨询委员会意见以及一些仲裁裁决都体现出了将情势变更原则纳入《公约》第 79 条的倾向，我国《合同法》也应仔细考量这一发展趋势并适当放宽对情势变更原则的适用要求。此外，不可抗力相关规定的适用也有待细化和斟酌。

结　语

经分析上述案例可以看出，涉及《公约》第 79 条的案件中，法院或是仲裁庭都有意回避了"履行障碍"的解释问题，很少直接承认或者否认诸如"艰难情形""瑕疵履行"和"合同目的落空"等情形是否涵盖于第 79 条第一款规定的"障碍"中，而是通过分析事件是否"可预见"、是否"在控制范围内"以及是否属于已经分配的风险来解决争议。

现有裁判实践体现出仲裁庭或法庭在适用《公约》第 79 条的过程中倾向于对"障碍"和"第三人"进行限缩性解释，并将从事国际贸易的商人视为纯粹理性人。这种严格的解释方法虽然在一定程度上可以促使当事人遵守合约从而促进国际贸易，但是也会在很大程度上限制免责条款本身发挥作用。本文认为在涉及"障碍"解释的案件中，无论是"艰难情形""合同目的落空"抑或是"瑕疵履行"，只要是符合"不可预见""不可避免""超出控制范围""不属于已分配的风险"等实际意义上的条件就可以援引《公约》第 79 条寻求免责，而不应该被绝对地排除在《公约》第 79 条承认的情形之外；在"第三人"的解释问题上，本文赞同 CISG 咨询委员会第 7 号意见中所阐述的观点，即"第三人"是"由卖方独立聘用的、直接向买方履行全部或一部分合同义务的第三人。他们不仅仅是独立的人或者法律实体，也是经济上和功能上都独立于卖方的、在卖方的组织结构、控制范围和责任范围之外的"。随着《公约》的适用范围不断扩大，其第 7 条〔2〕体现的诚实信用原则应该是

---

〔1〕　张明莉：《论合同法上的情势变更原则》，中国社会科学院 2014 年硕士学位论文。

〔2〕　《公约》第 7 条规定：①在解释本公约时，应考虑到本公约的国际性质和促进其适用的统一以及在国际贸易上遵守诚信的需要。②凡本公约未明确解决的属于本公约范围的问题，应按照本公约所依据的一般原则来解决，在没有一般原则的情况下，则应按照国际私法规定适用的法律来解决。

可以用来扩大对第 79 条的解释，特别是当合同当事人无意中对风险作出不恰当的分配时。CISG 咨询委员会第 7 条意见也体现了对第 79 条进行较现在而言更为宽松的解释的观点，这也会使《公约》的免责条款和现代合同法的精神相一致。